PEDIATRIA COM BOM-SENSO

DR. EDUARD ESTIVILL E DR. GONZALO PIN ARBOLEDAS

PEDIATRIA COM BOM-SENSO

guia prático para pais e mães

Tradução de Milton Camargo Mota
Revisão técnica Sergio Henrique Spalter

SÃO PAULO 2014

Esta obra foi publicada originalmente em espanhol com o título
PEDIATRIA CON SENTIDO COMUN
Por Plaza Janés
Copyright © 2011 Dr. Eduard Estivill e Dr. Gonzalo Pin com a colaboração de
Montserrat Domènech e Irene Claver
Copyright © 2011 Random House Mondadori S.A., Barcelona
Direitos de tradução negociados por Sandra Bruna Agencia Literaria S.L.

Todos os direitos reservados. Este livro não pode ser reproduzido, no todo ou em parte, nem armazenado em sistemas eletrônicos recuperáveis nem transmitido por nenhuma forma ou meio eletrônico, mecânico ou outros, sem a prévia autorização por escrito dos detentores do Copyright.

Copyright © 2014, Editora WMF Martins Fontes Ltda.,
São Paulo, para a presente edição.

1ª edição 2014

Tradução do espanhol
MILTON CAMARGO MOTA

Revisão técnica
Sergio Henrique Spalter
Acompanhamento editorial
Luzia Aparecida dos Santos
Preparação do original
Sandra Garcia Cortes
Revisões gráficas
Luzia Aparecida dos Santos
Marisa Rosa Teixeira
Edição de arte
Katia Harumi Terasaka
Produção gráfica
Geraldo Alves
Paginação
Studio 3 Desenvolvimento Editorial

Dados Internacionais de Catalogação na Publicação (CIP)
(Câmara Brasileira do Livro, SP, Brasil)

Estivill, Eduard
 Pediatria com bom-senso : guia prático para pais e mães / Eduard Estivill, Gonzalo Pin Arboledas; tradução de Milton Camargo Mota ; revisão técnica Sergio Henrique Spalter. – São Paulo : Editora WMF Martins Fontes, 2014.

 Título original: Pediatria con sentido comun.
 ISBN 978-85-7827-848-9

 1. Crianças – Criação 2. Família – Aspectos psicológicos 3. Pais e filhos 4. Papel dos pais 5. Pediatria 6. Relações familiares I. Pin, Gonzalo. II. Título.

14-03540   CDD-649.1

Índices para catálogo sistemático:
1. Pais e filhos : Educação familiar   649.1

Todos os direitos desta edição reservados à
Editora WMF Martins Fontes Ltda.
Rua Prof. Laerte Ramos de Carvalho, 133 01325.030 São Paulo SP Brasil
Tel. (11) 3293.8150 Fax (11) 3101.1042
e-mail: info@wmfmartinsfontes.com.br http://www.wmfmartinsfontes.com.br

Índice

Prefácio do dr. Eduard Estivill e do dr. Gonzalo Pin   11

Primeira parte
COMO SEU FILHO AMADURECE, CRESCE E SE DESENVOLVE, DESDE O NASCIMENTO ATÉ A ADOLESCÊNCIA

1. Chegamos em casa: da primeira semana ao primeiro mês   15
2. O bebê de 2 meses   35
3. O bebê de 4 a 6 meses   43
4. O bebê aos 7 e 8 meses   53
5. O bebê aos 10 meses   61
6. Ao completar 1 ano   71
7. O que acontece aos 15 meses   83
8. Os 18 meses   91
9. A criança entre 2 e 3 anos   99
10. A criança dos 3 aos 4 anos   113
11. Chegamos aos 6 anos   125
12. O crescimento lento: dos 8 aos 10 anos   133
13. Segundo nascimento para a vida: dos 12 aos 14 anos   143
14. A adolescência final: dos 16 aos 18 anos   153
15. Para entender os percentis: a evolução geral do crescimento   165

Segunda parte
AS COISAS QUE NÃO NOS ENSINARAM ANTES DE NOS TORNARMOS PAIS OU "O QUE FAZER SE...?"

16. O que é educar?   187
   O apego entre pais e filhos   191
   A autoestima   194
   O papel dos avós   195
   Ponto crítico: os ciúmes e as birras   197
17. Socialização adequada   201
   A brincadeira e os brinquedos. A criança e as novas tecnologias   204
   Os estranhos: como preparar as crianças? Sua segurança   212
   Educação ecológica: respeito ao meio ambiente, ensinar a reciclar   214
   Os animais de estimação: assumir uma responsabilidade   218
   Ponto crítico: a disciplina   220
18. Dias de creche   223
   Quando?   224
   Como as crianças se sentem e respondem   224
   Como os pais se sentem e devem responder   225
   Como o lugar deve ser escolhido?   225
   Alternativas: os avós, as babás   226
19. Na escola   229
   Escolher a escola, que dilema!   229
   O papel dos pais   231
   Contato com os professores: ensinar juntos   233
   Aprender a ler. Como estudar e as dificuldades de aprendizagem   233
   Integração e *bullying*   238
   Ponto crítico: as atividades extracurriculares   240
20. Com as novas famílias   241
   Todos trabalhamos: conciliar trabalho e casa   242
   Divórcio   243
   Os filhos de casamentos diferentes   246
   A família monoparental   248
   Os progenitores do mesmo sexo   249
   O filho único   250
   O filho adotivo   251
   Ponto crítico: a emigração e suas oportunidades   253
21. Situações especiais   255

A criança com doença crônica ou deficiência   256
Transtorno do espectro autista (TEA), Síndrome de Down, atraso cognitivo, Transtorno do Déficit de Atenção com Hiperatividade (TDAH)   259
A perda. O luto   261
Ponto crítico: transtornos alimentares   264
22. O sexo: ponto-chave numa educação saudável   267

Terceira parte
INCÔMODO, DOR E DOENÇA: COMO CURAR EM CASA E QUANDO RECORRER AO MÉDICO

23. Meu filho está doente. O que faço? Vamos ao pronto-socorro? Posso usar meus medicamentos?   273
24. Verbetes dos problemas de saúde mais comuns e seus cuidados básicos   277
    Acidentes domésticos e fora de casa   277
    Acne   280
    Alergias   281
    Alopecia   282
    Amigdalites (anginas) e adenoides   283
    Anemia   284
    Animais marinhos I (picada de medusa)   285
    Animais marinhos II (picada ou mordida de peixes venenosos)   286
    Animais marinhos III (outras picadas: água-viva, ouriço-do-mar e coral)   287
    Anormalidades na urina e nas fezes   287
    Arritmia   289
    Asfixia por engasgamento   290
    Asma   291
    Bolhas nos pés e nas mãos   292
    Caspa   293
    Choro e espasmos de soluço   294
    Colesterol   295
    Cólicas do lactente   296
    Cólica menstrual   297
    Conjuntivite   298

Daltonismo   300
Deficiência do hormônio de crescimento   300
Dentição   301
Dermatite atópica e dermatite seborreica   302
Dermatite das fraldas   303
Desmaio   304
Diabetes   306
Diarreia   307
Dislexia   308
Distrofia muscular   308
Doença celíaca   309
Doenças infecciosas: difteria, tétano, coqueluche, poliomielite   310
Doenças infecciosas com vacina preventiva: sarampo, caxumba, rubéola, catapora   312
Dor abdominal   315
Dor de cabeça   317
Dor do crescimento   318
Dor nas costas   319
Dor no peito   320
Eczema   321
Encoprese (incontinência fecal)   323
Enurese (molhar a cama)   324
Epilepsia   325
Escarlatina   326
Escoliose   327
Escoriações (ou esfolados na pele)   327
Estrabismo   328
Faringite   329
Febre   331
Febre: convulsões   333
Ferimentos e contusões nos dedos   334
Fimose   336
Furúnculo (ou abscesso)   337
Gagueira   338
Gânglios inflamados   339
Gastrenterite   340
Gripe e resfriado   341

Hérnia   343
Herpes labial   344
Herpes-zóster   345
Hidrocele (líquido nos testículos/escroto inflamado)   346
Hipotermia   346
Inchaços no corpo   347
Infecções do trato urinário   348
Ingestão de objetos ou líquidos tóxicos   349
Intolerância a lactose   350
Intoxicações (aditivos alimentares)   351
Lábios da vulva colados (sinequia vulvar)   351
Lascas e corpos estranhos na pele   352
Miopia e astigmatismo   353
Otite   354
Pancadas, fraturas e câimbras   355
Parasitas intestinais   356
Pé de atleta   357
Pés chatos e pés cavos   358
Picada de abelha   359
Piolhos   360
Pneumonia   360
Prisão de ventre   362
Puberdade precoce e puberdade tardia   363
Queimaduras solares   364
Respirar pela boca   365
Sangramento pelo nariz (epistaxe)   366
Sapinho (fungos na boca ou candidíase)   367
Síndrome da morte súbita infantil   368
Sinusite   369
Sopros no coração   370
Tínea   370
Tireoide   371
Tontura   373
Tosse   374
Transtornos do sono: insônia, narcolepsia, ronco, apneia, parassonias   375
Unha encravada   377
Vaginite   378
Varicocele   379

Verrugas e pintas   380
Vômitos   381

Apêndices
OS RESUMOS: TUDO À MÃO, TUDO FÁCIL

1. O desenvolvimento psicomotor durante o primeiro ano   385
2. Sinais de alarme no desenvolvimento durante o primeiro ano   389
3. Prevenção de acidente por idades e hábitos posturais   391
4. As vacinas   395
5. A introdução da alimentação complementar durante o primeiro ano   399
6. A alimentação do estudante. Teste do bom café da manhã. Quando uma criança não come e não engorda. As guloseimas. Quando comer com os dedos. As famílias vegetarianas e veganas   401
7. A alimentação do adolescente   407
8. Os especialistas: quando consultá-los...   409
   O ortopedista   409
   O oftalmologista   410
   O dentista e o odontopediatra   410
   O psicólogo   411
   O fonoaudiólogo   411
9. Meu estojo de medicamentos não é uma farmácia   413

Prefácio do
dr. Eduard Estivill e do dr. Gonzalo Pin

De pediatras para pais. Ou de pediatras para avós, cuidadores e educadores. Queremos que este livro seja direto, prático e com ideias claras, muito claras. Para os pais que acabam de ter um filho, para os que esperam tê-lo e para os que se divertem e sofrem todos os dias educando o filho, ainda pequeno ou já adolescente. Todos os que estão em contato com crianças e querem o melhor para elas podem se beneficiar com o que expomos ao longo destas páginas.

Com o máximo rigor científico, tentamos explicar de forma simples todos os aspectos que vocês precisam saber sobre seus filhos e netos para poder cuidar deles e educá-los com equilíbrio e saúde. Nossa intenção foi traduzir em linguagem acessível os conhecimentos mais atuais sobre os cuidados e a educação que uma criança deve receber, desde o nascimento até o final da adolescência; abordar seu desenvolvimento físico e psíquico, sua formação segundo determinados valores e oferecer uma revisão exaustiva dos problemas médicos mais frequentes nessas etapas da vida. Para melhor compreensão dos inúmeros aspectos de que tratamos, falaremos das crianças nas páginas seguintes levando em conta sua idade: os períodos de meses e os anos que vão desde o primeiro dia de vida até os 18 anos.

Seguindo a linha de nossas publicações anteriores, o bom-senso e os conhecimentos científicos são os pilares deste livro. Nosso objetivo é que ele se torne uma ferramenta de grande utilidade para milhões de pais. Pois ficamos felizes em ajudar os papais e as mamães na difícil tarefa de criar os filhos. Com bom-senso, segurança, rigor e amor, é claro.

Dr. Eduard Estivill
Dr. Gonzalo Pin

PRIMEIRA PARTE

**COMO SEU FILHO AMADURECE, CRESCE
E SE DESENVOLVE DESDE O NASCIMENTO
ATÉ A ADOLESCÊNCIA**

O que ele aprende e como estimulá-lo
Sua alimentação
Sinais de alerta
Os problemas de saúde mais frequentes

1

Chegamos em casa:
Da primeira semana ao primeiro mês
Uma nova vida ... para todos

O amor está no ar, junto com novas olheiras e, sim, é preciso dizer, com uma expressão, entre a surpresa e a felicidade, que os delata: já são pais. Deixaram de esperar pelo nascimento para dividir o teto com a pessoa que provavelmente é a mais importante de sua vida, seu filho. Mas, lamentamos informar, esse inquilino não chega com igualdades de condições: ele é o rei da casa. Ou ainda não?

Bem, há muito o que dizer sobre a chegada de um bebê. Sem dúvida, ele é o rei porque necessita de vocês para adaptar-se à dureza de um mundo com ritmos e comodidades bem diferentes dos que desfrutava no ventre materno. Ele depende de vocês para se alimentar, dormir, manter-se sadio e aprender tudo o que lhe será útil na vida, incluindo o amor. No entanto, a atração incondicional pelo bebê nem sempre é imediata. Não se preocupem se precisarem de algum tempo para amá-lo como rei da casa. Isto é, há pais que começam a adorar o filho quando ele ainda é apenas um *grãozinho de feijão* ou *lentilha*, mas também há os que, como alguns bons amigos confirmam, não sabem se o bebê vai lhes agradar até começarem a dividir a vida com ele.

O atento cuidado do bebê e a sensação de criar uma vida familiar são as duas inquietudes que estão no primeiro plano dessa nova etapa como pais. Talvez pegue mal dizer isto num livro, mas não há fórmulas 100% eficientes para aplacar nenhuma delas. Assim como não há duas pessoas idênticas, também não existem soluções eficazes para que o processo de ser pai e mãe chegue perto da perfeição. Mas vamos falar um pouco dessas preocupações e ver se podemos atenuá-las.

Para o bebê, a chegada a este mundo – o parto e um novo ambiente mais incômodo que o ventre materno – é provavelmente sua primeira experiência intensa, e não deixa de sê-lo também para os pais. Depois de meses de preparativos e da passagem pelo hospital, você, mamãe, ainda se recuperando, e você, papai, tratando de acompanhá-la no pós-parto, às vezes difícil, veem-se com um bebê nos braços, requerendo atenção e cuidados 24 horas por dia. A rotina cotidiana deve se adaptar às necessidades dessa nova criaturinha; e todos, pais e mães, querem se mostrar à altura e até mesmo ir além das tarefas puramente práticas, ainda que não seja o primeiro filho que trazem ao mundo. Mas é importante que não fiquem obcecados em cumprir essa incumbência com perfeição – afinal, vocês são humanos –, nem em estabelecer laços afetivos com o bebê quase de imediato. Às vezes, esses vínculos (os especialistas usam o termo inglês *bonding*) podem levar tempo para surgir e consolidar-se. A paciência será crucial, mas evidentemente existem maneiras de criar e reforçar esse laço afetivo.

Antes de tudo, é preciso perguntar o que é ser um bom pai ou uma boa mãe. Aqui também, como em quase tudo, não há padrões nem regras fixas. Para você, pai, presenciar o parto significa, sem dúvida, uma emoção ímpar e o ajuda a sentir um apego pelo bebê já a partir desse instante. Mas, se por algum motivo não foi possível estar presente, não pense que perdeu a oportunidade de ser um bom progenitor. Ainda terá um longo caminho para estabelecer e alimentar essa conexão emocional e afetiva com o recém-chegado. Ele também precisa dela.

De igual modo, durante os primeiros minutos e horas de vida, o contato entre você, mamãe, e seu filho fará que comece a "conhecê-lo", ou melhor, "reconhecê-lo" nessa nova situação em que vocês estão: separados fisicamente, mas podendo se ver, tocar e escutar mutuamente pela primeira vez. Esses primeiros momentos juntos, cheios de emoção, serão a semente de uma relação afetiva fundamental, razão pela qual é importante vivê-los com tranquilidade, sem pressões. Mas, se as circunstâncias não permitem que você tenha o bebê nos braços logo depois de ele nascer (se ele, por exemplo, tiver de permanecer em observação ou na incubadora), não se desespere nem se sinta culpada em nenhum momento. Logo, logo vocês poderão estar juntos. De fato, não há provas científicas de que esse atraso repercuta na futura relação entre mãe e filho. Portanto, fique tranquila.

Nesses primeiros meses, independentemente de você dar o peito ao bebê ou recorrer à mamadeira, cada mamada será um excelente pretexto para exploração mútua, para observar as reações e movimentos dele, seus gestos, expressão, olhar, os sons que emite... E você verá que ele também explora os seus, que reage ao contato físico, fica olhando para você, escuta sua voz... Por isso, procure um ambiente adequado para alimentá-lo, longe de ruídos, relaxante... (mais tarde veremos se nessas primeiras semanas é preciso restringir as visitas de amigos ou familiares no hospital ou em casa). Vocês dois se sentirão mais à vontade para se reconhecer.

Os primeiros dias de um bebê são repletos de novas experiências: comer, ter alguém que o vista, que troque suas fraldas, o primeiro banho... O pai e a mãe dividirão essas tarefas, mas tão importante quanto isso é fazê-lo sentir-se querido e protegido o tempo todo. O contato físico será um veículo fundamental do carinho de vocês. Com suas carícias, vocês o fazem sentir-se protegido e ao mesmo tempo o estimulam a tomar consciência do próprio corpo. As massagens regulares também são outro método para entrar em contato pele a pele com o bebê. Elas vão relaxá-lo, dar-lhe uma sensação de bem-estar e, com o tempo, contribuirão para sua boa saúde física e emocional. Mas não só isso: serão um pretexto para aproveitar outro momento juntos. Pois qualquer circunstância é boa para pegar e abraçar o bebê. No colo, ele sentirá as batidas do coração dos pais, e vocês sentirão as dele.

Tão importante quanto acariciar o recém-nascido é falar frequentemente com ele em tom doce e amável. Ao sentir sua voz, ele aos poucos se familiarizará com ela. E, por incrível que pareça, também é fundamental olharem um para o outro. Se o contato visual direto é mostra de segurança e compromisso entre os adultos, olhar nos olhos de seu bebê lhe passará ternura e fará que o vínculo mútuo se fortaleça. E, mais uma vez, paciência: o bebê nem sempre corresponderá ou manterá o olhar, pois ele precisa de tempo para aprender, para afinal entender quem está vendo.

CUIDADO COM A DEPRESSÃO PÓS-PARTO: NÃO DISPENSE AJUDA

O parto é uma vivência física e emocional realmente extenuante, mesmo que tudo corra bem e passe rápido. Depois de ter o bebê, é normal que você se sinta esgotada tanto física quanto psicologicamente. Isso sem falar nos desequilíbrios hormonais que costumam ocorrer, com maior ou menor intensidade, e afetarão seu estado de ânimo. Esse estado é chamado *melancolia da maternidade*. Mas não se preocupe: o mais normal é que esse período dure apenas cerca de 10 dias após o parto. Por isso, dê tempo ao tempo. E não hesite em aceitar e pedir a ajuda necessária.

> Mas é possível aliviar de alguma maneira essa fadiga pós-parto? Em primeiro lugar, tome consciência de que boa parte dessa sensação de abatimento nos primeiros dias se deve à falta de sono. Seu bebê precisa ser alimentado a cada três horas mais ou menos, o que a impede de ter o sono contínuo e reparador de que geralmente precisa. O que fazer? É simples: seu ritmo deve se adequar ao do recém-nascido, ou seja, sempre que ele dormir, procure também dormir um pouco. Além disso, os adultos mais próximos poderão dar uma olhadinha nele enquanto você descansa, pois só assim conseguirá recuperar as forças físicas e emocionais.
>
> Tente também falar com as pessoas à sua volta sobre o que está sentindo, escreva um diário com suas emoções, procure dedicar pelo menos 15 minutos do dia a você mesma...
>
> Se o cansaço excessivo ou o desânimo se agravarem ou se prolongarem por mais de 15 dias após o parto, será conveniente ir ao médico para saber se você está sofrendo uma depressão pós-parto mais severa.

Depois do parto, vocês finalmente se encontrarão frente a frente com o bebê. Preparem-se para assistir às mudanças espetaculares pelas quais ele irá passar já no primeiro mês de vida. Contudo, não se assustem: há coisas que parecem estranhas, mas são normais.

Seus olhos, por exemplo, podem ficar inchados e um pouco avermelhados durante os primeiros dias; sua íris exibirá matizes cinzentos (alcançará a cor definitiva entre os 3 e os 6 meses de vida), ele terá dificuldade de fixar o olhar, apresentando até mesmo certo estrabismo, e será especialmente sensível à luz intensa. Uma forma de estimulá-lo a abrir os olhos e observar é segurá-lo na posição vertical, o que às vezes é chamado *efeito boneco*. Mas não se esqueça de que, por enquanto, a visão do bebê é em preto e branco e de que, embora seja capaz de ver objetos a um metro de distância, ele focaliza melhor os que estão entre 20 e 40 centímetros. Essa é a referência que vocês devem usar ao fixar o olhar no bebê. Ele vai prestar atenção principalmente em seus olhos e no movimento de seus lábios quando você falar com ele ou sorrir. É até provável que nesse primeiro mês ele os imite e esboce os primeiros sorrisos.

E o que dizer do nariz? Com certeza, é arrebatado. Se apresenta certo desvio, não se preocupem, pode ser consequência do parto, e dentro de uma semana recuperará a forma. O mesmo vale para as orelhas, que podem ter um aspecto meio enrugado porque as cartilagens ainda não começaram a endurecer.

Quanto à cabeça, se o bebê nasceu por parto vaginal, é perfeitamente normal que se mostre um pouco deformada ou pontuda. Além disso, seu crânio apresentará até seis aberturas, chamadas fontanelas, fundamentais para facilitar a passagem da cabeça pelo canal do parto e para que, após o nascimento, o cérebro tenha espaço para crescer e se desenvolver. Duas delas, recobertas e protegidas por uma capa grossa e fibrosa, podem ser sentidas com uma apalpadela (mas convém não pressioná-la): uma se encontra na parte mais alta da cabeça e tem forma de losango (é provável que não se feche antes dos 18 meses de vida), enquanto a outra é triangular e está na base da nuca (costuma desaparecer aos 6 meses). São áreas muito moles, mas o que mais chama a atenção é o fato de se moverem ao ritmo das batidas do coração do bebê. Se as fontanelas estão muito abauladas, pode ser sintoma de excessiva pressão intracraniana, e nesse caso convém procurar o especialista; se estão afundadas, pode ser indício de desidratação.

É frequente os bebês terem a pele um pouco amarelada (icterícia) ou manchas vermelho-escuras no pescoço, nariz ou pálpebras. Também podem ter manchas brancas no céu da boca (denominadas Pérolas de Epstein) e cistos cheios de fluido nas gengivas. Fiquem tranquilos! Tudo isso desaparecerá ao longo do primeiro mês de vida.

Os punhos cerrados, os cotovelos, quadril e joelhos flexionados... É tudo perfeitamente normal. Nessas primeiras semanas, o bebê está abandonando a posição fetal em que permaneceu durante meses. Ele também terá reações instintivas diante da luz, do tato e outra série de reflexos primitivos. Por exemplo, cerrará e apertará as mãozinhas se suas palmas forem pressionadas com um dedo ou um objeto; em certos momentos, ele se assustará e estenderá os braços para os lados diante de um ruído, um cheiro forte ou uma luz intensa; tremerá ao chorar ou se estiver agitado; e é possível que tenha uma forma de respirar irregular. Soluços, espirros e balbucios são habituais em qualquer bebê e não são sintomas de doença nenhuma.

Ele pode ter as unhas suficientemente grandes para se arranhar. Por isso, tente cortá-las com o máximo cuidado com uma tesourinha (mas nunca antes de o bebê completar um mês; até lá, você poderá lixá-las); aproveite o momento do banho para isso. Um dos aspectos cruciais para a boa saúde do seu filho é a **higiene**. Nos primeiros dias, basta limpá-lo com uma esponja suave e água morna ou com lenços umedecidos, caso não se tenha acesso a água nesse período.

Quando chegar a hora do primeiro banho, você deverá ter tudo preparado e à mão: roupa limpa, fraldas, uma toalha, os cremes (desnecessários nos primeiros dias, a menos que o médico os tenha prescrito por algum motivo específico)... O bebê pode tomar seu primeiro banho antes da queda do resto do cordão umbilical. A água deve estar a uma temperatura de aproximadamente 36 °C (o método mais habitual para verificar se não está quente demais é mergulhar o cotovelo, ficando com as mãos livres para segurar o bebê), e a temperatura do quarto deve estar agradável. Evite as correntes de ar.

É melhor que se ponha pouca água, de modo que não cubra o bebê. Com uma esponja e sabonete neutro, vá molhando e lavando as partes do corpo mais propensas a suar: axilas, pescoço, dobras dos braços e pernas... Também é importante que os órgãos genitais e o ânus fiquem bem limpos.

Qual a melhor hora do dia para o banho? Você escolhe. Se o banho ajuda o bebê a relaxar, talvez a noite seja o melhor momento, para facilitar o sono. Se é mais prático durante o dia, vá em frente. É conveniente começar a estabelecer uma rotina e não ficar mudando de horário.

Importante: tenha uma toalha preparada para cobrir o bebê assim que retirá-lo da água. Enxugue-o com suavidade, com pequenos toques (sem esfregar), e seque bem o pescoço, atrás das orelhas, e toda a área da fralda, para evitar irritações. Também será o momento de limpar-lhe as orelhas, externamente com um cotonete (a partir de 15 dias de vida), com a maior delicadeza possível. É melhor deixar para mais tarde os cremes, óleos e colônias, pois a pele do bebê ainda é muito sensível. Tenha uma fralda à mão e coloque-a logo, para evitar que um xixi inesperado estrague o banho do dia. Na hora de vesti-lo, procure fazê-lo de cima para baixo, para que ele não perca calor.

O momento do banho é ideal para verificar se o corpo do bebê está saudável. Observe, por exemplo, se apareceu alguma erupção ou anomalia em sua pele. Por outro lado, ainda que nas primeiras vezes o bebê chore muito ao entrar em contato com a água, o banho é também uma excelente oportunidade para desfrutar e brincar, para lhe proporcionar bem-estar, cuidados e mimo, tão bons para ele quanto para vocês.

CUIDADO COM O CORDÃO UMBILICAL

Depois do nascimento, o cordão umbilical, canal através do qual o feto recebeu alimento e oxigênio enquanto estava dentro da barriga,

> é cortado, pinçado e levará uns 10 dias para cair, ou até 20-30 dias em alguns bebês. Que cuidados são necessários nesses primeiros dias? Basta mantê-lo a salvo de infecções aplicando, com o auxílio de uma gaze, um pouco de álcool 70%, com as mãos bem lavadas e sem pressionar. Deixe secar naturalmente e, para que a ferida respire, evite cobrir com esparadrapo; o melhor é uma gaze macia. Repita essa operação de três a quatro vezes ao dia.

VAMOS DAR UMA MÃOZINHA A VOCÊS... PARA TROCAR AS FRALDAS

COMO

Chegará uma hora em que vocês vão fazer isso de modo quase mecânico, mas as primeiras trocas de fraldas são um grande desafio. Convém ter todos os itens necessários à mão para não perder o bebê de vista em nenhum momento. O melhor é deitá-lo de barriga para cima, depois de colocar um pano ou manta impermeável debaixo dele. Tire somente as peças de roupa necessárias (evite os pijamas ou roupinhas de uma peça só; os de duas peças serão mais práticos) e, segurando o bebê pelos tornozelos e levantando um pouquinho suas nádegas, retire a fralda suja. Limpe criteriosamente os genitais e o ânus (sem esquecer as dobras das virilhas) com uma esponja e água morna ou um lenço umedecido, sempre da frente para trás (nunca o contrário, principalmente nas meninas, para evitar disseminar bactérias oriundas do reto, pois podem provocar infecção no aparelho urinário). Seque suavemente com uma toalha para eliminar qualquer resto de umidade que, ao ficar coberta, pode provocar assaduras ou fungos. Em seguida, levante de novo o bumbum do bebê, segurando-o pelos pés com uma só mão, o suficiente para deslizar a parte traseira da fralda (a que contém as fitas adesivas) até alcançar a cintura e passe a parte anterior entre as pernas, cobrindo sua barriguinha. Se o cordão umbilical ainda não tiver caído, tome cuidado para não deixá-lo coberto ou pressionado. Faça esse movimento o mais rápido possível, pois é provável que, ao limpá-lo e seus órgãos entrarem em contato com o ar, o bebê responda com um xixi inesperado (e, se for um menino, é você que levará a pior). Agora você já pode prender as fitas adesivas, mas não aperte demais. Deixe folga suficiente para que o bebê possa se movimentar sem que a fralda o machuque ou fique roçando nele. Uma dica? Devem caber um ou dois dedos entre o corpo do bebê e a fralda na altura da cinturinha.

QUANDO

Com que frequência é necessário trocar o bebê? As fraldas descartáveis têm uma capacidade de absorção muito maior do que as de pano e só ficam úmidas e prejudiciais ao bebê depois de muitos xixis. Em todo caso, os próprios pais saberão julgar quando trocar a fralda. E, se não acertarem, o bebê lhes mostrará isso chorando por se sentir incomodado. Mas geralmente são necessárias de 6 a 8 fraldas por dia. Esse número tende a diminuir conforme o bebê cresce.

Tenha em mente que, nesses primeiros meses de vida, uma das doenças mais comuns nos consultórios pediátricos é a dermatite das fraldas (irritação na pele dessa área), razão pela qual convém caprichar na higiene. Como prevenção, ou para remediar seus primeiros sintomas, você pode aplicar algum tipo de creme protetor (em especial, os que contêm óxido de zinco), mas informe-se bem sobre os mais adequados para essas primeiras semanas. E não abuse deles se a pele do bebê se mostrar saudável. Você poderia alterar seu pH natural e provocar algum tipo de reação alérgica.

De todo modo, as fezes dos recém-nascidos costumam ser bastante líquidas durante as primeiras semanas de vida, e por isso é normal que apareçam assaduras e irritações.

QUAIS

Vocês encontrarão no mercado fraldas específicas para recém-nascidos. Na hora de escolher, prestem atenção na qualidade dos materiais, em seu grau de absorção e impermeabilidade, vejam se os ajustes e acabamentos são suaves, se as fitas adesivas são reutilizáveis e, principalmente, se têm barreira antivazamento (o bebê passará muitas horas deitado nesses primeiros meses).

UM DADO INTERESSANTE

As primeiras evacuações do bebê costumam ser escuras e pegajosas. Elas recebem o nome de "mecônio". Mancham a pele mais do que as fezes seguintes, o que torna indispensável uma limpeza rigorosa. Por volta do terceiro ou quarto dia de vida, ele começará a fazer um cocô mais normal, mas com uma textura bem mais líquida, por causa do leite. É possível que antes disso ele tenha fezes de transição, pouco abundantes, mas também muito líquidas e com um tom esverdeado ou cinzento.

De um mundo para outro e, de novo, para outro. Isto é, do útero quentinho para casa e, daí, para um passeio na cidade. Contrariando velhas crenças que levavam à permanência do bebê em casa até mais de 2 semanas após o nascimento, hoje em dia se sabe que não há inconveniente em sair para passear com ele desde os primeiros dias. A rua não significa ameaça alguma se seu bebê estiver adequadamente protegido. Pelo contrário. O bebê gostará bastante do suave balanço do carrinho, de ouvir sons novos e de ver uma paisagem diferente da do hospital. E vocês, pais, se sentirão mais livres por poder transportá-lo.

Que precauções, então, devem ser tomadas? A primeira de todas diz respeito ao clima: o bebê não deve ir excessivamente agasalhado, mas tampouco pode sentir frio. Levar um cobertorzinho, mesmo em dias de mais calor, será fundamental. Mantenham-no protegido de correntes de ar e não o exponham ao sol por muito tempo: sua pele ainda é muito delicada.

Será imprescindível levar fraldas extras, roupa limpa e artigos básicos de higiene, além do que for necessário para lhe dar o peito ou a mamadeira.

Durante os passeios, o bebê passa a maior parte do tempo dormindo. Ele já segue, ao nascer, um ritmo mais ou menos preestabelecido de vigília e sono. Desperta a cada 2-3-4 horas para comer e também para que vocês troquem as fraldas e falem com ele. Essa troca de afetos quando o bebê está desperto é muito importante. O recém-nascido segue um esquema de sono muito similar ao do feto. Começa a dormir no que chamamos **sono ativo**, em que move os globos oculares, faz caretas, respira irregularmente, emite algum gemido e realiza pequenos movimentos com as extremidades. Embora o bebê pareça inquieto, esse tipo de sono é perfeitamente normal e não devemos interrompê-lo em hipótese alguma. Se a mãe ou quem cuida do bebê acha que está acontecendo alguma coisa, é provável que o toque, que o pegue nos braços ou o embale. O problema é que assim vai interromper seu sono normal e sereno.

Depois de uns 30-40 minutos de sono ativo, o bebê entra numa fase de sono mais profundo, que denominamos **tranquilo**. Ele fica totalmente relaxado, sem gemidos nem movimentos, respirando suave e profundamente. Essa fase de sono também dura de 30 a 40 minutos. O bebê vai alternando esses tipos de sono até despertar, 3-4 horas depois. Essa forma de dormir persiste até quase 2 meses de idade.

Um bebê recém-nascido dormirá grande parte do dia (uma média de 16-17 horas) e despertará quase exclusivamente para se alimentar a cada 2-3 horas, mais ou menos. Ele ainda não reconhece a diferença entre noite e dia, o que torna suas rotinas bastante irregulares. À medida que fica mais saciado, pois seu estômago vai crescendo, o tempo entre as mamadas será maior e as horas de sono tenderão a se concentrar. Por isso, é de suma importância seguir uma boa rotina em sua alimentação (fiquem atentos ao RESUMO PRÁTICO mais adiante).

Convém respeitar seu ritmo e não acordá-lo para lhe dar o peito ou a mamadeira, a não ser que tenham se passado umas 5 horas sem que ele reclame.

A partir dos 2 meses mais ou menos, os bebês, a exemplo dos adultos, têm diferentes etapas e graus de profundidade do sono; seus padrões na hora de dormir foram se desenvolvendo nos últimos meses de gravidez.

O sono lento ou não REM compreende quatro etapas:

- *Sonolência*: suas pálpebras começam a se fechar, e o bebê abre e fecha os olhos.
- *Sono leve*: o bebê já está dormindo, mas se move e se assusta com ruídos.
- *Sono profundo*: muito mais tranquilo, o bebê quase não se move.
- *Sono muito profundo*: o bebê permanece tranquilo, sem se mover.

O sono ativo ou REM (de movimentos oculares rápidos) é um dormir leve durante o qual se sonha. O recém-nascido passa a metade das horas de sono nessa etapa.

Durante os 3 primeiros meses de vida, é normal que o bebê tenha dificuldade para ligar essas fases, sendo provável que desperte com frequência ao querer passar do sono profundo para o leve. Como saber se o bebê está com sono? Se ele desvia o olhar e não atende, queixa-se, boceja e, já com mais dias de vida, esfrega os olhinhos. A missão dos pais é identificar isso e proporcionar um ambiente seguro e tranquilo para o descanso. É interessante, desde o primeiro de vida, estabelecer certas rotinas de alimentação, higiene e sono. Se ele dorme enquanto mama ou está nos braços, você pode gerar nele a crença de que isso é que é normal, e não dormir na cama.

MUITO IMPORTANTE: todos os bebês têm pequenos despertares durante o sono. São breves, e eles geralmente voltam a conciliar o sono sozinhos. É algo normal e não devemos fazer nada para que voltem a dormir.

Outro grande dilema é decidir em que posição colocar o bebê na hora de dormir. Ultimamente, especialistas têm desaconselhado virá-lo de bruços porque há diferentes estudos mostrando que pode haver uma relação entre essa posição e a Síndrome da Morte Súbita do Lactente. Recomenda-se que os bebês durmam de barriga para cima, ou de lado. Também é melhor evitar travesseiros, cobertores ou edredons muito pesados, e os brinquedos (mesmo os macios) dentro do berço.

A FUNÇÃO DA CHUPETA

Desde que nasce, o bebê tem um intenso reflexo de sucção, que o ajudará a se alimentar quando a mãe lhe der o peito ou a mamadeira. A chupeta serve para acalmar essa necessidade de sugar. Utilizá-la quando o bebê acabou de comer para ajudá-lo a dormir é o mais comum; aliás, isso é recomendado a partir do primeiro mês de vida porque reduz o risco de morte súbita. Ela também pode ajudá-lo a relaxar quando sentir algum mal-estar ou estiver chorando porque está com fome e vocês não tiveram tempo de preparar a mamadeira – mas não deve, de jeito nenhum, substituir o alimento nem os mimos ou cuidados que o bebê pede aos pais.

O uso da chupeta pode deformar o palato de seu bebê se o modelo é duro demais e não cumpre todas as normas sanitárias vigentes, ou se ela não é usada com moderação. Os bebês são idiossincráticos na escolha da chupeta, cada um tem seu gosto particular. Há os que preferem de borracha, outros de silicone, com bico anatômico (imitando o mamilo da mãe), fisiológica (adaptada à forma do palato) etc. Em todo caso, lembre-se de esterilizá-la antes de oferecê-la ao bebê pela primeira vez. Enxágue-a com frequência e procure deixá-la sempre limpa. Não prolongue a vida útil de uma chupeta por mais de alguns meses. Transcorrido esse tempo, troque-a por uma nova.

Vejamos outros detalhes dessa ferramenta fundamental para o bebê...

A chupeta segura:
- Deve ser de uma peça só.

- Seu escudo deve ter dimensões mínimas de 4,3 cm x 4,3 cm, rígido ou semirrígido, mas com flexibilidade suficiente para evitar traumatismos. Deve ter orifícios laterais para evitar asfixia.
- Preferível com argola, para ser facilmente retirada da boca do bebê caso ele se engasgue.

Quanto a seu uso:
- Deve ser lavada toda vez que o bebê deixar de usá-la ou derrubá-la.
- Deve ser trocada quando começar a se dilatar ou deteriorar.
- Nunca se deve passar nela açúcar, mel...
- Não se recomenda utilizá-la antes da primeira semana por risco de acidentes e por dificultar o estabelecimento de um bom ritmo de alimentação.
- Ao que parece, seu uso durante o sono nos primeiros meses protege o bebê da Síndrome da Morte Súbita do Lactente.
- A partir de um ano, deve ser usada apenas durante o sono.
- A partir dos 18 meses, recomenda-se sua retirada, pois ela favorece o surgimento de otite de repetição, maior frequência de candidíase oral (fungos na boca) ou feridas bucais, desenvolvimento de malformações dentárias com forte presença de respiração bucal...

Resumindo:
- Benefícios da chupeta:
  – Efeito estimulante da sucção especialmente no prematuro.
  – Tranquiliza o bebê.
  – Previne a morte súbita do lactente.
- Riscos cientificamente comprovados de seu uso prolongado:
  – Maior incidência de malformações dentárias.
  – Favorece a presença de otite média.
  – Presença de cárie nos incisivos (especialmente se a chupeta é "adocicada").
  – Aumento de acidentes.
- Riscos sem comprovação científica:
  – Infecções respiratórias virais.
  – Menor duração do aleitamento materno.

GUIA PARA ENSINAR O BEBÊ A DORMIR DESDE O PRIMEIRO DIA DE VIDA

Rotinas comportamentais a ser seguidas:

1. Recomendamos que a mãe alimente o bebê no mesmo lugar sempre que possível, com luz, música ambiente suave e temperatura agradável. **O bebê deve permanecer acordado durante toda a mamada**. Isso é difícil, pois ele tende a dormir enquanto se alimenta. Fale com ele, faça pequenas carícias e o estimule suavemente para que se mantenha desperto. Com isso, ele mamará mais e começará a entender que comer e ficar acordado estão relacionados. Quanto às normas e ao horário das mamadas, a mãe deve seguir a orientação do pediatra.

2. Depois de cada mamada, é preciso segurar o bebê **acordado** nos braços por uns 10 minutos, para eliminar gases e evitar cólicas. Isso também ajuda o início da digestão. Estimule-o com carícias e converse com ele o tempo todo.

3. Depois de trocar a fralda, deite-o no berço, mas acordado, para que ele aprenda a dormir sozinho. Pode utilizar a chupeta. Se ela cair, você deverá ajudá-lo a pôr na boca de novo quantas vezes forem necessárias.

4. Essas normas serão seguidas nas mamadas diurnas. Nas noturnas, você deve alimentá-lo em sua cama e, depois de trocá-lo se necessário, voltará a deitá-lo no berço acordado.

5. É bastante recomendável que a mãe siga os mesmos horários de sono do bebê. Isso pode ajudá-la a evitar a depressão pós-parto. Demonstrou-se que um fator causador dessa depressão é a falta de sono sofrida pela mãe durante a amamentação.

POR QUE O BEBÊ CHORA?

É a primeira coisa que ele faz, e essa é praticamente sua única forma de comunicação verbal nos primeiros meses. Ainda que seja preocupante e desesperador ver e ouvi-lo chorar, na maioria das vezes o choro é sinal de fome ou sono, de que o bebê sente desconforto com a roupinha ou com a posição em que se encontra, de que tem a fralda molhada ou alguma dor (as cólicas habituais) ou incômodo. Às vezes ele pode estar reclamando atenção e expressando o

> desejo de ser pego nos braços e protegido. Em todo caso, o melhor é não alterar-se e manter a calma, falar docemente com ele para que se tranquilize, ninar e agasalhá-lo. E, claro, dar uma resposta à sua necessidade. Vocês não devem se preocupar, pois logo descobrirão o que cada momento exige. Além disso, lembrem-se de que a intensidade do pranto será mais forte no segundo mês e, aos poucos, irá diminuindo conforme o bebê for crescendo. Também é normal que alguns bebês chorem uma média de 2,5 ou 3 horas por dia enquanto outros, também saudáveis, chorem até 6 horas. Portanto, tenham calma e paciência. Às vezes, durante as cólicas, enrolar o bebê com um lençol (como se fosse uma múmia) fará que ele se sinta mais seguro e confortável, e ele passará a chorar com menos frequência e intensidade.

Alimentação. Dar o peito ou não

Um dos grandes dilemas que todas as mães enfrentam, principalmente as de primeira viagem, é se devem ou não dar o peito ao bebê. É verdade que a maioria das mulheres prefere dar o peito, por pensar que é benéfico para o filho e fortalece o vínculo entre eles, mas não é verdade que as que optam por não fazê-lo ou, por qualquer motivo, não podem amamentar são mães piores. Esse ponto deve ficar extremamente claro e aceito para que vocês se sintam satisfeitas com sua escolha, seja ela qual for.

Os seios não se enchem de leite pelo simples fato de a mulher dar à luz. Será a sucção do recém-nascido que provocará o aumento do hormônio prolactina e estimulará os alvéolos mamários a produzi-lo. Meia hora após nascer, o bebê já buscará instintivamente o peito e terá capacidade de sucção suficiente para extrair alimento. No entanto, até 2 ou 3 dias após o parto não ocorre aumento importante do leite (embora isso dependa de cada mulher). A pele dos seios estica, e eles incham, o que pode ser incômodo. O melhor alívio será o bebê mamar com a maior frequência possível, pois assim eles se esvaziarão. A primeira coisa que o bebê extrai deles é o chamado **colostro**, uma substância amarelenta e viscosa, rica em proteínas, vitaminas e minerais. Depois de uns 3-4 dias, as mamas começarão a produzir leite de transição e, posteriormente, o leite maduro.

Nos partos cesáreos, o aumento de leite costuma demorar um pouco, mas isso não é motivo para não pôr o bebê no peito. Sua sucção pode contribuir para acelerar o processo. Em todo caso, você deve ter muita paciência. É provável que o bebê tenha fome antes que o volume de leite tenha aumentado, o que o faz chorar mais do que você gostaria. Mas tente manter a calma. Em alguns dias já poderá alimentá-lo normalmente. O colostro (o leite do início) é bastante rico em proteína e outras substâncias, de modo que, na maioria das vezes, uma menor quantidade é suficiente para manter o bebê alimentado e nutrido.

Neste ponto, convém derrubar o mito de que o peito de maior tamanho produz mais leite. A quantidade de leite que o corpo da mulher é capaz de produzir depende em grande medida, entre vários fatores, da frequência com que se oferece o peito ao bebê. Com o tempo, a produção de leite irá se adaptando à demanda. As mulheres que optarem por dar o peito não têm por que variar os hábitos alimentares, embora talvez sintam mais apetite e sede e necessitem ingerir mais líquidos. Nada de "comer por dois" nem de "fazer dieta". Convém evitar o café e qualquer outra bebida estimulante, como também tomar medicamentos e fumar.

Como dar o peito? Antes de tudo, com muita calma. Num ambiente relaxado, sem estresse nem pressões de qualquer natureza. Alimentar o bebê é algo que requer tempo e dedicação. Veja qual é a posição mais cômoda para você. Escolha a cadeira ou poltrona mais adequada (ou a cama, se preferir), ponha uma almofada atrás das costas para mantê-las retas, bem apoiadas, os ombros relaxados, e aproxime o bebê do peito, virado para você, de modo que a barriga dele fique de frente para a sua. Ele mesmo buscará instintivamente o mamilo e demonstrará a posição em que se sente mais confortável. Mas você pode ajudá-lo. O mamilo deve ficar por completo dentro de sua boquinha, que deve cobrir praticamente todo o espaço da auréola. Com a mão, você pode segurar o peito para que não pressione o nariz do bebê, que assim poderá respirar normalmente enquanto se alimenta.

Também é o bebê que decidirá a duração de cada mamada. É provável que ele se canse nos primeiros dias e mame apenas 4-5 minutos em cada peito. Pouco a pouco irá aumentando, até 10 minutos ou mais. Terá sono depois de saciar o apetite; e vocês dois podem aproveitar para dormir um pouco. É quase certo que ele desperte poucas horas depois, e você deve estar preparada, pois ele vai querer se alimentar de novo.

Sempre que terminar de dar de mamar ao bebê, lembre-se de que é bom colocá-lo na posição vertical, apoiá-lo sobre seu peito e esperar, acariciando suas costas e dando-lhe leves tapinhas, até que ele solte os gases (o esperado arroto). Se ele arrotar, ótimo, mas, se depois de 5-10 minutos não tiver arrotado, é porque não tem necessidade disso. Você pode colocá-lo para dormir um pouco. Lembre-se de que, na mamada seguinte, deverá oferecer o peito que lhe deu por último, pois este certamente não estará tão vazio quanto o que ele mamou primeiro.

O fato de amamentar não torna sua presença imprescindível. Utilize um extrator de leite para guardar uma quantidade (o leite pode ser conservado na geladeira por até 2 dias e, se congelado, de 3 a 6 meses), assim o pai ou outra pessoa poderá alimentar o bebê se você não puder ou se quiser descansar um pouco. O extrator também será útil se você produz mais leite do que o bebê necessita.

VANTAGENS DO ALEITAMENTO MATERNO

Embora se trate de uma escolha muito pessoal, o aleitamento materno tem inúmeras vantagens que convém considerar. A primeira é que o leite materno transmite ao recém-nascido uma série de anticorpos, que lhe serão benéficos para prevenir infecções, além de vitaminas e minerais. Seus componentes (lactose, proteína, gordura) são de fácil digestão, evitando diarreias e prisão de ventre. Além disso, esses componentes vão variar de acordo com a idade do bebê, de modo que se adaptem perfeitamente às suas necessidades e favoreçam sua capacidade inata de autorregular a quantidade de alimento que consomem em 24 horas. E, como se isso não bastasse, o leite materno é gratuito. Também é certo que o contato físico durante a amamentação e a satisfação que você, mamãe, sentirá por poder alimentar seu bebê serão benéficos para ele.

Para garantir o êxito do aleitamento materno convém iniciá-lo o mais cedo possível (logo após o parto, ainda que você "não note nada nos seios"). As mamadas devem ser frequentes nos primeiros dias, permitindo ao bebê esvaziar bem os peitos, e também é importante ter paciência e não se precipitar em dar mamadeira por medo de que ele não esteja se alimentando suficientemente.

Mas e se você não puder? A mamadeira é a alternativa. A dor sentida quando o bebê se agarra ao peito e o surgimento de fissuras nos mamilos são as principais causas de abandono do aleitamento. É verdade que uma correta colocação do mamilo na hora de o bebê mamar pode ajudar a prevenir esses contratempos. No entanto, quando eles aparecem, muitas mães têm dificuldade em continuar amamentando os filhos. Em outras ocasiões, o bebê não obtém todo o alimento de que necessita ou a mãe, por algum motivo, simplesmente decide não dar o peito.

Em todo caso, as fórmulas lácteas infantis são a alternativa. Como também o serão mais tarde, quando você tiver de se preparar para voltar ao trabalho ou se vir obrigada a deixar de amamentar (veja o capítulo seguinte). Esses produtos satisfazem às necessidades nutricionais do bebê, pois reproduzem a maioria das propriedades e a composição do leite materno (proteínas, gorduras, açúcares, vitaminas...). O fato de alimentar o bebê com mamadeira facilita a participação do pai na alimentação e reforça seu papel desde o início. Vale salientar que dar mamadeira pode ser um momento igualmente intenso e afetivo entre ambos. Tudo depende do amor com que isso é feito.

Há outras diferenças? As fórmulas artificiais têm digestão mais lenta que o leite materno, por isso o intervalo entre as mamadas costuma ser mais dilatado. Uma coisa é certa: preparar uma mamadeira requer certa metodologia. Em primeiro lugar, tenha sempre leite suficiente à disposição e esterilize o recipiente, o bico e a água a ser empregada (a menos que seja água mineral). A ebulição por um minuto continua sendo eficaz; se fervemos a água por mais tempo, aumenta a concentração de nitrito e outras substâncias, o que não é saudável. Salvo por prescrição médica, a cada 30 ml de água acrescente uma medida de leite em pó (os potes costumam incluir colheres dosadoras). O ideal é preparar a mamadeira momentos antes de oferecer ao bebê, mas podemos preparar e guardá-la na geladeira a uma temperatura de 4 °C ou menos e aquecê-la em banho-maria quando chegar a hora de amamentar.

Antes de dar o leite ao bebê, verifique se já está morno, mas não quente demais. Deixe respingar umas gotas no pulso. Se esfriou demais, evite aquecer no micro-ondas. É muito melhor colocá-lo sob um jorro de água quente da torneira. É verdade que a digestão do bebê é mais lenta do que com leite materno, o que aumentará a possibilidade de gases ou prisão de ventre.

As temidas cólicas são um dos motivos de choro mais habituais nos bebês de poucas semanas. As chamadas **cólicas do lactente** são, talvez, a enfermidade mais frequente nessa etapa (atinge um quarto dos bebês). Costumam ocorrer a partir de 3-4 semanas, quando o bebê já se alimenta normalmente, e desaparecem até os 4 meses. Mas, na realidade, não sabemos ao certo o que são as cólicas, o que as produz e por que alguns bebês têm mais do que outros. A única coisa certa é que são benignas e transitórias. Tanto faz se o bebê mama no peito ou na mamadeira. As cólicas podem aparecer de maneira indistinta, são mais frequentes à tarde e à noite e podem durar alguns minutos ou várias horas.

A cólica:

- Depende da idade do bebê e da hora do dia: costuma se iniciar por volta de 3-4 semanas, seu ponto mais crítico ocorre na sexta semana de vida e diminui até os 3 meses, predominando nas últimas horas da tarde ou da noite.
- Pode vir acompanhada de uma série de comportamentos: choro inconsolável e constante, muitas vezes com abdômen distendido e duro, expulsão de gases, punhos fechados, pernas flexionadas e costas arqueadas.
- Provoca no bebê um choro que começa e termina de maneira brusca.

O que podemos fazer se o bebê tem cólica?

- Continuar com o aleitamento materno se era essa a forma de alimentação.
- Não introduzir alimentos sólidos.
- Não começar a mudar de fórmulas lácteas ou a usar fórmulas sem lactose.
- Evitar alimentação excessiva.
- Quando o bebê chorar: acariciá-lo e, se necessário, tomá-lo nos braços.
- Embalar o bebê em decúbito ventral (de barriga para baixo).
- Evitar o excesso de estímulos (luz, música...).
- Não sacudir o bebê.
- Buscar ajuda para poder descansar.
- Ter consciência de que isso não é uma enfermidade e de que vai melhorar espontaneamente.

ALIMENTÁ-LO DURANTE A NOITE

No primeiro mês de vida, seu bebê sentirá fome a cada 2-3 horas. Durante o dia, você pode aproveitar cada mamada para estimulá-lo. Para isso, tente mantê-lo desperto, num lugar com luz natural e música de fundo suave. Assim, ele associará esses elementos externos ao fato de estar acordado.

> Se a mamada é noturna, a primeira coisa é garantir conforto para os pais, especialmente para a mãe, que dá o peito. Por isso, é uma boa ideia deixar o bebê dormir ao lado de sua cama e não em outro cômodo da casa. É necessário que ele esteja acordado na hora de mamar no peito ou na mamadeira, mas você não precisa estimulá-lo em excesso, só o suficiente para ele se alimentar. O importante é que, pouco a pouco, ele vá relacionando o momento de mamar com o dia, não com a noite.

EM RESUMO...

- Um recém-nascido conserva traços fisiológicos e anatômicos de sua fase fetal; por isso, não estranhe caso ele mantenha as pernas dobradas, as mãos fechadas, não tenha uma visão cem por cento ou que sua cabeça apresente uma forma "peculiar" (pontuda, assimétrica...).
- É importante não culpar-se de não ser bom pai por não ter assistido ao parto ou boa mãe porque não amamenta o bebê. Essas são decisões pessoais que não afetam o bom crescimento nem a relação entre pais e filho.
- O leite materno contém todos os nutrientes e anticorpos necessários ao bebê, mas as fórmulas lácteas artificiais reproduzem a maioria de suas qualidades.
- Os bebês não distinguem os ciclos circadianos – noite e dia – porque ainda conservam o ritmo da gestação. Por isso, dormem praticamente o dia todo e a noite inteira, com breves despertares.
- O choro do bebê nem sempre é indicação de que algo está errado. É sua maneira de se comunicar conosco. O choro é normal, pois é a maneira de o bebê se conectar com o mundo. Ele costuma chorar de 2 a 3,5 horas por dia.
- O contato físico é o melhor meio para estabelecer um laço afetivo com o seu bebê.

Sinais de alarme

Como já apontamos antes, os bebês têm um padrão respiratório irregular nas primeiras semanas, o que, às vezes, preocupa bastante os pais, por pensarem que se trata de uma doença ou, pior ainda, da Síndrome da Morte Súbita do Lactente (SMLS). Mas é perfeitamente normal que o bebê tenha uma respiração irregular. Ele pode respirar 60 vezes por minuto quando está ativo ou alterado, como também deixar de respirar durante 5-10 segundos, especialmente quando está dormindo. Não se assustem. Só será uma emergência se observarem que o bebê deixa de respirar por mais tempo ou adquire uma cor azulada. Nesse caso, liguem imediatamente para seu pediatra ou corram ao pronto-socorro mais próximo.

2

O bebê de 2 meses
Como cresce rápido!

Passaram-se apenas umas poucas semanas desde sua chegada ao mundo, mas seu bebê já teve uma grande evolução. Ele mama cada vez mais e, com isso, dorme por mais horas seguidas. Ganhou peso e tamanho, está mais ativo, seus sentidos vão se definindo e se aguçando, reconhece os pais, olha e sorri para eles, já começa a sustentar a cabeça. E o que é mais importante: vocês, pais, estão controlando a situação. O medo de não saber cuidar dele adequadamente já passou, e vocês desfrutam mais a relação com ele. Agora é hora de ajudá-lo a crescer, e estimulá-lo de maneira lúdica é a melhor escolha.

Embora isso dependa de cada criança, geralmente a partir das 8 semanas de vida os bebês já conseguem erguer a cabeça por pelo menos alguns segundos e girá-la para ambos os lados quando querem olhar alguma coisa ou se sentem atraídos por algum barulho. Também conseguem se sustentar um pouco apoiando os antebraços. Vocês podem comprovar isso deixando o bebê de barriga para baixo sobre a cama um instante, prática que, quanto mais tempo fizerem, melhor será: sempre com o bebê desperto e vigiado por alguém. E, se o puserem de barriga para cima, ele moverá as pernas e talvez até consiga levantar um pouco as nádegas e deslocar-se alguns centímetros. E, se ele sentir algo em contato com os pés, reagirá dando pequenos chutes, e, se segurado pelas axilas, começará a apoiar os pés como se quisesse caminhar.

O bebê se interessa pelo próprio corpo, descobre as mãozinhas e os dedinhos, e já existe o reflexo de agarrar: quando perceber um objeto em contato com a pele, realizará uma preensão involuntária (automática) sobre ele. De igual modo, é capaz de girar a cabeça para seguir um objeto com o olhar, embora ainda não possa pegá-lo. Quantas coisas ele aprendeu a fazer em tão pouco tempo! Cada novo progresso enche os pais de satisfação.

Seus sentidos também evoluíram. O bebê é capaz de fixar o olhar durante mais segundos, e seu campo de visão estendeu-se para os lados, para cima e para baixo. Reagirá a determinados sons (um chocalho, o tilintar de chaves, as vozes das pessoas ao redor...) e ouvirá a si mesmo. Sua forma de comunicar-se será fundamentalmente o choro ou a risada, mas já é capaz de balbuciar, emitir gritinhos e proferir alguns sons.

Mas seu bebê é realmente capaz de captar o que vocês querem lhe transmitir? É evidente que ele ainda não pode entender sua linguagem, mas o tom de voz e o gesto que acompanham cada frase serão associados por ele a uma determinada sensação. Por exemplo, ele sorri para palavras ditas com carinho e algumas carícias. Se levantarem a voz ou falarem com ele de modo enérgico, ficará triste. Precisamente por isso, é de suma importância procurar falar sempre de maneira tranquila e suave.

Ele é pequeno e dorme a maior parte do tempo, mas vocês podem e devem contribuir para que aprenda coisas novas e desenvolva os sentidos. É muito simples. Por exemplo, o que mais lhe chama a atenção são os rostos, principalmente os olhos. Mostrem-lhe uma boneca de olhos bem grandes: ele fixará o olhar e tentará pegá-la. Também pode ser bastante estimulante deixá-lo se olhar no espelho. Embora não tenha aprendido a se reconhecer, ele sentirá um impacto ao ver a si mesmo e se divertirá a valer seguindo seus movimentos e explorando o próprio rosto.

Deixá-lo de bruços sobre um cobertor por alguns instantes ajuda no fortalecimento do pescoço e consequente sustentação da cabeça, evitando deformações nela (plagiocefalia).

Os móbiles com figuras grandes, suspensos cerca de 30 cm sobre a cabeça, chamarão sua atenção; ele erguerá os bracinhos para tentar pegá-los. O mesmo se aplica a chocalhos e objetos pequenos que façam ruído: ele vai querer segurá-los, movê-los... e isso vai fortalecer as mãozinhas.

O que mais vocês podem fazer? Jamais comparem as habilidades de seu filho com as de outras crianças. Numa etapa como essa, de desenvolvimento e aprendizagem, não há um único padrão do que um bebê deve saber fazer. Cada bebê é diferente e deve evoluir num ritmo próprio, sem pressões, mas com estímulos e muito carinho. De fato, o que ele mais necessita é sentir que não está só, que vocês estão com ele.

Os bebês que se alimentam com leite materno costumam ganhar menos peso nessas primeiras semanas do que os que tomam mamadeira. Mas, vale repetir, não existem regras fixas para isso. O normal é que, durante o primeiro mês, o bebê ganhe cerca de 200 gramas por semana e cresça uns 3 centímetros. Seu perímetro craniano terá aumentado 1-2 centímetros por mês. Em todo caso, o pediatra indicará em cada consulta como o bebê evolui.

De modo geral, as visitas ao pediatra são aconselhadas a todos os bebês, independentemente de qualquer outra urgência médica. Logo depois do parto, foi feito um primeiro exame na clínica ou no hospital, chamado teste de Apgar, para avaliar a frequência cardíaca, o ritmo respiratório, o tônus muscular, a cor da pele e a resposta do bebê a estímulos externos. Ele também foi pesado e teve o comprimento do corpo e o perímetro da cabeça medidos.

Durante as primeiras 24 horas de vida, será feito outro exame físico muito mais exaustivo: o médico vai olhar suas fontanelas (aberturas cranianas), a simetria dos olhos, a boca, se alguma das clavículas se deslocou durante o parto, o quadril, os órgãos genitais, as pernas e pés; e o ritmo cardíaco e a atividade pulmonar serão reexaminados. Em cada revisão feita pelo pediatra durante o primeiro ano de vida do bebê, cada uma dessas partes passará por novo exame. Uma gotinha de sangue será extraída do calcanhar do bebê e analisada para descartar certas enfermidades. Não se esqueçam de que depois deverão voltar ao pediatra ou hospital e repetir o teste do pezinho* com o objetivo de detectar alguma doença metabólica. Aos 15 dias de vida do bebê, vocês deverão voltar ao pediatra, com o objetivo de ver se o seu estado continua normal, se o cordão umbilical caiu, verificar sua evolução muscular e seus reflexos básicos.

A primeira consulta ao pediatra deverá ocorrer entre a primeira e a segunda semanas de vida. Além de proceder a um exame físico e sensorial detalhado do bebê (peso, comprimento, olhos, ouvido), ele aconselhará sobre os hábitos de vida mais saudáveis para ele nessa etapa da vida. Será o momento de levarem ao médico qualquer dúvida que tenham.

Aos 2 meses, começa a vacinação. No encontro com o pediatra, além do exame médico habitual [o bebê receberá uma primeira dose da vacina contra a hepatite B (a não ser que já tenha recebido no hospital; nesse caso, será administrada a segunda dose), difteria, tétano, coqueluche, poliomielite, *haemophilus*, meningococo C, pneumococo – estas três últimas são bactérias causadoras de enfermidades graves nos bebês (pneumonia, meningite, otite) – e o rotavírus.

As vacinas podem ter alguns efeitos secundários, como febre e irritabilidade durante as 24 horas seguintes à administração. Não se preocupem, pois eles desaparecerão em pouco mais de um dia.

....
* No Brasil, esse teste em geral é feito após 48 horas de vida, ainda no hospital. (N. do R. T.)

> **PARECE QUE ELE ESTÁ SONHANDO...**
>
> Após o primeiro mês de vida, os ciclos de sono e vigília do bebê já costumam estar mais ou menos estabelecidos. Como ele ingere mais alimento, também dormirá por mais horas seguidas, em especial à noite, o que permitirá aos pais dormir um pouco mais do que nas primeiras semanas, quando o relógio biológico do bebê ainda não diferenciava entre noite e dia (chamamos isso de ritmo ultradiano, que consiste em acordar-comer-dormir-acordar). Isso não significa que ele já percebe a diferença aos 2 meses de idade; o bebê simplesmente terá se habituado ao ritmo que vocês foram impondo a ele.
>
> Sabe-se que os bebês crescem enquanto dormem. É verdade. Enquanto descansam, seu cérebro repara e restaura seu corpo (fase profunda do sono) e segrega o hormônio do crescimento. Além disso, eles fixam os novos conhecimentos adquiridos (durante a fase conhecida como REM, em que sonham), produzem um maior número de conexões neuronais (o que favorece um coeficiente intelectual maior) e recuperam as energias para o dia seguinte. Por isso, é importante criar condições para o bebê dormir tranquilamente e tanto quanto necessário nessas primeiras semanas de vida.
>
> Mas convém lembrar que ele não está a salvo de pesadelos ou de sonhos que lhe provoquem algum tipo de angústia, principalmente porque a metade do tempo em que passa dormindo é na fase REM. Se isso ocorrer, não o acordem: podem assustá-lo. Ele simplesmente está sonhando.

Alimentação. Se você pretende parar de dar o peito

As mães que optaram por dar o peito ao bebê podem fazê-lo até quando quiserem, mas o comum é que, tendo de retomar o trabalho, deixem o aleitamento natural cerca de 16 semanas após o parto ou, ao menos, iniciem o chamado aleitamento misto, com introdução de outro leite durante as horas de trabalho. Outra possibilidade é extrair o leite materno ao longo do dia e conservá-lo no congelador. Aqueça-o em banho-maria para oferecer ao bebê.

ALEITAMENTO DE QUALIDADE

- Quanto tempo o leite permanece em perfeito estado, depois de extraído do peito? Para não correr riscos, vocês devem observar os seguintes limites de segurança:
  - À temperatura ambiente: 6 horas (4 horas no verão).
  - Na geladeira: 6 dias.
  - No congelador (a frequência com que é aberto terá influência):
    - De temperatura entre -6 °C e -12 °C: 2 semanas.
    - De temperatura de -18 °C: 3 meses.
    - *Freezer* separado: 6 meses.

  Não ponham o leite nas prateleiras da porta da geladeira ou do congelador, pois são onde a temperatura mais varia. É melhor colocá-lo ao fundo, no centro.

- Posso voltar a dar ao bebê o resto de leite não consumido na mamada anterior?

  Se o bebê não toma o leite oferecido, você ainda pode dá-lo até 1-2 horas depois. Se passar disso, é melhor rejeitá-lo.

- Como aquecer o leite tirado da geladeira ou do congelador?

  Ponha o recipiente embaixo da torneira e deixe a água quente correr pouco a pouco até que o leite chegue à temperatura ambiente.

  Outra opção é pôr o recipiente dentro de outro com água morna, mas não excessivamente quente.

  Com o leite congelado, o mais prático é retirá-lo do congelador e colocá-lo na geladeira na noite anterior. Não use o micro-ondas para descongelar o leite armazenado, pois pode destruir certas propriedades do leite bastante benéficas para o bebê (defesas).

Com 8 semanas, o bebê deve ser alimentado sob demanda, isto é, sempre que pedir o peito ou a mamadeira. Mas vocês notarão que ele vai espaçando cada vez mais as mamadas: seus horários estão se tornando mais regulares.

No caso dos bebês que tomam mamadeira, qual é a quantidade adequada? Ela dependerá sempre do peso do bebê e da recomendação do pediatra, mas, em geral, costuma ser 150 ml diários de leite para cada quilo de peso corporal. Não ponham mais leite em pó do que o necessário pensando que, assim, o bebê ficará mais saciado ou mais alimentado; sem querer, vocês poderiam causar-lhe uma desidratação (acrescente 30 ml de água para cada medida, que deve ser rasa e não pode ser comprimida). Sigam atentamente as instruções da embalagem. A melhor maneira de saber se seu filho está se alimentando bem é ver se está ganhando peso de acordo com as escalas consideradas normais pelos especialistas.

Outra medida que merece extrema atenção é a higiene: lavem as mãos antes da preparação da mamadeira, que também deve ser lavada após o uso com uma escova apropriada e adequadamente esterilizada (vejam os comentários sobre a esterilização no capítulo anterior). É necessário que a mamadeira fique inclinada de forma que o leite cubra todo o bico, assim se evita que o bebê engula ar.

Outro fato relacionado a essa idade e ao tipo de alimentação é que muitos lactentes não fazem cocô todos os dias. Mais ainda: podem ficar vários dias sem defecar e, quando o fazem, é provável que sejam fezes abundantes e muito moles. Vale repetir: não se preocupem, é algo perfeitamente normal. Não se trata de prisão de ventre. Seu bebê estará com prisão de ventre se fizer cocô duro e seco. Nesse caso, é provável que ele sinta desconforto ao evacuar, porque terá dor no ânus, sendo até possível que ocorra alguma fissura nessa parte tão sensível do corpo.

Os leites artificiais provocam mais prisão de ventre do que o leite materno. Todavia, não aconselhamos o uso de laxante (a menos que prescrito pelo médico), muito menos que se estimule o bebê com um termômetro (o que, aliás, pode ser perigoso). O corpo é sábio, e, provavelmente, o problema desaparecerá por si só. O melhor laxante continua sendo a água; ofereça-a ao bebê entre as mamadas (não acrescente mais água à mamadeira). Se necessário, consulte o pediatra.

Em todo caso, para que tenham uma orientação de como devem ser as fezes do bebê, convém dizer que, se ele mama no peito, serão amareladas (embora, às vezes, possam apresentar uma coloração amarronzada ou esverdeada), muito moles e granulosas, além de mais frequentes (4-5 vezes ao dia, quase a mesma quantidade de mamadas ao dia, embora alguns bebês alimentados com leite materno façam cocô a cada 4-5 dias). Mas, se toma mamadeira, as fezes serão mais escuras e sólidas e, provavelmente, menos frequentes, às vezes de 2 em 2 dias.

EM RESUMO...

- Estamos em pleno momento de aceleração do crescimento. Os sentidos do bebê começam a se definir.
- É bom estimulá-lo com bonecos de olhos grandes e com móbiles. Uma brincadeira muito divertida é deixá-lo ver sua imagem refletida no espelho (embora ainda não se reconheça).

- Durante essas semanas, o pediatra fará numerosos exames para averiguar seu estado de saúde geral. Além disso, é o tempo das vacinas.
- Nessa idade, o bebê passa muitas horas na fase REM, em que os sonhos são produzidos; ele também pode ter sonhos inquietos, mas não deve ser despertado.
- A mãe pode combinar o aleitamento natural com as primeiras mamadeiras se deseja parar de dar o peito, ou combiná-lo com leite extraído e conservado no congelador. As fórmulas lácteas podem suprir as necessidades nutricionais do bebê.
- O estômago e o intestino do bebê estão se desenvolvendo; suas fezes apresentam vários aspectos e, às vezes, ocorrem em intervalos maiores.

Sinais de alarme

Consultem o pediatra se observarem:

- Temperatura inferior a 36 °C ou superior a 38 °C.
- Pele pálida, amarelada ou azul-violácea (cianose).
- Alterações na pele: petéquias, hematomas, bolhas...
- Dificuldade para respirar.
- Vômitos frequentes.
- Diarreia prolongada ou fezes com muco e/ou sangue.
- Prisão de ventre de vários dias.
- Abdômen distendido.
- Dor abdominal intensa que não diminui.
- Redução importante do apetite.
- Genitais alterados: hérnia inguinal (percebe-se o aparecimento de um inchaço na virilha), inflamação dos testículos ou do pênis.
- Fontanelas abauladas.
- Choro inconsolável e irritadiço.
- Sono prolongado com debilidade.
- Movimentos anormais.

3

O bebê de 4 a 6 meses
(quase) uma pessoinha

Seu bebê vai começar a sorrir. Será um marco recebido com emoção por todos os que o veem crescer. Aos 4 meses, ele abandona a atitude de recém-nascido, de bebê dorminhoco e comilão e começa a analisar o mundo. Literalmente. Os pais já adquiriram certa experiência e se sentem mais seguros com o filho. Algumas dúvidas se dissipam, e vocês desfrutam como ninguém, cuidando da incipiente pessoinha, do bebê que vai revelando seu caráter próprio, sua fascinante **personalidade**.

Do quarto ao sexto meses, a brincadeira e a *conversa* prevalecem, evoluem. Pais e bebê se tornam íntimos, se comunicam com trocas de carícias, choro, movimentos e novas experiências. É hora de estabelecer uma conexão, de interagir ao máximo. Nada dá mais prazer ao bebê do que a relação com seus cuidadores. Quer fazer amigos, garantir a atenção daqueles que lhe proporcionam cuidados e calor, gosta de socializar-se. E, como já dissemos, seu melhor trunfo é o sorriso, que supera a irritação, porque o bebê aos poucos vai adquirindo uma nova capacidade, a de se autoconsolar. Desse modo, um bebê desperto e receptivo é resultado de uma boa relação com as pessoas que cuidam dele, sejam os pais ou não. Agora é o momento de formar vínculos. Ao receber carinho e atenção, o bebê também será capaz de demonstrá-los em suas relações vitais. Não há melhor estratagema do que abraçá-lo, embalá-lo, brincar, conversar com ele... Em suma: cuidado físico e estímulo emocional. Estamos na divertida fase da "lalação", em que seu bebê intui as primeiras séries silábicas e a voz. O bebê varia o volume vocal, controla a duração dos vocábulos, a intensidade da voz, ouve a si mesmo e aos poucos toma consciência dos sons que emite. Repete sem cessar seus exercícios vocais; essa é uma de suas brincadeiras prediletas, na qual os adultos não devem interferir. Devemos deixar que a linguagem se aperfeiçoe numa experimentação solitária e iniciar conversas em outros momentos do dia para estimular o bebê de forma extra e demonstrar-lhe afeto.

O bebê se torna um agudo explorador do mundo ao redor. Sua curiosidade não conhece limites, coisa que notamos no fato de ele se distrair com facilidade para mexer em tudo o que o cerca. Ele se distrai até mesmo quando está comendo, razão pela qual devemos alimentá-lo num lugar tranquilo.

Essa curiosidade pode ser interpretada como inquietude e, às vezes, realmente se trata disso. A avidez de conhecimento por parte do bebê é tanta que o põe nervoso. Daí ser necessário ter à disposição diversas estratégias de jogos e formas de entretenimento com o objetivo de prevenir pequenas crises. Mas, quando surge essa intranquilidade, e percebemos que não é caso de fome, sede, xixi, cocô etc., não faz mal acomodá-lo no berço e deixar que ele se acalme sozinho.

A expectativa e indagação contínuas do bebê são evidentes em outra mudança: a física. Tudo indica que ele vai afirmando sua posição no mundo. Desde a cabeça e o tronco, já bastante sólidos, até sua maior atividade muscular, o bebê ganha autonomia. Deitado sobre a barriguinha, já levanta a cabeça e o corpo apoiando-se nos cotovelos para depois usar as mãos. Nessa posição, pode segurar um brinquedo, o que constitui um excelente exercício para a musculatura das costas. Se o sustentamos de pé, ele salta levemente (essa é a fase "saltadora") e quase pode suportar o próprio peso. De bruços, levanta braços e pernas, como um aviãozinho, enquanto, de costas, pedala e agarra os próprios pés. Também já pode rolar sobre si mesmo: da posição de bruços passa a ficar de costas e vice-versa; portanto, não o percam de vista.

Seus apertos com as mãos também não devem causar surpresa. No quarto mês de vida, já ocorre a preensão voluntária, que é palmar, global e pouco precisa. Ainda que lhe ofereçam um objeto, o bebê o tomará entre a palma da mão e os três últimos dedos e, em seguida, o levará à boca. Trata-se de uma reação tátil-visual, isto é, o bebê relaciona a visão ao tato. E tomem cuidado com os objetos pequenos quando o bebê chegar perto do quinto mês, pois estará pronto para alcançá-los e colocá-los na boca. Com 6 meses, a erupção dos dentes fará o bebê chupar tudo o que está à mão para aliviar o incômodo das gengivas.

Outro ponto que desperta entusiasmo é a confirmação de que finalmente o bebê distingue e reconhece os pais. Ele os vê bem, segue com os olhos seus movimentos e olha para quem fala com ele para deleitar-se com as formas da boca e o som das vozes alheias. Especialmente sensível às entonações e à música, seu bebê tenta imitar os sons e vocalizar.

> **BONS ESTÍMULOS**
>
> - Chame seu filho pelo nome e tente evitar os diminutivos.
> - Ao lhe mostrar objetos, diga-lhe como se chamam; ensine diferentes sons, cores, cheiros... usando sempre a denominação correta.
> - Faça-o sentir tecidos de várias texturas (seda, lã...), ouvir sons diversos e exponha-o a diferentes cheiros.
> - Olhem-se juntos no espelho.

Diante de tantas novidades, os pais costumam ter várias indagações. A primeira: o que fazer quando um problema diferente os pega desprevenidos, algo que sucederá durante toda sua vida como pais. Além disso, as primeiras dúvidas em relação ao ritmo diário de vocês, como casal e família, afloram: preocupam-se em ter tempo livre para vocês e para seus outros filhos e, assunto de máxima importância, incomodam-se com o fim da licença-maternidade (ou paternidade) e o retorno ao trabalho, pois não sabem como isso afetará o cuidado do bebê.

As primeiras papinhas e purês

Entre as novas experiências importantes também despontam os primeiros passos com os alimentos sólidos. Os testes para que o bebê tolere os sabores baseiam-se em tentativa e erro, e vocês têm de inventar artimanhas para triunfar nessa adaptação. Além disso, o fato de o bebê iniciar uma alimentação variada implica que está aprendendo para mais tarde sentar-se à mesa com a família (incluindo pequenos incidentes com copos virados e dedos dentro do purê). A aprendizagem de uma nova dieta é acompanhada por intercâmbio, socialização, costume de experimentar, e requer paciência, tranquilidade e jogo de cintura com o bebê. Afinal, a mesa se tornará um dos pontos de encontro mais frequentes e comuns da família ao longo dos próximos anos.

Do quarto ao quinto mês, o bebê parece mais agitado e nervoso na hora de comer, e as mudanças e interrupções das mamadas podem dar a sensação de falta de coordenação entre mãe e filho. É absolutamente normal. Estamos falando de uma transição muito interessante, já que o bebê é relativamente receptivo a novos sabores, sendo esse o momento de investigar com calma a introdução de alimentos diferentes do leite. Essa fase deve ser lenta e progressiva, sem pressa nem exigências, para evitar qualquer rejeição contraproducente e para que o bebê possa interiorizar as mudanças de sabores e as texturas dos alimentos. De fato, não podemos de uma hora para outra oferecer-lhe certos cardápios porque seu intestino ainda não está maduro para assimilar todos os alimentos. Um detalhe: nos bebês prematuros, esse amadurecimento do intestino demora um pouco, razão pela qual se recomenda esperar até os 6 meses para introduzir novos alimentos na dieta.

É claro que o interesse do bebê diante das novidades em seu prato vai depender das sensações de prazer proporcionadas pelo menu; por isso, não faz sentido forçá-lo ou vocês vão conseguir justamente o oposto do que desejam. Ele é movido por um ritmo próprio, não pela ânsia de avançar dos pais. Uma ideia básica: a comida jamais deve ser o binômio castigo-obrigação, mas sim prazer-satisfação.

Com efeito, o bebê começa a deglutir sólidos por volta dos 6-7 meses de idade, bem antes de se conscientizar da mastigação. É importante lembrar que um bebê chupa – não mastiga – de forma natural. Além do mais, ele não tem dentes, razão pela qual não podemos pretender que mastigue, por mais minúsculos que sejam os pedaços. É a partir dos 6 meses que observamos movimentos mandibulares rítmicos que lhe permitem mastigar pequenos alimentos.

Sem querer nos adiantar, agora é o momento de nos concentrarmos na introdução da **alimentação complementar**. É importante lembrar que se trata disso, de uma alimentação complementar e não substitutiva do leite, o qual deve ser oferecido ao bebê como sobremesa (aleitamento materno ou fórmula artificial). Aos 6 meses, não mais do que 50% das calorias que ele ingere devem provir da alimentação complementar. Esse momento também deveria coincidir com a aquisição de uma série de avanços pelo bebê:

- Sentado ou reclinado, é capaz de manter a cabeça erguida.
- Já se mantém sentado sem apoio.
- É capaz de expressar rejeição ou aceitação do alimento oferecido: ele é participativo.
- Aprendeu a retirar a comida da colher.
- Apesar da ausência de dentes, é capaz de realizar movimentos de mastigação.

Eis um pequeno esquema útil (a ordem de introdução não é o mais importante):

PASSO 1. Se seu bebê não mama no peito, você pode começar acrescentando duas medidas de cereais em mamadeiras alternadas. Hoje os pediatras preconizam introduzir o glúten mais cedo, a partir dos 5-6 meses e lentamente (para os bebês que mamam no peito, aos 5 meses).

Na terceira mamada do dia, podemos acrescentar a primeira papinha, de frutas, composta de:

- Uma banana bem madura sem as fibras.
- Metade de uma pera.
- Metade de uma maçã.
- Suco de uma laranja.

Atenção: cada uma dessas frutas será introduzida a cada 2 dias e em pouquíssima quantidade. Um dia, um pouco de maçã; após 2 dias, maçã e um pouco de pera... e assim sucessivamente (vejam o quadro abaixo, "Frutas e hortaliças: quando e como"). Depois da papinha, a sobremesa do bebê será mamar no peito ou na mamadeira.

FRUTAS E HORTALIÇAS: QUANDO E COMO

- No primeiro ano, o bebê conhece de forma progressiva:
  FRUTAS: laranja, tangerina, maçã, pera, banana, uva, melancia, ameixa. A partir dos 12 meses, as outras frutas.
  LEGUMES E VERDURAS: vagem, cenoura, abóbora, cebola, alho-poró, abobrinha e, esporadicamente, a batata. A partir dos 12 meses, espinafre, acelga, aipo, couve, couve-flor, alcachofra, pimentões, berinjela...
- As frutas que mais causam problemas de intolerância e alergias são o pêssego e o quiuí. A batata, por sua vez, também está ligada a reações alérgicas e dermatite atópica.

PASSO 2. Quando o bebê se sentir à vontade com a papinha de frutas, aproveite para lhe oferecer a de cereais; prepare-a acrescentando uma medida das de leite por mês de vida à primeira mamadeira do dia. Nesse ponto, você pode prescindir dos cereais das mamadeiras, se é que ele os estava consumindo.

PASSO 3. Dentro de no mínimo 15 dias, o protagonista da refeição do meio-dia passará a ser o *purê de legumes*. Triture meia cenoura, algumas vagens e um pedacinho de batata com o caldo de cocção, que também terá a substância da asa ou da coxa de frango ou galinha, que você deve ferver e retirar antes de bater; acrescente uma colherzinha de azeite. Durante 3 dias, a comida se baseará no purê e no peito/mamadeira como sobremesa. Caso seu bebê custe a aceitar o novo prato, você pode alterná-lo com o peito ou um pouco de mamadeira até que se acostume. A partir do quarto dia, e a cada 2 dias, pode introduzir uma hortaliça (nunca duas de uma vez), com exceção do nabo, alho-poró e espinafre. A cebola pode fazer parte da cocção, mas não deve ser triturada. Acrescente aos vegetais escolhidos 35-40 g de carne de vitela ou peito de frango grelhados e faça um purê. Esse banquete sempre terminará com uma mamada no peito ou na mamadeira.

Não se esqueça de que o objetivo fundamental de uma boa alimentação é obter todos os nutrientes necessários para o desenvolvimento do bebê. Desse modo, os lactentes menores de 1 ano devem consumir papinhas de legumes ou frutas recém-preparadas ou, no máximo, guardadas na geladeira por menos de 24 horas. Se você cozinhar papinha e sobrar, o melhor é congelar. O processo deve ser rápido para que não se altere a estrutura do purê; e devem-se usar recipientes perfeitamente fechados. Uma vez descongelados, eles jamais devem voltar para o congelador, que deve ter, de preferência, a temperatura entre – 18 °C e – 24 °C – e devem permanecer a uma temperatura inferior a 18 °C até o momento do consumo.

Existem diferentes opções para descongelar os legumes e carnes, mas a mais apropriada é o micro-ondas. A água corrente danifica os tecidos e elimina propriedades nutritivas. Na preparação em água fervente, os legumes precisam de um tempo de cocção menor e menos sal. As frituras* devem ser postas diretamente no óleo bem quente; e no caso do forno deve-se passar de uma temperatura elevada para uma suave. Para finalizar, é importante mexer os alimentos para garantir uma preparação uniforme, bem como cobri-los com um prato (micro-ondas) ou pape-alumínio (forno) para reter o vapor e prevenir que ressequem e percam sabor.

----
* No Brasil, não se recomenda dar frituras aos bebês. (N. do R. T.)

CONCEITOS BÁSICOS SOBRE A ALIMENTAÇÃO

MUITO IMPORTANTE: **Quanto nosso filho deve comer?**
O tamanho do estômago de um lactente de 6 meses é similar ao de uma bola de golfe e se dilata ligeiramente quando come. Quando o estômago está cheio, o bebê se sente saciado: retira a boca do peito ou não quer mais a mamadeira. NÃO INSISTA. Tentar fazê-lo comer mais só dilata desnecessariamente seu estômago, pode causar vômitos e aumenta a possibilidade de uma obesidade futura.

Uma criança de 3 anos tem o estômago do tamanho de uma bola de tênis. Como são os pratos de macarrão, peixe e frutas que queremos que ela coma?

Temos o costume de dar comida em excesso às crianças. Elas regulam perfeitamente suas necessidades. Mas é importante levar em conta estes conceitos:

1. Nenhuma criança morre de fome se tem comida ao seu alcance. Para comer, a única coisa de que precisa é fome.

Não pretendemos com isso levar a criança ao limite da desnutrição. NÃO. O que se deve entender é que o corpo da criança joga a nosso favor, pois é ele que envia o sinal da fome. As crianças pobres vão atrás de suas mães para que elas lhes deem comida. Outras mães vão atrás de seus filhos para que eles comam. Algo está errado, não?

2. Não existe nenhum estudo que demonstre haver, do ponto de vista genético, algum alimento que os bebês não possam experimentar (o pediatra irá verificar se o bebê apresenta intolerância a um alimento específico). Outra coisa são as preferências que eles podem mostrar por alguns alimentos. É certo que ao nascer existe uma preferência inata pelo que é doce (como o leite materno).

Essas preferências podem se consolidar à medida que o bebê cresce, mas isso não deveria afastar de seu cardápio outros elementos culinários necessários para seu desenvolvimento. Não só para crescer, mas também para continuar vivendo com saúde.

3. Se um dos pais come mal, é provável que não cogite ensinar o filho a comer bem. Mas a expressão "Tal pai, tal filho" não pode ser aplicada aqui nem servir de pretexto. Mesmo que nenhum dos pais goste de verduras, não se pode dizer ao certo que o filho gerado por ambos tenha recebido como herança genética uma predisposição a rejeitar as hortaliças verdes. Outra coisa muito diferente disso é que a fobia dos pais às verduras seja transmitida no seio familiar ou que a criança desde o início aprenda a imitar o pai retirando as verduras do prato. Esses são processos totalmente errôneos e contrários ao método da boa educação culinária dos filhos.

AS COMIDAS PRONTAS

Nosso ritmo de vida impõe certas questões práticas, e lançar mão dos famosos "potinhos" pode ajudar em muitas situações. Você pode utilizar esses preparados comerciais sem problemas, desde que tenha certeza de que estão isentos de produtos tratados com substâncias farmacológicas, tóxicas ou com hormônios. É evidente que também se deve levar em conta que existem variações consideráveis nas contribuições nutricionais dos alimentos caseiros e dos industrializados:

	Caseiros	Comerciais
Gordura (g/100 kcal)	2,6 +/− 1,7	3,6 +/− 1,3
Carboidratos (g/100 kcal)	11,1 +/− 3,7	11,8 +/− 3,1
Proteínas (g/100 kcal)	7,5 +/− 3,7	5,0 +/− 1,4
Valor energético (kcal/100 g)	44,9 +/− 9,7	78,8 +/− 11,7
Distribuição calórica:		
Gorduras (%)	25	33
Carboidratos (%)	45	47
Proteínas (%)	30	20

EM RESUMO...

- O bebê já mostra gestos de aprovação e desagrado particulares, sorri porque reconhece vocês.
- Não obriguem o bebê a comer tudo ou de tudo.
- Não o distraiam nem inventem brincadeiras para que engula uma colherada a mais. Comer é comer, ele deve desfrutar a comida.
- Não mascarem os alimentos com realçadores de sabor. O bebê se renderá aos sabores pela repetição e pela mistura com outros alimentos de que ele gosta. Tenham paciência.
- Permitam certa flexibilidade nos horários de comer: não sejam muito rigorosos nem instáveis demais.

- Utilizem legumes, verduras e frutas frescas. Eles perdem de 5% a 10% das propriedades nutricionais cada dia que passam na geladeira. A maçã, por exemplo, depois de algumas horas preparada como papinha, perde 26% de vitamina C.
- O cozimento deve ser na medida para não destruir nutrientes. Recomenda-se o uso de panela de pressão.
- Acrescentem pouco, ou nenhum, sal. Para um adulto, a comida do bebê deve parecer insossa.
- Excluam também o açúcar.
- Não empreguem especiarias: podem ser indigestas.
- Com um pouco de leite, água, suco ou caldo da cocção, vocês obterão papinhas de textura mais líquida. Elas devem engrossar paulatinamente.
- As fibras de frutas e legumes podem causar vômitos ou fazer o bebê se engasgar. Se preciso, coem depois de triturar.
- O azeite de oliva deve ter pouca acidez (0,4%). Preferivelmente, de cultivo e manejo orgânicos.
- Uma observação interessante: acostumem o bebê à sua primeira colher dando-lhe golinhos de suco ou água com ela (é melhor que a colher seja pequena, anatômica e de plástico, para evitar o metal frio). Depois de alguns dias, a pessoa que alimenta o bebê deve utilizar duas colheres, uma para o bebê e outra para ela. É aconselhável ficar de frente para ele para alimentá-lo, não de lado.

Sinais de alarme

Pois bem, o que pode nos preocupar na evolução de um bebê de 4 a 6 meses? Tanto os pais de primeira viagem como os que já têm outros filhos costumam ficar à espreita de qualquer anormalidade no crescimento e no comportamento de seu pimpolho.

Sem dúvida, as crianças não obedecem a um padrão exato em seu modo de ser e em suas capacidades. No entanto, as comparações entre os bebês costumam ser muito engraçadas.

Se tivéssemos de identificar sinais que podem justificar uma visita ao especialista, nós nos centraríamos em:

- Passividade excessiva.
- Mãos sempre fechadas e pernas encolhidas.
- Falta de orientação para a voz do adulto e ausência de risadas sonoras.
- Com um alinhamento de olhos estável, o bebê cruza ou desvia o olhar apenas de forma esporádica.

4

O bebê aos 7 e 8 meses
"Também te amo"

Seu filho já sabe quem são vocês. "Quer dizer que até agora ele não nos reconhecia?", vocês perguntarão. Claro que reconhecia, mas, nesse ponto, o passo qualitativo em seu desenvolvimento social é que distingue seus rostos com perfeição. Entre todos os semblantes que o rodeiam, lhe fazem caretas e sorriem, destaca-se o da mãe, a quem o bebê dá um *status* muito diferente e de quem ele precisa o tempo todo. Nessa etapa, há de se aguentar uma choradeira quando a mamãe se ausenta para ir ao banheiro. O bebê é tão consciente da importância da mãe que se ela desaparece, por 2 minutos que seja, todos os seus medos e temores se instalam.

São os meses da *crise de ansiedade*, os prantos inconsoláveis quando a mãe não compartilha cada minuto com o bebê. Ele a procura, a chama, a abraça... É um amor que satisfaz a muitas mães e as une intensamente ao filho; outras se sentem um pouco sobrecarregadas com a demanda de atenção e os medos, e se angustiam por ver o filho sempre em guarda. É justamente a razão por que nossos filhos se tornam amigos de uma boneca ou um bicho de pelúcia nessa idade: é o substituto afetivo, o elemento que lhes compensa a ausência de seus modelos de proteção, os pais ou, em última análise, a mãe. O bebê também pode acolher outros mascotes bastante curiosos em seu grupo de amigos favoritos, como um pedaço de lençol, uma colcha velha... O fato é que todos esses objetos o fazem lembrar o cheiro natural da mamãe, de sua cama, e lhe dão segurança enquanto aprende a superar o medo de estar só.

Como tudo o que é novo assusta o bebê, e como agora ele é capaz de reconhecer diferenças nos detalhes, mudanças na decoração, de lugar, rostos estranhos, se a primeira escolinha coincidir com essa fase de medo da separação, ele passará por um verdadeiro suplício. No capítulo 18, explicamos as mudanças que a entrada na creche implica entre os 7 e os 9 meses e como enfrentá-las.

Contudo, o medo e a timidez não impedem que nosso bebê se sinta atraído pelos adultos e outras crianças que vê. Quando o motivamos, ele manda beijinhos, estende os bracinhos para que outra pessoa o pegue ou o abrace, e acaricia seus bonecos.

Além dos gritos e sons para captar nossa atenção, notamos um breve "jargão", que representa o esboço de uma pré-linguagem: o idioma pessoal do bebê, tanto verbal como não verbal. Ele começará com as sílabas "pa", "ba", "ma", "ta"... ao que devemos responder com frases bem articuladas, para que nos escute e vá interiorizando a estrutura do idioma. Falem com lentidão, pronunciando bem, e usem palavras simples, que ele possa associar aos gestos. Retornem-lhe expressões faciais para que possa imitar, pois o bebê gosta muito de gesticular. As atividades rotineiras do dia, como alimentação, banho, troca de fraldas, são um momento íntimo e próximo para manter essas *conversas*. O bebê já compreende que pode existir alguma coisa que ele não vê: entende a abstração.

Ao longo dos 8 aos 9 meses, ele não só assimilará o fato de que suas ações têm consequências (como arrancar uma parte da boneca ao puxá-la), mas também poderá começar a expressar isso em palavras que, em si, são sílabas duplicadas. Mais tarde, essa será sua linguagem, como dissemos. O bebê já dá uma entonação de acordo com a intenção da mensagem e já sabe o que o termo "não" significa, algo que agradeceremos aos pais pelo resto de nossa vida. Diferenciar entre aquilo de que gosta e de que não gosta tem a ver, talvez, com o fato de saber o que é a negação. Mas ele também vai contra-atacar, impondo mais sua vontade: passa a exigir ou dizer "não" quando uma brincadeira ou algo específico não o satisfazem.

> **CANTANDO E DANÇANDO!**
>
> O bebê controla cada vez mais os próprios movimentos e, por isso, se deleita especialmente com atividades que estimulam os sentidos:
> - As brincadeiras que fazem ruídos ou tenham música.
> - Falar, cantar com ele e lhe ensinar ritmos.
> - Segurá-lo e guiá-lo em diferentes movimentos de dança, balanço e brincadeiras na água.
> - Fazer-lhe cosquinhas e passar em sua pele objetos de diferentes texturas e cores.

- Separar seus brinquedos em grupos e brincar com um grupo específico a cada dia, conforme queiramos estimular o tato, a visão, a audição...
- Brinquem de observar-se e apontar-se no espelho! Toquem sua imagem refletida e sintam que o espelho é suave e frio. Convidem o bebê a imitar esses movimentos e as expressões faciais. É seu melhor meio de aprendizagem.
- Sentem-se e deixem que ele golpeie coisas e introduza objetos num recipiente.
- Deem-lhe diferentes tipos de papel (celofane, jornal...) para que ele os amasse e explore seu som e textura, mas não o deixem colocar o papel na boca.

Assim como a linguagem e a expressão não verbal se multiplicam e nos despertam ternura e alegres surpresas, nesses meses nosso filho aprende a se mover com mais desenvoltura. Já se senta sem se apoiar ou sem que o seguremos e desloca o corpo para a frente usando os braços e o impulso, tentando alcançar objetos que lhe chamam a atenção. De fato, suas mãozinhas se converteram num instrumento cada vez mais preciso e afinado; elas já não respondem apenas a reflexos, mas também à vontade do bebê. Cuidado com o bebê, que quer pegar tudo! Ele é capaz de pegar um objeto e passá-lo de uma mão para outra. E não é mágica. Aos 8 meses, investigará os objetos de menor tamanho pondo em ação uma *pequena pinça*, formada pelo polegar e pelo indicador. Ele vai sacudi-los e golpeá-los contra alguma superfície e ficará feliz ao perceber o ruído que fazem ao cair no chão. Esse plano – como receamos – também inclui os alimentos. Ele começa a exploração menos sutil.

Vejam como sua postura, seu sentido de equilíbrio e sua coordenação avançam sem parar. E vejam também como se diverte rodando para um lado e para o outro sem oscilar, arrastando-se, girando sobre si mesmo ou pondo-se de quatro. O tronco, os braços, pernas e pés ganham força. E já fica de pé segurando-se nas grades do berço, mas cai porque não controla o movimento de sentar-se e levantar-se de forma suave e coordenada. Brinca de pôr-se de pé em nosso colo. Leva os pés e as mãos à boca para sondá-los, apesar de já reconhecer seu próprio corpo. Em breve estará pronto para engatinhar.

Tendo em vista a maior autonomia do bebê, recomendamos aos pais que o deixem desenvolver sua própria capacidade de jogo, ou seja, aprender a entreter-se e alegrar-se brincando sozinho, sem ser interrompido. Dessa maneira, vocês podem estar certos de que ele explora seu mundo interior e sua própria impressão do que vai descobrindo. Sozinho não significa a sós. Vocês já sabem que o bebê os quer por perto, mas, se está se divertindo, não é necessário falar com ele; um abraço ou um beijo bastam para lhe mostrar que vocês continuam ali.

Outra faculdade à qual devemos ser gratos é que, a partir dos 6 meses, o cérebro já é regido por um relógio biológico mais maduro. Isto é, ele dá ordens mais precisas para que o bebê descanse à noite e se mantenha desperto várias horas durante o dia. O ritmo circadiano, que é a sequência biológica de sono e vigília que se repete a cada 24 horas, vai se estabelecendo. Já notamos isso no fato de as crianças nessa idade já poderem dormir 10, 11 ou até 12 horas seguidas à noite. É verdade que costumam acordar em algum momento, mas voltam a dormir rapidamente sem ajuda e, durante o dia, cochilam um pouquinho depois do café da manhã, do almoço ou do lanche da tarde. O ritmo do bebê começa a coincidir com o dos pais.

ESSES DENTINHOS

Entre os 7 e 9 meses de idade, as capacidades sensoriais de nosso bebê se desenvolvem. A visão, o olfato e a audição entram numa fase de aperfeiçoamento, em que o bebê pode distinguir (e rejeitar) sons, imagens e odores. O paladar, o mais primário dos sentidos, se vê indiretamente favorecido pela erupção dos dentes, e, como veremos, isso implica que o bebê poderá comer mais alimentos. É preciso dizer, no entanto, que o bebê ainda é bastante conservador a respeito de novos sabores e não gosta especialmente de coisas amargas ou ácidas.

Quando os dentes cortam as gengivas, o bebê chora, fica inquieto e até pode negar-se a comer. Isso o incomoda, é claro. Mas essa é uma situação passageira, que raramente deveria nos levar a uma consulta com o pediatra. Aos 7 meses, o bebê terá uns quatro dentinhos e, aos 8, aparecem mais quatro. Podemos ver a evolução da dentição de leite nos gráficos da página seguinte.

Alimentação. Comer é algo que se aprende

Além da introdução de novos alimentos e novas texturas no cardápio infantil, chegou o momento de pensar em estabelecer um dos hábitos mais importantes na rotina de uma pessoa: como e quando comer. Mas não é porque é um hábito que devemos todos cumpri-lo da mesma maneira. Cada criança desenvolve sua forma individual de comer, tanto em relação à velocidade – rapidamente ou com calma – quanto às preferências na mesa.

ERUPÇÃO DA DENTIÇÃO PRIMÁRIA (TEMPORÁRIA) NA ARCADA SUPERIOR

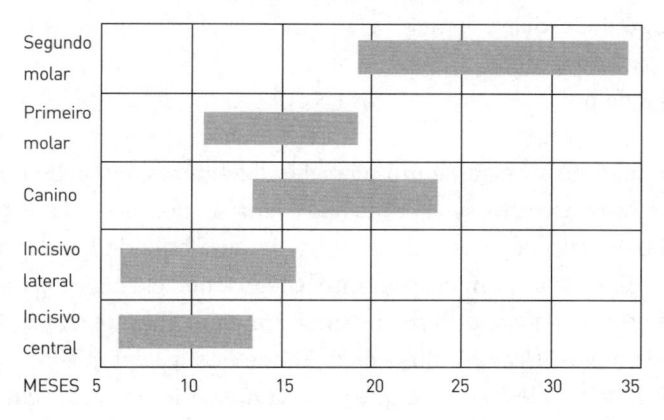

Segundo molar					▬▬▬▬▬▬		
Primeiro molar		▬▬▬▬					
Canino			▬▬▬▬				
Incisivo lateral	▬▬▬▬						
Incisivo central	▬▬▬						
MESES 5	10	15	20	25	30	35	

ERUPÇÃO DA DENTIÇÃO PRIMÁRIA (TEMPORÁRIA) NA ARCADA INFERIOR

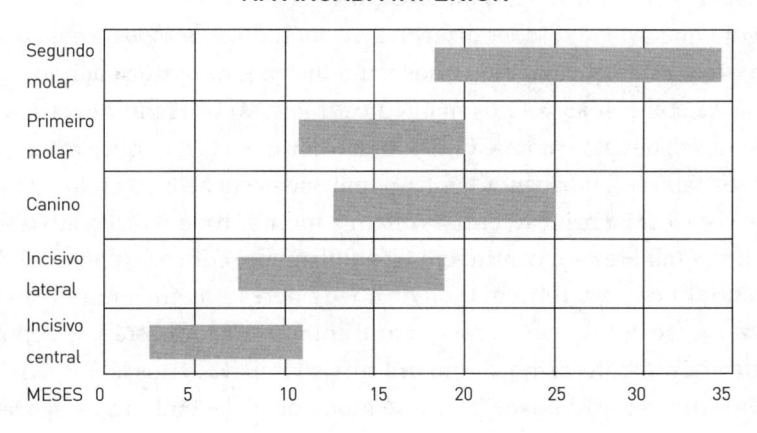

Segundo molar				▬▬▬▬▬▬▬		
Primeiro molar		▬▬▬▬				
Canino		▬▬▬▬▬				
Incisivo lateral	▬▬▬▬					
Incisivo central	▬▬▬					
MESES 0	5	10	15	20	25	30	35

Estabelecer horários para comer também é essencial ao bem-estar de todos, assim como criamos horários para dormir a fim de que a família desperte descansada. Além de garantirmos a boa nutrição da criança quando estiver mais crescida e tiver interiorizado essa rotina, o hábito de nos sentarmos à mesa permite que nos socializemos e nos entendamos como família. Nessa etapa, contudo, o momento de grupo ainda não é possível porque as necessidades de um bebê e de um adulto não se ajustam. Enquanto os pais estão a ponto de desmaiar de fome, o filho, que come com mais frequência, talvez esteja satisfeito e não coma nem uma colherada. Ainda assim, quando tiver completado 6 meses, podemos aplicar o seguinte plano:

- Tomar café da manhã às 8 da manhã.
- Almoçar ao meio-dia.
- Lanchar às 4 da tarde.
- Jantar às 8 da noite.

Entre uma refeição e outra há um intervalo de 4 horas, e o bebê atacará o prato com fome. Mas, atenção, seu apetite não é igual ao nosso. Para que tenham uma ideia, se nosso estômago tem o tamanho de uma bola de handebol, o do bebê é uma bola de pingue-pongue; portanto, é lógico que ele não vai comer um prato cheio. Muito menos quando se encontra em plena fase de transição provando alimentos novos a cada 2 ou 3 dias. Tendemos a querer alimentar em demasia nossos filhos, e eles sabem o que precisam ingerir, porque escutam seu próprio corpo. Não sofram com isso e, principalmente, não lhe deem nada para beliscar entre as refeições, pois isso não contribui para que assimile o bom hábito de comer o que convém nas horas certas.

Agora que o bebê já saber dizer "não", o método do *tempo de descanso* para que ele coma exige que não fiquemos irritados nem nervosos quando começar a rejeitar as colheradas. Se nos mantemos impassíveis e ignoramos seu joguinho, ele talvez desista e coma. Quando parecer que ele não quer mais, retirem o prato, os talheres, o babador e finjam que nada está acontecendo. O bebê relaxará e começará a brincar; então voltem a montar todo o dispositivo – babador, pratos e talheres – e continuem tranquilamente com as colheradas. Diante de uma nova negativa, retirem tudo de novo e acrescentem 1 minuto ao tempo de *descanso* (se antes vocês esperaram 3 minutos, agora serão 4, depois 5) e assim sucessivamente, sempre com um sorriso impávido nos lábios. Assim nós lhe damos uma oportunidade para que mude de ideia, embora os bebês sejam espertos e saibam que fingimos estar calmos. Contudo, ao ver que não aproveitou a oportunidade e que vamos deixá-lo sem comida até a refeição seguinte, começará a dar-se conta da necessidade de comer quando chega a hora. Não se preocupem com o lapso de 4 horas entre as refeições, pois isso não lhe causará dano. Se vocês forem persistentes, em algumas semanas ele terá entendido a mecânica da alimentação com hora certa. E, principalmente, não lhe deem NADA entre as refeições.

Esse também é o momento de incluir o copo em seus utensílios. Ele já agarra com força e, portanto, vai gostar da novidade. Vocês devem sempre orientá-lo, se não quiserem levar um banho repentino. Nós, pediatras, também achamos boa ideia permitir-lhe que de vez em quando coma com as mãos, para desse modo exercitar os movimentos de levar a comida à boca, o que tornará mais fácil e natural o ato de usar os talheres.

No que se refere ao conteúdo das refeições, ele continuará provando alimentos novos e mais sólidos. Pode ser que a primeira reação seja de desagrado, mas não desistam, porque, quanto mais sabores seu paladar assimilar nesses meses, mais tolerante e disposto a comer ele será na fase adulta.

Caso o bebê esteja tomando menos leite ou a mãe tenha abandonado o aleitamento, é preciso garantir alguma fonte de ferro para reforçar sua dieta, permitindo-lhe crescer saudável e feliz.

Quanto ao sono, nessa idade, o ciclo de vigília-sono já deve estar consolidado. O bebê dorme 10-11 horas e tira três cochilos, um depois de cada refeição. O mais longo será sempre após o almoço. Ele deve dormir no berço, de macacão, para que possa se mexer enquanto dorme, mas não passe frio. Seus amigos serão as chupetas (deixem quatro ou cinco no berço para que ele aprenda pouco a pouco a colocá-las na boca sozinho) e o bichinho de pelúcia. É muito normal que, ao despertar no meio da noite, ele não encontre a chupeta ou não saiba colocá-la na boca sozinho. Devemos ajudá-lo até que aprenda.

EM RESUMO...

- O bebê sente uma predileção pela figura da mãe porque ela lhe passa segurança. Nesses meses, ter consciência de pessoas estranhas lhe dá medo e ele costuma chorar e angustiar-se quando não vê os pais por perto.
- Já é capaz de sentar-se sozinho e domina os movimentos do corpo. Põe-se de pé, mas cai porque seu senso de equilíbrio necessita de mais recursos.

- Explora os objetos que alcança com as mãos e os pega usando o polegar e o indicador como uma pinça. Pode até mesmo pegar os objetos menores, que vai chupar, bater e jogar no chão para testar sua textura e som.
- Compõe palavras repetindo sílabas e entende os conceitos abstratos.
- É capaz de dormir horas a fio durante a noite porque seu cérebro está se estabilizando segundo o ritmo circadiano.
- Já pode aprender a comer segundo uma rotina de horários e um método que empregamos para que não rejeite a comida. Os hábitos de alimentação e de sono são fundamentais para seu desenvolvimento pessoal.

Sinais de alarme

As consultas periódicas ao pediatra informam os pais sobre qualquer irregularidade no desenvolvimento e comportamento do bebê.

Se ele tem dificuldades para dormir sozinho, tanto nos cochilos como no sono noturno, ou se desperta muitas vezes à noite e necessita da intervenção dos pais para voltar a dormir, o pediatra poderá ajudá-los. Existem modelos educativos muito eficazes para ensinar as crianças a dormir.

Agora que o bebê começa a mover-se pela casa, é muito importante que os pais se esforcem para prevenir acidentes:

- No automóvel, deve viajar sempre na cadeirinha.
- Tomadas elétricas: nas próximas semanas começará a engatinhar. Convém pôr os protetores.
- Cuidado para que ele não escorregue nem se machuque na banheira.
- O bebê pode levar pedacinhos de alimentos e pequenos objetos à boca, por isso procurem vigiar o que está ao seu alcance. Os pais também não devem lhe dar muitos brinquedos de uma vez.
- Agora que ele se põe de pé, vejam se os sapatinhos o seguram e o protegem.

5

O bebê aos 10 meses
Entender o mundo

Os bebês não são todos iguais nem se desenvolvem na mesma velocidade. O importante é o conjunto de acontecimentos e comportamentos deles. Nesse momento, a sociabilidade irrompe em seu cotidiano e ele está encantado. Converteu-se num explorador e tudo o que o rodeia pode se transformar num tesouro por descobrir. Desenvolveu consideravelmente suas capacidades de movimento, o que lhe possibilita tomar decisões na hora de comer e dormir – decisões que ele, em geral, expressa na forma de protesto. Isso não significa que esteja irritado ou se sinta mal. É simplesmente seu modo de reagir. Nessa etapa, os pais notarão, de modo especial, como aumentam a liberdade e a autonomia do bebê. Verão que ele não para de fuçar, pegando, testando tudo. É hora de desenvolver todos os sentidos pela exploração incessante do mundo ao redor.

Mas parece que os pais custam a aceitar essa nova etapa. Depois de 10 meses acostumados a ter no colo um bebê bonzinho e quietinho, percebem que o filho vai se tornando independente. Com a ajuda dos adultos, é claro. Engatinhando e com a capacidade de pegar objetos, começam os primeiros gestos de autonomia. Novos cheiros, cores, coisas para tocar... e com a liberdade necessária para saber o que manusear e até onde quer explorar, algo fundamental no desenvolvimento do bebê. Aqui, prezados pais, começa a separação paternal, que vai se prolongar até que o filho tenha sua própria casa.

Mas até lá faltam muitos anos. Agora, seu investigador favorito realizará todo dia novas e inquietantes descobertas, que contribuirão para sua socialização e afinarão todos os seus sentidos. O bebê já não é aquele pimpolho que se conformava em comer e beber. O pequeno Sherlock Holmes que todo bebê tem dentro de si está começando a ver a luz. Nesses próximos meses, ele dará provas de uma energia transbordante. Não conseguirá ficar quieto nem um instante, querendo tocar tudo, pois tudo lhe chama a atenção. Por isso precisa contar consigo mesmo para alcançar suas metas. A partir dos 7-8 meses, pode começar a arrastar-se sobre a barriga e, posteriormente, começará a engatinhar usando as mãos e os joelhos, numa posição ainda suficientemente segura para manter o equilíbrio. Em pouco tempo, começará a usar os pés em vez dos joelhos e, em algum momento, chegará a se pôr de pé, recorrendo aos móveis como apoio para manter o equilíbrio. Todavia, nem todos os bebês engatinham com braços e pernas mais ou menos coordenados, alguns o fazem sentados dando saltinhos, outros se sentam em cima da perna... não há nenhum problema, pois cada um tem suas "características pessoais". Os adultos também não andam todos da mesma maneira, cada um tem sua "característica pessoal". Mas o bebê ainda está disposto a alcançar a postura ereta das pessoas adultas, o que muitas vezes o levará ao chão assim que se levantar. Estamos presenciando suas primeiras tentativas de caminhar. A partir de agora não há quem o faça parar. Será o torvelinho da casa. Vai pegar coisas, engatinhar, investigar todos os cantinhos... Cabe aos pais localizar os potenciais perigos na casa, como cabos elétricos e produtos de limpeza, e colocá-los fora do alcance do bebê para protegê-lo. E atenção, a cozinha deve ser um lugar proibido para ele. É o lugar mais perigoso da casa. Portanto, um aviso aos navegantes: seu filho explorador alcançará os cantos mais insólitos, e isso exige dos pais que prestem atenção especial àqueles lugares da casa ameaçadores ao bebê e tomem medidas de proteção adequadas (na terceira parte e nos apêndices deste livro, daremos ideias de como prevenir acidentes).

Para melhorar sua aptidão de investigador, o bebê já segura objetos pequenos com a base do polegar e do indicador. É o que se denomina *preensão em pinça superior*. Dessa forma, ele inicia sua independência manual; pegará tudo o que puder para analisar, para ver as propriedades dos objetos que toca. Essa análise peculiar se baseia em operações pouco ortodoxas, como atirar os objetos no chão para conferir que ruído fazem ao cair. Outro modo de reconhecer objetos é levá-los à boca. De fato, o paladar é o sentido mais desenvolvido do primeiro ano de vida dos bebês. Aconselhamos aos pais que tenham bastante paciência e não reprimam demais os novos impulsos do filho; afinal de contas, ele se encontra em pleno processo de reconhecimento e investigação do mundo.

Convém, no entanto, tomar algumas medidas para evitar que ele quebre, ponha na boca ou engula objetos perigosos. Além de indicar-lhe que não são seguros, é bom lhe oferecer em troca outros que o satisfaçam e não representem risco para sua saúde. Ao completar 2 anos de idade, é possível que ele continue a pôr coisas na boca, mesmo tendo desenvolvido seus outros sentidos. Então, sim, será preferível não deixá-lo fazer isso, pois desse modo ele se esforçará por reconhecer os objetos pelo tato, audição, visão e olfato, e aprenderá a se divertir de outras maneiras.

Além de pegar as coisas, o bebê as utiliza para se socializar: oferece aos pais muitos dos objetos que obtém. O intercâmbio é interação e o ajuda a aguçar seus sentidos. Ao mesmo tempo, ele experimenta o conceito de socialização com as pessoas que o rodeiam e também adquire o sentido da permanência do objeto. Isto é, ainda que não veja o pai ou a mãe, o bebê está consciente de que eles existem. Também assimila os conceitos de começo e fim e, principalmente, de continente e conteúdo: introduzir e tirar coisas de uma caixa passará a ser uma de suas atividades preferidas.

Mas um bebê de 10 meses não só engatinha e pega o que está ao seu redor. Também pode se comunicar de maneira mais eficiente com seus pais por meio da linguagem. Chega o momento mágico em que diz suas primeiras palavras. Serão *sílabas duplicadas*, isto é, sua comunicação consiste em pronunciar as sílabas de maneira repetida. Por isso, é habitual que as primeiras palavras do bebê sejam *mamã*, ou *papá*, embora também possam ser vocábulos como *dodô*, *tatá*, *bobó*...

Aos 10 meses, além de começar a pronunciar seus primeiros e emocionantes *papá* ou *mamã*, já será capaz de compreender perfeitamente o sentido geral de uma frase e, com frequência, fará um gesto para acompanhar a palavra. Um exemplo claro é o momento de dizer "tchau": a palavra será acompanhada pelo aceno de mão correspondente. Como sua capacidade linguística está se consolidando dia após dia, a criança não só capta o sentido da frase, mas também entende perfeitamente o tom que usamos. Não estranhem se ele chorar quando falarem num tom mais alto e duro. O pequeno explorador assimila o sentido das frases, pronuncia pequenos vocábulos, reage a diferentes tons de voz... enfim, sua capacidade linguística nos deixa boquiabertos!

Mas sua competência linguística não para por aí. Nessa idade, a palavra também tem vários significados. É a *palavra símbolo*: imagine que seu bebê utilize o vocábulo *aga* para se referir à palavra "água". Nesse período, o bebê vai relacionar a palavra *aga* não só à água, mas também a tudo o que ele reconhecer como elemento líquido. É um verdadeiro despertar para a vida.

Todo dia o bebê descobre coisas novas e começa a reagir a elas. É o início de uma nova etapa para seu filho. Daqui em diante, o bebê participará nas atividades, desenvolvendo estímulos de ação-reação que serão sempre acompanhados por uma competência linguística cada vez mais acentuada.

> **PARA QUE ELE APRENDA MELHOR**
>
> - Proporcionem um ambiente seguro onde ele possa aplicar as novas habilidades de engatinhar.
> - Satisfaçam suas necessidades de investigação deixando-o tocar, experimentar e manipular.
> - Não o deixem entrar na cozinha, que é o lugar mais perigoso da casa.
> - Organizem uma rotina de atividades, de modo que ele antecipe e aceite esse ritmo diário.
> - Respondam às suas tentativas de comunicação, pois, dessa maneira, vocês podem conhecer suas preferências, e ele, as suas.
> - Os brinquedos ideais são aqueles de causa-efeito, isto é, bolas para rolar, carrinhos para deslizar, canções para gesticular com o rosto ou as mãos... O ideal é que um bebê menor de 2 anos não veja vídeos nem televisão, não brinque com o computador nem com outros aparatos tecnológicos, ao menos não como brinquedos principais.
> - A última recomendação é para vocês: os pais precisam de tempo para si mesmos, sem o bebê. É importante evitar o isolamento social. Mexam-se e divirtam-se também!

Alimentação. Ele quer se virar sozinho

Nessas semanas, o bebê demonstrará sua autossuficiência ao engatinhar e também ao se alimentar. Nosso personagem começará a comer sozinho. Aqui entra em jogo a dupla responsabilidade: os pais serão responsáveis por oferecer variedade e quantidade suficiente de alimento ao filho, bem como o lugar e o horário das refeições, e ele começará a decidir quanto vai comer. Isso se traduz num processo lento de adaptação por parte de todos, que têm de ajustar suas expectativas à realidade das necessidades do filho. É bastante recomendável que, durante esse período, eliminemos qualquer possibilidade de distração na hora de comer, como televisão ou o uso de cadeiras infantis com brinquedos. O bebê deve se concentrar na comida para poder desfrutá-la e aproveitar seus nutrientes corretamente. A hora de comer deve ser divertida por si mesma e não porque os pais "se transformam em palhaços" para distrair a criança enquanto a alimentam.

Não devemos nos esquecer de que, a princípio, nosso filho continuará mostrando-se relutante à alimentação, sendo, às vezes, necessário oferecer-lhe a comida umas 10-15 vezes até que ele abra a boquinha e coma.

Também é hora de mudar o recipiente. Nessas semanas, devemos introduzir elementos novos e estimular a criança a beber usando um copo ou uma xícara. E, claro, evitem as bebidas açucaradas, já que elas contêm calorias mas não são nutritivas, além de favorecer o surgimento de cáries. Ainda assim, não é necessário abandonar o aleitamento. Aos 10 meses de idade, o leite materno continua a ser uma excelente opção para o desenvolvimento do bebê.

Além disso, quando o bebê alcança os 10 meses de vida, vemos que já apresenta algumas competências na hora de comer. Ele chupa a colherzinha com os lábios, leva o alimento à boca, mordisca-o todo, começa a praticar os movimentos laterais da língua, empurra a comida em direção aos dentes, insiste em pegar a colher apesar de ainda não conseguir aproximá-la da boca de uma vez... e o que é mais importante e justifica e resume todos esses comportamentos novos: seu bebê já sente certo interesse pela comida.

O conteúdo do cardápio também será ampliado nessas semanas. Dessa forma, observaremos que ele pede mais água do que antes e, agora, é ele quem decide quanta água quer tomar. Por outro lado, podemos ampliar a gama de minerais que consome. Podemos lhe dar mais cálcio, imprescindível para a formação e o desenvolvimento dos ossos e dentes. A principal fonte de cálcio são o leite e seus derivados. Além disso, outro mineral que devemos levar em conta é o fósforo, também necessário para o crescimento dos ossos e dentes. Se não ingere fósforo suficiente, o bebê pode se sentir cansado ou ter menos apetite. Esse mineral se acha em alimentos como a carne e as aves, o peixe, os ovos e os legumes. Ele também é um mineral essencial para o desenvolvimento dos músculos. O ferro, por sua vez, é fundamental para a circulação, para os músculos e para as defesas do organismo. Sua carência faz o bebê se sentir mais cansado e debilitado. Os alimentos que contêm mais ferro são o leite, os produtos de origem animal (carne, ovos, peixes) e, em menor quantidade, os de origem vegetal (sobretudo as leguminosas).

Os alimentos ricos em fibra serão bastante úteis para garantir um trânsito intestinal correto, assim como a boa absorção dos carboidratos. A melhor forma de proporcionar a quantidade necessária de fibras a um bebê de 10 meses é mediante o consumo de frutas, hortaliças e alguns cereais. Os carboidratos são o combustível básico, porque fornecem energia. Para um bebê de 10 meses, o leite constitui a principal fonte de carboidratos.

Além de todos os alimentos anteriores, a carne, o peixe, os ovos, os frutos secos e as leguminosas contêm proteínas, necessárias para a regeneração dos tecidos.

O aporte de gorduras também é fundamental para o crescimento de um bebê nessa idade; são muito importantes para o desenvolvimento do cérebro e da visão, bem como para o fortalecimento do sistema imunológico ou das defesas. Nós as encontramos no leite, azeite, frutos secos, peixe gordo, nos derivados de carne etc.

E, por fim, é vital o aporte de vitaminas. Elas têm funções reguladoras essenciais ao organismo e estão presentes nos alimentos frescos. Todos esses nutrientes aparecem no exemplo da dieta abaixo.

CARDÁPIO PARA UM BEBÊ DE 10 MESES		
	Comida	**Sobremesa**
1ª refeição	Papinha de cereais	
2ª refeição	Papinha de legumes	Laticínio (leite materno, mamadeira ou iogurte natural)
3ª refeição	Papinha de frutas ou um laticínio	
4ª refeição	*3 dias na semana*: papinha de legumes com peixe branco (30-35 g de merluza, pescada ou linguado)	Laticínio (leite materno, mamadeira ou iogurte natural)
	Restante da semana: papinha de cereais	

Perto do primeiro aniversário, os gostos vão se diversificar, e às vezes a alimentação será difícil. É necessário despertar sua curiosidade para que prove os novos alimentos no prato. Essa será a melhor maneira de acostumar o bebê a sabores desconhecidos até esse momento. Mas não podemos esquecer que o cardápio saudável deverá ser variado, leve e rico em fibras. Para isso podemos aos poucos substituir as refeições básicas por pratos mais variados. Enumeramos alguns exemplos, com alimentos de diferentes texturas que facilitam o desenvolvimento da mastigação e a deglutição.

Para uma aplicação mais prática dessas novas incorporações ao hábito alimentar o bebê, oferecemos a seguir alguns pratos para o período dos 9 aos 12 meses. Podemos introduzi-los pouco a pouco em sua dieta. Já incluem alimentos sólidos como peixe ou massa.

Sopa saborosa*

Ingredientes: ¼ de litro de caldo de carne sem gordura, uma ou duas colheres de semolina, uma gema de ovo, uma colher de azeite de oliva, uma colher de queijo ralado.

----

* Como as receitas apresentadas neste livro estão de acordo com os hábitos alimentares da Espanha, convém consultar o pediatra do seu filho. (N. do R. T.)

Modo de preparo: ferva o caldo de carne e, depois de tirar sua gordura, junte a semolina e mexa vigorosamente para não empelotar e deixe cozinhar durante 10 minutos em fogo médio. Retire do fogo e acrescente a gema mexendo sempre até obter uma mistura homogênea. Por último, tempere com azeite e queijo ralado.

Bolinhos de semolina

Ingredientes: três colheres de semolina, ¼ de litro de leite, 70 g de queijo ralado, um ovo, ½ litro de caldo de legumes e uma pitada de sal.

Modo de preparo: ferva o leite, tempere com sal e acrescente a semolina. Cozinhe durante 20 minutos em fogo baixo. Quando esfriar um pouco, junte o ovo e a metade do queijo ralado. Faça bolinhos com essa mistura e mergulhe-os por 5 minutos no caldo fervente. Polvilhe os bolinhos com o restante do queijo e sirva.

Creme de tomate

Ingredientes: dois ou três tomates maduros, ¼ de litro de água, duas ou três colheres de farinha de cereais (não instantânea), uma colher de azeite de oliva, uma colher de queijo ralado.

Modo de preparo: ferva na água os tomates (escaldados, sem pele e picados) durante 15 minutos, em seguida coe a água sem triturar os tomates. Cozinhe a farinha de cereais de 5 a 10 minutos no caldo anterior, mexendo sempre para não empelotar. Uma vez cozida, retire do fogo e acrescente duas colheres de tomate, previamente passado no espremedor de batatas, e o queijo ralado. Tempere com o azeite.

Cozido de verduras e legumes com queijo

Ingredientes: ¼ de litro de caldo vegetal, um pouco de queijo cremoso, uma colher de azeite de oliva, legumes e verduras como: cenouras, espinafre, ervilhas, batatas, vagens.

Modo de preparo: ponha o caldo vegetal numa panela, acrescente os legumes previamente passados no espremedor de batatas e deixe ferver em fogo moderado por 5 minutos. À parte, amasse o queijo, misture um pouco de caldo vegetal, mexendo sem parar com uma colher de madeira até dissolvê-lo. Por último, junte o restante do caldo para obter a quantidade desejada. Tempere com azeite de oliva.

Linguado em molho *rosé*

Ingredientes: um filé de linguado, dois tomates maduros, o miolo de meio pão, uma colher de azeite de oliva, suco de limão, meio talo de aipo, uma cebola pequena, meia cenoura.

Modo de preparo: lave e corte os legumes em pedaços, coloque-os numa panela com água e deixe ferver durante 10 minutos. Cozinhe o filé de linguado nesse caldo. Depois de cozido, triture-o e acrescente o azeite e umas gotas de limão. Mergulhe os tomates em água fervente, escalde-os, tire a pele, as sementes e amasse-os. Acrescente o purê de tomate ao peixe, mexendo cuidadosamente antes de servir.

Macarrão com ovo e presunto

Ingredientes: ¼ de litro de caldo vegetal, duas colheres de macarrão pequeno, como o de estrelinhas ou conchinhas, 50 g de presunto cozido triturado, meia gema de ovo cozido.

Modo de preparo: ferva o caldo, acrescente o macarrão e deixe-o cozinhar o tempo necessário. Depois de cozido, retire o recipiente do fogo, junte o presunto e o ovo.

Merluza com tomate

Ingredientes: 70 g de merluza, uma batata, uma cenoura, um talo de aipo, dois tomates maduros, uma colher de azeite de oliva, um pouco de salsinha, umas gotas de limão.

Modo de preparo: pique a batata, a cenoura e o aipo e ferva-os numa caçarola. Quando o caldo estiver pronto, acrescente o peixe e deixe cozinhar. Depois de cozido, coe e triture o peixe ou bata-o no liquidificador, conforme as preferências do bebê. Acrescente o azeite e a salsinha picada. Passe os tomates por água fervente, corte-os em pedaços e, após tirar as sementes e a pele, tempere-os com azeite. Sirva o peixe com o tomate assim preparado.

Purê de legumes com vitela

Ingredientes: uma batata, uma cenoura, um talo de aipo, um pedacinho de cebola, três folhas de alface, de 30 a 50 gramas de carne de vitela.

Modo de preparo: descasque os legumes, corte-os em pedaços grandes e cozinhe-os em pouca água. Grelhe a carne e triture-a com os legumes e verduras.

Purê de erva-doce com peixe

Ingredientes: um bulbo de erva-doce, 50 g de peixe branco, uma batata, um pouco de manteiga.

Modo de preparo: descasque a batata e cozinhe-a juntamente com a erva-doce até que fiquem macias. Cozinhe o peixe e asse-o na grelha. Triture tudo e acrescente a manteiga.

O sono deve seguir um esquema semelhante ao dos 7-8 meses, com três cochilos, um depois de cada refeição, e um sono noturno de 10-12 horas. É normal que o bebê acorde algumas vezes à noite. Não devemos fazer nada para que durma, a não ser esperar. Se ele tem dificuldade para encontrar a chupeta, devemos continuar ajudando-o.

EM RESUMO...

- Ele é um cãozinho correndo atrás do próprio rabo: o bebê necessita descobrir e analisar o mundo que o rodeia. Para isso, começa a engatinhar e a pegar objetos, a jogá-los no chão, colocá-los na boca e, assim, desenvolve seus sentidos.
- As condutas e a ação são necessárias para incrementar o conhecimento do bebê; essas investigações livres estimularão sua memória e inteligência.

- O bebê entende o que os pais lhe dizem e o que significa o tom de sua voz. Ele também usa palavras para criar conceitos e pronuncia seus primeiros vocábulos dotados de sentido: mamã e papá.
- Começa a decidir se quer ou não comer e quanto vai comer.
- Concedam ao bebê certo poder de decisão nas refeições.
- Evitem todo tipo de distração na hora de comer: o bebê deve aprender a se concentrar para nutrir-se bem.
- Ele pode se mostrar relutante na hora de comer. Tenham paciência.
- Incorporem novos utensílios às refeições, como copos ou xícaras.
- Ainda não é o momento de dar bebidas com açúcar ao bebê, pois elas contêm calorias, mas não nutrientes.
- O leite materno continua sendo uma boa opção.
- O bebê começa a sentir interesse pela comida, e já observamos habilidades que lhe dão independência ao comer.
- Deem-lhe água sempre que pedir.

Sinais de alarme

Aos 10 meses, o bebê busca o contato com os pais, porque precisa de segurança, de que o tranquilizem ou de brincadeiras; sem esse contato, ele talvez não se ajuste aos padrões de desenvolvimento social e cognitivo. Nas brincadeiras, ele já deveria interagir com outras pessoas, especialmente os pais, em quem confia e afinal são suas referências. Além dos jogos interativos, o bebê deveria se sentir atraído por livros de imagens, por figuras e cores chamativas, que estimulam o sentido da visão. Também nessa etapa, é normal que o bebê faça uma exploração visual e física do ambiente. Nesse processo de melhorar sua comunicação, o bebê não exercitará corretamente sua competência oral se não usar de maneira repetitiva consoantes ou vogais.

O bebê tem necessidade de investigar e, por isso, pode pôr-se de pé para alcançar áreas mais altas. Outro movimento comum nessa etapa é levar tudo à boca.

Definitivamente, é conveniente consultar o pediatra se o bebê estiver desanimado ou ausente, ou sem a curiosidade que caracteriza essa etapa da vida. Em alguns casos, será simplesmente uma evolução mais lenta do que o normal, e vocês poderão ficar tranquilos. Se o bebê não dorme adequadamente, o pediatra pode ajudar os pais a educar o hábito de sono do bebê.

6

Ao completar 1 ano:
a busca da independência!

Os primeiros passos. Depois de soprar a primeira velinha de aniversário, é provável que o bebê já comece a caminhar, isto é, bem apoiado e agarrado aos pais (mas não se assustem se ele começar só aos 18 meses). E isso é apenas o início. Pouco a pouco, o bebê irá ganhando confiança e vai segurar apenas uma das mãos dos adultos, além de empurrar móveis, geralmente cadeiras, como um treinamento para o que logo serão seus primeiros passos como *gente grande*. Não é incomum que nessa fase o bebê dê chutinhos, numa forma de exercitar as pernas para fortalecê-las e poder assim dar passos mais firmes. Ele está começando uma nova etapa, em que caminha e, mais tarde, corre pela casa toda. O bebê está mudando e sua independência cresce dia a dia com cada novo passo. Sai o bebezinho e entra em cena uma criança!

Mas como pode se agarrar nos móveis assim? No capítulo anterior, dizíamos que o bebê segurava os objetos em modo de *pinça inferior*, isto é, com o indicador e a parte inferior do polegar. Pois bem, a partir desse momento seu filho já sabe utilizar corretamente o polegar e pegará todas as coisas com o indicador e a parte superior do polegar: é o que os pediatras chamam de *pinça superior*. Ele já havia começado a utilizá-la rudimentarmente aos 10 meses. Por conseguir pegar os objetos com mais precisão, ele é capaz de manter o equilíbrio enquanto se agarra a um móvel e se desloca.

Além de mover objetos, outra grande diversão será atirar ou bater contra o solo todos os objetos que puder pegar. Mas, atenção!, não interpretem isso como sinal de rebeldia. Nada mais longe da verdade. O que seu filho está fazendo é aprender a contar da forma mais rudimentar. Será o começo de uma *atividade matemática* bastante curiosa. Ao aprender a segurar as coisas, ele não se limitará a jogar objetos no chão. Também começará a dar utilidade a alguns deles, como o lápis. Ele já o segura com firmeza e, assim, começará a efetuar seus primeiros rabiscos.

Outra das consequências de aprender a pegar tudo com os dedos reflete-se na alimentação. O bebê já está cansado do serviço personalizado que lhe oferecemos e, agora, é ele mesmo que quer pegar tudo o que come. Mais adiante, na seção dedicada à alimentação, mostraremos diversos conselhos e receitas para que a criança possa comer só e, além disso, com os próprios dedinhos. Quando seu filho tiver aperfeiçoado todas essas habilidades, é importante deixar claro o que pode ou não fazer. Sua grande mobilidade obrigará os pais a estabelecer limites para que, desde pequeno, ele comece a se conscientizar de que nem tudo é permitido. Mas, ao corrigir alguns maus hábitos ou comportamentos reprováveis, também é importante não lhe dar grandes explicações, que por enquanto não entende. Um "NÃO" claro, direto, simples e tranquilo é a melhor forma de corrigir um comportamento inconveniente.

Quanto à compreensão e assimilação de tudo o que o rodeia, o bebê inaugura o primeiro ano de vida à la Cristóvão Colombo: aponta tudo com o dedo polegar e, além disso, explora a terceira dimensão como buracos, fendas, ranhuras etc. Graças a essa atitude, a criança descobre o senso de profundidade, do que está mais perto e mais longe, do sólido, do alto, do baixo. Quando lhe apresentamos objetos, é capaz de distinguir se estão separados ou unidos. Além do mais, se esses objetos estão um dentro do outro, ela será capaz de distinguir qual é o continente e qual é o conteúdo... Nesse sentido, ao diferenciar continente de conteúdo, o bebê tem a necessidade de encaixar esses objetos para convertê-los num só.

Outro dos comportamentos curiosos do bebê aos 12 meses é o costume de pôr caixas na cabeça. Para desenvolver todas essas capacidades motoras, é recomendável fornecer-lhe brinquedos que o ajudem a impulsionar essas novas habilidades que está adquirindo. Vários exemplos de brinquedos que seriam de muita utilidade são os livros de pano ou de plástico com grandes ilustrações; ou bonecos resistentes para que possa brincar com eles sem a preocupação com possíveis desprendimentos de pequenas peças que ele poderia engolir. Os brinquedos musicais o ajudam a desenvolver o sentido da audição e relacionar sons a objetos. Os blocos de encaixar também são excelentes para essa idade, pois promovem a exploração da terceira dimensão pela observação de diferentes tamanhos e texturas. Outros brinquedos, como telefones e carrinhos, também são adequados para que o bebê se divirta aprendendo e brincando. E nunca podemos nos esquecer de olhar se esses brinquedos têm peças desmontáveis menores do que o normal para um bebê de 1 ano. Ele poderia engolir alguma e se asfixiar.

"Bebê cai" ou "bebê aga [água]" serão expressões que ouviremos de nosso filho por volta dos 12 meses de vida. Será sua linguagem particular e sua forma de comunicar as coisas. Os pediatras chamam isso de *linguagem global*: um jargão pouco explícito e desenvolvido, que, entretanto, corresponde às situações concretas de necessidade do bebê. Mas não há motivo para se preocupar caso seu filho não se comunique dessa forma a partir de 1 ano; nem todas as crianças alcançam essa competência nessa idade. Essa evolução varia de uma criança para outra entre os 12 e 18 meses de vida. Se seu filho já completou 18 meses e ainda não demonstra competência linguística, é recomendável procurar um especialista.

O bebê já compreende perfeitamente o sentido e o significado de quase tudo o que lhe dizemos. Portanto, devemos nos comunicar com ele usando frases completas. É importante que o vocabulário seja básico, mas que estruturemos frases bem construídas e com todos os elementos sintáticos. Desse modo, o bebê irá exercitando sua competência linguística para que também possa, em pouco tempo, começar a falar com mais propriedade.

Graças à motricidade, seu filho vai trocar as coisas de lugar, de um lado para o outro, e, assim, controlar a posição de cada objeto dentro de casa. Com isso, ele amplia seus conhecimentos intelectuais apoiando-se na memória visual. É um processo bastante curioso, e vocês podem observar como as crianças se fixam em detalhes que muitas vezes escapam até aos pais. Um exemplo é a posição de qualquer objeto na sala. Se o mudamos de lugar, o bebê perceberá e tratará de analisar essa mudança. Não é só uma questão de desenvolvimento da capacidade intelectual e da memória visual. Desde que nasce, o bebê tem uma inconsciente necessidade de se sentir seguro. Controlar para que as coisas permaneçam em seu lugar é um sinal claro de que deseja obter segurança. O bebê demonstrará que tem um sentido de ordem bem desenvolvido.

Nesse sentido, uma das brincadeiras que mais agradam a um bebê de 12 meses é "Cadê o bebê?", em que ele oculta o rosto da mãe ou do pai com um lenço para, em seguida, fazê-lo reaparecer com grande animação. Com esse jogo, ele estará controlando o conceito de separação. É ele quem decide se sua mãe ou seu pai, ou seja, sua referência de segurança, estão ou não com ele em determinados momentos. Desenvolve a ideia do *aqui e novamente aqui* e se torna consciente dela: encontra alguém que anteriormente estava oculto no mesmo lugar.

Seguiremos, pois, estabelecendo limites e rotinas para os novos comportamentos do bebê com relação a comer, dormir, tomar banho... Dessa forma, socializamos o bebê e o ajudamos a desenvolver uma *rotina de trabalho* para que associe determinado momento do dia a uma atividade concreta.

O bebê impulsiona e aumenta essa independência de que falamos no capítulo anterior. Já não precisa dos pais a todo momento e não está mais tão parado como nos primeiros meses de vida. Pelo contrário, a partir dos 12 meses, não ficará quieto, pois estará cheio de energia, e tudo o que o rodeia chamará tanto sua atenção que ele sentirá uma necessidade incontrolável de conhecer. Por tudo isso, é conveniente observar as seguintes diretrizes de segurança:

ATENÇÃO AO SEU REDOR!

- Não deixem o bebê sozinho em lugares onde há objetos quentes.
- Vejam se há objetos pequenos no chão.
- A televisão e o restante dos eletrodomésticos devem estar bem fixados, para que o bebê não os desloque.
- Ponham fechos de segurança nas gavetas com objetos perigosos como facas, tesouras ou produtos tóxicos.
- Os irmãos maiores não são segundos pais. São irmãos maiores. Não podem cuidar do irmãozinho o tempo todo e sair pela casa afastando os obstáculos; eles também podem se machucar.
- Se há escadas em casa, seria recomendável pôr barreiras no início e no final.
- No carro, o bebê deve se sentar na cadeirinha apropriada.
- Se há piscina ou algo semelhante em casa, deve ser inacessível para o bebê.

Alimentação. É melhor com os dedos?

Ao completar 1 ano, o bebê já pode comer quase de tudo. Os problemas aparecem quando deixa de comer com a colher que os pais oferecem e decide que só entrará em sua boca o que ele mesmo colocar. Isso porque, ao completar 12 meses, como já vimos no início do capítulo, ele já consegue pegar as coisas sozinho. Está descobrindo um mundo novo: o poder de controlar as coisas. E, por ser ainda tão pequeno, a diferença entre comer, brincar e explorar é, para ele, praticamente nula. Se pegar um objeto, analisar, arrastar, jogá-lo e brincar com ele faz parte de sua rotina diária, por que a hora de comer seria uma exceção?

Nesse panorama, o melhor modo de incentivá-lo a comer é preparando alimentos que ele possa pegar com os dedos. Seu objetivo nessa tenra idade está talvez muito distante da perfeição e, embora seja bom ensiná-lo a utilizar a colher, ele provavelmente vai comer melhor se usar os dedos. Mais à frente ofereceremos uma lista de alimentos adequados para seu filho usar os dedos e poder assim controlar a atividade de comer. Ele se divertirá provando toda essa variedade de alimentos. Além disso, o ato de mastigar ajuda-o a fortalecer os dentes e as gengivas e atenuar os incômodos da dentição, especialmente se são alimentos frios.

Como já dissemos antes, a criança pequena ainda não distingue o ato de comer das outras atividades que realiza durante o dia. Para ela, a comida será mais um objeto para investigar: um objeto que ela quer tocar, analisar em detalhes e, para o bem e para o mal, jogar no chão. Por esse motivo, é bastante aconselhável pôr uma toalha de plástico debaixo de sua cadeirinha para poder reaproveitar a comida perdida no processo. Um detalhe para pais preocupados: para que as crianças comam corretamente é essencial que tenham fome. [Enquanto na África as crianças passam fome, aqui, ironia à parte, temos de insistir para que nossos filhos comam.] E para que tenham fome é necessário que não belisquem entre as refeições.

Outro detalhe muito importante é que, embora o bebê já saiba comer sozinho, nunca devemos nos distrair: ele pode engasgar. Se ainda assim ele engasgar, coloque-o de barriga para baixo sobre o braço ou os joelhos e lhe dê quatro palmadas entre as escápulas para que expulse o que está obstruindo a garganta. Depois, por mais óbvio que isso pareça, retire com os dedos os restos de comida que possam estar em sua boca. Mas não tente desengasgá-lo enfiando primeiro o dedo em sua boca, pois pode assim empurrar ainda mais o alimento ou despedaçá-lo.

Vejamos agora ideias de receitas simples e fáceis de comidas que seu filho pode pegar com os dedos e que serão uma tentação até mesmo para os inapetentes mais obstinados.

RECEITAS DE LAMBER OS DEDOS

- Fruta fresca sem casca: bananas, uvas sem sementes, mirtilos, tangerinas, pêssego etc. É melhor dar as frutas de polpa dura, como maçã, em pedaços suficientemente grandes para que o bebê possa pegar e morder. Ele poderia engasgar com pedaços pequenos ao comê-los inteiros. Não podemos nos esquecer de sempre tirar os caroços das frutas.

- Frutas desidratadas. Se estão duras, talvez seja necessário mergulhá-las em água quente.
- Tiras de hortaliças cruas com um molho como acompanhamento.
- Hortaliças raladas: uma forma de torná-las atraentes é criar figuras com elas, como uma carinha, uma casa ou qualquer outra coisa que chame a atenção da criança.
- Massa cozida com molho bastante espesso e que grude nela.
- Pedacinhos de frango cozido.
- Cereais integrais sem leite: trigo, flocos de arroz, de milho, aveia.
- Hambúrguer cortado em pedaços ou almôndegas pequenas.
- Pedacinhos de peixe magro ou atum ralado.
- Bolachas de arroz ou integrais.
- Queijo cortado em tiras ou gratinado.
- Minissanduíches com recheios cremosos: manteiga, banana amassada, requeijão, ou também pão ázimo (sem levedura) cortado em tiras do tamanho de um dedo e besuntadas com ingredientes pastosos.
- Ovos cozidos.
- Torradas cortadas em tiras (como soldadinhos!) com molho para acompanhar, por exemplo, grão-de-bico triturado e misturado com sementes de gergelim, ou também podemos inventar nosso próprio molho. Uma ideia é misturar uma pasta de abacate com pedaços de tomates, requeijão e cebolinha.
- Saladinhas com tomates sem pele e sementes, rodelas de pepino, cenoura ou queijo ralado etc.
- Tiras de torradas com queijo ou tiras de *pizza*.

Como vemos, quando o bebê completa 1 ano de idade, o cardápio para ele tem sugestões muito diversificadas. Atravessamos uma época de maturação gustativa e, ao mesmo tempo, o crescimento começa a ser mais lento. A partir dos 12 meses, o bebê começará a ingerir menos quantidade de comida do que na fase anterior. O que os pais podem fazer a esse respeito? Agora é o momento de pensar mais na variedade do que na quantidade da alimentação. Uma criança atende ao que seu corpo lhe diz e costuma comer só o que o organismo necessita; por isso, não devemos nos alarmar, a não ser que se trate de um caso extremo. Levem em consideração que no primeiro mês de vida ele aumentava 1 g a cada hora e, a partir dos 12 meses, 2-4 kg por ano.

O essencial mesmo é lhe oferecer essa nova gama de alimentos de forma reiterada. A chave é oferecer, não impor. Isto é, devemos repetir com assiduidade um mesmo prato durante algum tempo para que o bebê se habitue e o assimile como opção.

Aos 12 meses, também haverá coisas que seu filho vai rejeitar na hora de comer. Essa resistência pode derivar de experiências desagradáveis por problemas nasais, bucais, dificuldades respiratórias normalmente associadas à comida ou até mesmo dificuldades para engolir quando a boca está cheia. Diante desses casos, a insistência e a pressão para que a criança aceite determinado tipo de alimento podem perturbar essa etapa de separação e individualização em que ela se encontra imersa, levando-a a piorar e não se habituar a novos alimentos. Uma boa solução seria identificar quais alimentos provocam rejeição e, em vez de insistir neles, tentar prepará-los de uma maneira que o bebê não os associe com o prato que tanto odeia.

Outro fator essencial é estabelecer um tempo predeterminado para cada refeição e tentar ajustar-se ao máximo a ele. Desse modo, estaremos criando em nosso bebê um hábito de horário das refeições. Outra consideração importantíssima é que, se ele se mostra relutante em comer, os pais nunca devem utilizar a comida como recompensa ou castigo, já que, como dissemos antes, estamos tratando de criar um hábito, não de disputar. Atitudes como essa quebrariam completamente essa harmonia na hora de comer.

Seguindo com a variação na alimentação, veremos agora alguns exemplos de pratos que podemos introduzir a partir do primeiro aniversário.

Macarrão cabelo de anjo com tomate

Ingredientes:
30 g de macarrão cabelo de anjo
4 tomates maduros
1 colher de azeite de oliva
1 pedacinho de cebola
1 pouquinho de queijo magro

Modo de preparo: escalde os tomates em água fervente por alguns minutos. Tire a pele e as sementes; passe pelo espremedor de batatas. Numa caçarola, introduza o purê de tomate e a cebola cortada bem fina. Deixe cozinhar em fogo lento com a panela tampada até que a água desprendida do tomate se evapore. Ferva o macarrão por 10 minutos. Escorra bem. Tempere a massa com o purê de tomate, acrescente o azeite e o queijo magro.

Arroz caldoso com abobrinha

Ingredientes:
Caldo de carne sem gordura
30 g de arroz
1 abobrinha
1 colherzinha de azeite de oliva

Modo de preparo: lave, descasque e corte a abobrinha em pedaços. Triture-a no processador ou passe-a no espremedor e misture-a ao caldo de carne já preparado. Junte o arroz à mistura e deixe cozinhar. Mexa durante a cocção e, se necessário, acrescente mais caldo de vez em quando. Antes de servir, tempere com o azeite de oliva.

Hambúrguer de frango

Ingredientes:
50 g de peito de frango triturado
½ gema de ovo
4 ou 5 tomates
1 pedaço de cebola
1 colherzinha de azeite de oliva

Modo de preparo: lave, descasque e pique os tomates. Passe a polpa pelo espremedor de batatas. Com o peito de frango e a gema de ovo, faça pequenos hambúrgueres, ponha-os numa caçarola com o purê de tomate, a cebola e deixe cozinhar. Antes de servir, tempere com o azeite de oliva.

Ao elaborar a dieta do bebê, vocês devem se orientar pelas normas especificadas na tabela da página seguinte.
    Mas, como nem todas as crianças são iguais, talvez seu filho não seja muito fã da comida e tenha preguiça de se alimentar. Nesse caso, como já comentamos, não devem obrigá-lo a comer o prato de que não gosta. Uma das possíveis soluções é recorrer a outros pratos e, com alguns truquezinhos, temperar as receitas para suprir essa carência de nutrientes de que o bebê sofre por não ser muito dado ao prazer culinário. Apresentamos a seguir uma série de truques que ajudarão seu filho a alcançar o peso ideal:

Refeição	Alimento	Quantidade
Café da manhã	Leite[1]	200 ml
	Farinha láctea	20-25 g
	Açúcar	10 g
	Suco de frutas	50 ml
Almoço	Carne[2], peixe[3] ou ovo	40-50 g
	Legumes cozidos ou crus	75 g
	Arroz, massa ou batatas	75 g
	Iogurte	1
	Fruta cozida ou crua	75 g
	Manteiga	10 g
	Óleo	15 g
	Açúcar	5-6 g
Lanche	Leite	200 ml
	Bolachas	20 g
	Açúcar	10 g
	Fruta	50 g
Jantar	Sopa/Legumes verdes	75 g
	Arroz, massa, semolina	75 g
	Manteiga	10 g
	Sobremesa láctea	100 g
	Fruta cozida ou crua	70 g
	Açúcar	5-6 g
	1 ovo/50 g de carne ou peixe	

[1] Deve-se levar em conta que 250 ml de leite podem ser substituídos por um pote de iogurte ou 35 g de queijo manchego ou 40 g de queijo-do-reino semicurado.
[2] Carnes magras: frango, vitela, vaca, peru etc. O fígado pode substituir a carne uma ou duas vezes por semana, embora não seja necessário.
[3] Peixes magros: peixe-galo, linguado, badejo, dourado, merluza etc.

- Usar molhos nas receitas é um truque bastante recorrente como fonte nutricional. A maionese e o molho branco aumentam as calorias e melhoram o sabor dos pratos.
- Quanto às carnes, podemos empaná-las ou acrescentar farinha de rosca para que seja uma receita mais completa.
- Acrescentar aos molhos ingredientes que aumentem sua consistência como maisena, creme de leite, leite em pó ou ovo.
- O mel, a nata, o caramelo líquido ou o chocolate são os componentes ideais para uma sobremesa ou fruta natural.
- Ao dar leite ao bebê, enriquecê-lo com leite em pó, cacau, açúcar ou mel é uma boa fonte calórica e nutritiva.
- Às massas e ao molho branco podemos acrescentar produtos lácteos que complementem a receita, por exemplo, queijo ralado.
- Se começamos a dar torradas ou até mesmo sanduíches à criança, seria interessante acrescentar um pouco de azeite para torná-los mais suculentos.
- Nas sopas, caldos ou cremes, *croutons* ou pedacinhos de pão torrado poderiam ser o acompanhamento ideal.

QUE FAZEMOS COM OS SUCOS DE FRUTAS INDUSTRIALIZADOS?

- O excesso de sucos industrializados pode favorecer a ocorrência de diarreia. Os sucos de uva, laranja e abacaxi são os mais equilibrados e indicados. Por outro lado, os de pera e maçã são os mais associados a diarreias.
- A quantidade que devemos dar é de 10 ml para cada kg de peso do bebê.
- O consumo elevado de sucos e refrigerantes não é nada recomendável. Aumenta o risco de o organismo não absorver a quantidade suficiente de vitaminas A, C, B_2, B_6, B_{12}, cálcio, ferro e magnésio. Além disso, proporciona um excesso de açúcar e energia e, consequentemente, aumenta o risco de obesidade. Também pode favorecer o aparecimento de cáries.
- O mais importante: do ponto de vista nutricional, os sucos de frutas NÃO são equivalentes a frutas naturais. Carecem de fibras e, por serem líquidos, não estimulam a mastigação. Não têm nenhuma vantagem nutricional nem significam uma melhora dos hábitos alimentares em relação à fruta natural.

Depois de revisar os componentes nutricionais e os conteúdos alimentares de que o bebê necessita, vamos analisar agora quais são suas habilidades para comer. Ao completar 1 ano de idade, é provável que o bebê já seja capaz de usar a colher. Nesse período de crescimento, ele já desenvolveu a habilidade de segurar os objetos, o que chamamos de *pinça superior* no início deste capítulo. Já é capaz de agarrar as coisas com firmeza e, portanto, segurar uma colher será moleza para ele. No entanto, não é incomum que, ao levar a colher à boca, ela se desequilibre antes de cumprir o objetivo e a comida caia. Seu filho já sabe segurar bem a colher, mas ainda não aprendeu a levá-la à boca, movimento que requer maior precisão, já que o punho deve adotar a posição correta para que a colher não gire sobre o próprio eixo e derrube a comida. Essa rotação incorreta da colher costuma desaparecer aos 15 meses, quando a criança tiver assimilado como seu punho deve girar para que a comida continue na colher ao abrir a boquinha. Em algumas crianças, essa falha pode persistir até os 18 meses.

No que diz respeito à higiene, não nos esqueçamos de que aos 12 meses o bebê já tem a maior parte dos dentes, de modo que escová-los após cada refeição será fundamental para sua higiene bucal e o não aparecimento de cáries.

As necessidades de sono são semelhantes às da fase anterior. O bebê vai dar três cochilos, um depois de cada refeição, e 10-12 horas de sono durante a noite.

EM RESUMO...

Nessa idade, o bebê é capaz de...

- Dar passos sozinho: no início com nossa ajuda, pouco a pouco se agarrando aos móveis e finalmente por si só.
- Mostrar o uso da função de pinça de forma precisa: agarra objetos firmemente com o indicador e a parte superior do polegar. Isso lhe permite desenvolver outras habilidades, como pegar na colher para comer.
- Lançar dois cubos juntos.
- Encaixar um objeto em outro, pois já desenvolveu o conceito da terceira dimensão.
- Dizer de uma a três palavras e entender quase todas as frases que os pais lhe dizem.
- Usar uma xícara ou um copo com as duas mãos.
- Ajudar na hora de se vestir.
- Apontar com um dedo e procurar os pais ao chamá-los. A brincadeira "Cadê...?" é sua preferida nessa idade.

- Mudar as coisas de lugar. Apesar disso, ele tem um grande senso de ordem e é capaz de constatar se um objeto não se encontra no lugar habitual.
- Pegar os alimentos com os dedos.

Sinais de alarme

O pequenino está se convertendo numa pessoinha hábil em quase tudo. Na linguagem, na relação social, na motricidade.

Para garantir seu bom desenvolvimento, devemos procurar um especialista se:

- Não realiza jogos interativos nem imita.
- Não se está estabelecendo uma relação de apego seguro.
- Não demonstra angústia nem ansiedade diante da separação.
- Não diz ao menos duas palavras.
- Não imita nem vocaliza sons.
- Não identifica as pessoas quando lhe perguntam "Cadê...?".
- Não segue duas direções diferentes.
- Não se mantém em pé.
- Não é capaz de segurar um objeto em cada mão ao mesmo tempo.

PROBLEMAS DE SAÚDE MAIS COMUNS NO PRIMEIRO ANO
(Descritos em detalhe na terceira parte)

- Cólicas
- Dermatite das fraldas
- Vômitos
- Diarreias
- Prisão de ventre
- Gastrenterite
- Febre
- Erupções na pele (alergia a um tecido, fralda, creme ou sabonete, a um tipo de leite...)
- Infecção do cordão umbilical
- Hérnias umbilicais
- Infecção do ouvido
- Conjuntivite
- Congestão nasal

7

O que acontece aos 15 meses
O construtor incansável

O bebê já ultrapassou 1 ano de vida e aos 15 meses começa uma etapa de plena atividade, que não será nada fácil para os pais. A criança exigirá um controle permanente e contínuo de todos os seus movimentos, pois vai estrear uma frenética atividade de aprendizagem e descobrimento de tudo o que existe ao seu redor. Ela é tomada por uma grande curiosidade nessa idade. Não se desesperem. O fato de não parar nem um segundo sequer é sinal perfeito e claro de que está crescendo e se desenvolvendo: é uma criança sã e cheia de inquietudes que pretende apenas se impregnar de todos esses conhecimentos novos que lhe chegam e são mais do que surpreendentes.

Nessa idade, a criança já terá autonomia total na hora de caminhar. Desloca-se pela casa inteira sem problema nenhum, mas só vai começar a correr aos 18 meses. Nos primeiros dias ou semanas após aprender a caminhar, notaremos que, em vez de andar, o que ela faz é separar bem as pernas e ficar quieta, balançando-se para a frente e para trás, num movimento completamente pendular. É sua forma de manter o equilíbrio nesses primeiros dias em que seu corpinho se encontra completamente erguido sem ajuda de nada.

Na hora de enfrentar uma escada, não pensa que pode ser uma barreira para ela. E realmente não é: aos 15 meses, é capaz de subir a escada engatinhando. Não existem limites. Por ter desenvolvido perfeitamente o movimento de engatinhar antes de pôr-se a andar, a criança vai usar essa técnica para transpor as barreiras que acha que não pode superar caminhando. Podemos dizer, portanto, que praticamente já não existe fronteira para esse pequeno explorador, que está pouco a pouco se convertendo num aventureiro experiente. E, com nossa ajuda, pode chegar ainda mais longe: subir as escadas em pé agarrado à nossa mão. Também é capaz de ajoelhar-se para pegar um objeto, e não só isso, pois, depois de pegar o objeto, não tem dificuldade para se levantar. Se ela se agacha, depois se levanta e cai de novo, isso é normal. Ainda não desenvolveu totalmente o senso de equilíbrio. Não é preciso ter pressa! São seus primeiros passos como caminhante.

A vitalidade é a principal característica do bebê de 15 meses. Prova disso é que nessas semanas ele não vai parar de jogar ou arremessar objetos e até mesmo empurrá-los para deslocá-los de um lado para o outro em casa. Quando brincávamos com ele de jogar a bola, ele ainda não havia aperfeiçoado a capacidade de devolvê-la. Aos 15 meses, já é perito em devolver com grande energia as bolas que lhe jogamos. Isso o fascina. E não só será capaz de devolvê-la, mas tentará fazer isso com a maior força possível. Adora experimentar coisas novas e tentar superar as barreiras que o separam de seus pais. Conseguirá depois de várias tentativas. Mas, ao lançar ou chutar a bola, ele cai no chão. Por enquanto.

Como antecipamos no capítulo anterior, seu filho já usa os dedos para segurar objetos com grande precisão (*pinça superior*) e é capaz de pôr bolinhas dentro de uma garrafa, ou de segurar a colher corretamente. Mas, sem dúvida, é nos livros ilustrados que melhor apreciaremos essa nova habilidade. A curiosidade em conhecer coisas fará que ele aprenda e adquira a capacidade de virar as páginas (embora salte algumas, é claro). Além disso, no que diz respeito à competência visual, começa a apontar imagens, identifica-as e as diferencia umas das outras.

Quando já tem mais de 1 ano, ele se torna um pequeno arquiteto. Nos meses anteriores, desenhava rabiscos com um lápis em grandes folhas de papel. Agora, além de arrematar esse rabisco, é capaz de reproduzir quase com exatidão um traço realizado por um adulto. Além disso, não só desenha, mas constrói. Aos 15 meses, sabe fazer torres de dois a quatro cubos. Também tem a habilidade de encaixar peças, pondo em prática sua percepção da terceira dimensão e das diferentes formas dos objetos. Mas, por enquanto, só distingue os mais simples, como é o caso do círculo.

Quanto à linguagem, a criança desenvolve perfeição linguística em geral. Constrói suas primeiras frases de maneira um pouco primitiva. Por exemplo, se quer dizer "A boneca de Maria quebrou", dirá "Maria boneca quebrou". Trata-se de uma estrutura puramente emocional. Isto é, a criança construirá as frases segundo seu valor afetivo, daí o primeiro lugar ser ocupado pela palavra "Maria", já que, por se referir a uma pessoa, é a palavra à qual está mais vinculada. Nesse sentido, quando o bebê formular uma frase que inclui a si mesmo, ele vai se colocar sempre na primeira posição e, para isso, vai utilizar o termo "nenê" ou simplesmente seu nome.

Com intenção defensiva, uma das coisas de que ele mais gosta é interromper as conversas. Se notar que estamos batendo papo com alguém, não hesitará em nos cortar. Um grito ou uma frase mais alta será sua forma de chamar a atenção da mãe ou do pai, para se sentir atendido.

No que concerne ao desenvolvimento social do bebê, as brincadeiras que mais o encantam nessa fase são as que testam e incentivam suas novas capacidades motoras. Desde que começou a dar seus primeiros passos ou a engatinhar, e a expressar-se com maior clareza, a autonomia é o dom que ele mais valoriza e mais deseja. É melhor não restringir sua ânsia de liberdade, pois poderíamos bloquear suas iniciativas. No entanto, a tolerância deve ter limites: os pais têm de dar espaço ao bebê apenas quando isso não representar perigo para sua integridade ou sua evolução educativa.

Ele necessita de autonomia e, por outro lado, anseia por socializar-se. Para se divertir, a criança precisa cada vez mais de um adulto, pois seus jogos são cada vez mais complexos: saltar sobre os joelhos do adulto, brincar de "Cadê o nenê?", passear no carrinho etc.

Além de interessar-se por brincadeiras que exijam a presença do adulto, ela também se sentirá atraída por jogos de construção, como já indicamos. Os jogos de encaixar e os livros com ilustração também vão ocupá-la por um bom tempo. Essas novas tarefas são prova de que sua capacidade de concentração está melhorando.

Em contraposição ao fato de precisar de um adulto para brincar, as relações de seu filho com outras crianças serão menos harmoniosas. É frequente que, junto de outra criança, ele a morda, belisque, puxe os cabelos. Não se trata de uma rejeição a pessoas da mesma idade. O problema é que ele ainda tem dificuldade de se relacionar e trata seu amiguinho como se fosse outro brinquedo. Sua máxima referência de iguais são os pais, ou seja, pessoas adultas. Portanto, nessa idade o bebê prefere brincar sem incluir outras crianças.

Alimentação. O domínio do "não"

Quando nosso bebê completa 15 meses, o "não" aparece na hora de comer. Necessita menos quantidade de alimento e vivencia sua alimentação como algo voluntário e cada vez mais independente dos pais. Para garantir uma boa alimentação e evitar uma disputa com o bebê, devemos modelar os hábitos alimentares,

INTERAÇÃO

- É bom falar com o bebê: nomear objetos, texturas, sons, sentimentos...
- É preciso ouvi-lo: é importante lhe dar atenção quando tenta nos dizer algo. Dessa maneira, reforçamos a relação social e a comunicação.
- Devemos aceitar e reconhecer seus esforços em se comunicar. Não o corrijam em excesso.
- Não devemos pressioná-lo a falar. É melhor deixar que ele tome a iniciativa.
- É bom mostrar-lhe fotos e dizer o nome de seus elementos e objetos.
- Ao contar-lhe uma história, não esperem que ele ouça sem se mexer. Ele não vai ficar quieto, mas isso não quer dizer que não está escutando.
- É fundamental desenvolver sua capacidade criativa. Deem-lhe uma folha grande de papel para que desenhe o que quiser. Até mesmo com os dedos (tinta guache).
- Depois de cada refeição, brinquem de escovar os dentes do bebê (até os 5 anos, devemos usar creme dental com menos de 250 ppm de flúor, embora isso dependa do conteúdo de flúor na água que consumimos, razão pela qual seria conveniente consultar o pediatra. Em caso de dúvida, até os 5 anos, escovem os dentes da criança apenas com água, pois ela costuma engolir o creme dental).

corretamente, fixar horários e estabelecer uma dieta em que estejam presentes todos os grupos de alimentos. Podemos seguir uma série de normas que ajudarão a criança a se acostumar com mais facilidade sem que isso signifique uma mudança brusca para ela ou para os pais.

Já enumeramos esses hábitos em outros capítulos, mas façamos um resumo para revisar:

- As quatro refeições do bebê (café da manhã, almoço, lanche, jantar) devem seguir horários fixos todos os dias.
- O almoço e o jantar devem ser compostos por uma entrada e o prato principal ou por um único prato que combine ambas as qualidades.

- Desses dois pratos, o primeiro deve conter amido, sais minerais e vitaminas. Massa e arroz com hortaliças são bons exemplos. Legumes e verduras picados também devem acompanhar o segundo prato, que pode ser composto por carne, peixe ou outros alimentos proteicos.
- Às vezes podemos substituir os dois pratos por um único à base de cereais e legumes.
- Devemos lhe oferecer peixe de 4 a 5 vezes por semana. Ovos: 3 vezes por semana.
- Os alimentos que nunca podem faltar na dieta do bebê são frutas, verduras, legumes, leite e seus derivados.
- Quanto à composição, devemos evitar pratos muito elaborados e receitas com especiarias.
- Uma alimentação variada e equilibrada permite assimilar todos os nutrientes necessários ao bebê. O que importa é a qualidade, não a quantidade do que nossos filhos comem todo dia.

Quanto ao sono, não há variações em relação às necessidades do período anterior. Lembrem-se de que uma criança que dorme bem é uma criança feliz, cresce melhor e aprende mais rápido. O sono adequado é o melhor motor do crescimento.

EM RESUMO...

- Devemos controlar os movimentos do nosso bebê.
- Ele começará a caminhar sozinho e deslocar-se por quase toda a casa. Subirá as escadas engatinhando, ou andando agarrado à mão de um adulto.
- Poderá agachar e levantar-se, mas nem sempre conseguirá manter o equilíbrio.
- Começa a lançar, arremessar objetos. Também os arrasta pela casa inteira.
- Devolve a bola jogando-a com energia, mas cai no chão por falta de equilíbrio.
- Segura a colher com os dedos, mas, antes de colocá-la, ele a deixa virar para baixo.
- Aprende a virar as páginas do livro e desenha rabiscos em papéis; também será capaz de desenhar um traço realizado por um adulto.
- Sabe fazer torres de dois a quatro cubos.
- Começa a pronunciar suas primeiras frases, embora sejam estruturas muito básicas.

- Compreende a maioria das frases que dizemos.
- A partir dos 15 meses, a criança precisa de menos alimento e mais variedade.
- É necessário seguir rotinas para evitar que se acostume a rejeitar certos alimentos.

Sinais de alarme

Como explicamos, os padrões de desenvolvimento do bebê são relativos. Algumas crianças adquirem certas habilidades antes de outras.

Umas evoluem mais depressa; outras, mais devagar. De modo geral, o importante é o conjunto. No entanto, sempre podemos tomar como referência os seguintes padrões para saber se o bebê está se desenvolvendo corretamente.

Quanto à postura do corpo e aos movimentos, destacamos que a criança já anda sozinha, sem ajuda, embora caia com frequência porque ainda não desenvolveu totalmente o senso de equilíbrio. Além disso, é capaz de subir escadas engatinhando, ajoelha-se e põe-se de pé sem a ajuda de um adulto. Se a maioria dessas condições não é notada no bebê, aconselhamos aos pais que procurem um profissional para avaliar a existência de algum problema motor.

A tabela da página seguinte mostra os padrões de crescimento infantil da OMS.

A habilidade manual nessa idade também é significativa para estabelecer se está se desenvolvendo bem. Aos 15 meses, gosta de lançar objetos, jogar bolas, faz torres com cubos, segura um lápis e é capaz de virar páginas de livros, embora ainda pule algumas. Em relação à alimentação, a criança consegue segurar a colher, mas a vira para baixo ao colocá-la na boca. Ainda assim, insiste em comer sozinha. Também é capaz de segurar um copo com as duas mãos e beber. Para garantir que o bebê se desenvolva corretamente, ele deve dominar a maioria dessas habilidades.

Também devemos procurar o pediatra se, no âmbito linguístico, o bebê de 15 meses não é capaz de pedir comida ou bebida com sons e palavras. Outro sinal que podemos tomar como referência é observar se ele conhece, ao menos, três palavras. E, por último, se pede objetos apontando para eles.

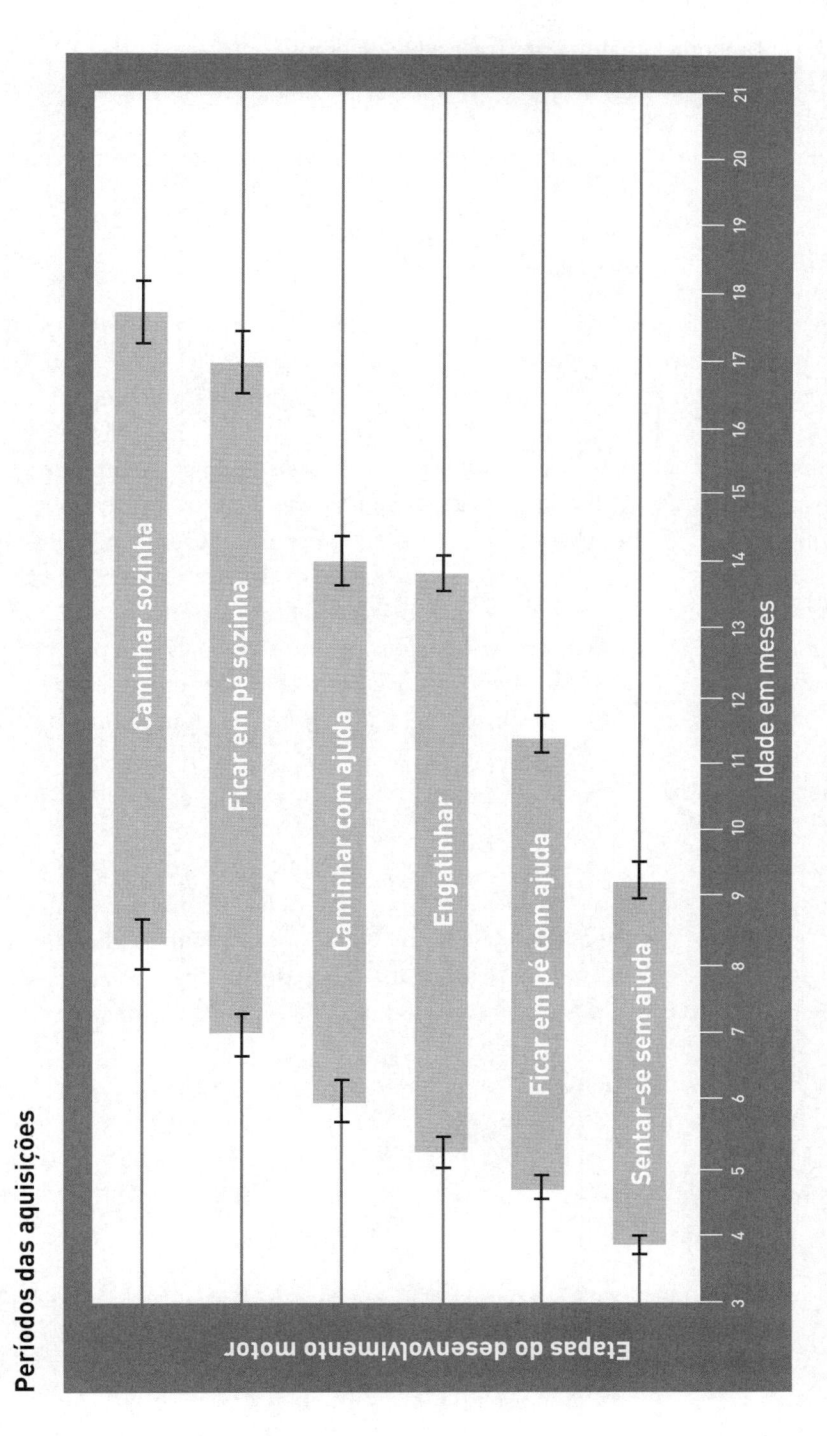

Como seu filho amadurece, cresce e se desenvolve | 89

Períodos das aquisições

Etapas do desenvolvimento motor / Idade em meses

- Caminhar sozinha
- Ficar em pé sozinha
- Caminhar com ajuda
- Engatinhar
- Ficar em pé com ajuda
- Sentar-se sem ajuda

Fonte: web oficial da OMS, http://www.who.int/childgrowth/standards/mm_windows_graph.pdf.

8

Os 18 meses
A idade do *cabeça-dura*

Quando nosso bebê completa 18 meses, a paciência será nossa grande aliada. É algo que os pais devem levar em conta durante esses meses para não perder a calma. Mas não só a paciência deve ser nossa companheira. Nessa idade, em que o bebê começa a alcançar autonomia quase completa, os limites educativos devem ser bem claros e distintos. O bebê será como um cata-vento num dia de vento. Em certo momento nos exige sua autonomia e independência mais absoluta para, no momento seguinte, ser a criança mais melosa e dependente do mundo.

Entre as habilidades próprias dessa idade, destacamos que já é capaz de indicar se está molhado ou seco, no que se refere tanto ao cabelo como à fralda, ou até mesmo ao corpo depois de tomar banho. Brinquem de adivinhar com ele, para que aos poucos aprenda a fazer distinções.

Completados os 18 meses, se o bebê ainda continua usando chupeta, comecem a retirá-la, pois a sucção pode ser prejudicial para o crescimento dos dentes e até mesmo causar uma deformação da arcada e uma respiração bucal acentuada. O uso reiterado da chupeta também pode provocar otite de repetição ou cáries, por causa da tendência de impregnar a chupeta com substâncias açucaradas. Além de desnecessária, pode provocar feridas na boca da criança.

Falar é fácil, mas como acabar com o hábito da chupeta de um dia para o outro? Muitas crianças que chupam o polegar já o faziam dentro do útero da mãe, e, portanto, não será fácil evitá-lo. Se os pais decidem que o filho deve abandonar o hábito, terão de falar com ele, pois sem sua colaboração nada será possível. As recompensas positivas como a economia de fichas, que é a técnica para desenvolver condutas incipientes e diminuir condutas problemáticas, são muito mais eficazes do que as reprimendas, a pimenta na chupeta, o esparadrapo nos dedos... O essencial é que a criança queira deixá-la. Podemos pedir conselho ao odontopediatra para que o bebê deixe de chupar o dedo.

Ao abandonar o hábito da chupeta, a criança ficará com a mordida aberta, isto é, um espaço entre os dentes de cima e os de baixo, e talvez adquira outros hábitos como a sucção do lábio, a interposição lingual, a respiração bucal etc. O tratamento para corrigir o problema da mordida aberta não pode ser iniciado se a criança continua chupando o dedo, o que só complica o caso. Também surge o risco de fratura dos incisivos superiores por estarem situados numa posição mais anterior.

E agora que a maioria dos dentes nasceu, é um bom momento para agir contra possíveis doenças dentárias e estabelecer uma higiene bucal adequada.

Quando nascem os dentes do bebê, os transtornos são habituais e normais. A gengiva fica roxa e inflamada até o dente atravessá-la desde o maxilar até a boca. Os pais sofrem porque querem aliviar o processo. Que podemos fazer para aliviar esses incômodos? Dar-lhe objetos frios (mas não gelados) e duros para que mastigue, como um mordedor ou algum tipo de bolacha, pode ajudar a combater os transtornos locais: o frio diminui a dor, e a dureza acelera o aparecimento dos dentes. Em relação à higiene, devemos insistir em sua limpeza com uma assiduidade de 3 a 4 vezes ao dia com uma gaze umedecida em água.

Talvez os pais perguntem que importância têm uns dentinhos que depois de algum tempo cairão para dar lugar aos dentes permanentes. Embora não pareça, os dentes temporários ou de leite têm inúmeras funções. Ajudam a manter uma boa nutrição, pois permitem à criança mastigar adequadamente e sem problemas. Contribuem para a pronúncia correta das palavras e, assim, ajudam a criança a se sentir melhor do ponto de vista social. E um dos motivos mais positivos é que, com o nascimento dos dentes de leite, garantimos o espaço na boca, como um guia para os futuros dentes permanentes.

A melhor maneira de incutir bons hábitos de higiene é dar o exemplo. As crianças aprendem tudo por imitação e tomam os adultos por modelo. Se lhes transmitimos normas de higiene – como, por exemplo, lavar as mãos antes de comer ou escovar os dentes antes de dormir –, elas vão colocá-las em prática. Como em qualquer aprendizagem, temos de estabelecer rotinas associadas às atividades do dia, como uma brincadeira, e sem gritos. Esses rituais devem motivar a criança; os pais participam e tentam fazer o filho entender que os hábitos lhe convêm e que ele se sentirá melhor. Se vocês obtiverem uma resposta positiva, poderão reforçar esse comportamento com elogios ou pequenos prêmios que ajudarão a fixar o hábito.

A importância do jogo com bonecos também aumenta nesses dias. A criança pode utilizá-los para expressar o que está sentindo; além disso, estimulam a imaginação. Todos esses recursos facilitam a aprendizagem.

SEMPRE APRENDENDO

Os recém-nascidos e os lactentes de pouca idade precisam de contato físico incessante com os pais; à medida que crescem, as necessidades dos bebês mudam, pois já não precisam tanto de contato físico. Mas, aos 18 meses, a criança solicita bastante contato físico, breve e não verbal; simplesmente necessita sentir que os pais estão ali e não saíram. No seguinte quadro explicativo, propomos algumas ideias para enfrentar esse distanciamento físico natural.

Proximidade física	Durante as atividades tediosas ou de distração, é bom colocar o bebê perto de nós, num lugar onde seja fácil acariciá-lo.
	Durante as refeições, no carro, nas compras, ficaremos perto dele para facilitar o contato físico.
Contato físico	O contato físico breve (1-2 segundos) e não verbal demonstrará nosso amor por ele.
	Devemos nos acostumar a essas carícias breves como forma de mostrar alegria cada vez que nosso filho realiza uma boa ação que nos agrade.
Repreensões verbais	Às vezes enviamos mensagens a nossos filhos que eles não compreendem por sua complexidade. É importante levar em conta que, se não temos nada agradável para dizer, é melhor não dizer nada.
Contato não verbal	Em geral, o contato físico tem um efeito calmante para as crianças de pouca idade. Mas os elogios, as perguntas ou os comentários podem reprimir ou frear o que elas estão fazendo.
Brincadeiras independentes	O bebê precisa de tempo para si mesmo.
	Devemos lhe dar liberdade suficiente para que explore o entorno por conta própria. Dessa forma, ele aprenderá habilidades que poderá usar a vida toda.

Como vocês viram, o subtítulo deste capítulo é "A idade do *cabeça-dura*". Queremos dizer que, com um ano e meio, a criança é obstinada e negativa.

Achamos que os seguintes esclarecimentos ajudarão os pais a compreender e superar essa etapa tão confusa do pequeno explorador.

O QUE SIGNIFICA ISSO?

O negativismo é uma etapa que a imensa maioria das crianças entre 18 meses e 3 anos enfrenta. Durante essa fase, elas respondem negativamente a muitos pedidos dos pais. Não importa que os pedidos ou comentários sejam agradáveis. O "NÃO" será sistemático. O bebê adora rejeitar qualquer sugestão, tanto faz se é vestir-se ou tirar a roupa, tomar banho ou sair da banheira, deitar-se ou levantar da cama etc.

O QUE PODEMOS FAZER?

Diante dessa situação de descontrole e obstinação do bebê, existem algumas dicas para que essa fase se torne mais suportável.

- Não devemos nos angustiar porque é uma fase passageira, não vai durar para sempre. Quando nosso filho responde com um "NÃO" a um pedido, o que realmente quer dizer é "Tenho que fazer isso?" ou "Você está falando sério?". Portanto, não se deve confundir isso com falta de respeito. Trata-se, antes, de um momento em que ele desenvolve sua identidade e sua capacidade de autodeterminação. Se não nos preocuparmos excessivamente com essa nova atitude e mantivermos a calma, nós vamos superá-la sem dramas. Em geral, essa fase "cabeça-dura" tem duração de 6 a 12 meses. Ela desaparecerá por completo quando a criança completar a fase de identidade.

- É muito importante não castigar nosso filho por dizer "NÃO". O castigo será motivado pelo que faz, não pelo que diz. Nessa idade, ele ainda não é consciente de tudo o que diz. Mas é, sim, responsável por seus atos, e por isso devemos castigar o que ele faz e que sabemos estar errado, ignorando todas as suas negativas.

- Quando queremos que faça alguma coisa, devemos dar-lhe outras opções. Isso é muito melhor do que tentar impor uma decisão. Dessa maneira, sentirá que tem maior liberdade e poder de decisão. Assim, ao sentir-se menos tolhido, vai cooperar com mais vontade e alegria em tudo aquilo que queremos que faça. Por exemplo, na hora do banho, deixe-o escolher se quer o chuveiro ou a banheira, como também os brinquedos que levará para a banheira; que livro quer ler; que fruta comerá como sobremesa ou lanche; que roupa ou sapatos usará; que cereal tomará no café da manhã etc. O ideal é sugerir-lhe duas opções, para que escolha uma delas. Quanto antes ele tiver a impressão de que está tomando as decisões, mais rápido daremos por concluída essa fase.

- Algo muito importante para a conduta de nosso filho: não devemos dar-lhe uma opção se essa possibilidade não existe. Por exemplo, as regras de segurança, como o uso da cadeirinha no carro, não estão sujeitas a discussão. Para amenizar essa decisão, uma boa medida é explicar-lhe por que tem de sentar-se na cadeirinha. Deitar-se à noite ou ir para a creche tampouco são coisas negociáveis.

- Não devemos fazer uma pergunta quando existe só uma resposta aceitável. Mas, nessa situação, os pais têm de guiar o filho da maneira mais positiva possível. Usar um imperativo firme e que não pareça obrigação é uma boa opção: "Vamos fazer isso." Por outro lado, as frases que exprimem uma consequência devem ser evitadas. Por exemplo, a expressão "Façam isso senão... [sofrerá as consequências]" deve ser evitada sempre. É melhor uma afirmativa: "Quando terminarmos isso... poderemos brincar ou fazer...".

- Se queremos que ele mude de atividade, devemos estabelecer um tempo de transição. Se, por exemplo, a criança está brincando com um caminhãozinho ou uma boneca, imersa na brincadeira e se entretendo, e a hora de jantar se aproxima, devemos avisá-la 5 minutos antes para que vá se conformando com a ideia. Ter um relógio por perto, como o da cozinha, nos será de grande auxílio para que ela aceite a mudança.

- Devemos eliminar as regras excessivas. Quanto mais regras estabelecermos, menos disposto nosso filho se mostrará em praticá-las. Uma saturação de normas não beneficia em nada a autodeterminação que a criança busca. Outra coisa a ser eliminada são as expectativas desnecessárias e as discussões sem sentido, como, por exemplo, se ela calçará meias ou comerá tudo o que está no prato.

- Uma boa maneira de garantir que nosso filho se sinta menos controlado é ter a cada dia mais interações positivas do que contatos negativos.

- Devemos evitar responder aos pedidos da criança com um número excessivo de negativas. Temos de ser para ela um modelo de afabilidade e boas maneiras. Se nosso filho nos pede algo e sabemos que podemos dar, devemos dizer "SIM"; no caso de nossa resposta ser negativa, vamos esperar alguns segundos antes de proferir o "NÃO". Se a resposta ao pedido é positiva, devemos cumpri-lo imediatamente, antes que ela comece a chorar ou suplicar.

> **MOTIVAÇÃO AO MÁXIMO**
>
> Quando o bebê completar 18 meses, é conveniente:
>
> - Dar oportunidades para que desenvolva sua agilidade física.
> - Possibilitar-lhe opções variadas, capacidade de escolha diante de uma ação.
> - Estimular e recompensar seus esforços falando com ele e dando atenção às suas tentativas de usar a linguagem.
> - Permitir que coma sozinho ou, pelo menos, tente.
> - Oferecer-lhe comidas simples e procurar não deixá-lo beliscar entre as refeições. Essa medida deverá ser rigorosa se a criança for "má comedora".
> - Não dar excessiva importância à hora de comer. Não é necessário que coma tudo o que oferecemos.
> - Insistir na higiene dental.

Quanto à **alimentação**, continuaremos a rotina estabelecida até agora. Quatro refeições ao dia: café da manhã, almoço, lanche e jantar. Dada a maturidade cada vez mais acentuada da criança, talvez devamos fazer certas mudanças na dieta seguida até agora. Nosso filho poderá tomar leite de vaca (salvo contraindicação do pediatra), integral e não desnatado; agora que tem dentes, aumentaremos a porcentagem de alimentos não triturados; por último, nós o estimularemos a comer sozinho, para reforçar sua identidade e autodeterminação.

Algumas crianças dessa idade deixam de cochilar depois do lanche. Outras continuam precisando disso. Para saber o que é melhor para seu filho, é fundamental observar como ele chega à hora do banho e ao jantar. Se está contente, alegre, de bom humor e não choraminga, isso é sinal de que não necessita dormir depois do lanche. Empreguem o bom-senso. Observem seu filho. Ele lhes dará todas as informações. Só é preciso observar tranquilamente os sinais que ele emite.

Durante a noite, ele dormirá entre 10 e 12 horas e manterá os cochilos depois do café da manhã e do almoço.

EM RESUMO...

- A teimosia será a característica principal nessa idade. Portanto, a paciência deverá ser nossa grande aliada.
- Devemos ter limites educativos muito claros e bem traçados.
- Se a criança ainda usa chupeta, chegou a hora de retirá-la, para evitar deformações nos dentes.
- Vamos lhe oferecer objetos frios e duros para morder e assim evitar que os dentes que estão nascendo lhe causem dor.
- A média de tempo de sono deve oscilar entre 10 e 15 horas.
- O bebê necessita de contato físico breve e não verbal.
- A partir dos 18 meses, estará imerso num negativismo temporário, que durará de 6 a 12 meses, dependendo da criança e de como os pais se comportam perante as negativas dela.
- Já pode tomar leite de vaca e comer maior quantidade de alimentos não triturados.
- Podemos conceder-lhe autonomia para comer.

Sinais de alarme

Devemos consultar um profissional se, completados os 18 meses, a criança não subir escadas, com ou sem ajuda. No plano linguístico, também devemos nos preocupar caso ela já não pronuncie de sete a dez palavras. Se não rabisca espontaneamente numa folha de papel ou não é capaz de construir uma torre com dois cubos, também devemos procurar ajuda de um profissional. Entre suas habilidades motoras, deverá ser capaz de segurar um copo com as duas mãos. E, não só isso, também terá aprendido a beber com ele sem ajuda de um adulto. No âmbito intelectual, aos 18 meses, nosso filho deve conhecer e distinguir perfeitamente as partes do corpo.

9

A criança entre 2 e 3 anos
O *papa-léguas*

Ninguém consegue parar essa criança! Ela virou um verdadeiro furação em casa e não conhece barreiras. Continua explorando, mas de forma diferente. Agora os objetos não são inacessíveis, e a maioria das coisas ao redor lhe é familiar. É também a época de reforçar a linguagem para ter mais independência e autodeterminação.

Aos 2 anos, nosso filho pode correr com perfeição, e nas curvas não perde o equilíbrio nem cai. É capaz de subir nas coisas, rodar, pular com os dois pés e depois com um pé só. O desenvolvimento do equilíbrio lhe permitirá aproveitar essas novas habilidades e outras mais complicadas, como subir ou descer as escadas ou chutar uma bola.

Também pode girar o punho corretamente, sendo capaz de utilizar a colher sem derrubar a comida. Além disso, pode lavar-se sozinho, abre e fecha as portas, sabe calçar os sapatos. Ao virar as páginas de um livro, já não passa várias de uma vez sem querer. Ao final dos 2 anos de vida, a criança também será capaz de desenhar uma figura humana com uma cabeça grande. Quem será?

Podemos observar um grande progresso em seu desenvolvimento intelectual. Ela sabe o significado de quatro a oito imagens; reconhece-as sem problema e pronuncia bem o nome delas. Além disso, pode dizer o nome de quatro a oito objetos usuais para ela, e de quatro a oito partes do corpo. Quanto à compreensão, entende de duas a quatro ordens que lhe damos ao mesmo tempo.

É capaz de controlar os esfíncteres e já não precisará das fraldas (falaremos disso um pouco mais adiante). No que se refere às habilidades tridimensionais, faz uma torre de seis a oito cubos. Aos 2 anos, também é capaz de encaixar até quatro peças do jogo e, ao final dos 2, pode encaixar todas. Conhece de duas a quatro cores e sabe contar até quatro aos 2 anos, e até oito perto dos 3.

E, enquanto isso, não para de falar. Prestem atenção na explosão do vocabulário. Nosso bebê começa a utilizar o verbo e forma frases com sentido, embora a linguagem ainda seja um tanto precária, como, por exemplo, ao dizer "nenê come bolo". Nessa idade, ele se identifica com seu nome ou como o *nenê*. Perto dos 3 anos, começa a usar o *eu* e o *me* e faz perguntas sem parar. Se antes gostava de explorar tudo, a partir de agora seguirá com a investigação por meio da fala. Ele se interessará por tudo, e os pais terão de satisfazer a essa curiosidade sem fim.

SEUS ESTÍMULOS: BRINQUEDOS PARA A CRIANÇA DE 2 A 5 ANOS

O rei da casa está mais ativo do que nunca e passa muito tempo correndo. Está começando as brincadeiras de imitação. Agora gosta de...

- Livros.
- Lousas, giz e tintas atóxicas.
- Blocos de construção.
- Brinquedos de utensílios domésticos.
- Bonecas.
- Brinquedos de madeira.
- Brinquedos de transporte (triciclo etc.).
- Instrumentos musicais.

Vamos nos deter agora no controle dos esfíncteres, citado acima. Quando a criança completa 2 anos, os pais talvez pensem em retirar a fralda, mas não há por que ter pressa nesse ponto. O melhor é nos fixarmos nas etapas de amadurecimento que servem de orientação. Cada criança amadurece em seu ritmo, e convém consultar o pediatra antes de tomar essa decisão.

Em que consiste o processo de controle dos esfíncteres pela criança? Devemos distinguir entre o esfíncter anal e o vesical. O primeiro controla a defecação; e o segundo, a micção. Aos 2 anos, o controle do esfíncter anal passa por um salto qualitativo. Durante o dia, a criança consegue se manter limpa. Sabe explicar-se e avisa que precisa ir ao banheiro, em seu estilo infantil: "nenê cocô", "nenê caca". Pode ir sozinha ao banheiro ou usar o penico; às vezes, tenta baixar as calças, mas nem sempre com sucesso. Com frequência, ela nos pede para ficar sozinha no banheiro. É que gosta de dirigir as operações. Melhor não contradizê-la, pois assim aprenderá por si mesma os mecanismos de asseio.

Quanto ao controle do esfíncter vesical, a capacidade de retenção do xixi é agora muito maior do que nos meses anteriores. De fato, a criança mantém-se seca por 2 horas seguidas. No entanto, o controle do esfíncter vesical é difícil e mais lento de adquirir do que o anal. A criança pode ser irregular durante o dia. Algumas se mantêm secas dia sim, dia não. Outras, apesar da boa intenção, não conseguem segurar e chegam molhadas ao banheiro.

A criança que já entende o valor de não fazer xixi na roupa sente-se mal, tem nojo quando constata que teve um pequeno acidente e pode até chorar. As meninas tendem a controlar o esfíncter mais cedo do que os meninos, sem uma causa precisa. Mas o período diurno é só um lado da moeda. Aos 2 anos, a noite ainda é uma questão que exige nossa paciência. Cada coisa a seu tempo.

Para poder iniciar a retirada da fralda antes do controle total dos esfíncteres, é necessário que a criança atenda a uma série de condições:

- Controle da urina. A criança deve urinar sem gotejo e com continuidade. Deve mostrar que precisa urinar e tem de conseguir permanecer seca ao menos por 2 horas.
- Desenvolvimento psicomotor. Tem de saber caminhar e segurar as coisas com a pinça indicador-polegar.
- Tem de ser capaz de seguir instruções.

Preenchidos esses requisitos, citaremos os passos necessários para a criança ir largando a fralda. É um processo lento, que requer a conscientização tanto da criança quanto dos pais. Por isso, não devemos nos precipitar.

- Para começar, devemos explicar à criança os passos que vamos seguir nesse processo. Podemos encontrar ajuda em materiais informativos como livros, vídeos, contos, jogos etc.
- Explique-lhe o que significa ir ao banheiro.
- Incentive-a a imitar os pais ou os irmãos na rotina de ir ao banheiro.
- Estimule-a a largar, por si mesma, a fralda.
- Deixe-a o maior tempo possível sem roupa ou só com a roupa de baixo. Ela é mais consciente de suas evacuações quando se encontra nua, desprotegida.
- Se ela der sinais de que quer fazer xixi ou cocô, pergunte-lhe se quer usar o penico. Se quiser, não devemos deixá-la sentada mais de 10 minutos. Em caso de êxito, devemos felicitá-la. Mas não criticar o fracasso.
- Se ela fica na creche, convém controlar a dieta servida lá, para que as fezes não sejam duras; ela pode passar a ter medo de ir ao banheiro por sentir dor.

- Afixe um calendário com estrelinhas para você ir riscando, como reforço.
- Se nosso filho é obstinado, capaz de dominar os esfíncteres, emocionalmente são, apresenta um bom desenvolvimento, tem mais de 3 anos, mas ninguém na família o instrui devidamente, convém celebrar a cerimônia de abandonar as fraldas: anunciar oficialmente diante de toda a classe que já é um menino ou menina grande, incentivá-lo a fazê-lo da melhor forma possível e permitir que as demandas do amadurecimento superem as da autonomia.
- Pare de estimulá-lo a largar a fralda durante algumas semanas ou meses, caso ele se mostre decididamente contrário.
- Não discuta, não castigue nem o envergonhe ou repreenda em circunstância alguma.
- Quando ocorrer um acidente, mostre uma nítida desaprovação, mas não aborrecimento, e peça-lhe que explique o que deve fazer quando sentir vontade de urinar. Lembre-o de que não deve fazer xixi na roupa, mas no penico ou no banheiro, e peça que colabore para mudar a roupa de baixo por outra seca.
- Se a criança tiver uma recaída depois de controlar os esfíncteres e já ter abandonado as fraldas, devemos investigar se há alguma circunstância em sua vida que lhe causou regressão. Não é preciso voltar a pôr as fraldas, mas simplesmente ficar mais atento e levá-la ao banheiro com mais frequência.

Mas, como afirmamos antes, o processo de retirada das fraldas não afeta somente a criança. Por ser um processo lento e complicado, os pais também devem participar dessa evolução. E, não só os pais, mas também os irmãos e avós. Apresentamos abaixo uma série de orientações para os pais e todas as pessoas que fazem parte do processo socializador da criança:

- Coloque o penico num lugar visível, onde a criança possa vê-lo com frequência, o que o transformará num objeto cotidiano. Diga-lhe o que vai ocorrer a partir de então e que ela pode se sentar nele quando quiser. Podemos até mesmo permitir que brinque com ele.
- Uma vez estabelecida a rotina semiconsciente de urinar ou defecar no penico, retire as fraldas e a deixe nua. A nudez a torna mais consciente da defecação.
- Deixe que se acostume com o assento. No início, podemos sentá-la vestida durante 5 minutos algumas vezes por dia durante uma semana para se familiarizar com o novo objeto. Tente escolher momentos em que é provável que faça cocô, como, por exemplo, depois das refeições. Não a obrigue a sentar-se

quando ela não quiser. É preciso respeitar seu espaço e dar-lhe a sensação de que controla a situação.

- A criança deveria ver como os pais, os irmãos ou outras crianças usam o vaso sanitário. Explique o que está ocorrendo. Deixe que ela veja como o cocô vai embora quando damos a descarga e que diga adeus com a mão. Mas não devemos fazer isso se o barulho da água a assusta.
- Dê-lhe uma boneca para que brinque com ela de comer e fazer xixi. Ensine a criança a dar-lhe de comer, a retirar-lhe as fraldas, levá-la ao penico, elogiá-la e dar-lhe um prêmio por fazer xixi no penico. Depois, deixe que a criança se ocupe disso.
- Comece a contar histórias relacionadas ao tema do xixi e do cocô.
- Estabeleça um horário: ao levantar-se, depois do café da manhã, do almoço, da soneca, antes do banho e depois do jantar.
- Faça a criança sentar-se no penico sem fraldas. Não se deve apressá-la nem esperar resultados, mas, se os houver, parabenize-a. Desloque o penico aos poucos até chegar ao banheiro.
- Durante o dia, pergunte se ela tem vontade de ir ao banheiro. Observe se apresenta sinais de querer fazer xixi ou cocô. Podemos animá-la com frases do tipo: "Vamos tirar a calça e fazer cocô." Ajude-a, deixe-a sentada pelo tempo que ela quiser.
- Reforce as características positivas do controle de esfíncteres na criança ("Você está grande, como a mamãe, fez sozinho..."), elogie os êxitos, mas não em excesso, pois isso deve se tornar uma rotina.
- Faça-a ir ao banheiro, que deve ser um lugar divertido e agradável; pode-se até mesmo ler uma história enquanto a criança está sentada, embora se deva deixá-la relaxada e sem muitos estímulos.
- Não a deixe sentada por mais de 10 minutos.
- Dê-lhe muita água ou líquidos para beber e assim aumentar a vontade de urinar. Estimule a sede com alimentos salgados para, com o xixi mais frequente, obter mais chances para praticar.
- Controle a dieta para que o cocô não seja duro nesses dias.
- Se a criança se nega a sentar-se no penico, não insistiremos. Mas voltaremos a sugerir-lhe isso depois de alguns minutos.
- Quando a criança fizer xixi na roupa, mostraremos uma nítida desaprovação, mas não aborrecimento, e lhe pediremos que explique o que deve fazer quando sentir vontade de urinar. Lembre-a de que não deve fazer xixi na roupa, mas no penico ou no banheiro, e peça que colabore para mudar a roupinha molhada.

- Quem vai buscá-la na escolinha deve fazer exatamente o que faz a professora. Perguntar-lhe o que aconteceu e o que deve fazer na próxima vez. Não devemos nos aborrecer, mas demonstrar desaprovação e perguntar o que vai acontecer na próxima vez que sentir vontade de fazer xixi. Devemos mostrar que continuamos a amá-la, mas não gostamos que faça xixi na roupa. O tom de voz tem de ser normal, sem gritar, nem castigar, muito menos bater.
- É FUNDAMENTAL não discutir com a criança, nem castigar, envergonhar, ou repreendê-la nos percalços relacionados ao controle dos esfíncteres.

Alimentação. Qualidade *versus* quantidade

Os pais têm a obrigação de dar aos filhos variedade de produtos saudáveis. Mas agora o bebê já está suficientemente grande para indicar a quantidade que quer ingerir. No entanto, essa quantidade depende do interesse que a criança mostra pela comida oferecida; se não achá-la prazerosa, ela vai se comportar como um *gourmet*, por mais que nos empenhemos.

A essa altura, ocorreu uma mudança na atitude da criança em relação à comida. Para ela, comer já não é apenas uma diversão, mas uma atividade que implica regras e expectativas. Por isso, é imprescindível que, nessa idade, a televisão fique desligada durante as refeições, pois ela distrai e pode influenciar a criança a relacionar comida com diversão. Se a criança se habituou a ver televisão enquanto come, ela vai achar a comida enfadonha, ou melhor, insípida quando lhe faltar esse (mau) estímulo. Ela deve pôr todos os sentidos no ato de comer.

Nessa idade, as receitas mais apropriadas são os pratos suculentos e de fácil mastigação, como sopas, purês, ensopados ou refogados. Mas, pouco a pouco, devemos introduzir alimentos com textura mais grossa para acostumá-la a comidas cortadas em pedaços e para melhorar a mastigação. Inevitavelmente, nosso pequeno está crescendo, e a alimentação deve estar em conformidade com esse crescimento.

No entanto, o ritmo de crescimento aos 2 anos é muito menor do que nos meses anteriores. Não obstante, as funções relacionadas à nutrição amadurecem de forma notável, como ingerir alimentos em pedaços ou desenvolver-se com mais independência na hora de comer. A criança tem tudo para triunfar, mas, como ganhou habilidades para se mover, entender e falar, qualquer detalhe a distrai do prato porque morre de curiosidade. Isso significará menor ingestão de alimentos, além de ser um dos motivos pelos quais a criança de 2 anos perde facilmente o apetite. Nesses meses, ela se encontra muito atarefada e ocupada em outras atividades que, em sua opinião, demandam maior atenção do que comer. Os pais não devem se preocupar. Apresentamos abaixo algumas dicas importantes para que a hora da refeição seja realmente aproveitada:

- Devemos estabelecer um sistema em que toda a família permaneça sentada à mesa na hora da refeição. Além disso, como já indicamos, devemos evitar a influência e o estímulo da televisão.
- Temos que delimitar um intervalo razoável para a refeição, entre 20 e 30 minutos, para que a criança não se distraia nem pare de se esforçar.
- As normas fixas para a hora de comer também podem ser uma excelente iniciativa para incutir na criança bons hábitos alimentares. Exemplos: a obrigação de permanecer sentada, o uso de talheres (garfo e colher) em vez dos dedos, não jogar a comida, mastigar de boca fechada. Ao estabelecer essas regras, leve em conta sua idade e não a pressione. Não podemos esperar que ela as aprenda de uma hora para outra; todo modelo de conduta exige um tempo de assimilação. Começaremos por impor no máximo duas ou três regras e acrescentaremos outras à medida que ela as for cumprindo, até introduzir todas as que consideramos oportunas.
- Repetiremos essas normas no início de cada refeição usando um tom de voz agradável, até que nosso filho as tenha aprendido e as siga como uma rotina.
- Temos de lhe dar a quantidade de comida adequada, que sabemos que ela vai comer, embora sempre possamos acrescentar algo mais. Se ela negar, cada dia poderemos pôr um pouquinho mais, até alcançarmos a porção de que ela necessita em termos nutricionais.
- Tentaremos não nos exceder mais de 2-3 minutos nas conversas com outros adultos. A criança é capaz de nos acompanhar e podemos falar-lhe de coisas que a interessam, mas sem distraí-la do prato. É claro, não devemos discutir à mesa (em geral, nunca deveríamos discutir na frente das crianças). Afinal, há melhor ocasião para celebrar o bom comportamento de nosso filho?
- Devemos reforçar, com elogios, o bom comportamento de nosso filho, por exemplo, se segura bem os talheres ou se permanece sentado quieto. Convém usar um tom relaxado, evitando exageros.
- Se a criança desobedece a alguma das regras expostas para a hora da refeição, devemos incentivá-la a cumpri-las. Se não der certo, na terceira vez que descumprir a norma, poderemos recorrer ao método do *tempo do descanso* (*cantinho para refletir*) descrito no capítulo 4. Podemos utilizar o *tempo do descanso* quantas vezes forem necessárias, até chegar o final do tempo preestabelecido para a refeição.

- Quando terminar o tempo que decidimos que deveria durar a refeição, temos de retirar a mesa, mesmo que nosso filho ainda não tenha acabado. Não devemos anunciar que o horário da refeição está chegando ao fim; nós simplesmente a damos por finalizada.
- Se a criança ainda não acabou de comer, não podemos oferecer-lhe mais nada, nem repreendê-la por isso nem deixá-la beliscar para compensar. Ela só poderá tomar água e terá de esperar até a próxima refeição. Se ficar pedindo insistentemente alguma coisa para comer, os pais podem colocá-la no *canto para refletir*. Mesmo que nosso filho coma bem, devemos impedir que belisque entre as refeições. Com isso nós lhe damos uma nova experiência: suas condutas têm consequências ("Se não quer comer, tudo bem, não estou zangada, mas você vai ficar com fome até a próxima refeição").
- Uma última recomendação é não pôr mais comida na mesa para que a criança repita; isso poderia resultar em sobrepeso e fomentar uma atitude de comedor voraz numa criança mais ansiosa.

Quanto aos alimentos em si, durante o segundo ano de vida as necessidades alimentares não podem ser satisfeitas apenas com alimentos sólidos não triturados. Por isso, de vez em quando podemos oferecer um purê à criança. Para um bom equilíbrio alimentar, tentaremos acostumá-la à nossa magnífica dieta mediterrânea (veja a pirâmide).

Pirâmide alimentar (do topo para a base):
- Doces — MENSALMENTE
- Carne
- Ovos
- Aves
- Peixes — SEMANALMENTE
- Queijo, leite, iogurte
- Azeite de oliva
- Frutas | Feijões, Leguminosas, Frutos secos | Hortaliças
- Pão, massa, arroz, cereais integrais, batatas
- Exercício físico diário

Essa famosa pirâmide alimentar da dieta mediterrânea pode render bastante na hora de compor cardápios simples e nutritivos:

Exemplos de café da manhã

- 250 ml de leite, 10 g de açúcar e 40 g de cereais.
- 250 ml de leite integral, quatro bolachas, 10 g de chocolate em pó.
- 250 ml de leite, duas torradas e 15 g de margarina.

Exemplos de lanches

- 1 iogurte grande, 10 g de açúcar, 150 g de fruta.
- 1 fatia de queijo, 30 g de pão, 100 g de fruta.
- 35 g de presunto cozido, 20 g de pão, 100 g de fruta.

Exemplos de entradas

- Purê de legumes: 100 g de espinafre, 50 g de batata, 50 g de cenoura e 50 g de alho-poró.
- Macarrão com tomate: 100 g de macarrão cozido, 50 g de tomate frito.
- Purê de lentilhas com arroz: 25 g de lentilhas e 10 g de arroz.
- Arroz branco com tomate e ovo frito: 100 g de arroz cozido, 50 g de tomate frito e 1 ovo.
- Arroz com grão-de-bico: 30 g de grão-de-bico, 10 g de arroz.
- *Paella*: 40 g de arroz, 50 g de frango, 10 g de camarão, 10 g de lula, cebola, alho etc.
- Sopa de macarrão cabelo de anjo: caldo e 30 g de macarrão cabelo de anjo.
- Sopa de semolina: caldo e 30 g de semolina.
- Purê de batata e cenoura: 100 g de batata e 100 g de cenoura.
- Sopa de tapioca: caldo e 30 g de tapioca.

Exemplos de pratos principais

- 75 g de frango (cozido, assado ou grelhado) com 50 g de batata.
- 75 g de carne de vitela (assada, grelhada ou cozida) com 50 g de batata.
- 75 g de costeleta magra de cordeiro, com 100 g de tomate cru.

- 100 g de merluza cozida ou frita.
- Bolinhos de peixe, com 50 g de peixe.
- 50 g de hambúrguer de vitela com purê de batata feito com caldo e 50 g de batata.
- 100 g de peixe-galo com 50 g de batata.
- 75 g de frango com 50 g de tomate frito.
- Croquetes com 30 g de presunto cozido.

Com 2 anos, a criança poderá comer praticamente tudo. E temos de ser rigorosos na preparação dos pratos. Por exemplo, devemos evitar as frituras e incluir bolos e tortas apenas esporadicamente. Os pratos com molhos complicados também não são recomendáveis para uma criança de 2 anos, nem os frutos secos difíceis de mastigar, como amendoins ou nozes, pois ela pode engasgar.

E as quantidades?

Em todas as receitas que oferecemos, estamos falando de "uma porção", que equivale a uma medida de diferentes alimentos. No grupo dos cereais, por exemplo, uma porção pode ser uma fatia de pão, meia tigela de arroz, meia tigela de massa cozida ou, no caso de cereais matinais, aproximadamente 30 gramas. Quanto às frutas, geralmente uma porção é uma unidade, com exceção das maiores, como o melão ou a melancia, das quais a criança deve comer uma fatia. Em relação aos sucos, a porção equivale a uma caneca ou três quartos de um copo. No grupo da carne e do peixe, uma porção se refere a 30-60 g de frango ou peixe magro cozido. Para as leguminosas, a porção seria meia tigela de leguminosas secas; e um ovo equivale a 30 g de carne magra.

No grupo das hortaliças, se são cruas ou cozidas cortadas em pedaços, uma porção será meia tigela. Se são hortaliças em folhas, a tigela será inteira. Para maior clareza, veja as especificações na tabela da página seguinte.

Dos produtos lácteos, a medida será um copo de 200 a 250 ml, a de iogurte será 125 g, enquanto a de leite fermentado será de 100 a 125 g. Uma porção de coalhada será cerca de 125 g, o queijo fresco equivalerá a 30-55 g e o queijo semicurado será de 15 a 30 g ou duas colheres de sopa. Uma porção de sorvete são 200 g, as porções de queijo cremoso serão de 40 g e uma porção de sobremesa láctea será 200 g, aproximadamente um potinho.

Mas, sobretudo, nunca esqueça o bom-senso. Lembre-se de que a criança de 2-3 anos tem o estômago do tamanho de uma bola de tênis. Assim você terá uma ideia das quantidades que ela deve comer.

Alimentos	Frequência	Tamanho das porções (g)			
		Menos de 6 anos	6-8 anos	9-11 anos	Mais de 12 anos
Carnes	2 diárias	50	70	80	100
Peixes		60	65	80	90
Ovos		50	50	100	100
Iogurte		125	125	125	125
Leguminosas	3 semanas	150	160	180	190
Hortaliças frescas	mais 1 diária	20	20	50	75
Hortaliças cozidas	mais 1 diária	150	200	220	250
Frutas	mais 2 diárias	75	75	100	100
Cereais	mais 6 diárias	100	120	150	160
Batata		120	130	135	140
Pão		25	25	40	40

Por outro lado, a criança de 2 a 3 anos deve **dormir** de 10 a 12 horas à noite e, no mínimo, de 2 a 3 horas depois do almoço. A maioria das crianças também tira uma soneca depois do café da manhã. Isso é perfeitamente normal. Você poderá saber se ela necessita desse segundo cochilo observando seu humor e alegria: convém dormir um pouquinho se choraminga ou se chega emburrada à hora da refeição. Use o bom-senso. As avós, sábias, diziam: "Sono traz mais sono." Quanto mais uma criança dorme durante o dia, melhor dorme à noite. Não é mantendo-a desperta sem sonecas durante o dia que ela dormirá melhor à noite.

A criança se mexe muito enquanto dorme. Muda de posição, dá voltas sobre si mesma e se retorce no berço com posturas inacreditáveis. Isso também é perfeitamente normal. Os pais não precisam "ajeitá-la", mas devem vesti-la com um macacãozinho, para não ter de cobri-la o tempo todo. Não é necessário usar travesseiro, que não tem referências de posição e de nada lhe serve. Deixe várias chupetas no berço, que ela encontrará rapidamente quando acordar durante a noite. Lembre-se de que é normal que ela desperte durante a noite. É importante que volte a dormir sozinha sem a ajuda dos pais. O bichinho de pelúcia também lhe será útil.

Entre os 2 e 5 anos, também pode surgir um fenômeno novo durante o sono. Em geral, 5% das crianças roncam, e a maioria fala ou se balança enquanto dorme. Dessas três particularidades, apenas o ronco deve nos chamar a atenção. No passado, quando alguém roncava, pensávamos que dormia a sono solto e até admirávamos isso. Mas a ciência mostra que roncar não é bom. O ronco ocorre porque a garganta se fecha mais do que o normal ao respirar, e o ar faz vibrar as cordas vocais. O ronco infantil costuma ser sintoma de crescimento excessivo das vegetações adenoides ou das amígdalas. Outras crianças, antes de dormir, se balançam para conciliar o sono. De barriga para baixo, começam a se embalar para a frente e para trás, ou de um lado para o outro. Além disso, costumam acompanhar o movimento com uma espécie de melodia própria. Isso não é frequente e desaparece com o crescimento da criança. Mas, tanto no caso do ronco como do balanço insistente em idades avançadas, é melhor conversar com o pediatra.

Por outro lado, o sonilóquio – falar durante o sono – é bastante difundido em crianças e adultos. Pronunciamos algumas palavras sem muito sentido durante a fase do sono chamada REM, mas, se não passar disso, é desnecessária a intervenção de um especialista.

EM RESUMO...

- Com 2 anos, a criança já corre, salta, lança objetos, sobe nas coisas...
- Nosso filho já come sozinho.
- Aos 2 anos, conhece o significado de quatro a oito imagens. Pode dizer o nome de quatro a oito objetos e de quatro a oito partes do corpo.
- Nosso filho entende de duas a quatro ordens que lhe damos ao mesmo tempo.
- Aos 2 anos, já é capaz de construir uma torre de seis a oito cubos, de encaixar até quatro peças. Ao final dos 2 anos, pode encaixar todas.
- Começa a utilizar o verbo e estruturar frases explícitas, embora a linguagem ainda seja simples: "nenê come bolo". Nessa idade ele começa a dizer seu próprio nome ou se refere a si mesmo como "nenê".
- Não há por que ter pressa na hora de deixar as fraldas. É melhor se fixar nas etapas de amadurecimento orientadoras, pois cada criança amadurece num ritmo próprio.
- A criança deve ser estimulada a imitar os pais e os irmãos na rotina de ir ao banheiro.
- Pergunte-lhe se quer usar o penico se notar que ela sente vontade de fazer xixi ou cocô. Se ela concordar, não devemos deixá-la sentada mais de 10

minutos. Em caso de êxito, temos de elogiá-la; mas não criticá-la, em caso de fracasso.
- Os pais têm a obrigação de dar aos filhos variedade de produtos saudáveis. Mas a criança já tem a responsabilidade de controlar a quantidade que deve consumir.
- Para a criança, comer já não é só uma diversão, mas se converteu numa atividade com regras e expectativas.
- O ritmo de crescimento nessa idade é menor se comparado com os meses anteriores.
- As funções relacionadas à nutrição amadurecem.
- Continue estabelecendo boas rotinas para que a criança adquira o hábito de comer.

Sinais de alarme

Depois de uma profunda análise de como é e se comporta nosso filho aos 2 anos de idade, vejamos a seguir os sinais aos quais devemos prestar atenção e, se necessário, procurar um pediatra. Se ele ainda não corre, devemos conferir se realmente sua capacidade motriz está evoluindo, pois o normal é que ele possa correr sem perder o equilíbrio. Se não é capaz de construir uma torre de três a seis cubos, consultaremos um profissional para investigar o possível problema.

Além disso, para fomentar as capacidades da criança, é conveniente diverti-la com livros de imagens e pré-escolares e brincadeiras em grupo. Se a brincadeira inclui correr, devemos ter especial cuidado com os acidentes domésticos. Não devemos obrigar a criança a comer toda a comida; também é preferível evitar as guloseimas entre as refeições. Durante as refeições, não devemos ligar a televisão, para evitar distrações ruidosas. E, quando a ligarmos por alguns instantes, devemos manter uma distância de 2 a 3 m entre o televisor e a criança, que não pode se aproximar da tela.

10

A criança dos 3 aos 4 anos
Curiosidade insaciável

Nosso filho não para de falar. É um verdadeiro *palestrante*. Todos dizem que já é um rapazinho ou uma mocinha, e a frequente expressão "quer saber de tudo" é tão real quanto o fato de que, aos 3 anos, nosso filho já é capaz de montar na bicicleta ou no triciclo, descer as escadas alternando os pés, reconhecer até três cores e permanecer seco durante toda a noite caso se levante uma vez para ir ao banheiro. Com efeito, 98% das crianças de 3 anos devem ter aprendido a ir ao banheiro sozinhas. E seu ritmo de vigília e sono registra que ela necessita dormir menos, entre 10 e 11 horas. Também já nasceram todos os dentes de leite, o que lhe possibilita comer alimentos sólidos sem problema. Além disso, sabe usar os talheres e beber no copo; e suas funções digestivas e metabólicas já estão bem desenvolvidas.

Costumamos dizer que "são espertas", pois estabelecem muito bem a comparação entre certo e errado. A criança aprende a identificar quando se equivocou e quando teve êxito no que está experimentando. Sabe assim o que está bom e o que está ruim. Trata-se definitivamente do aprendizado mediante experiências positivas e negativas.

Nesses meses, além de traçar rabiscos, linhas e figuras, a criança já começa a mostrar se será canhota ou destra.

Está na idade de imitar constantemente modelos adultos que a fazem sentir-se parte da família ou, se vai para a creche, do grupo. E fala sem parar. As crianças perto dos 4 anos revelam um ritmo frenético de aprendizado, em comparação com meses anteriores. Se antes podiam aprender uma palavra por mês, agora assimilam uma média de sete palavras por dia! Nada detém essa competência, que lhes permite negociar com os pais determinadas questões. É ou não é uma *mocinha*, um *rapazinho*?

Em todo esse tropel linguístico, é habitual que apareça uma gagueira fisiológica. No entanto, as repetições na fala passam de 24 a 2%, dos 2 aos 6 anos. As primeiras a desaparecer são as repetições de partes de palavras, como sílabas ou sons, e mais tarde as de palavras inteiras. Além disso, cresce o número de pausas causadas por esclarecimentos. Com o tempo, a criança aperfeiçoa seu estilo. Ela também é nossa embromadora favorita.

No processo de melhora da fala, dependerá dos pais que o filho gagueje mais ou menos. Se vocês querem evitar a gagueira, levem em conta as seguintes indicações na hora de se comunicar com ele:

- Não falem num ritmo mais rápido que o normal.
- Façam pausas extensas entre as frases para que ele possa organizar o pensamento e, assim, entender o que estão dizendo.
- Não o interrompam enquanto ele está falando.
- Não demonstrem impaciência ao esperar a resposta dele, pois podem lhe provocar estresse.

Portanto, não se esqueçam: com palavras boas e pausadas, vocês chegarão mais longe. Na realidade, isso se aplica a tudo o que diz respeito à educação infantil, ainda mais quando a criança está chegando ao auge da curiosidade.

De exploradora do que a rodeia, ela passa a investigadora que pergunta por tudo e quer saber de tudo. Nesses meses, é conveniente dar-lhe autonomia cada vez maior em casa e na higiene diária para que aprenda com suas experiências e nos exponha tudo o que lhe causa dúvida ou fascinação. Animem-na a ajudar em pequenas tarefas domésticas ou vestir-se e despir-se sozinha (com pouca ajuda).

Por volta dos 4 anos, também podemos sugerir uma série de brincadeiras que as ajudem a desenvolver suas habilidades. Utilizem gangorras, bolas, patins, bicicletas, triciclos etc. E, para aumentar a destreza, nada melhor do que os quebra-cabeças de até 30 peças e os jogos de construção, Lego, pinturas com giz de cera e com os dedos. Ah, e a massinha de modelar também é diversão garantida.

Para que desenvolva a expressão, o melhor que pode fazer é passar o tempo fazendo garatujas e desenhando em uma lousa, improvisando um karaokê com os CDs de suas canções favoritas ou até mesmo "arranhando" instrumentos musicais. Os livros ilustrados e de pré-leitura e os jogos de mesa também servirão para ampliar sua expressão.

No âmbito do jogo simbólico, é bom que a criança se divirta com animais, telefones, vasilhas de cozinha, aviões e barcos (de brinquedo, é claro). As imitações dos instrumentos profissionais também são um grande recurso para desenvolver a imaginação. É bom que brinque de médico, carpinteiro, jardineiro; a criança imaginará que é adulta e está fazendo trabalhos de gente grande. Que é um adulto que se socializa.

Alimentação. Perda de apetite

Entramos numa etapa um tanto delicada para convencer a criança a se sentar à mesa com um sorriso. Já tem 4 anos, e as preferências e aversões a certos alimentos serão condicionadas pelos costumes familiares. A educação do paladar infantil segue fatores genéticos, culturais, sociais e familiares: a criança come o que vê os maiores comendo. Além de resmungar diante de certos pratos, aos 3 anos seu ritmo de crescimento é mais lento. E, claro, nos vemos tentados a relacionar uma coisa à outra: a criança não cresce porque come menos do que antes.

O fato é que, com o ritmo de crescimento mais lento, ela precisa de menos calorias e, por isso, tem menos apetite. Portanto, essa falta de apetite que nos tira o sono é apenas um mecanismo fisiológico. Ao chegarmos a esse ponto e notarmos que nosso filho come menos, não devemos nos alarmar nem achar que é algo patológico e buscar uma solução forçando-o a comer, o que pode superalimentá-lo. A criança tem o que a medicina chama *anorexia fisiológica*.

A quantidade que uma criança decide comer é controlada pelo centro do apetite, localizado no cérebro. As crianças comem a quantidade que seu sistema regulador lhes indica para cobrir suas necessidades de crescimento e energia. São muito inteligentes e têm muito bom-senso: escutam seu cérebro e seguem suas indicações.

Muitos pais obrigam o filho a comer mais do que ele necessita porque temem que a falta de apetite afete sua saúde ou cause uma deficiência nutricional, principalmente se comparam a alimentação de agora com a do bebê de 9 meses, por exemplo. No entanto, seus temores não são reais e a alimentação forçada é contraproducente, pois, quando convertem a alimentação numa obrigação, a criança a entende como um castigo e se nega sistematicamente a comer.

Esse é um exemplo de uma situação que deve nos ocupar, mas não nos preocupar. Se permitirmos que nosso filho decida quanto comer, esse aspecto desagradável das refeições e as preocupações com a saúde da criança desaparecerão ao cabo de 2 ou 4 semanas. Seu apetite vai melhorar a cada ano.

Assim sendo, e já que ela nos imita na mesa e nos gostos, que atitude devemos ter em casa em relação à comida? A comida é uma dádiva. Que sorte termos o que comer.

Depois de constatar que a criança se mantém no mesmo peso e altura, o ideal é deixar que ela coma até saciar-se. Trata-se de confiar em seu centro do apetite, além de rever nossa própria conduta...

- A principal causa da falta de apetite em algumas crianças é que elas comem tantos sanduíches e fazem tantos lanches durante o dia que chegam sem fome à mesa. Não devemos oferecer mais do que dois sanduíches pequenos e nutritivos entre as refeições principais, e só se pedirem. E, se tiverem sede entre as refeições, devem tomar água. A quantidade de suco por dia não pode ultrapassar 180 ml.
- Ao contrário do que estávamos acostumados, agora não há problema se a criança pula uma ou duas refeições. Seu apetite vai melhorar; não sofram. Pular uma refeição não lhe fará mal. Pelo contrário, estamos lhe mostrando sensações novas: a liberdade para decidir não comer. Ao mesmo tempo, ela conhece a consequência lógica dessa decisão: a sensação de fome. Também é importante saber que ter fome não é o mesmo que ter apetite. No mundo ocidental, as crianças sabem o que é ter apetite, mas não fome. Felizmente, nunca lhes falta comida até chegar a esse ponto.
- Não dê comida na boca de seu filho se ele pode se alimentar sozinho. A tendência dos pais de criança com pouco apetite é pegar a colher, enchê-la de comida, sorrir e tratar de induzi-la a comer enquanto contam uma história, tentam distraí-la com a televisão ou fazem aviãozinho. A criança sabe comer sozinha; se retrocedemos à fase em que era bebê, prejudicamos sua habilidade manual e seu desenvolvimento psicomotor. Se tiver fome, ela comerá por si só.
- Como solução, podemos oferecer-lhe alimentos próprios para comer com as mãos. São alimentos que a criança pode comer sozinha, ao menos parte do tempo, mesmo que ainda não saiba usar uma colher. No capítulo 6 incluímos propostas para um cardápio *digital*.
- Além disso, podemos limitar a quantidade de leite a menos de 480 ml por dia. O leite contém tantas calorias quanto a maioria dos alimentos sólidos. Tomar leite demais pode saciar a criança e diminuir seu apetite.
- Outra opção é servir porções pequenas de alimento, isto é, menores do que imaginamos que nosso filho pode comer. As crianças, do mesmo modo que os adultos, comem com os olhos. A visão de um prato muito cheio induzirá a criança a comer menos. Seu apetite diminui se lhe oferecemos mais comida do que pode comer. Ela se cansa. Se servimos uma quantidade pequena num prato grande, é mais provável que coma tudo e se sinta orgulhosa de si mesma. O êxito

de sua ação será um reforço para que ela a repita. Se acharmos que quer mais, teremos de esperar até que nos peça. Não faz mal se, por alguns dias, levantar-se da mesa com apetite.

- Outra medida é tornar a hora da refeição um momento agradável. Devemos evitar conversar com outros adultos ou ficar dizendo "coma" o tempo todo. Além disso, como mencionamos no capítulo anterior, seria interessante que a criança participasse da conversa. As refeições não precisam se converter em castigo ou numa situação desagradável e enfadonha. Ao contrário: a hora de comer deve ser um momento esperado e importante, de relação social e intercâmbio de carinho e emoções.
- Um dos propósitos mais importantes que devemos cumprir é não falar na presença da criança sobre como ela come pouco. O que conta não é quanto ela come, mas que seja feliz e se desenvolva adequadamente. É bom demonstrar que a quantidade de comida que ingere não nos importa. Deixe que o próprio apetite da criança regule a quantidade de alimento a ingerir. Assim como não é importante a quantidade consumida, tampouco elogiaremos quando ela comer o que achamos que deveria comer. A criança deve comer para sua própria satisfação. O que temos de elogiar são os bons hábitos por permanecer sentada à mesa o tempo necessário, não gritar, usar corretamente os talheres etc.
- Além disso, em vez de prolongar a refeição, devemos ajustar seu tempo à resistência do nosso filho. Não devemos forçá-lo a permanecer sentado à mesa quando o restante da família tiver acabado de comer, pois não se pode relacionar alimentação a castigo. Do contrário, a criança fará associações desagradáveis e, desmotivada e aborrecida, deixará de comer.

ERROS DOS PAIS PERANTE A "FALSA" FALTA DE APETITE

- Alguns acordam a criança no meio da noite para alimentá-la. Jamais devemos cometer tal erro.
- Outros lhe oferecem sanduíches ou guloseimas entre as refeições e ao longo do dia, quando na realidade deve haver momentos estipulados para isso.
- Alguns tentam fazê-la se sentir culpada falando de crianças que morrem de fome em outras partes do mundo. Ou chegam a fazer chantagem moral dizendo: "Se você não come a comida da mamãe, é porque não gosta da mamãe."

> - Alguns obrigam o filho a ficar sentado na cadeira durante muito tempo depois de terminada a refeição.
> - No entanto, o erro mais comum é pegar o garfo ou a colher da criança e tentar, a todo custo, enfiar comida em sua boca.

O conselho mais importante é: NÃO FAÇA DA COMIDA UM CASTIGO. Uma atitude positiva é permitir à criança, desde pequena, comer sozinha e autorregular quanto deve ingerir. Evite pôr comida na boca da criança quando ela a abre distraidamente. Não devemos insistir com nosso filho que esvazie a mamadeira ou limpe o prato.

A anorexia fisiológica é mais desconcertante do que importante, mas é preferível consultar o pediatra se:

- Achamos que o percentil da criança está diminuindo (explicaremos o conceito de percentil no capítulo 15).
- Seu peso não aumentou em seis meses.
- Tem alguns sintomas associados com enfermidades, como diarreia ou febre.
- Sente náuseas com certos alimentos ou os vomita.
- Nós a castigamos e ela se recusa a comer.
- Temos dúvida sobre seu estado de saúde ou se é uma criança feliz.

Ainda no que se refere à alimentação, o ponto a destacar é a variedade. A diversidade dos alimentos estimula o apetite e permite uma complementação nutricional entre eles. A criança deve tomar a quantidade de água necessária, como também ingerir alimentos com diferentes sabores e texturas para que se acostume e evite a monotonia. A dieta agora não terá apenas quatro refeições, mas cinco: café da manhã, complemento do café da manhã no meio da manhã, almoço, lanche e jantar.

Sempre que possível, incluam na dieta produtos frescos, da estação e de procedência local: hortaliças, frutas, cereais, leguminosas, frutos secos e sementes. Além disso, devemos usar azeite de oliva como gordura principal e consumir a menor quantidade possível de gordura animal. Convém excluir os alimentos fritos. Se puder, dê preferência aos alimentos orgânicos.

Apostaremos nas carnes magras, se possível vermelhas, já que são mais ricas em ferro, e nos peixes ricos em gordura poli-insaturada e com ômega 3 (salmão, atum). Vale lembrar que o peixe congelado tem o mesmo valor nutritivo do fresco, com a vantagem de evitar reações pela presença do parasita Anisakis, muito frequente nos peixes atualmente. Ao mesmo tempo, convém que a criança coma alimentos ricos em carboidratos complexos e fibras e reduza o consumo de açúcares, doces e bolos. Nesse sentido, jamais devemos premiar, subornar ou recompensar nosso filho com salgadinhos, doces e balinhas.

O consumo de sal deve ser mínimo e usaremos sal iodado sempre que possível. Além disso, devemos estimular o consumo de água em vez de bebidas açucaradas com alto índice glicêmico. Isso implica limitar o consumo de sucos industrializados e refrescos a menos de uma porção por dia.

O café da manhã é fundamental. Devemos estimular nosso filho a ter um desjejum farto e tranquilo. Tente fazer que acorde mais cedo para que possa desfrutá-lo. Todo café da manhã deve incluir, pelo menos, produtos lácteos, cereais e frutas.

As crianças também comem com os olhos: devemos cuidar da textura, da apresentação, das cores e do aroma do que levamos à mesa e colocamos nos pratos. Como o apetite é instável, a recusa de um alimento em determinado momento não deve resultar em sua eliminação da dieta de nosso filho.

No que se refere à variedade, estes exemplos poderão ajudar os pais na cozinha:

UMA ALIMENTAÇÃO DE PRIMEIRA CONSISTE EM...

- Revalorizar a importância do café da manhã.
- Manter boa regularidade nas refeições, pois disso dependem o bom trânsito intestinal e a boa assimilação dos alimentos.
- Reduzir o consumo de bebidas açucaradas.
- Não abusar dos embutidos.
- Não abusar do sal.

Exemplos de cafés da manhã

- 250 ml de leite, 10 g de açúcar, 40 g de cereais, 25 g de presunto serrano.
- 200 ml de leite com seis bolachas, 10 g de chocolate em pó, 100 ml de suco natural com 10 g de açúcar.
- 200 ml de suco natural ou duas frutas, 50 g de pão com 15 g de margarina, 1 iogurte com 10 g de açúcar.

Exemplos de lanches

- 25 g de pão, 35 g de presunto cozido, 200 ml de suco natural.
- 25 g de pão, 40 g de queijo manchego, 1 fruta ou 100 ml de suco.
- 1 iogurte com 10 g de açúcar, 25 g de pão, 25 g de presunto cozido.

Exemplos de entradas

- Verdura refogada ou purê de legumes: 100 g de espinafre, 50 g de batata e 50 de cenoura.
- Lentilhas com arroz: 40 g de lentilha e 20 g de arroz.
- Macarrão com tomate: 100 g de macarrão cozido com 50 g de molho de tomate.
- Arroz branco com tomate e ovo frito: 100 g de arroz cozido, 50 g de molho de tomate e 1 ovo frito.
- Grão-de-bico com arroz: 30 g de grão-de-bico e 10 g de arroz.
- *Paella*: 40 g de arroz, 100 g de frango, 20 g de camarão, 20 g de lula, cebola, alho e 10 ml de azeite.
- Sopa de macarrão cabelo de anjo: caldo e 30 g de macarrão cabelo de anjo.
- Sopa de semolina: caldo e 30 g de semolina.
- Purê de batata: 150 g de batata e 20 g de cenoura.
- Sopa de tapioca: caldo e 30 g de tapioca.

Exemplos de pratos principais

- 100 g de frango assado ou grelhado com 100 g de batata.
- 125 g de peixe-galo com 100 g de tomate cru.
- 75 g de vitela com 50 de batata.
- Omelete de queijo: 1 ovo e 50 g de queijo.
- 100 g de costeleta de cordeiro magro com 100 g de tomate cru.
- 100 g de merluza com 15 g de maionese.
- Croquetes de peixe com 50 g de merluza.
- 100 g de vitela em hambúrguer e 50 g de batata.
- 100 g de peixe-galo e 100 g de batata.
- 100 g de frango e 100 g de tomate frito.
- Croquetes com 300 g de presunto cozido.
- 1 ovo escalfado.

E AS PORÇÕES...

Alimento	Quantidade	Frequência
Leite	500 ml	Diariamente
Frango ou vitela	55 g	3 vezes por semana
Peixe	90 g	4 vezes por semana
Ovos	1	2-3 vezes por semana
Leguminosas	50 g	3 vezes por semana
Arroz	40 g	2 vezes por semana
Massas	40 g	2 vezes por semana
Hortaliças, verduras	80 g	Diariamente
Frutas*	200 g	Diariamente
Batata	75 g	Diariamente
Pão	200 g	Diariamente
Açúcar, mel	30 g	Diariamente
Azeite	35 ml	Diariamente

*Ao menos uma deve ser cítrica.

Não podemos esquecer que comer é um hábito social. O ambiente é importante, e a refeição deve ser uma reunião calma e agradável, num lugar onde se possa falar e se relacionar. A apresentação dos alimentos deve ser atraente e variada e levar em conta os gostos da criança. Se ela não quer comida, não nos aborreceremos (o *tempinho de castigo* continua sendo um método bastante útil); depois de um tempo razoável, retiramos o prato e não lhe oferecemos nada até a refeição seguinte. Embora não devam ser rígidos, é preciso manter um ritual de horários e um espaço fixo para comer. Às vezes, as mudanças são divertidas para a criança. O que importa é comer em família.

Nessa fase, o **cochilo** depois do café da manhã já não será necessário, mas depois do almoço é imprescindível. Algumas escolas deixam de lado essa soneca. Isso pode causar alguns problemas. As crianças chegarão cansadas em casa, de mau humor e não jantarão bem. É importante discutir sobre essa situação com a escola para tentar remediá-la.

O sono noturno terá de 11 a 12 horas. Os sonhos vão persistir ou aumentar. É normal que durante o sono a criança choramingue, pronuncie alguma palavra relacionada à sua vida, se mexa e se agite.

Vigie de perto sua respiração. Se a criança ronca e faz pequenas pausas respiratórias, você deve consultar o pediatra. Nessa idade, é algo que merece nossa atenção.

Podem ocorrer episódios esporádicos de terror noturno e sonambulismo, que desaparecerão à medida que seu filho cresça.

Outro fenômeno que pode ocorrer e nos sobressaltar durante o sono é o bruxismo: ranger os dentes, atritando os superiores contra os inferiores. O problema é que, ao fazer isso, a criança desgasta o esmalte dentário e pode até quebrar o dente. Quando estamos acordados, a força máxima dos dentes em ação é de, aproximadamente, 80 kg, o suficiente para mordermos uma noz. Se levamos em conta que durante o sono essa força pode alcançar os 400 kg... podemos imaginar o que nossos dentes enfrentam. O pediatra pode nos dar mais informações e nos orientar.

EM RESUMO...

- Nosso filho monta na bicicleta ou no triciclo, desce as escadas alternando os pés e reconhece até três cores.
- Pode permanecer seco durante toda a noite se se levantar uma vez para ir ao banheiro.
- A criança começa a mostrar se será canhota ou destra.
- Necessita de menos horas de sono (de 10 a 15 horas por dia, distribuídas em sonecas e sono noturno). Importante: a soneca depois da refeição é imprescindível; algumas crianças dormirão 2-3 horas e outras menos.
- A criança aprende uma média de seis a sete palavras por dia e, assim, começa a negociar determinadas questões com os pais.
- Surge a gagueira fisiológica.
- Nessa idade, nosso filho se distingue pela curiosidade.
- Devemos estimular as habilidades da criança com brincadeiras.
- O gosto da criança começa a se formar, condicionado por fatores genéticos, culturais, sociais e familiares. Ela é influenciada pelo que os adultos comem.
- Aparece a chamada anorexia fisiológica: nosso filho perde o apetite porque não necessita de tantos nutrientes como antes; o ritmo de crescimento é menor.

- A diversidade na alimentação estimula o apetite e permite que diferentes alimentos se complementem nutricionalmente.

Sinais de alarme

Como pudemos ver neste capítulo, quando passa dos 3 anos e chega aos 4, a criança pode nos acompanhar com autonomia em nossos principais hábitos. Se não é capaz de comer sozinha nem de vestir-se ou tirar a roupa, alguma coisa não vai bem em sua motricidade. Consultar um profissional seria o mais recomendável para sanar dúvidas.

Nessa idade, seu filho deve participar de jogos interativos, pois 75% de sua linguagem já é inteligível. Se não for esse o caso, devemos observar sua competência linguística com mais atenção para ver se realmente existe algum problema. Além disso, devemos consultar o pediatra se ela não conhece o nome e o uso de xícaras, bolas e talheres, não constrói uma torre com oito cubos, ou não sobe as escadas alternando os pés e pedala um triciclo, mas não é capaz de manter-se em pé.

Se a criança apresenta episódios de terror noturno ou sonambulismo frequentes (dois ou três por semana), temos que ir ao pediatra, que provavelmente nos encaminhará a uma unidade do sono para os exames necessários.

Uma visita ao pediatra também é recomendável se ela ronca ou faz pequenas pausas respiratórias (apneias).

PROBLEMAS DE SAÚDE MAIS COMUNS DOS 2 AOS 4 ANOS
(descritos em detalhe na terceira parte)

- Infecções otorrinolaringológicas: otites, amigdalites e faringites.
- Episódios isolados de febre.
- Diarreias de origem viral
- Podem ocorrer os primeiros sintomas da doença celíaca.
- Crises de broncoespasmo.
- Falsa anorexia.
- Prisão de ventre, dor abdominal.

11

Chegamos aos 6 anos
O bebê vai para a escola

Há pouco, nosso filho era um precioso bebê a quem tínhamos de dar comida, atender a todo o momento, ajudar a se deslocar e trocar as fraldas quando necessário. Já se passaram mais de cinco anos desde que nasceu, e agora sua independência é praticamente absoluta. Nessa idade, já pode quicar uma bola de quatro a seis vezes, além de jogá-la e recebê-la. Também pode patinar e andar de bicicleta, pois seu senso de equilíbrio já está plenamente desenvolvido.

Pode também se vestir e despir com um pouco de ajuda e, o que é mais importante, é capaz de amarrar os cadarços dos sapatos. Um marco! Em termos intelectuais, pode contar até dez, escrever seu nome e outras letras (emocionante, não é mesmo?) e seguir certas diretrizes simples passadas pelos adultos. Pode, ainda, identificar e nomear mais de quatro cores. Consegue distinguir entre esquerda e direita e desenha uma pessoa com, ao menos, oito partes.

Participa ativamente das conversas com adultos, movimenta-se sem ajuda nenhuma e não depende tanto de nossa atenção como quando começou a dar os primeiros passos. Em casa ainda há riscos, mas a criança agora sabe o que é perigoso e o que não é; por isso, já não precisamos ficar tão alertas. Ainda assim, como reforço, é bom lembrá-la de vez em quando das coisas que não deve fazer.

Com esse leque de habilidades, o que podemos fazer para estimular ainda mais suas possibilidades? É bom continuar oferecendo jogos com palavras e quebra-cabeças não muito complicados, mas o suficiente para que sejam um desafio. Isso dependerá de cada criança. Devemos observar a facilidade com que soluciona os quebra-cabeças e ir aumentando a dificuldade para encontrar a mais adequada.

Também é importante promover a leitura. Nesses meses começa a ler suas primeiras palavras; apresentar-lhe o dicionário e mostrar como funciona pode ser muito proveitoso e divertido. Uma vez que nosso filho tenha adquirido a competência de leitura, podemos inventar jogos para fazer da leitura um momento mais atraente. Um exemplo é estimulá-lo a ler cartazes enquanto anda de carro. Por causa da velocidade considerável, não terá muito tempo para ler e se esforçará em terminar de ler a palavra ou a frase inteira, o que agilizará notavelmente sua habilidade na leitura. No capítulo 19 ainda abordaremos maneiras de ler e estudar.

Para estimular a motricidade da criança, é bom usar bolas, até mesmo as mais duras, como as de futebol ou basquete. Como já sabe quicar a bola, jogá-la e chutá-la, podemos iniciá-la em alguns esportes que desenvolvam as habilidades motoras (no capítulo 17 haverá mais informações sobre isso). Também é muito positivo que ela brinque com carrinhos de movimento manual, não de controle remoto. Os utensílios de jardinagem, como o carrinho de mão, também são úteis para desenvolver suas capacidades motoras. Além disso, é bom que a bicicleta se torne sua grande *colega*. Ao andar de bicicleta, desenvolve o senso de equilíbrio, ao mesmo tempo que pratica exercício. É recomendável que os pais se acostumem a dar passeios de bicicleta com os filhos. Assim, praticam esporte juntos, multiplicam suas habilidades motoras e estreitam o vínculo afetivo. Ao sair de bicicleta com o filho, compartilhamos uma atividade, mas, ao mesmo tempo, promovemos sua autonomia. Por fim, devemos estimular também a motricidade fina de nosso filho; para isso, usaremos jogos de montar, como o Lego. E para desenvolver a parte artística usaremos pinturas como aquarelas, pastéis e guaches.

Mas, sem dúvida, a experiência mais importante de uma criança de 6 anos é o início do chamado *ensino obrigatório*. Até agora, ela havia frequentado a creche ou o jardim de infância, mas a partir dos 6 anos deve ir à "escola de crianças maiores" para começar sua formação. Sua etapa de aprendizagem está cada vez mais rica: começará a ler com mais facilidade, aprenderá matemática e, caso os pais queiram, até mesmo outros idiomas, já que é uma idade propícia para isso.

Portanto, o começo dessa nova etapa significa uma mudança de ritmo de vida bastante intensa para a criança. Na realidade, todos os ensinamentos e hábitos adquiridos durante os anos anteriores deveriam ajudá-la a encarar a escola como mais uma etapa de socialização. Como analisaremos no capítulo 19, a escola é uma complementação da educação oferecida pelos pais, que deveria proporcionar ao filho, desde que nasce, os seguintes recursos:

- Valorizar e descobrir as capacidades, os talentos específicos e a singularidade de cada criança. Com isso, nós a encorajamos a continuar explorando-as.
- Estimular, apoiar e favorecer as tarefas criativas, imaginativas, a historinha, o desenho, a leitura. Promover o amor ao livro. A leitura e o estímulo da leitura são mais do que essenciais para seu progresso intelectual. São importantes não só para agilizar sua capacidade de leitura, mas também para melhorar a imaginação e a criatividade.
- Evitar ofensas intelectuais e comparações escolares. Nunca devemos pretender que a criança melhore fazendo comparações com outros colegas mais adiantados na escola. Pois, agindo desse modo, criamos um complexo que fará regredir seu desenvolvimento escolar. É algo comparável à gagueira fisiológica que comentamos no capítulo anterior.
- Fazer que a família respeite e admire, sem complexos, a inteligência e a cultura. É crucial que os pais e outros adultos sejam modelos de identificação cultural para a criança e exemplos de leitores. Além de estimulá-la no plano educativo, estaremos, como no caso da bicicleta, estimulando sua integração ao ambiente que a circunda.
- Estimular na criança a crítica dos fatos e ideias, mas só depois de compreender e assimilá-los. Não é recomendável que a família seja hipercrítica *a priori*; isto é, não devemos criticar antes de conhecer as características e o fato com alguma profundidade. Criticar tudo e o tempo todo é negativo.
- Ao ensinar a criança a valorizar suas próprias ideias, estamos ensinando a não ter inveja nem medo das ideias dos outros, a não se fechar nem se colocar na defensiva quando não entende alguma coisa.
- Os pais devem evitar a superproteção dos filhos no que se refere ao rendimento escolar. Devem ajudá-los discretamente, mas nunca assumir suas responsabilidades. A criança precisa enfrentar os deveres da escola como tarefas que deve realizar e solucionar, não como algo a ser feito pelos outros. Desse modo, estaríamos anulando completamente sua capacidade de aprendizagem, pois nas tarefas escolares a criança se confronta com o material aprendido sem a fonte da informação, isto é, sem o professor.
- É importante manter um ritmo de vida ordenado, dar atenção ao sono, à alimentação e ao tempo livre, de brincadeira e ócio. A criança não deve ser sobrecarregada com atividades extraescolares.

Na alimentação, a falta de apetite continua

Aos 6 anos, a criança continua a se alimentar quase do mesmo modo que quando tinha 4 anos. O que dissemos no capítulo anterior servirá perfeitamente para seguir as diretrizes adequadas. Lembramos aos pais que não devem se alarmar com uma perda de apetite repentina. Com o tempo, seu filho voltará a comer com normalidade. É importante que, nessa fase, não o obriguemos a comer nem o superalimentemos, pois isso causará uma repulsa à comida.

Deixemos que a criança decida quanto comer. É claro, devemos seguir um controle do peso, da altura e de seu estado de saúde e atividade geral para que tudo corra com normalidade. A criança não será prejudicada se pular uma refeição ou outra por falta de fome. Ela saberá o que é ter fome e tentará satisfazer sua necessidade.

Ela deve comer sozinha. As porções pequenas a estimulam a acabar o prato e a fazem se sentir orgulhosa de seu empenho. O primordial é que, embora coma menos, a comida seja variada e nutritiva: um café da manhã completo, saudável e equilibrado, e quatro refeições regulares por dia com carboidratos, fibras, proteínas e gorduras saudáveis, mas sem doces ou alimentos industrializados ou fritos.

Nesse sentido, é interessante nos determos aqui em alguns não alimentos que às vezes nos tiram do sério: as **guloseimas**. E, agora que seu filho vai à escola, vem à tona o debate sobre por que as demais crianças as consomem e ele... nada?

AS GULOSEIMAS

O QUE SÃO?

Esse termo se refere a uma série de produtos doces e salgados, de formas e sabores diversos, com pouco ou nenhum valor nutritivo, que são consumidos a qualquer hora do dia. Há diferentes tipos de guloseimas:

- Doces, balas, chicletes. Em sua composição predominam os açúcares, as gorduras, além dos aditivos.
- Chocolates (bombons, ovos de Páscoa...). Compõem-se de cacau e açúcar, além de leite, manteiga e gorduras. Quando se acrescentam frutos secos e caramelo às barras de chocolate e bolachas, seu valor calórico dispara.

- Aperitivos, como batatas fritas, torresmos, frutos secos. Contêm gorduras e óleos com alto valor calórico e sal em demasia. É melhor esquecê-los, principalmente entre as refeições.
- *Milk-shakes*, iogurtes e sorvete, compostos, na maioria dos casos, por leite e aditivos.
- Sucos: são concentrados com poucas calorias, bastante açúcar e muita vitamina C, mas não podemos esquecer que é melhor a fruta inteira, mais rica em vitaminas e fibras.
- Bolos e bolachas: basicamente, carboidratos e gorduras. A maioria tem gordura de coco ou animal, que são saturadas, isto é, que aumentam o colesterol ruim.

PODEM SER CONSIDERADAS UM ALIMENTO?

Claro que sim. Diríamos que são "alimentos vazios", calóricos, mas com escasso valor nutritivo (um saquinho de batata frita, de 44 g, tem aproximadamente 250 calorias; um *wafer* com chocolate de 21 g tem 110 calorias; 100 g de balas de goma contém 360 calorias; 100 g de amendoim sem casca, torrado e salgado têm mais de 600 calorias...).

PODEM SER PREJUDICIAIS?

Seu abuso pode ter consequências indesejáveis e favorecer:

- *Inapetência*: consumir à vontade esse tipo de produto provoca falta de apetite para a refeição convencional. Suas calorias vazias saciam e não alimentam.
- *Cáries*: as guloseimas são, em sua maioria, açúcares refinados, que favorecem o desenvolvimento dos micro-organismos que produzem a placa bacteriana. Não é possível manter a necessária higiene dental com o consumo desses produtos a qualquer hora do dia.
- *Alergia*: os aditivos dão cor, sabor e aroma que tornam as guloseimas mais atraentes. Alguns podem ser acumuláveis e produzir reações e erupções na pele (urticárias ou surtos de dermatite atópica) ou até mesmo asma (como os corantes azoicos).
- *Obesidade*: são produtos hipercalóricos. Se a quantidade de açúcar ingerida ultrapassa os limites de armazenamento, o excesso de glicose no sangue se transforma em gordura.

Se o consumo de guloseimas se torna um hábito diário entre as refeições, nas quais já ingerimos a quantidade de calorias necessárias para nosso organismo, as calorias extras das guloseimas se converterão em aumento de peso. É cada dia mais frequente a transformação de crianças pré-escolares "que não comem" em escolares obesos por causa da coexistência de uma dieta "sem controle e sem horários" e um aumento do sedentarismo (deveres de casa, televisão, *videogame* etc.). Devemos evitar o hábito de ver televisão comendo guloseimas.

- *Engasgamento*: é provavelmente a emergência com risco de morte mais frequente na infância... com o agravante de que muitas vezes é evitável. A refeição é um ato que exige a atenção da criança, que nessa hora deve ficar longe de distrações: devemos evitar que nosso filho corra, ria, chore ou fale com comida na boca. Os frutos secos não são recomendados para menores de 4 anos.

DEVEM SER PROIBIDAS?

Não, as crianças devem fazer coisas de crianças, sobretudo nessa idade em que vão para a escola e socializam com outras da mesma idade. Se seus amiguinhos as consomem, nosso filho também vai querer. Embora seja paradoxal, elas podem ser um bom pretexto para reforçar nele os bons hábitos já aprendidos e nos quais podemos abrir exceções. Podem até ser úteis para incentivar o autocontrole da criança. É melhor dizer "por ter se comportado bem, este fim de semana pode mascar dois chicletes sem açúcar" do que "se não chorar no médico, vou te dar um pirulito", senão a criança fará tudo errado para que os pais negociem esses prêmios com ela. É melhor que os reforços positivos indiretos sejam indiretos e por ações já ocorridas, e não promessas de prêmios.

ASSIM SENDO, COMO E QUANDO CONSUMI-LAS?

- Deve-se *combinar uma quantidade máxima de guloseimas por semana*. Não é conveniente consumi-las todos os dias; na semana, deve haver "dias sem guloseimas" (a maioria) e "dias com guloseimas", para a criança compreender que são **exceções** justificadas (um aniversário, fim de semana etc.).
- Procurem *diversificá-las* (nem todas as guloseimas são nutricionalmente iguais) e *distribuí-las* para evitar sobrecargas ocasionais de açúcar. São preferíveis as que pesam menos: com o mesmo volume ou quantidade (como percebe a criança), ele vai ingerir menos calorias.

- Não deixem a criança ficar beliscando sem parar. As guloseimas devem ser *agrupadas e consumidas "como sobremesa"* de uma das refeições, e, de preferência, com a criança sentada à mesa para que não se engasgue.
- Algo que nunca podemos esquecer: depois de comer guloseimas, é imprescindível uma boa escovação dental.

No que se refere ao sono de nosso filho, podem ocorrer pesadelos ou sonhos ansiosos. Ele pode tê-los na segunda metade da noite, quase sempre ao amanhecer. A criança, desperta e provavelmente assustada, vai contar em detalhes o que sonhou. É perfeitamente normal. Devemos nos sentar ao seu lado, acalmá-la, explicar-lhe que isso não é nada, e ela voltará a dormir sem problema. Devemos evitar que a criança veja filmes violentos na televisão e outros incidentes que possam produzir ansiedade.

EM RESUMO...

- Nessa idade, nosso filho já sabe quicar uma bola de 4 a 6 vezes, além de lançá-la e recebê-la.
- Também pode patinar e andar de bicicleta, pois desenvolveu por completo o senso de equilíbrio.
- Já distingue entre esquerda e direita e desenha uma pessoa com ao menos oito partes. É capaz de seguir certas diretrizes simples dadas pelos adultos.
- Convém fazer jogos com palavras, quebra-cabeças não muito difíceis, mas o suficiente para que desafiem a criança.
- É muito importante estimular a leitura.
- Aos 6 anos, começa a *escolarização obrigatória*.
- Brincar não é sua única tarefa, agora é preciso estabelecer um tempo para o estudo. A organização do tempo é fundamental.
- Como seu paladar ainda não está totalmente definido, qualquer tipo de influência será crucial para determinar seus gostos e aversões.
- A anorexia fisiológica ainda continua em alguns casos.
- Nessa etapa é muito importante não forçar a criança a comer, muito menos superalimentá-la, pois isso só contribuiria para afastá-la da comida.
- Nessa idade, ela pedirá guloseimas, motivo pelo qual devemos conhecer bem o que são e como pode consumi-las.

Sinais de alarme

É evidente que ter de sair de casa para ir à escola produz muitas mudanças no ritmo de vida da criança. As atividades física e intelectual são maiores, o que pode provocar inquietude, aborrecimento e cansaço. Qualquer mostra de inadaptação, ansiedade ou alguma somatização deve ser avaliada pelo médico.

Dormir bem é absolutamente essencial para o bem-estar da criança nesse período. O sono é a maneira que o organismo tem de restabelecer-se e carregar as baterias, de memorizar o que aprendemos durante o dia e de crescer. As crianças necessitam de algumas horas de sono segundo as demandas energéticas e emocionais de cada idade. Durante os 3 ou 4 primeiros anos de vida, elas desenvolvem as habilidades mais importantes: aprendem a se mover, caminhar, falar, compreender... E é no sono que está a fábrica de energia para essas tarefas.

Quando dorme mal, a criança fica irritada, não consegue se concentrar nem gosta de se relacionar com as outras. Seu rendimento escolar e sua socialização dependem do repouso. Além disso, não dormir o suficiente ou dormir mal afeta o pleno desenvolvimento do cérebro, pois durante o sono ocorrem as conexões neurais (sinapses), que ativam as funções cerebrais e, com isso, a aprendizagem. Podemos afirmar que a inteligência de uma criança depende da qualidade de seu sono.

12

O crescimento lento:
Dos 8 aos 10 anos

Nosso filho já está no auge do processo socializador. Já conversa, se relaciona, lê, lida com conhecimentos complexos, como a matemática. Pode ser que seu corpo tenha um crescimento mais lento, mas o que se destaca é sua maturidade biopsicossocial: faz seus primeiros amigos, domina os altos e baixos de suas relações com eles, com seus colegas de escola e com os professores.

A independência toma um rumo mais amplo. A criança começa a passar muitas horas fora de casa, na escola e em outras atividades extraescolares e esportivas. Aqui começamos a tomar consciência de que se inicia sua progressiva separação dos pais.

Embora nos pareça cedo, aos 7 e 8 anos, a criança se entusiasma com as novas experiências fora de casa. Isso pode nos perturbar ou preocupar, gerando conflitos. Por outro lado, ao se relacionar com outros adultos, nosso filho talvez comece a nos ver como pessoas "comuns" e não mais como referências idealizadas. Ele se preocupa com o cumprimento das regras sociais e com o conhecimento do que é certo ou errado. Também gosta de saber como funcionam as coisas e, por isso, formulará inúmeras perguntas, até mesmo algumas difíceis de responder.

Ele chegou à idade do *melhor amigo*. Estabelece vínculos de forma mais duradoura com outras crianças de sua idade, principalmente porque frequenta a escola. Alegra-se em comparar as semelhanças e afinidades com outras crianças de sua idade. Às vezes, chega a dar mais importância à opinião dos amigos do que à dos próprios pais.

Nesses anos também ocorre um tipo de comportamento duplo: fora de casa, os pais dos amigos elogiam como nosso filho se porta bem e é educado, mas, em casa, é possível que se mostre exigente e suscetível e até mesmo se comporte como se fosse mais novo. É claro, isso não acontece com todas as crianças.

As tarefas domésticas também devem fazer parte de seu cotidiano. A criança deve arrumar a cama, recolher a roupa suja, colocá-la no cesto etc. Também devemos levar em conta que é nessa fase que seus hábitos se sedimentam. Por isso, devemos insistir ainda mais na higiene, na alimentação, na leitura, no exercício físico... Vamos repetir as rotinas e compartilhá-las com ela quantas vezes forem necessárias. Nesse sentido, apesar da boa intenção da criança, talvez ainda tenhamos de ajudá-la a fazer uma boa escovação dos dentes.

As necessidades básicas nessa idade são:

- Uma alimentação variada.
- Participar em atividades físicas.
- Limitar o tempo diante da TV e do *videogame*.
- Dedicar tempo à leitura.
- Uma autoestima adequada.
- Certo grau de independência controlada. É hora de a criança aprender a organizar seu tempo e ser responsável por suas ações e omissões.
- Prestar atenção na segurança: não se esquecer de colocar o cinto de segurança no carro ou o capacete ao andar de bicicleta.

Alimentação. A criança come bem fora de casa?

A principal característica na alimentação nesse período é que as refeições não ocorrem apenas em casa. A criança pode comer em diferentes contextos e lugares:

- *Casa*, onde é cada vez maior o consumo de alimentos industrializados ou preparados fora e entregues em domicílio, prontos para o consumo.
- *Escola*, onde um número crescente de crianças almoça, com cardápios de diferentes qualidades nutricionais e cargas calóricas; no ambiente escolar, a criança pode muitas vezes adquirir produtos de baixa qualidade na lanchonete ou na máquina automática.
- *Os restaurantes e lojas de* fast-food, áreas recreativas, desportivas, cinema, teatro e outros, onde pode consumir alimentos e bebidas.

Sem nossa supervisão, o risco de uma alimentação pouco saudável é mais que provável. A grande epidemia de nosso século é a obesidade infantil, que se tornou um dos principais problemas no Primeiro Mundo em virtude do baixo controle da alimentação das crianças por parte dos pais. Para evitar esse mal, é preciso começar com alguns hábitos saudáveis desde pequenas:

- Evitar beliscar entre as refeições, em particular *fast-food* e bolos industrializados.
- Estabelecer hábito de atividades físicas: caminhar, subir escadas, praticar esporte em família etc.
- Diferentes estudos na Europa e nos Estados Unidos mostram que cada hora de televisão aumenta o risco de sobrepeso e obesidade em cerca de 12%.

Uma boa alimentação é, em geral, a base de um ótimo estado de saúde e é imprescindível para o desenvolvimento do organismo. Se queremos que nosso filho cresça saudável e sem problemas de sobrepeso, devemos levar a sério sua alimentação. O hábito de comer é pessoal e, ao mesmo tempo, social. E, claro, deve ser gratificante. Por isso mesmo, devemos educar a criança para que esteja atenta ao que come e adquira certa responsabilidade na hora de escolher o que comer ou não.

Nesse sentido, agora é o momento de utilizar a alimentação como uma ferramenta educativa familiar para estabelecer hábitos saudáveis que possam repercutir no comportamento nutricional em curto, médio e longo prazos. Em geral, todos em casa deveriam:

- Tentar equilibrar a ingestão de proteínas de origem animal e vegetal.
- Servir os alimentos cozidos a vapor, fervidos, grelhados ou preparados no micro-ondas com mais frequência do que fritos.
- Consumir molhos muito calóricos apenas esporadicamente.
- Comer porções adequadas; se necessário, levar os pratos já feitos à mesa, não panelas e travessas, pois assim evitaremos repetir.
- Propiciar o maior número de refeições em casa e em família.
- Estimular a comer com fome e a beber com sede e não por tédio, *stress* ou imitação.
- Não utilizar a comida como veículo de prêmios ou castigos.
- Educar os filhos sobre a importância de ler os rótulos das embalagens e da compra responsável.
- Ter na geladeira e na despensa mais alimentos de qualidade nutritiva do que *fast-food* e bebidas açucaradas.

- Não comer assistindo à televisão.
- Não abusar das refeições fora de casa e ensinar a pedir pratos saudáveis e porções adequadas.
- Reforçar a importância da água e do leite em contraposição a outras bebidas.

Como sempre, a dieta deve ser variada, sem predominância de um determinado grupo de alimentos, como é frequentemente o caso da carne. Na alimentação de nosso filho, costumamos pensar que a carne é a fonte nutritiva principal, quando na verdade se trata de um grupo importante, mas não mais do que outros. A título de orientação, a dieta deveria se distribuir da seguinte maneira:

Grupo	Quantidade	Dias
Carne, peixe, aves, ovos, feijões, ervilhas, lentilhas e margarina vegetal	30 g	2 dias ou mais
Frutas e legumes*	¼ de copo de suco, ½ fruta ou ¼ de tigela de legume cozido	4 dias ou mais
Cereais, pão, massa e arroz	½ fatia de pão, ¼ de tigela de cereal, ½ tigela de cereal matinal	4 dias ou mais
Leite e derivados e bebidas	240 g	2 dias ou mais

*Em dias alternados, incluir um legume de folha verde ou de cor amarela como fonte de vitamina A.

Outro problema ligado à alimentação nessa idade são os **aditivos alimentares**. Em casa, podemos contornar isso, já que somos nós que escolhemos o que compramos e cozinhamos. O problema ocorre quando nosso filho come fora. Embora decidamos o que ele vai comer, não podemos controlar o uso de aditivos. Eles são tão ruins assim?

OS ADITIVOS

O QUE SÃO?

Um aditivo alimentar é uma substância que não contém nutrientes e é adicionada a alimentos e bebidas em quantidades mínimas, para realçar seu aroma ou sabor e para facilitar seu processo de elaboração ou conservação.

Os aditivos mais utilizados são o sal (cloreto de sódio), que não é considerado aditivo, além de ser desnecessário em muitos alimentos que o possuem de forma natural; monoglicerídeos e diglicerídeos (emulsificantes); o caramelo (corante); o ácido cítrico (sequestrante e acidificante); o ácido acético (acidificante e conservante); o bicarbonato sódico (para as leveduras químicas); o ácido fosfórico e o glutamato de sódio (realçador de sabor).

Os aditivos não são bons nem ruins, mas, com o consumo contínuo de alimentos industrializados, sua acumulação provocará reações no organismo.

QUAIS SÃO AS CLASSES DE ADITIVOS?

Os grupos de maior destaque são:

- Corantes naturais ou artificiais.
- Conservantes: entre eles, nitritos e nitratos.
- Antioxidantes.
- Sequestrantes de metais: por exemplo, os fosfatos.
- Gelificantes e estabilizantes.
- Emulsificantes.
- Realçadores de sabor.
- Edulcorantes baixos em calorias.
- Acidulantes, corretores de acidez, antiaglutinantes etc.

[Se vocês observarem atentamente os ingredientes das embalagens dos produtos, poderão identificar quais são aditivos porque na Europa são classificados com a letra E e um número de três ou quatro dígitos.]*

Algumas crianças apresentam problemas ou reações adversas aos aditivos. Nesse caso, e após consultar o pediatra, a dieta infantil deveria ser a mais natural possível (ao que parece, coisa difícil hoje em dia). Os produtos mais problemáticos e tratados com aditivos são:

- Conservas e congelados.
- Bebidas, exceto a água e o leite.
- Sorvetes, balas, chicletes.
- Produtos de confeitaria e produtos afins industrializados (cremes, pudins...).

....
* No Brasil o uso de aditivos/corantes naturais ou artificiais é regulado pela Anvisa. (N. do R. T.)

- Embutidos.
- Queijos fermentados.
- Frutas (exceto a pera).
- Vegetais como pepino, pimenta, tomate, ervilha, aspargo.
- Dentifrícios que não sejam da cor branca.
- Fármacos que contenham ácido acetilsalicílico ou derivados, e todo tipo de xarope.
- Vinagre e molhos enlatados.

Com o mínimo de aditivos que permitir nossa inteligência culinária, a dieta semanal de uma criança de 7 a 8 anos deve ser variada, equilibrada e incluir todos os alimentos, até mesmo os frutos secos. Eis algumas ideias:

Segunda-feira

Café da manhã:
- Leite. Bolachas com manteiga. Suco de laranja.

Lanche da manhã:
- Pão com margarina e queijo de Burgos.

Almoço:
- Arroz com lentilhas.
- Frango com refogado de cebola, tomate e *champignon*.
- Pão, fruta. Amêndoas.

Lanche da tarde:
- Leite e torradas com geleia.

Jantar:
- Acelga com batata.
- Sardinhas ou outro peixe gordo com salada (milho, cenoura, tomate). Pão, fruta.

Terça-feira

Café da manhã:
- Chocolate quente. Pão com margarina. Suco de laranja.

Lanche da manhã:
- Pão com embutido de lombo.

Almoço:
- Massa com tomate e salsicha.
- Vitela, cordeiro ou frango com salada. Pão. Fruta.

Lanche da tarde:
- Leite com açúcar e bolachas.

Jantar:
- Salada de pimentão e berinjelas assadas (podem ser substituídas pela mesma quantidade de: acelga, alcachofra, aipo, brócolis, alcachofra-de-são-joão, abobrinha, couve, couve-de-bruxelas, *champignon*, endívia, escarola, aspargo, espinafre, vagem, alface, pepino, pimentão, rabanete, repolho, cogumelo e tomate) com bacalhau.
- Omelete de batata com salada. Pão, fruta.

Quarta-feira

Café da manhã:
- Leite. Bolachas com manteiga e geleia. Suco de laranja.

Lanche da manhã:
- Pão com margarina e salame.

Almoço:
- Couve-flor com batata, molho branco e queijo gratinado.
- Costeletas de cordeiro com salada. Pão, fruta.

Lanche da tarde:
- Iogurte batido com morango e açúcar. Amendoim.

Jantar:
- Ervilhas com presunto serrano.
- Merluza grelhada (peixe-espada, garoupa, pacamão, linguado, dourado, robalo, truta etc.) com salada.
- Macedônia de frutas com iogurte. Pão.

Quinta-feira

Café da manhã:
- Leite e pão com geleia. Suco de laranja.

Lanche da manhã:
- Pão com margarina e queijo de Burgos.

Almoço:
- Grão-de-bico refogado. Costeletas de cordeiro com salada.
- Pão, fruta.

Lanche da tarde:
- Iogurte com peras e bolachas.

Jantar:
- Espinafre com batata.
- Atum (ou qualquer peixe gordo) com tomate. Pão, fruta.

Sexta-feira

Café da manhã:
- Leite e pão com manteiga e geleia. Suco de laranja.

Lanche da manhã:
- Pão com margarina e presunto de York.

Almoço:
- *Paella* com verduras e frango (ou outro prato de massa).
- Salada variada. Pão. Pêssegos em calda.

Lanche da tarde:
- Pão com margarina e queijo-do-reino.

Jantar:
- Couve com batata.
- Salmonete com *champignon*. Pão, fruta.

Sábado

Café da manhã:
- Leite e pão com margarina e açúcar. Suco de laranja.

Lanche da manhã:
- Pão com margarina e embutido de lombo.

Almoço:
- Purê de legumes.
- Carne de cavalo com *champignon* e tomate frito.

Lanche da tarde:
- Arroz-doce. Figos secos.

Jantar:
- Berinjela com *champignon* e queijo ao forno.
- Merluza grelhada com batata frita e tomate em rodelas.
- Pão, fruta.

Domingo

Almoço na casa dos avós, no restaurante... o domingo é um dia "livre", em que os pais, aplicando o bom-senso, se convertem em verdadeiros especialistas da dieta dos filhos. Temos de levar em conta que é um dia festivo e que não faz mal esquecer algumas regras: as crianças também podem desfrutar a festa.

EM RESUMO...

- É uma idade caracterizada pelo crescimento lento, fase com maior desenvolvimento da maturidade biopsicossocial.
- A independência é um dos fatores mais importantes e presentes. Nosso filho começa a passar muitas horas fora de casa.
- A criança se preocupa com o cumprimento das regras sociais e o conhecimento do que é certo e errado. Pergunta por tudo o que deseja esclarecer.
- Começa a idade do *melhor amigo*. Compartilha e compara afinidades e diferenças com outras crianças, especialmente na escola.
- Deve fazer a cama, recolher a roupa, retirar o prato da mesa...
- A grande epidemia de nosso século é a obesidade infantil. Para evitá-la, é preciso iniciar hábitos alimentares saudáveis desde que a criança é pequena.
- Evitar o consumo excessivo de produtos com aditivos alimentares.

Sinais de alarme

Com isso, completamos um esboço de como é ou será nosso filho entre os 7 e 8 anos. Trata-se, como sempre, de comportamentos que deveriam apenas nos orientar. No entanto, certas condutas ou carências exigem avaliação médica. Por exemplo, se a sintaxe, a gramática e o vocabulário usados pela criança não são apropriados para sua idade no contexto do grupo de amigos; se é especialmente agressiva e tem semblante triste; se é incapaz de seguir as diretrizes dos pais e dos professores; se tem dificuldades para manter a atenção ou se não aprendeu a permanecer sentada o tempo necessário para uma atividade habitual e rotineira: em todos esses casos, convém consultar o médico.

A supervisão de um especialista também será recomendada se nosso filho se negar a ir para a escola, tiver dificuldades de relação com os colegas ou baixo rendimento acadêmico.

PROBLEMAS DE SAÚDE MAIS COMUNS DOS 6 AOS 10 ANOS
(descritos em detalhe na terceira parte)

Costuma-se encontrar uma pequena alteração, geralmente solucionável e transitória, em 4% dos controles de saúde da criança.

- Alterações dos órgãos dos sentidos: olhos (necessidade de correção) e otite média serosa.
- Patologia infecciosa: especialmente a área otorrinolaringológica (otite, amigdalite...).
- Crises de broncoespasmos.
- Lesões típicas do início nos esportes.
- Maus hábitos alimentares.

13

Segundo nascimento para a vida:
Dos 12 aos 14 anos

Nosso filho é um pré-adolescente. *Mamma mia*. Já não é a criancinha para quem éramos tudo, a voz que sabia e podia tudo. Começa agora uma etapa difícil. Ele está mudando e não sabemos como tratá-lo. Mas a situação é mais complicada para ele. Quando era pequeno, não pensava muito no futuro. Um adolescente faz isso com bastante frequência e preocupação. Não é criança, mas também não é adulto; é uma espécie de híbrido, com traços de ambos. Se acrescentamos a isso as alterações hormonais, a constante busca de identidade, a terrível obsessão de que só ele tem esse problema e de que ninguém no mundo consegue entendê-lo nem saber como se sente, podemos fazer uma ideia do que está se passando por sua cabeça.

O mais evidente é sua ideia fixa em independência. Nosso filho nos pede que não nos metamos em seus assuntos. Devemos conceder-lhe essa liberdade pedida? Ou um controle rigoroso será melhor para que não cometa falhas e não erre o caminho? Neste capítulo veremos como nos adaptar a uma nova situação na família. Será como recomeçar. Teremos de vê-lo com outros olhos e começar a tratá-lo como o que já assoma em sua fisionomia e sua mente: um adulto. Devemos, por exemplo, nos acostumar a pedir permissão para entrar em seu quarto, que terá se convertido em "seu" mundo, um lugar quase proibido para as outras pessoas da família. É um novo parágrafo na educação, um *segundo nascimento para a vida*.

Antes de mais nada, vejamos a diferença entre puberdade e adolescência. A puberdade é o tempo de amadurecimento do ponto de vista físico e sexual, que se apresenta por mudanças hormonais. A adolescência é uma fase da vida: o período que vai da puberdade à idade adulta.

Para entender a puberdade e todas as suas consequências, façamos uma rápida revisão das importantíssimas mudanças que ocorrerão.

No início da puberdade, a protagonista é a glândula pituitária (uma glândula em forma de ervilha situada na parte inferior do cérebro), que começa a secretar hormônios. Esses hormônios atuam em diferentes partes do corpo, dependendo do sexo do adolescente. Nos meninos, os hormônios viajam pelo sangue até os testículos, que fabricam testosterona e esperma pela primeira vez. Testosterona é o hormônio que produz a maioria das mudanças no corpo masculino durante a puberdade; e os homens necessitam de esperma para a reprodução.

Nas meninas, os hormônios se dirigem até os ovários para fabricar outro hormônio, chamado estrógeno. Juntos, esses hormônios preparam o corpo da menina para a menstruação e para a gravidez no futuro.

A idade em que a puberdade irrompe em nossos filhos depende de numerosos fatores, como os genes, a nutrição ou sexo, mas, em geral, esse período costuma ocorrer entre os 8 e os 13 anos de idade nas garotas e entre os 10 e 15 anos nos garotos. Na terceira parte deste livro, descrevemos os detalhes de uma puberdade anormal: precoce ou tardia.

O principal sinal de que nossa filha está entrando na puberdade são o desenvolvimento dos seios e o crescimento dos pelos pubianos e axilares, seguidos da primeira menstruação. Ela cresce em estatura (é o *estirão*), e seus quadris se alargam.

Nesses anos de transição do corpo de menina para o de mulher, os períodos menstruais podem ser bastante irregulares, mas o ciclo normal tem duração de aproximadamente 25 a 28 dias. Muitas vezes, a regularidade dos ciclos menstruais só se estabelece dois anos após o primeiro fluxo menstrual (chamado menarca).

Depois da menstruação, os ovários começam a produzir e liberar um óvulo. O óvulo desce até o útero, onde, se se encontrar com um espermatozoide, pode ser fecundado e, portanto, resultar numa gravidez. Isto é, o corpo está quase pronto para gestar um bebê, mas com certos riscos e alguns problemas emocionais, porque uma menina não está preparada para enfrentar a maternidade.

Se o óvulo não é fecundado, ele é eliminado pelo fluxo menstrual. Alguns dias antes da menstruação, a menina pode sentir-se lânguida ou deprimida, e sofrer dor e inchaço no abdômen, pernas e peito. É a chamada tensão pré-menstrual, hoje reconhecida pela medicina como um fator de desequilíbrio para a mulher, podendo ser acompanhada por algumas mudanças temporárias no ritmo do sono.

Nas meninas, a puberdade geralmente termina aos 17 anos; por isso, o crescimento em altura é mínimo a partir dessa idade. Embora a maturidade física esteja completa, o processo de maturação educativa e emocional deve continuar.

Vejamos agora o caso dos garotos. Nosso filho é púbere a partir do crescimento dos testículos. Ganhará altura de repente, crescerão pelos nos braços, rosto, pernas e púbis, os ombros se alargarão e a musculatura aumentará. Seu sistema reprodutor se desenvolverá com as ejaculações durante o sono, chamadas poluções noturnas, que são totalmente saudáveis e normais. Além disso, ele passará por uma mudança progressiva no timbre de voz.

Do ponto de vista emocional, seus sentimentos mudarão constantemente, e ele se mostrará instável e cheio de inquietudes. É o momento de assumir que já não é criança; e o melhor que podemos fazer é falar-lhe com clareza. Os adolescentes respondem melhor às instruções específicas que lhes repetimos regularmente. Por exemplo, se queremos que nosso filho arrume o quarto, em vez de dizer "quero que você arrume o quarto", vamos esperar que esteja arrumado e, então, diremos "é assim que quero ver este quarto". Desse modo, reforçaremos sua atitude e lhe mostraremos que ele também pode fazer as coisas corretamente. O bom humor e a criatividade em nossas ações podem ajudá-lo a aceitar nossas decisões ou pedidos.

As mudanças físicas assustam e emocionam os garotos. É um período de comparações e de complexos; e o adolescente se pergunta se esses traços irregulares permanecerão assim para sempre. Uma boa opção para atravessar as mudanças e exercer uma influência positiva no corpo é a prática de esporte ou algum exercício físico suave. Os benefícios são garantidos nessa etapa de transição:

MENS SANA IN CORPORE SANO

Por que fazer atividade física?
- Os músculos e ossos se tornam mais fortes e resistentes.
- A autoestima e a imagem corporal do adolescente vão melhorar, e ele vai se sentir mais seguro de suas capacidades.
- Gozará de boa saúde.
- Terá maior rendimento nos estudos, e suas capacidades de aprendizagem vão melhorar.
- Estará menos exposto ao uso de substâncias prejudiciais ao organismo (álcool e drogas).
- Gastará mais energia e, por isso, terá maior controle de seu peso corporal.
- Sua imagem corporal também melhorará.

Nosso filho deve procurar aumentar sua: • Resistência. • Força. • Flexibilidade. • Velocidade.
Desenvolverá suas capacidades de: • Coordenação. • Agilidade. • Equilíbrio.
O que fazer? • Praticar esporte. • Jogos com os amigos. • Atividades ao ar livre em família ou com amigos. • Participar em grupos de dança. • Subir e descer pelas escadas em vez de pegar o elevador.

Alimentação. Energia, energia, por favor

Como dissemos, a puberdade é uma etapa em que ocorrem importantes mudanças emocionais, sociais e fisiológicas. Essas mudanças fisiológicas exigem uma alimentação bastante equilibrada, com um aporte adequado de energia e nutrientes. É muito importante evitar possíveis déficits nutricionais que possam causar transtornos de saúde.

Devemos prestar atenção na alimentação de nosso filho, escolhendo corretamente os alimentos que garantam uma dieta apropriada e organizando bem as refeições ao longo do dia. A atitude mais independente do adolescente e a forte influência do mundo ao redor tornarão o objetivo de uma boa alimentação um grande desafio. Ele tenderá a dispensar refeições reguladas, preferindo beliscar e comer *fast-food* fora de casa.

A imagem corporal é outra grande preocupação do adolescente. É possível que nosso filho, influenciado pelos modelos sociais do momento, se entregue a dietas restritivas para alcançar o "padrão ideal de beleza", o que pode causar sérios transtornos da conduta alimentar, como anorexia, bulimia ou vigorexia. Cabe a nós estimulá-lo para que goste de si mesmo e não submeta o corpo a atrocidades perigosas para a saúde. Nosso jovem deveria responder a esses parâmetros para se manter saudável:

Idade: de 12 a 15 anos	Peso (kg)	Altura (cm)	Energia: Kcal/dia
Meninos	45	157	2.500
Meninas	46	157	2.200

O processo de mudança também inclui aumento de altura e peso, o que requer uma quantidade elevada de energia e certos nutrientes. Deve-se levar em conta que, nessa fase, o adolescente ganha aproximadamente 20% da altura e 50% do peso que terá quando adulto. Esses acréscimos estão relacionados principalmente com o aumento de massa muscular e massa óssea, o que dependente diretamente da alimentação, que deve ser projetada e dirigida para cobrir o gasto gerado.

É muito importante seguir uma dieta saudável e equilibrada. Quanto aos carboidratos e proteínas, as quantidades necessárias são as mesmas de um adulto. O aporte correto de gorduras implica suprir adequadamente as necessidades de ácidos graxos essenciais, que o organismo não pode produzir, e de vitaminas lipossolúveis (A, D, E e K).

As necessidades variam muito entre os adolescentes, conforme suas circunstâncias pessoais; não se pode generalizar, mas podemos traçar alguns padrões que nos servirão de guia.

Nos anos anteriores a criança não comia porque seu corpo não pedia, certo? Pois agora o corpo exige nutrientes, que o estilo de vida e as ideias do adolescente sobre a comida não lhe proporcionam. Na adolescência, o mais frequente é notar um desequilíbrio nutricional.

ALIMENTAR-SE NA ADOLESCÊNCIA

- Alimentação mais variada possível: até mesmo entre alimentos do mesmo grupo. Diferentes tipos de verduras, carnes, frutas etc.
- Manter um horário regular de refeição.
- Comer devagar, num ambiente tranquilo.
- Comer na ordem: entrada, prato principal e sobremesa.
- Alimentos como bolos, salgadinhos, *pizzas*, hambúrgueres etc. podem ser consumidos de vez em quando e não devem se tornar o centro da dieta.

DÉFICIT DE MINERAIS. Os minerais mais importantes para o desenvolvimento nessa idade são cálcio, ferro e zinco. O cálcio está ligado ao crescimento da massa óssea. O leite e todos os seus derivados são ricos em cálcio, mas também podemos encontrá-lo em outros alimentos, como peixes em conserva, frutos secos e derivados da soja.

O ferro, por sua vez, é fundamental para a formação de todos os componentes do sangue que intervêm no processo de obtenção de energia. Podemos encontrar ferro nos alimentos de origem animal, como carnes, peixes, ovos e derivados, mas também nas leguminosas e hortaliças, embora em menor quantidade.

O zinco intervém na síntese de proteínas, isto é, na formação dos tecidos. Também colabora na obtenção de energia, no bom desenvolvimento do sistema imunológico (as defesas do organismo), além de ter ação antioxidante. A fonte principal de zinco são as carnes, os peixes, o marisco e os ovos, como também os cereais integrais, os frutos secos, as leguminosas e os queijos curados.

DÉFICIT DE VITAMINAS. As vitaminas participam na síntese das proteínas, no crescimento e desenvolvimento. As vitaminas A e D estão presentes nos produtos lácteos integrais, manteiga, nata, gema de ovo, vísceras. São muito necessárias para os adolescentes, assim como as vitaminas do grupo B, como a B_9 ou ácido fólico (leguminosas e verduras, frutas, cereais matinais enriquecidos e fígado), B_{12} (carne, ovo, peixe, laticínios, levedura de cerveja), B_2 ou riboflavina (fígado, ovo, laticínios, levedura de cerveja), B_3 ou niacina (vísceras, carne, peixe, leguminosas e cereais integrais) e B_1 ou tiamina (cereais integrais, leguminosas e carne).

A respeito da distribuição das refeições durante o dia, continuaremos com a mesma rotina: quatro a cinco refeições diárias. Vejamos como deve ser cada uma:

Café da manhã:
- Produtos lácteos e cereais, ou seja, torradas, cereais matinais, bolachas, bolos simples. Um complemento ideal do café da manhã pode ser uma fruta ou um copo de suco.

Lanches da manhã e da tarde:
- Devemos evitar bolos industrializados, salgadinhos, refrescos e guloseimas, que saciam mas não alimentam. Convém estimular o consumo de sanduíches preparados em casa, frutas e produtos lácteos.

Almoço:

- Em nossa sociedade, essa refeição é o eixo central do dia. É o momento em que ingerimos maiores quantidades e geralmente nos reunimos em família, em especial nos fins de semana. É uma ocasião perfeita para manter as relações familiares e trocar experiências – mas, cuidado, falar com o adolescente não é interrogá-lo! –, ou para revisar boas maneiras à mesa. Temos de ser organizados com os horários, mas também compreensivos com a realidade de nosso filho.

A refeição deve ser variada e atender às necessidades dele. Como prato de entrada*, podemos comer arroz, leguminosas, massa, saladas ou verduras com batata. O valor nutritivo desse primeiro prato fica por conta dos carboidratos complexos. O segundo prato pode ser composto de carne, derivados de carne, peixes ou ovos; deverá ter uma quantidade de alimento moderada e vir acompanhado de uma guarnição de legumes. Por último, é melhor incluir na sobremesa uma fruta e alterná-la com produtos lácteos simples.

Jantar:

- O jantar é cada vez mais o momento do dia em que a família se reúne, pois alguns pais costumam almoçar fora de casa por motivos de trabalho. Seja em uma ou outra oportunidade, é necessário para o adolescente que haja um momento familiar ao redor da mesa todos os dias. O jantar deve ser mais leve que o almoço e ocorrer cedo o suficiente para que tenhamos tempo de fazer a digestão e dormir bem. Se o adolescente almoça na escola, convém saber quais pratos compõem o cardápio para adaptar o jantar e equilibrar a dieta.

Uma vez delimitadas as cinco refeições diárias, vale mencionar a importância do café da manhã na alimentação de nossos jovens. É a primeira refeição do dia e, portanto, deve ser uma das mais fortes, pois temos pela frente um dia inteiro de atividades. É preciso levar em conta que o corpo passa entre 8 e 12 horas de sono sem receber nenhum tipo de alimento, e o desjejum deve repor os nutrientes para começarmos o dia com energia.

Acordem seu filho adolescente com tempo suficiente para que ele possa tomar com calma um café da manhã completo e equilibrado. Muitos jovens não conseguem comer nada quando se levantam. Nesse caso, faça-os acordar uns minutos antes para se lavar e se vestir primeiro. A fome chegará nesse lapso.

....
* Na Europa, é comum ter uma entrada e um segundo prato nas refeições. (N. do R. T.)

O *FAST-FOOD*: UMA TENTAÇÃO

Por mais que procuremos controlar a alimentação de nosso filho, é inevitável que ele coma hambúrguer, batata frita, sorvete e outros tipos de *fast-food*. Se nosso filho devora um cardápio como esse apenas esporadicamente, isso não deveria nos preocupar; mas sabemos que não é esse o caso.

O ditado diz "se não pode com o inimigo, junte-se a ele". Pois bem, se nosso filho é louco por *fast-food*, o melhor que podemos fazer é ensiná-lo a escolher. Para a escolha certa de um cardápio de *fast-food*, daremos preferência a saladas, frango ou peixe assado, que são mais nutritivos do que batata frita, frango frito ou peixe empanado; para beber, água, e a sobremesa deveria ser uma fruta ou um produto lácteo simples. Isso apenas de vez em quando, porque não nos iludamos: o jovem gosta mesmo é da combinação batatas, hambúrguer, refrigerante, sorvete, e a única coisa que nos resta fazer é tentar limitar seu consumo ao mínimo.

EM RESUMO...

- Puberdade e adolescência não são a mesma coisa, ainda que sejam intrinsecamente relacionadas.
- As mudanças costumam aparecer entre os 8 e os 13 anos nas meninas, e entre os 10 e os 15 nos meninos.
- A puberdade implica desenvolvimento genital e aumento da estatura e formas corporais (seios, musculatura); aparecem pelos, e o timbre da voz muda.
- Os sentimentos mudarão, e nosso filho se mostrará emocionalmente instável e indeciso.
- Os adolescentes respondem melhor às instruções específicas que se repetem regularmente.
- O bom humor e a criatividade em nossas ações podem ajudar nosso filho a aceitar nossas decisões e pedidos.
- Outra boa recomendação para atravessar essa fase de mudança com máxima qualidade possível é a prática de atividade física.

- Há deficiências de vitaminas e minerais que devemos suprir com uma alimentação saudável, equilibrada e organizada em cinco refeições por dia.
- Alguns adolescentes, influenciados por modelos sociais do momento, praticam dietas restritivas para se aproximarem do "padrão ideal de beleza".
- O desjejum é a primeira refeição do dia e, portanto, deve ser reforçado e fornecer a energia necessária para estudar, relacionar-se, movimentar-se.
- Por mais que tentemos controlar a alimentação de nosso filho, é inevitável que consuma *fast-food*. Mas podemos ensiná-lo a escolher.

Sinais de alarme

Nesses anos, o fator emocional tem um peso importante na saúde do adolescente. Devemos promover sua autoestima e conversar com ele se observarmos atitudes autodestrutivas ou complexos. É preciso observar se nosso filho está agitado ou inquieto, se ganha ou perde peso ou se tem notas ruins na escola. Se ele tem dificuldade em se concentrar, parece triste e não se importa com pessoas nem coisas, também devemos nos preocupar. Outros comportamentos que podem requerer a ajuda de um profissional são a falta de motivação, fadiga, perda de energia, falta de interesse e dificuldade para dormir. A adolescência é uma época em que os garotos e garotas vivem as 24 horas do dia. Abrem mão de horas de sono para recuperar o estudo, bater papo, enviar SMS, ler e realizar outras atividades lúdicas. Por isso se sentem exaustos durante o dia, desmotivados e até mesmo sem apetite. Temos de estar atentos a maus hábitos de sono, para evitar insônia e outros transtornos.

14

A adolescência final:
Dos 16 aos 18 anos

O caminho para a vida adulta costuma se alinhar com inúmeros problemas relacionados a complexos, incerteza e integração. A partir dos 16 anos, nosso filho transitará pela *adolescência tardia*. Trata-se do período final do crescimento físico, mental e emocional, em que ele termina de se situar no mundo e busca sua independência. É um período curto mas crucial para assentar as bases de seu futuro; por isso, é de suma importância que estejamos presentes e o ajudemos em tudo o que pudermos.

A relação que mantemos com ele deve ser positiva, de absoluta confiança e de comunicação aberta para que possamos ajudá-lo incondicionalmente, pois ele enfrenta muitos desafios e tentações nessa fase. Esse ponto só é possível se os pais tiverem cultivado essa comunicação e confiança desde que ele era um bebê; não se pode improvisar, menos ainda quando o adolescente é, por natureza, relutante em escutá-los. Ele ainda não terminou o processo de socialização e aprendizagem, e devemos seguir dando o exemplo (esse, aliás, é um trabalho para a vida toda). Continuamos sendo seus modelos, embora em menor medida e mesmo que ele tente nos mostrar o contrário.

- Devemos acompanhar a formação de nosso filho, tanto em casa como na escola.
- Devemos orientá-lo acerca das possibilidades de carreiras universitárias ou da opção que mais lhe agrade.

Para superar os desafios, é importante entendermos o que está ocorrendo nos planos físico, cognitivo e social. Nosso filho completará a puberdade e começará a habituar-se a seu novo corpo de adulto. E desenvolverá ainda mais sua identidade pessoal. Irá considerar as possibilidades de estudo e profissão para o futuro e terá experimentado a maneira de ter relações românticas saudáveis.

Avançará rumo à independência, desenvolverá mais claramente sua identidade e, ao sentir-se mais seguro de si mesmo, seu bom humor aumentará. Aos poucos irá adquirindo a capacidade de tomar decisões importantes, pondo à prova sua autonomia e certas condutas de risco. Seus hábitos de trabalho começam a ganhar melhor definição, e ele é capaz de fixar metas. Pode controlar seu comportamento, coisa que achava impossível alguns anos antes. Além disso, aguça sua capacidade para o pensamento abstrato e tende a se concentrar com maior facilidade. Aos 17 anos, já modelou sua inteligência, ou seja, já pode entender tudo como um adulto. Por tal motivo, a ciência garante ser esse o início do pensamento, já que nessa etapa é possível desenvolver planos complexos do ponto de vista científico. Nesse sentido, vemos como nosso filho desenvolve a inteligência focada, além do raciocínio proporcional (para operar com proporções matemáticas).

Também se inicia uma fase de *egocentrismo racional*, ou seja, o adolescente interpreta o mundo a partir de si mesmo, segundo suas próprias habilidades.

Quanto ao desenvolvimento físico, ele alcançará 95% de sua estatura definitiva nessa adolescência tardia. Completará também suas características sexuais secundárias, como o pelo no rosto e no corpo nos homens, e o desenvolvimento dos seios no caso das mulheres. Mas o cérebro continua se formando.

Uma esfera que merece destaque é a sexualidade. Os adolescentes têm agora relações mais sérias e um sentido mais afinado para a ternura e o amor sensual. Apresentam uma identidade sexual clara, pois conhecem perfeitamente seu corpo e o que são capazes de fazer, e para muitos é tempo de reafirmação de sua orientação sexual. O rapaz e a moça confirmarão que sentem atração romântica e sexual por pessoas do mesmo sexo (homossexualidade), de ambos os sexos (bissexualidade) ou do sexo oposto (heterossexualidade).

AS ANGÚSTIAS PARA "SAIR DO ARMÁRIO"

As moças lésbicas e os rapazes *gays* costumam se sentir culpados por causa da circulação de ideias bastante pejorativas sobre a homossexualidade. Costumam atravessar vários estágios emocionais que incluem a rejeição de sua orientação, a culpa, o medo e até o orgulho de ser homossexual. As meninas têm um pouco mais de dificuldade em assimilar o objeto de seu desejo. As chacotas e o medo de rejeição dos pais dificultam sua reafirmação e aceitação. Mas "sair do armário" acaba sendo terapêutico e quase necessário: é um passo de gigante para a própria integração e ajuda a manter uma consciência positiva da sexualidade. Comunicar aos pais que é *gay* ou lésbica reforçará a autoestima do jovem e o vínculo entre eles. No entanto, para que o filho avalie que convém fazê-lo, os pais deverão ter cimentado o diálogo e a comunicação com ele desde pequeno. Cada vez que reforçarem nele a ideia de que não está sozinho na vida, que pode confiar em vocês, estarão contribuindo para fortalecer a relação familiar e encorajando-o a buscar apoio na hora de viver livremente sua sexualidade.

Por mais que queiramos informar os filhos, eles costumam rejeitar nossos conselhos. Em seus primeiros passos na sexualidade madura, eles mesmos buscarão informações que, pouco a pouco, vão compartilhar com amigos mais próximos, os que "falam a mesma língua". Dessa forma, entre amigos, trocam informações sobre menstruação, ejaculação, relações sexuais etc. As amizades íntimas com pessoas do mesmo sexo servem para que nosso filho compartilhe aspectos de si mesmo, de seus temores e de suas fantasias sexuais. É um claro exemplo de como ele exercita o senso de intimidade.

Aos poucos ampliará seu círculo de amigos para pessoas do sexo oposto. Assim surgirão a atração e os encontros para explorar diferentes níveis de intimidade, e ele seguirá se aprofundando na sexualidade. Nesse processo, suas preferências sexuais vão se definindo. Ele descobre um novo conceito, uma nova sensação: o prazer. A resposta fisiológica à excitação sexual se torna cada vez mais forte e evidente. É o momento em que muitos adolescentes descobrem a masturbação. Ou melhor, redescobrem a masturbação como forma de alívio da tensão sexual e como modo de explorar a sexualidade e conhecer como seu corpo reage a certos estímulos.

O rapaz passa a falar de sexo com seu círculo mais próximo, a ensaiar condutas eróticas e de atração; e, nessa experimentação, pode até mesmo realizar brincadeiras de caráter homossexual.

Para nosso filho, a sexualidade se converteu no centro de tudo, daí a experimentação e a exploração em suas atividades fundamentais. O adolescente, diferindo da criança nas etapas anteriores, terá sensações a que dará um significado puramente sexual e verá uma fonte de atração em determinados objetos ou estímulos externos. O desejo sexual se torna bastante poderoso e passa a se traduzir numa necessidade imperiosa de buscar satisfação ou sentir-se receptivo a ela.

Mas como o adolescente costuma responder a todo esse afloramento do desejo? Ou ele luta contra seus próprios desejos sexuais, ou tenta satisfazê-los sem se importar com o modo ou com as consequências. A última opção pode acarretar condutas sexuais arriscadas, como contrair uma doença sexualmente transmissível ou enfrentar uma gravidez na adolescência.

As doenças sexualmente transmissíveis (DSTs) são adquiridas por contato genital ou de fluidos durante as relações sexuais. Existem pelo menos 25 DSTs, com sintomas bastante variados. Seu contágio se dá por sexo vaginal, anal e oral. A sarna e outras são incluídas no grupo das DSTs porque o sexo é a via mais comum de contágio, mas podem ser contraídas de outras formas.

Muitas DSTs são curáveis. Se não tratadas, podem causar enfermidades desagradáveis e danos a longo prazo, como a infertilidade. Algumas DSTs podem ser transmitidas da gestante para o feto. Uma pessoa diagnosticada com DST deve informar a todas as outras com quem teve relações sexuais no último ano e aos que tenham se relacionado com o parceiro ou parceira e que podem tê-la infectado. Os sintomas de uma DST variam, mas as mais comuns são irritação, nódulos ou infecções pouco usuais, prurido, dor ao urinar ou fluxo incomum. Vejamos a seguir quais são as DSTs mais comuns:

CHATO. Também chamado piolho do púbis. É um pequeno parasita em forma de caranguejo que perfura a pele para se alimentar de sangue. Vive no pelo pubiano, embora possa também ser encontrado nas axilas, no rosto ou até mesmo nos cílios. O chato é facilmente contraído durante o sexo, mas o contágio também pode ocorrer por meio de roupas ou lençóis. O tratamento é simples: uso de xampus especiais, loções ou cremes que matem o parasita e os ovos. Raspar o pelo não é suficiente, pois podem restar piolhos na pele.

GONORREIA. É uma DST que pode infectar a uretra, o colo do útero, o reto, o ânus e a garganta. Os sintomas geralmente aparecem entre 1 e 14 dias depois da exposição, mas podem não ocorrer. Os homens costumam ser mais sintomáticos do que as mulheres. Os sintomas são: sensação de ardor ao urinar, fluxo branco/amarelo do pênis, mudança no fluxo vaginal, irritação ou corrimento anal caso o ânus esteja infectado.

HEPATITE. É a inflamação do fígado. O vírus é transmitido pela relação sexual. Existem vários tipos de vírus, mas os mais comuns são o A, B e C (a hepatite de transmissão sexual é a B).

HERPES. Há dois tipos, mas o que nos concerne aqui é o HSV-2, que se manifesta nos genitais. É a DST mais difundida. Os sintomas do herpes geralmente aparecem de 2 a 7 dias após a exposição ao vírus e duram de 2 a 4 semanas. Os sintomas são: sensação de prurido e formigamento na região genital ou anal, pequenas bolhas cheias de líquido que rebentam e deixam pequenas feridas, dor quando a urina passa pelas feridas abertas, dor de cabeça e nas costas, sintomas similares aos da gripe, incluindo gânglios inflamados ou febre. Após o término do primeiro surto de bolhas, o vírus do herpes se oculta em fibras nervosas perto do lugar da infecção, onde permanece latente sem causar sintomas. Estes podem regressar (particularmente durante épocas de tensão e enfermidade), mas com frequência em episódios menos severos e mais breves.

SARNA. É uma infecção da pele, contagiosa e bastante pruriginosa. É causada pelo ácaro parasita *Sarcoptes scabiei*: a fêmea adulta mede 0,4 mm de comprimento, sendo dificilmente visível a olho nu; o macho tem a metade do tamanho. A fêmea perfura a camada externa da pele para pôr seus ovos. Os sintomas são: sulcos com aspecto de linhas onduladas prateadas ou pardas de até 15 mm de comprimento. Os sulcos podem aparecer em qualquer parte, mas ocorrem em geral na membrana entre os dedos das mãos e dos pés, nos genitais, ao redor do ânus, nas nádegas, cotovelos e pulsos. Trata-se de uma erupção cutânea com pequenos nódulos como acne inflamada com intenso prurido (pápulas/lesões) pela reação alérgica aos ácaros, seus ovos e fezes. A coceira é mais acentuada à noite ou depois do banho, quando o corpo está mais quente. Recomenda-se que todas as pessoas próximas ao indivíduo contagiado também sejam tratadas.

SÍFILIS. Era conhecida como *a grande varíola*. É geralmente transmitida pelas relações sexuais, embora também possa passar da mãe para o feto. Os sintomas podem ser difíceis de reconhecer e levar até 3 meses após o contágio para aparecer. Incluem uma ou mais úlceras indolores no pênis, vagina, vulva, colo do útero, ânus ou boca, pequenos nódulos na virilha por causa da inflamação dos gânglios, erupção sem prurido, febre ou sintomas semelhantes aos da gripe. Se não tratada, a infecção progride até uma fase latente. Depois disso pode ocorrer a sífilis terciária, que afeta seriamente órgãos como o coração e, às vezes, leva à morte.

HIV. É importante estabelecer a diferença entre o vírus da imunodeficiência adquirida (HIV) e a aids. Uma pessoa não se contagia com aids, mas a desenvolve quando se infecta com o HIV. O HIV não resulta necessariamente em aids. Uma pessoa sofre de aids quando seu organismo, pela imunodeficiência provocada pelo HIV, não é capaz de oferecer uma resposta imunológica adequada contra as doenças que a acometem. É importante saber que o vírus não pode sobreviver muito tempo fora do corpo humano e, por isso, só pode ser transmitido de uma pessoa para outra e das seguintes maneiras: ter relações sexuais sem preservativo com alguém que tenha HIV ou aids; receber sangue, seus derivados e órgãos de uma pessoa com HIV ou aids; uso compartilhado de seringas; uma gestante com HIV ou aids pode passá-lo para o filho durante a gestação, o parto ou a amamentação.

Outro risco que nosso filho corre durante sua experimentação sexual é a gravidez na adolescência, um assunto complexo com muitos motivos para preocupação. Os adolescentes mais jovens, de 12 a 14 anos de idade, apresentam maior probabilidade de ter relações sexuais não planejadas e não desejadas. Os adolescentes de 18 a 19 anos são tecnicamente adultos, e a metade das gravidezes em adolescentes ocorre nessa faixa etária. Os fatores de risco vão desde a depressão e a ansiedade até o risco de morte para mãe e filho, que costuma ser prematuro. As adolescentes grávidas têm risco muito maior de morrer ou sofrer complicações médicas graves, como placenta prévia, hipertensão induzida por gravidez, parto prematuro, anemia grave ou toxemia.
    Além disso, os bebês de adolescentes têm de duas a seis vezes mais probabilidade de nascer com baixo peso do que aqueles cujas mães têm 20 anos ou mais.
    Por tudo isso, devemos educar nossos filhos para evitar esse problema desnecessário.

MÉTODOS CONTRACEPTIVOS EFICAZES		
Métodos hormonais (*bastante recomendados para as adolescentes*)	Via oral	Pílula
		Minipílula
		Pílula do dia seguinte
	Via intravaginal	Anel vaginal
	Via cutânea	Adesivo contraceptivo
	Injetável	Mensal
		Trimestral
	Implante subcutâneo	De um ou dois bastonetes
DIU		De cobre
		De liberação hormonal
De barreira (*bastante recomendado para as adolescentes*)		Preservativo
		Diafragma
		Preservativo feminino
Esterilização voluntária (*menos frequente entre os adolescentes*)		Ligadura de trompas
		Método Essure
		Vasectomia

Alimentação

Nosso filho se encontra em pleno apogeu das descobertas sexuais, e nesse sentido o corpo desempenha um papel de suma importância. Por isso, a alimentação é fundamental. Nessa etapa, ele vai relacionar a alimentação à conquista de um corpo melhor ou pior, e devemos estar atentos ao tipo de dieta que escolhe.

Na adolescência se cria o conceito de individualidade. Isto é, o indivíduo se define a si mesmo e começa a se ver como um ser singular, diferente dos demais. Ele se aproxima cada vez mais das responsabilidades adultas e, ao mesmo tempo, forma uma opinião cada vez mais precisa de sua personalidade; interessa-se em conhecer as características que o definem. A princípio, a imagem corporal marcará as relações com os amigos de ambos os sexos; o conceito de sua imagem física é uma das chaves de sua integração.

Os pais devem tomar a iniciativa de ajudá-lo a aceitar o próprio corpo e, ao mesmo tempo, verificar se está se alimentando bem. Devem começar lhe explicando os efeitos da puberdade e da genética em seu corpo, para que o filho compreenda que o aumento de peso é normal no desenvolvimento. Na hora de falar de magreza ou sobrepeso, devemos nos concentrar no conceito de saúde para desviar a atenção da estética, e assim incutir a ideia de que o mais importante não é o corpo, mas sua forma de estar saudável.

Se ele come bem e pratica exercício físico, ótimo. Elogiar seus sucessos também é um bom método para reforçar sua segurança em relação a si mesmo. Trata-se, em suma, de ajudá-lo a ter uma boa imagem de si mesmo de uma perspectiva sã, para distanciá-lo de dificuldades, já que uma imagem corporal desequilibrada pode deflagrar muitas enfermidades e problemas de saúde.

O sobrepeso na adolescência é quase um estigma social: provoca críticas e risadas. O jovem pode deprimir-se ou reagir exagerando na comida, o que o faz engordar ainda mais e ouvir mais zombarias.

Apesar de muitos adolescentes fazerem *dieta* – sobretudo as meninas –, felizmente são muito poucos os que desenvolvem um transtorno de bulimia ou anorexia nervosa. No entanto, esses transtornos ocorrerão com maior probabilidade se os que se submetem a uma dieta estrita têm baixa autoestima, estão sob tensão ou sofreram problema de sobrepeso na infância. Mas, se não chegam a esses extremos, essa angústia desaparecerá com o passar dos anos.

Para saber se nosso filho tem um sobrepeso preocupante, vejamos primeiro o que se entende por obesidade. Ter uns quilos a mais não significa ser obeso, embora possa indicar uma tendência a engordar com facilidade, razão pela qual a alimentação deverá ser mais limitada e acompanhada de exercícios. Um adolescente é considerado obeso quando está ao menos 10% acima de seu peso médio por estatura e idade.

A obesidade aparece quando uma pessoa consome mais calorias do que o corpo é capaz de queimar. Se um dos pais é obeso, o filho tem cerca de 50% de probabilidade de ser obeso ao chegar à adolescência. Mas, se os dois pais são obesos, as probabilidades aumentam até uns 80%. A obesidade na adolescência pode estar relacionada a:

- Maus hábitos de alimentação.
- Comer demais, ou não conseguir deixar de comer.
- Falta de exercício.

- Histórico de obesidade na família.
- Enfermidades como problemas endocrinológicos ou neurológicos.
- Medicamentos, principalmente esteroides e remédios psiquiátricos.
- Mudanças de vida causadoras de estresse: separações, nova casa...
- Problemas familiares ou entre os pais.
- Baixa autoestima.
- Depressão ou outros problemas emocionais.

Mas como aliviar o problema? Somente uma avaliação médica do pediatra poderá revelar se a criança é obesa. Se não existem causas físicas para essa obesidade e nosso filho simplesmente consome mais calorias do que queima, a única maneira de perder peso é reduzir o número de calorias e aumentar o nível de atividade física do adolescente.

Uma perda de peso duradoura só ocorre quando há motivação adequada. Muitas vezes a obesidade afeta mais de um membro da família; por isso, estabelecer hábitos saudáveis de alimentação e praticar exercícios regulares como atividade conjunta pode melhorar as chances de sucesso no controle do peso.

Falemos agora do caso oposto. Que ocorre se nosso filho está obcecado com a magreza extrema? Na fase adolescente, conseguir o equilíbrio emocional é algo bastante complicado. Por isso, é fácil cair nos extremos. É o caso de busca obstinada por magreza, isto é, de anorexia ou bulimia.

Quando um adolescente começa a ter obsessão de ficar cada vez mais magro, é imperioso manter controle sobre seus hábitos e detectar possíveis anomalias em sua rotina alimentar, como pular refeições, comer mal, separar a comida no prato ou esconder os alimentos. Todas essas anomalias, se não enfrentadas a tempo, podem resultar em enfermidades como anorexia ou bulimia.

A anorexia é a busca obsessiva do emagrecimento mediante uma dieta restritiva. Os principais sintomas são:

- Recusa em manter o peso acima do mínimo adequado para sua altura e idade, o que provoca uma situação de magreza extrema.
- Aversão a ganhar peso, ainda que seja muito pouco.
- Sensação constante de estar gordo, em especial em algumas partes do corpo, como músculos, nádegas ou abdômen. Os anoréxicos têm uma percepção irreal do corpo, uma espécie de distorção na percepção de sua massa corporal: sempre se veem gordos na frente do espelho.

- Com a extrema magreza aparecem outros problemas físicos além da desnutrição; no caso das mulheres, o mais comum é a interrupção ou o atraso da menstruação.
- São atletas compulsivos porque querem queimar calorias.
- Possuem uma conduta alimentar peculiar: comer em pé, cortar os alimentos em pedaços bem pequenos...

Diagnosticar a anorexia não é difícil. Difícil mesmo é o tratamento desse distúrbio alimentar, porque sua cura exige a colaboração da pessoa doente e de todo seu entorno familiar, profissional e social. Se suspeitarem de que esse distúrbio está começando ou já existe, vocês devem consultar o pediatra.

Por outro lado, a bulimia é um desejo incontrolável de comer que resulta em sentimento de culpa e na indução do vômito para expulsar o que se comeu. Ao contrário da anorexia, a bulimia não produz perdas de peso exageradas, mas tem consequências similares.

Esses problemas são o limite de uma má alimentação e de uma obsessão pelo bom aspecto físico. No entanto, há outras condutas evitáveis que implicam má nutrição. Um exemplo claro é o costume, cada vez mais difundido, de beliscar antes das refeições ou entre elas, o que pode tirar a fome do adolescente, que consequentemente não irá ingerir os alimentos básicos para seu crescimento e saúde. Outro exemplo, mencionado no capítulo anterior, é não realizar um desjejum suficientemente completo para enfrentar o dia. O café da manhã fornece ao nosso filho o aporte calórico adequado para fazer frente ao desgaste de energia das primeiras horas da manhã. Trata-se de *reabastecer para sair*.

FAZER REGIME?

Na busca incessante do peso ideal, é necessário impedir nosso filho de fazer regimes e mais regimes para emagrecer. Eles aparentemente são inofensivos, mas na realidade oferecem risco. O melhor é procurar um profissional, um endocrinologista que nos diga qual é seu peso conveniente e saudável. Caso não atinja esse peso, o endocrinologista nos indicará o que e em que quantidade o adolescente deve comer.

EM RESUMO...

- Com frequência, o último empurrão para a vida adulta se vê envolto em numerosos problemas ligados a complexos, incerteza e falta de integração.
- Nosso filho está avançando rumo à independência, desenvolvendo mais claramente sua identidade, e, ao sentir-se mais seguro de si, seu bom humor aumenta.
- Seus hábitos de trabalho começam a se definir, e ele é capaz de fixar metas. Pode controlar a conduta, coisa que parecia impossível alguns anos antes.
- Devemos falar de sexualidade com nosso filho focando na prevenção das doenças sexualmente transmissíveis, gravidez, relações saudáveis etc.
- Nosso filho associará alimentação com a conquista de um corpo melhor ou pior, razão pela qual devemos estar atentos ao tipo de dieta que escolhe. Sua imagem será seu corpo, e sua forma de controlar sua imagem será a alimentação.
- Devemos ajudá-lo a construir hábitos saudáveis a respeito da alimentação e do exercício físico, permitindo que se mantenha são e em harmonia com seu aspecto físico.
- Se ele belisca entre as refeições, é possível que não tenha fome à mesa e não consuma os alimentos básicos para crescer e manter-se saudável.

Sinais de alarme

Como vimos neste capítulo, ser pais de um adolescente exige, entre outras coisas, respeitar sua personalidade e independência, mas, ao mesmo tempo, estar atento para detectar se ele se alimenta corretamente.

Há várias condutas que não devemos tolerar ou que devemos analisar com precisão e, se necessário, pedir conselhos ao especialista. Trata-se do consumo de drogas e álcool. As substâncias consumidas com mais frequência pelos adolescentes são: álcool, maconha, alucinógenos, cocaína, anfetaminas, opiáceos e tabaco. O abuso pode acarretar graves problemas para nosso filho, mas também para nós e para outros familiares. A droga legal de que os jovens mais abusam é o álcool. É preciso, portanto, que o conscientizemos e informemos sobre seus efeitos.

O sobrepeso e a obesidade são outros problemas que podemos encontrar nessa idade. O sobrepeso pode ser resolvido, ou até mesmo evitado, com uma dieta adequada e hábitos saudáveis. Se ainda assim nosso filho engordar, o melhor a fazer é procurar um profissional.

A atitude autodestrutiva também é um problema na adolescência. Não se aceitar a si mesmo, a dificuldade de integração ou outros problemas podem fazer o adolescente tomar uma atitude autodestrutiva. Um exemplo seria a anorexia.

No plano sexual, devemos orientá-lo, embora na maior parte das vezes ele não queira nos escutar ou pense que não sabemos do que estamos falando. Desse modo, evitaremos condutas sexuais de risco que resultem numa doença sexualmente transmissível ou numa gravidez não desejada.

PROBLEMAS DE SAÚDE MAIS COMUNS DOS 12 AOS 18 ANOS
(descritos em detalhe na terceira parte)

- Acne.
- Cólica menstrual e tensão pré-menstrual.
- Dor de cabeça.
- Dor nas costas.
- Acidentes domésticos e fora de casa.
- Miopia e astigmatismo.
- Irregularidades na dentição. O esquema seguinte mostra o correto desenvolvimento dentário (em caso de discrepância, consulte o dentista):
  - Dos 9 aos 11 anos: 4 pré-molares.
  - Dos 10 aos 12 anos: os segundos pré-molares.
  - Dos 10 aos 14 anos: os caninos.
  - Dos 11 aos 13 anos: os segundos molares.
  - Dos 14 aos 18 anos: os chamados dentes do siso, o que marca o término da dentição adulta.

15

Para entender os percentis: a evolução geral do crescimento

Durante os primeiros anos de vida do bebê, especialmente durante os primeiros meses, controlar o crescimento é essencial para saber se ele está evoluindo corretamente ou se tem algum problema que exija avaliação de um especialista. Durante os primeiros meses de vida, cada semana conta no que se refere ao desenvolvimento. Mas como controlar a altura e o peso do bebê e saber se seu crescimento é correto ou não? Para isso, recorremos aos assim chamados percentis.

As tabelas de medida ou percentis são quadros indicativos que permitem valorar e comparar o crescimento do bebê. O médico estabelece essa comparação baseando-se em parâmetros-padrão de meninos e meninas da idade de nosso filho. Os parâmetros utilizados para elaborar os percentis são: altura, peso, diâmetro da cabeça, índice de massa corporal etc.

Os médicos usam esses percentis para medir e comparar o crescimento e a evolução de nossos filhos. Assim, abrem seu histórico clínico, que documenta sua altura em centímetros e o peso em gramas ou quilogramas e toma por base as semanas, os meses ou até mesmo os anos. Desse modo, o médico poderá fazer uma avaliação comparativa da evolução e detectar se há algum problema no crescimento do bebê.

Os bebês menores de 2 anos são medidos deitados (comprimento), enquanto os maiores de 2 anos são medidos em pé.

Com esses resultados, o pediatra pode averiguar se nosso filho está na média normal ou padrão dos bebês da mesma idade e sexo. São os percentis médios. O importante, porém, não é a comparação com o restante da população, mas verificar se o bebê mantém o mesmo nível de percentil ao longo de seu desenvolvimento.

Assim explicado, isso pode parecer um tanto confuso. Vejamos um exemplo para saber como os dados são interpretados passo a passo:

- Se um bebê obtém um percentil de altura 75, então aproximadamente 25% dos bebês da mesma idade e sexo estão acima da altura dele e 75% são de altura inferior. Conclui-se que esse bebê possui altura superior à média, isto é, sua altura evolui acima do ritmo normal.

Com base nessa explicação é fácil deduzir que os gráficos de percentis são importantes, pois nos oferecem a oportunidade de detectar no momento oportuno algum problema médico em nosso bebê. Um exemplo de como um percentil fora da média pode advertir contra alguma doença seria o seguinte:

- Durante os primeiros 18 meses de vida, e particularmente durante a infância, o crescimento anormal do perímetro da cabeça da criança pode ser um indício de que a cabeça está crescendo acima do normal (macrocefalia); em algumas ocasiões, esse crescimento excessivo pode ser consequência de alguma enfermidade, como a hidrocefalia ou o acúmulo de líquido cefalorraquidiano. Nesse caso, veríamos que, a cada controle, o perímetro da cabeça está num percentil cada vez maior. Essa macrocefalia pode também ser sinal de que existe um tumor. Graças ao percentil, podemos agir a tempo para começar a diagnosticar e tratar o bebê.
- Pelo contrário, se detectamos que o crescimento do perímetro do crânio do bebê é menor do que deveria, isto é, se a cada controle o percentil do perímetro é menor ou pelo menos não aumenta, o pediatra tomará as medidas necessárias para descartar problemas.

Se analisamos o peso e a altura, podemos tirar as mesmas conclusões. O aumento insuficiente de peso ou altura, que se traduzirá num percentil mais baixo, pode às vezes nos mostrar que há certo atraso no desenvolvimento do bebê. Ou pode se tratar de uma enfermidade crônica, descuido ou outros problemas. Assim, é importante ver as variações no percentil de nosso filho.

Mas há algo de que devemos nos lembrar para não nos angustiarmos. Esse crescimento anormal visto nos gráficos dos percentis é apenas um indicador de um potencial problema. Os gráficos não revelam que o problema é exatamente esse, nem sequer revelam que ele existe. Só o pediatra determinará se o problema em questão realmente significa um risco médico real ou se simplesmente devemos realizar um acompanhamento cuidadoso do bebê para evitar males maiores.

Nos gráficos também vemos que o Índice de Massa Corporal (IMC) é uma das medidas usadas para avaliar o estado nutricional do bebê. Calcula-se o índice dividindo-se o peso em quilogramas pelo quadrado da altura em metros. IMC = peso (kg)/altura (m²).

A seguir, vocês poderão consultar os padrões de crescimento infantil, elaborados pela OMS, com referência aos indicadores para comprimento/altura, peso, IMC e perímetro cefálico segundo a idade dos meninos e meninas.

COMPRIMENTO (PERCENTIS)
Nascimento até 6 meses

Meninas

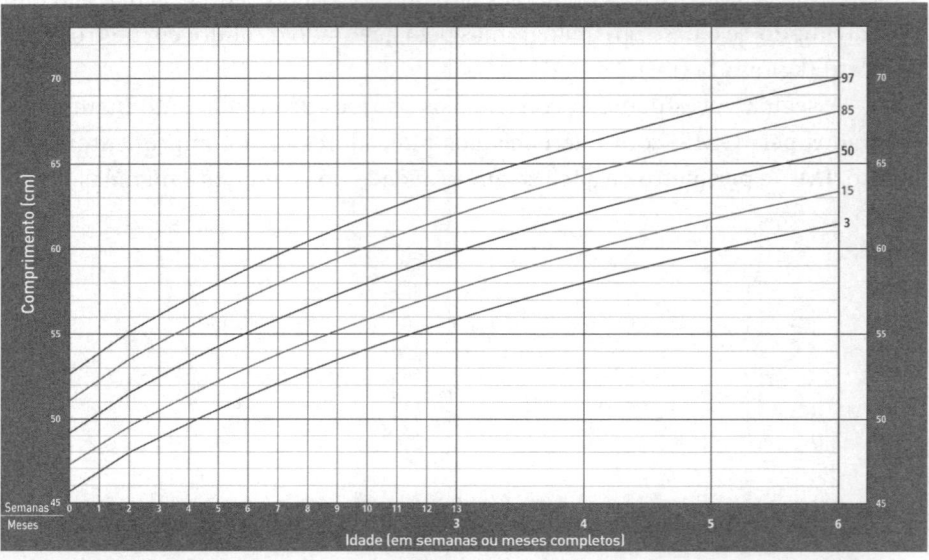

Fonte: web oficial da OMS, http://www.who.int/childgrowth/standards/height_for_age/es/index.html, 2011

Meninos

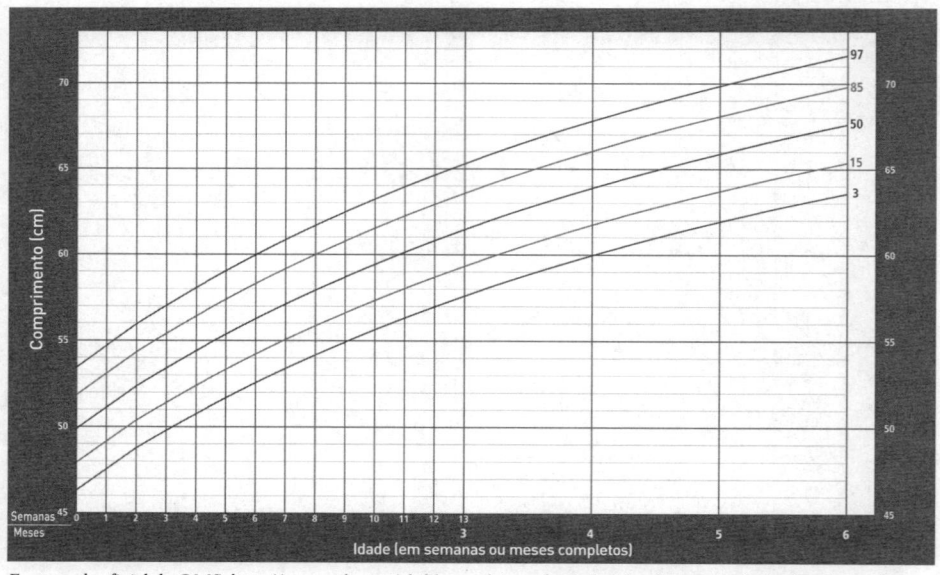

Fonte: web oficial da OMS, http://www.who.int/childgrowth/standards/height_for_age/es/index.html, 2011

Nascimento até 2 anos

Meninas

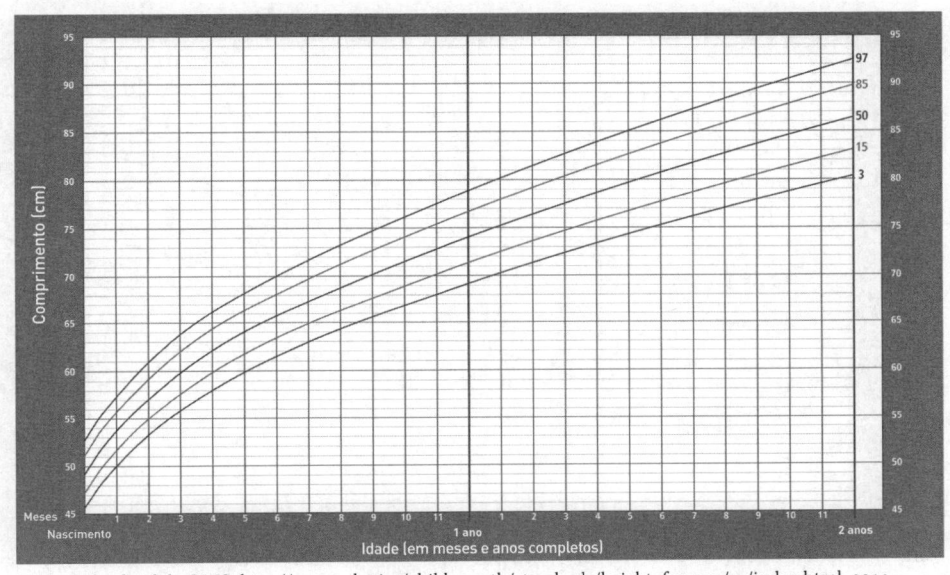

Fonte: web oficial da OMS, http://www.who.int/childgrowth/standards/height_for_age/es/index.html, 2011

Meninos

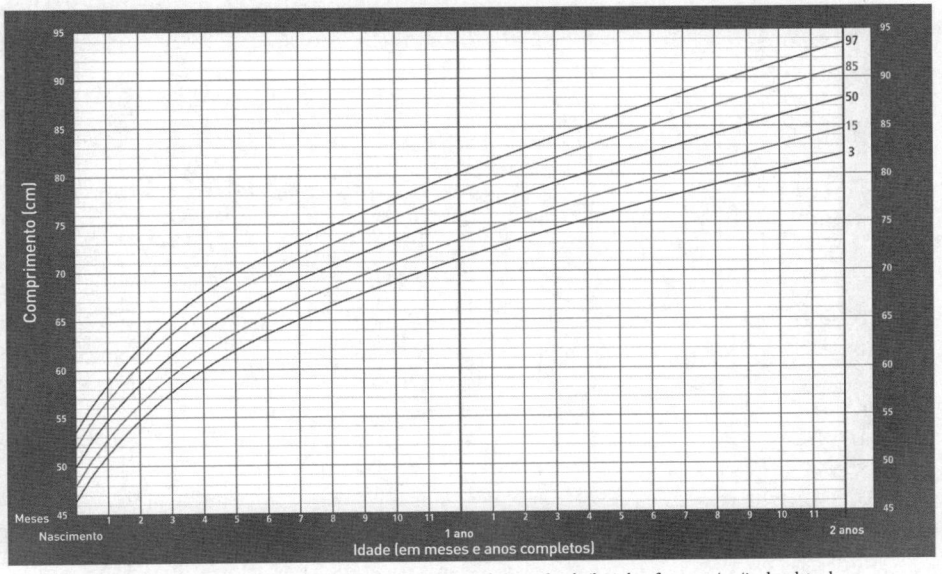

Fonte: web oficial da OMS, http://www.who.int/childgrowth/standards/height_for_age/es/index.html, 2011

6 meses até 2 anos

Meninas

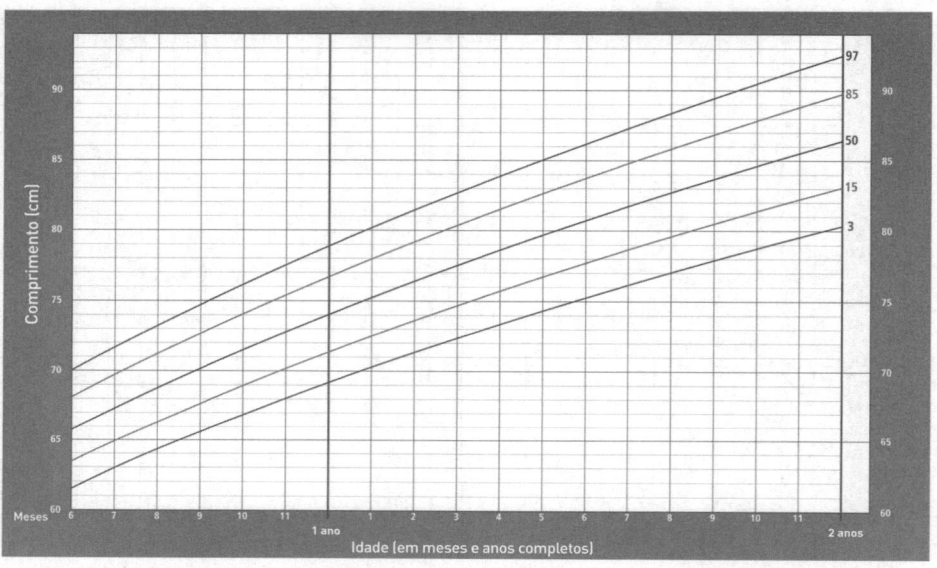

Fonte: web oficial da OMS, http://www.who.int/childgrowth/standards/height_for_age/es/index.html, 2011

Meninos

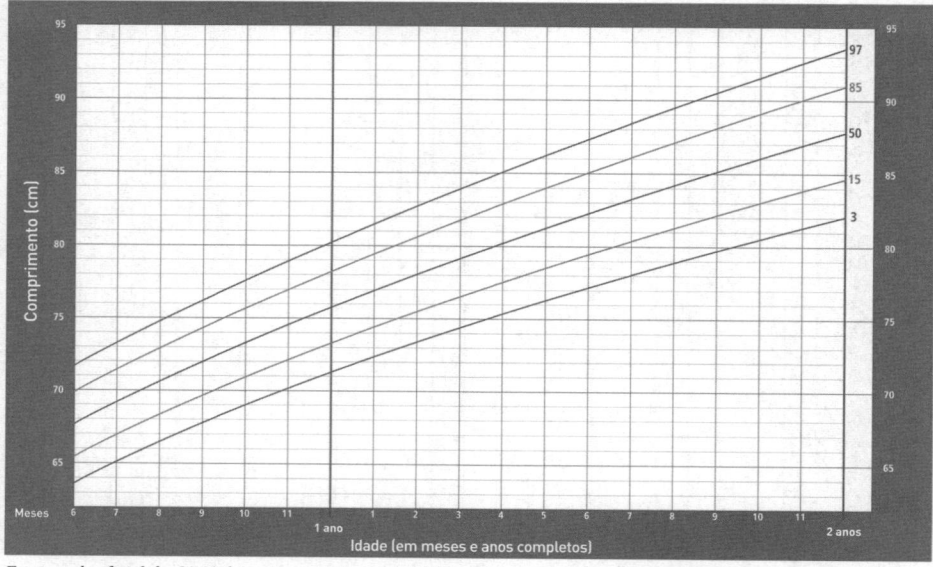

Fonte: web oficial da OMS, http://www.who.int/childgrowth/standards/height_for_age/es/index.html, 2011

ESTATURA (PERCENTIS)
2 a 5 anos

Meninas

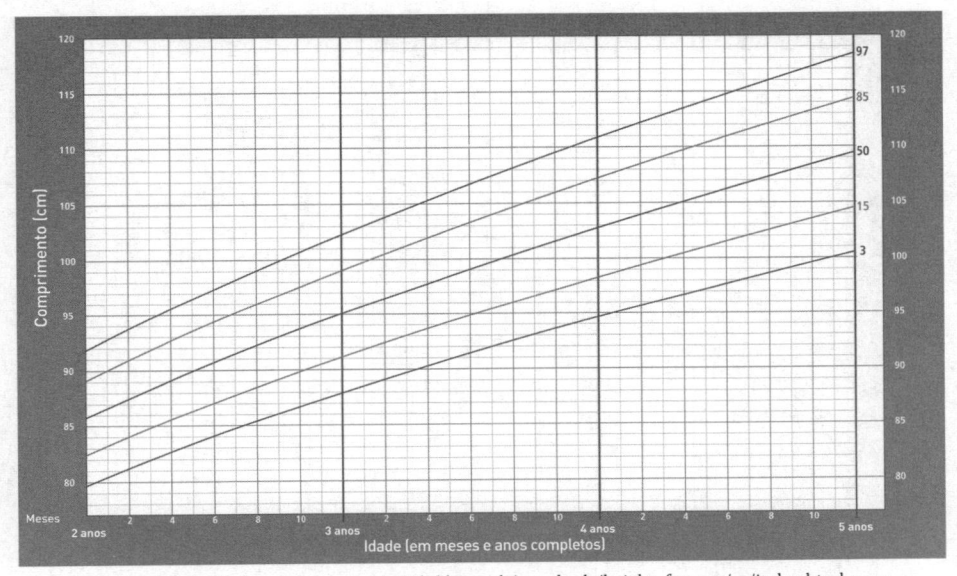

Fonte: web oficial da OMS, http://www.who.int/childgrowth/standards/height_for_age/es/index.html, 2011

Meninos

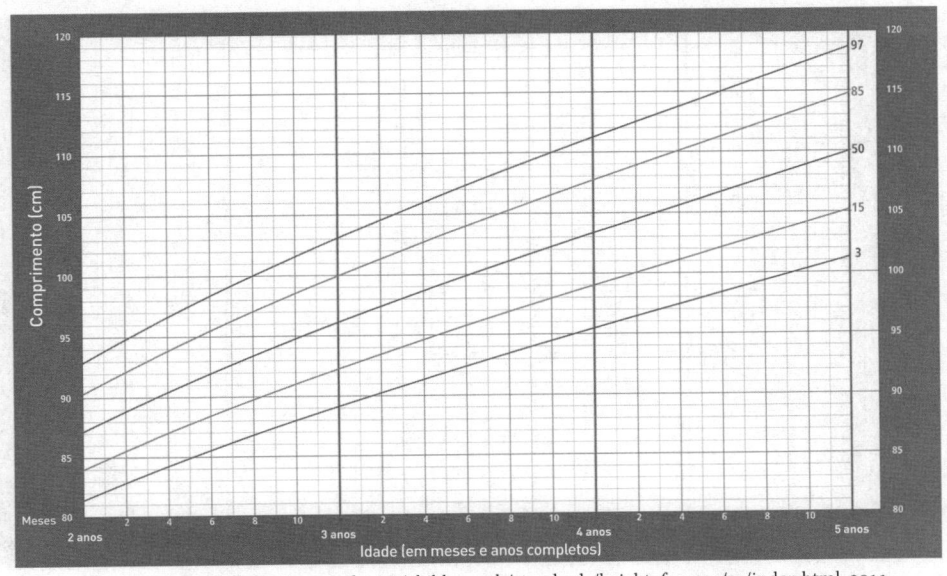

Fonte: web oficial da OMS, http://www.who.int/childgrowth/standards/height_for_age/es/index.html, 2011

COMPRIMENTO/ESTATURA (PERCENTIS)
Nascimento até 5 anos

Meninas

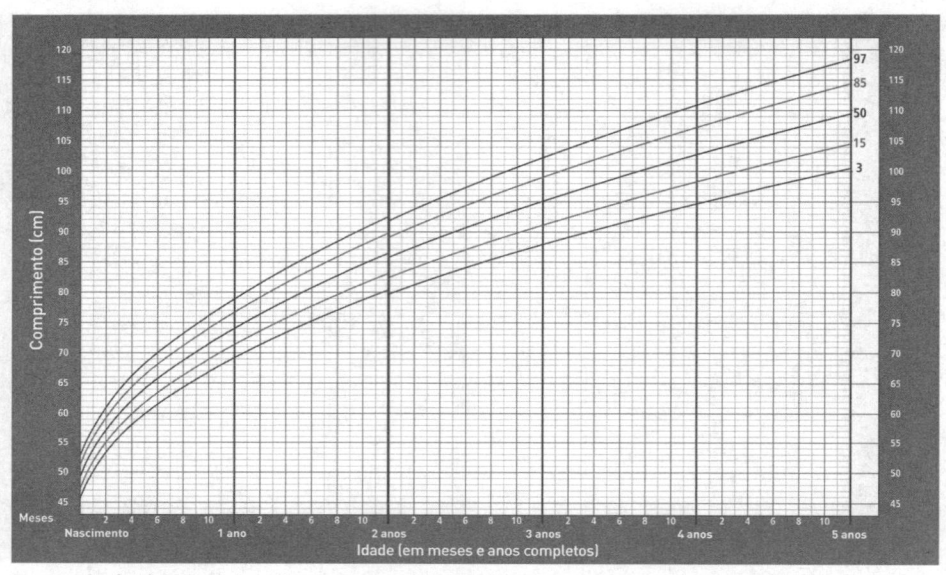

Fonte: web oficial da OMS, http://www.who.int/childgrowth/standards/height_for_age/es/index.html, 2011

Meninos

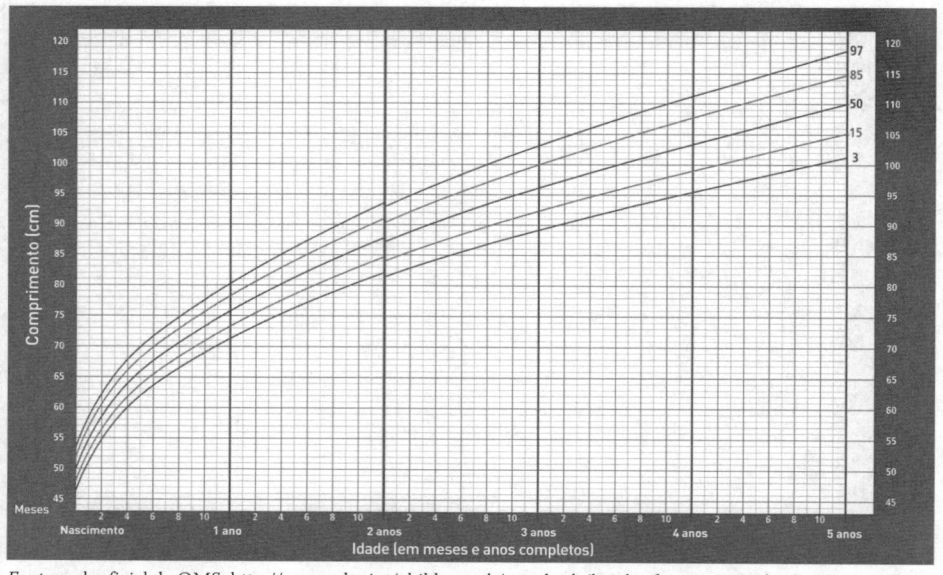

Fonte: web oficial da OMS, http://www.who.int/childgrowth/standards/height_for_age/es/index.html, 2011

Como seu filho amadurece, cresce e se desenvolve | 173

PESO (PERCENTIS)
Nascimento até 6 meses

Meninas

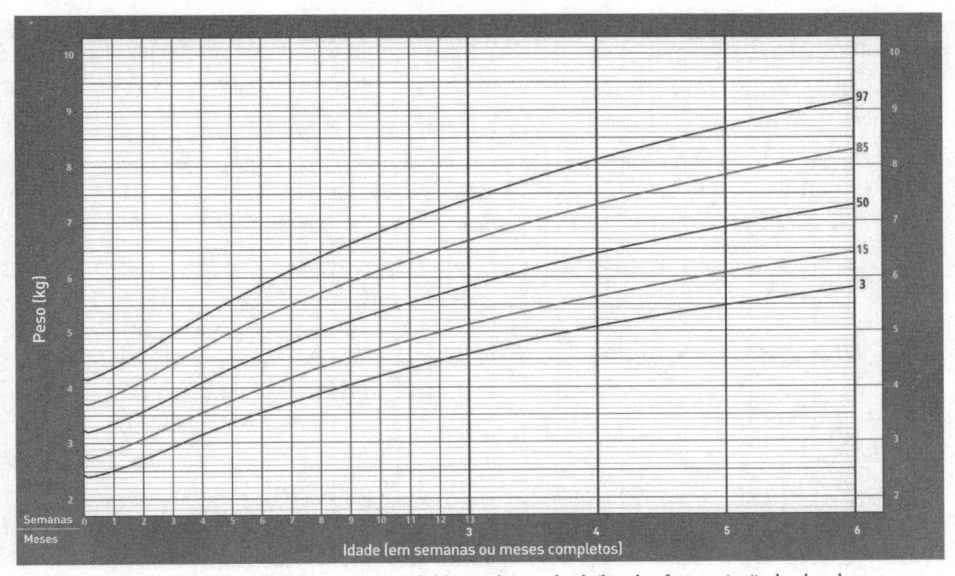

Fonte: web oficial da OMS, http://www.who.int/childgrowth/standards/height_for_age/es/index.html, 2011

Meninos

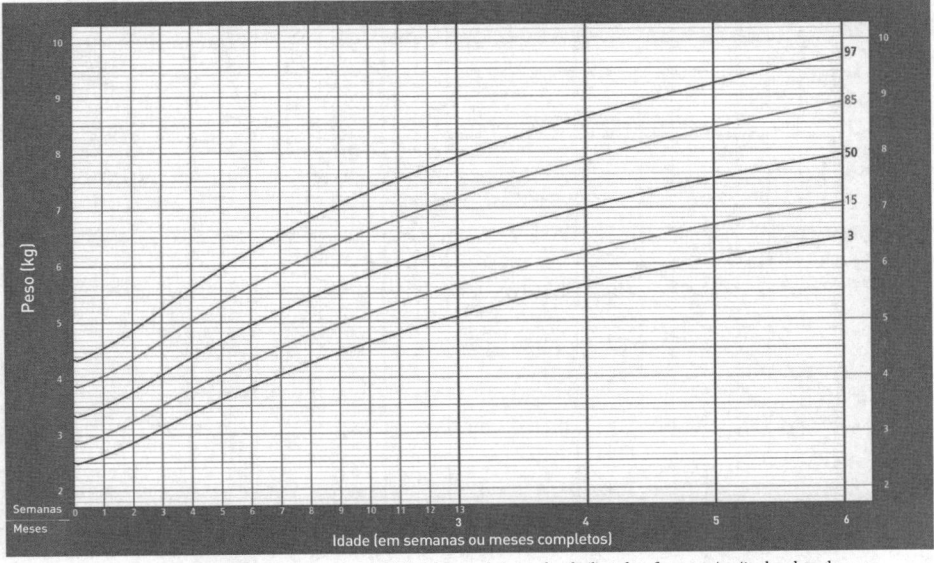

Fonte: web oficial da OMS, http://www.who.int/childgrowth/standards/height_for_age/es/index.html, 2011

Nascimento até 2 anos

Meninas

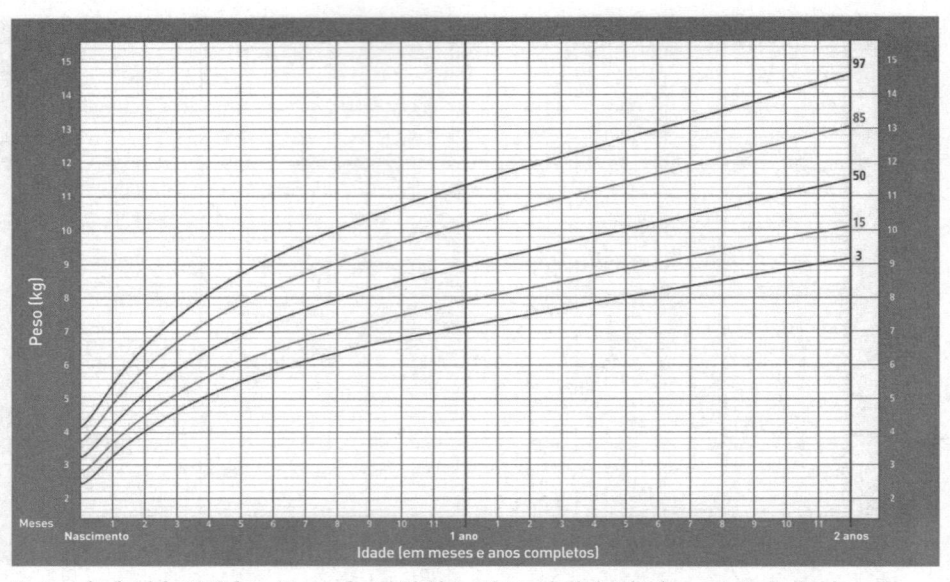

Fonte: web oficial da OMS, http://www.who.int/childgrowth/standards/height_for_age/es/index.html, 2011

Meninos

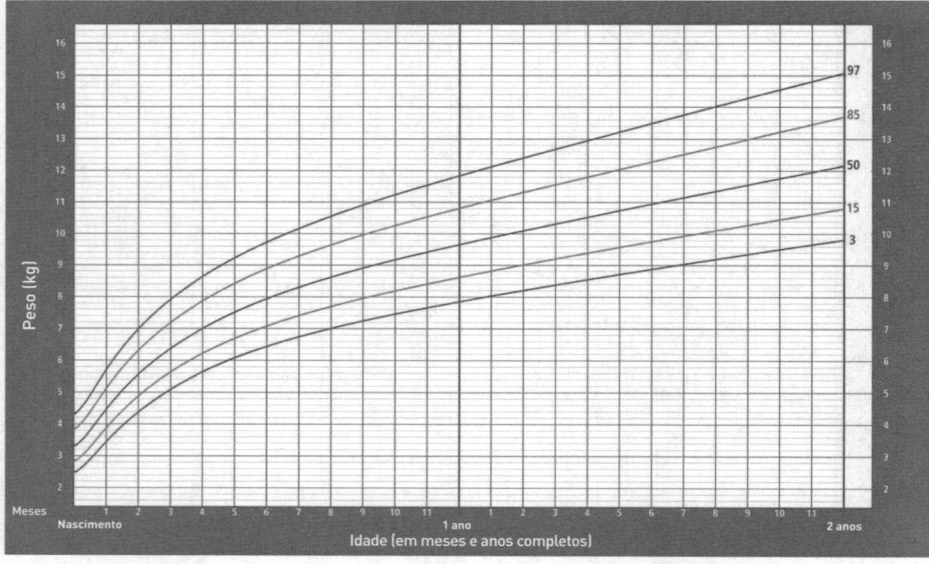

Fonte: web oficial da OMS, http://www.who.int/childgrowth/standards/height_for_age/es/index.html, 2011

Como seu filho amadurece, cresce e se desenvolve | 175

6 meses até 2 anos
Meninas

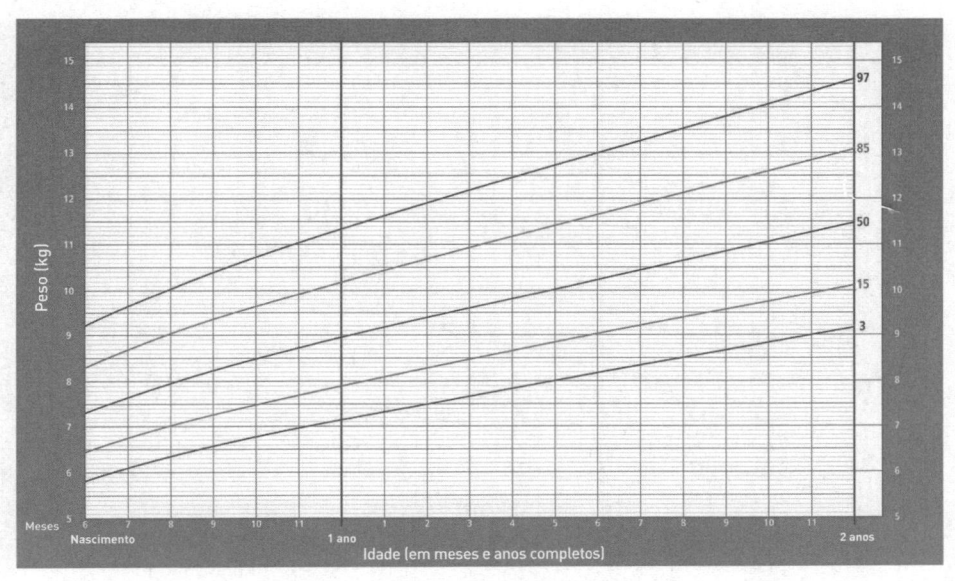

Fonte: web oficial da OMS, http://www.who.int/childgrowth/standards/height_for_age/es/index.html, 2011

Meninos

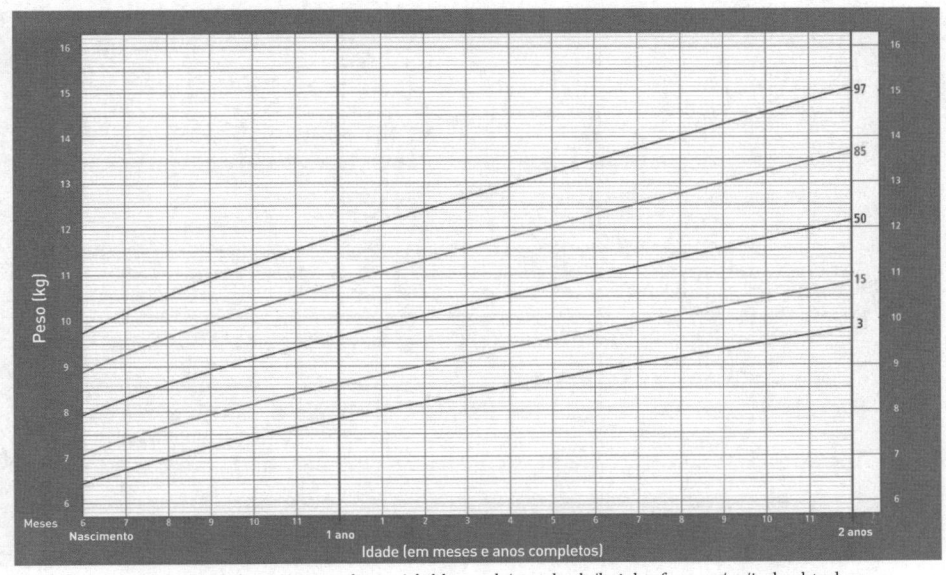

Fonte: web oficial da OMS, http://www.who.int/childgrowth/standards/height_for_age/es/index.html, 2011

2 a 5 anos

Meninas

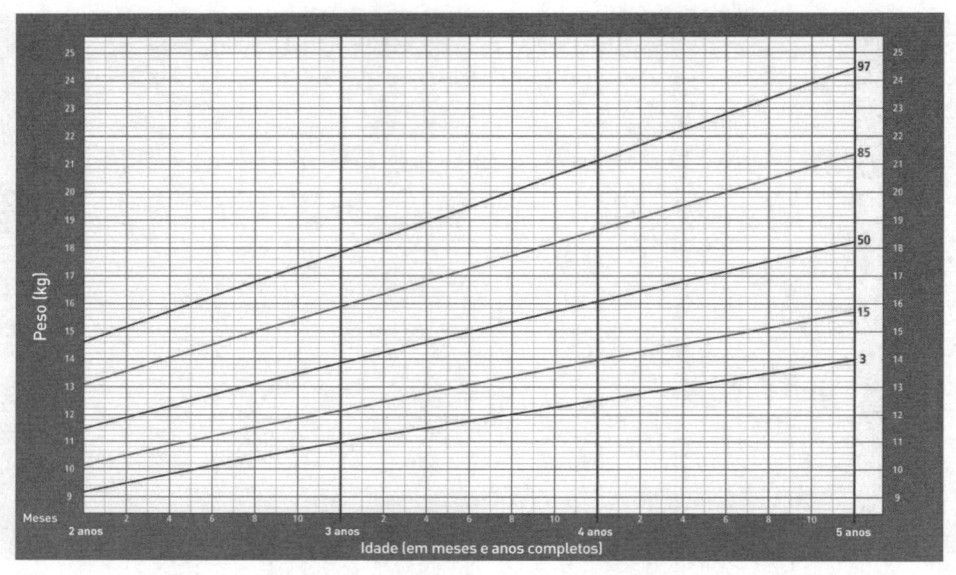

Fonte: web oficial da OMS, http://www.who.int/childgrowth/standards/height_for_age/es/index.html, 2011

Meninos

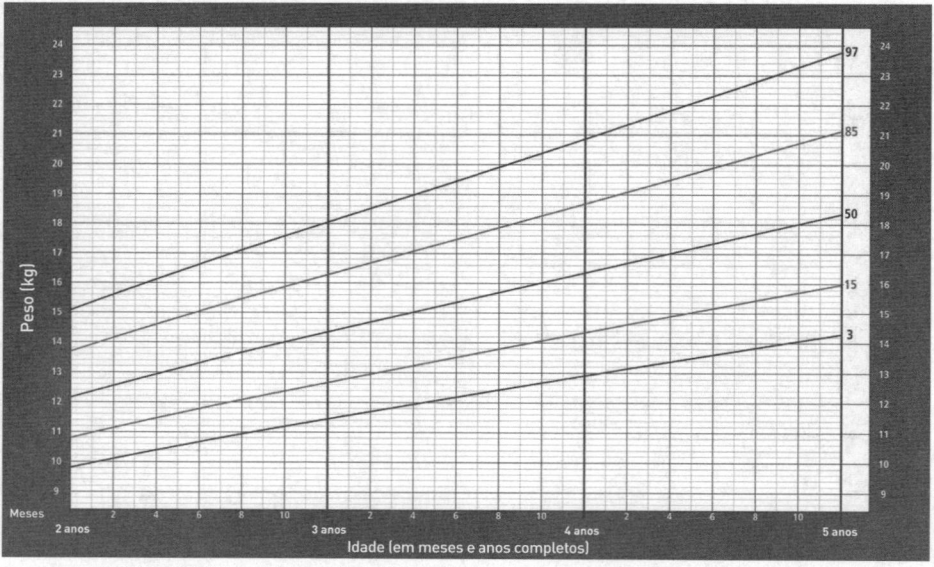

Fonte: web oficial da OMS, http://www.who.int/childgrowth/standards/height_for_age/es/index.html, 2011

Nascimento até 5 anos

Meninas

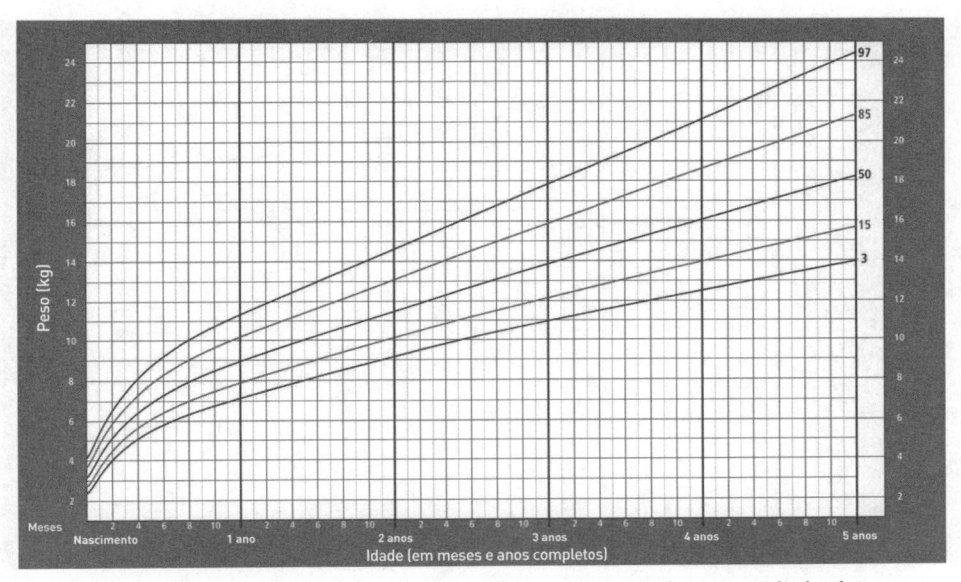

Fonte: web oficial da OMS, http://www.who.int/childgrowth/standards/height_for_age/es/index.html, 2011

Meninos

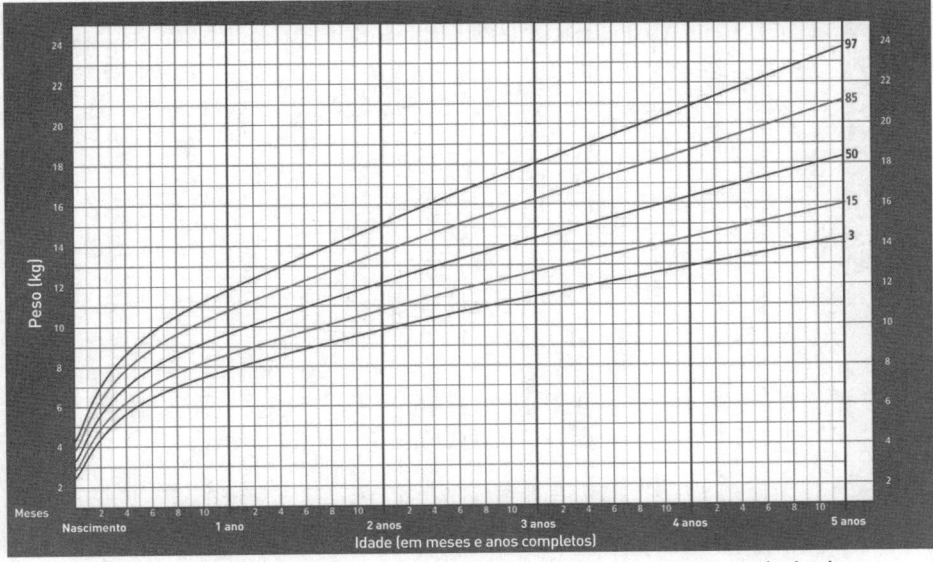

Fonte: web oficial da OMS, http://www.who.int/childgrowth/standards/height_for_age/es/index.html, 2011

ÍNDICE DE MASSA CORPORAL – IMC (PERCENTIS)
Nascimento até 2 anos

Meninas

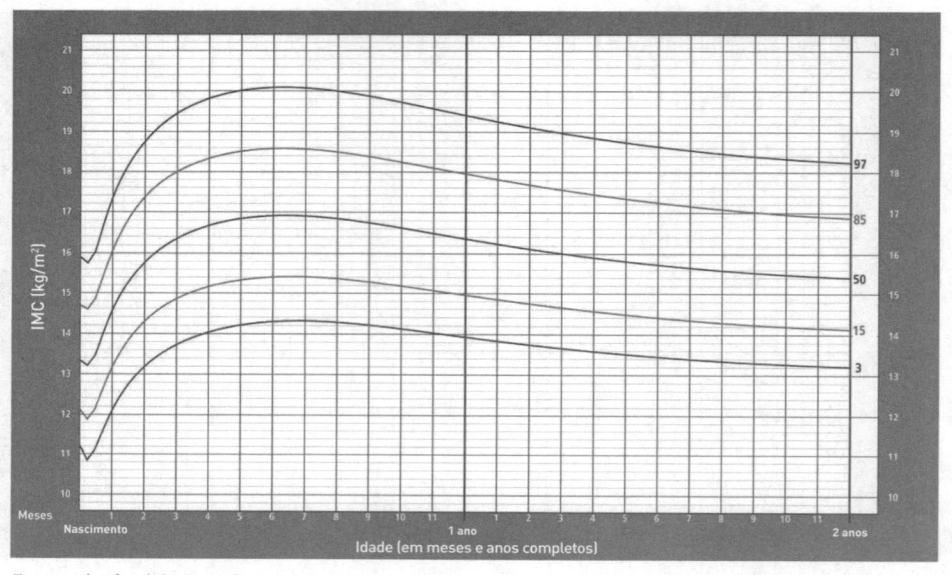

Fonte: web oficial da OMS, http://www.who.int/childgrowth/standards/height_for_age/es/index.html, 2011

Meninos

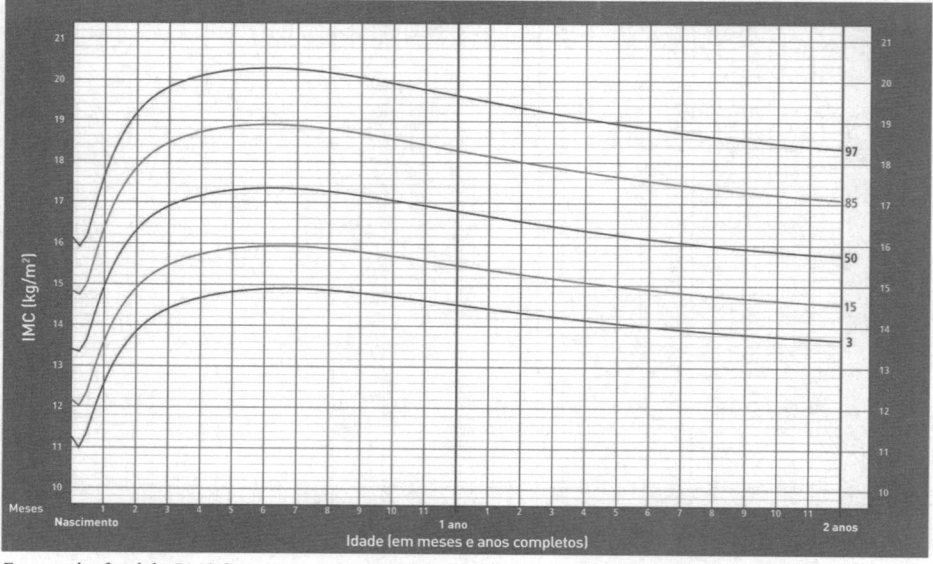

Fonte: web oficial da OMS, http://www.who.int/childgrowth/standards/height_for_age/es/index.html, 2011

2 a 5 anos

Meninas

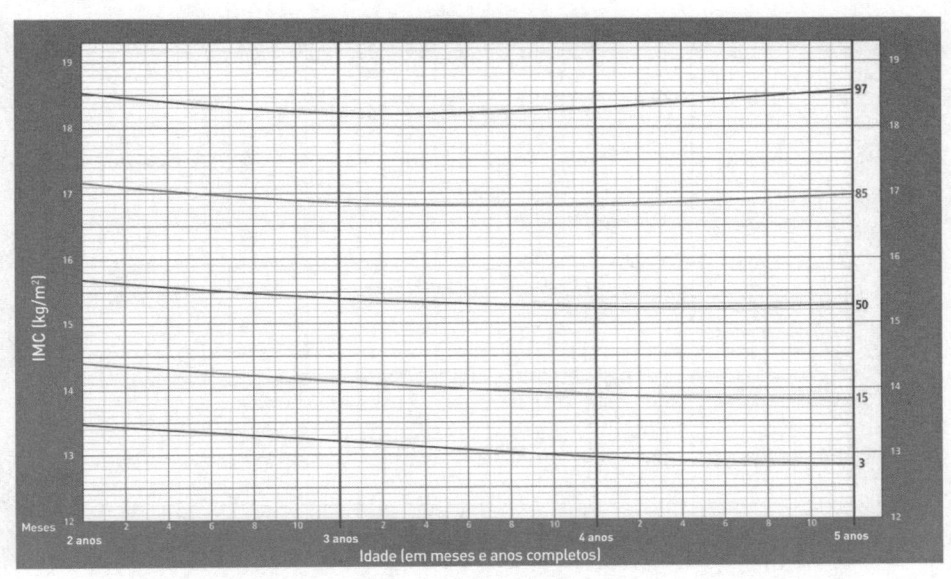

Fonte: web oficial da OMS, http://www.who.int/childgrowth/standards/height_for_age/es/index.html, 2011

Meninos

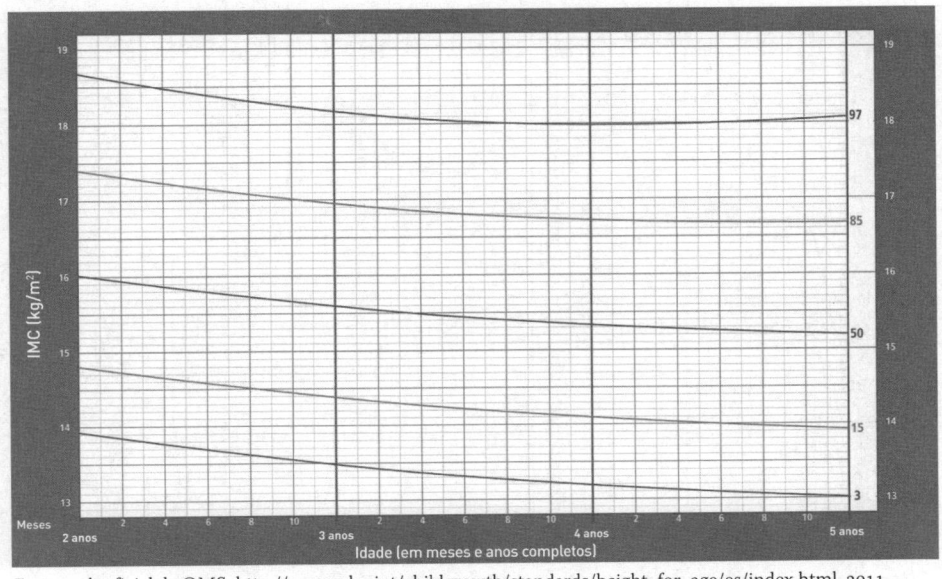

Fonte: web oficial da OMS, http://www.who.int/childgrowth/standards/height_for_age/es/index.html, 2011

Nascimento até 5 anos

Meninas

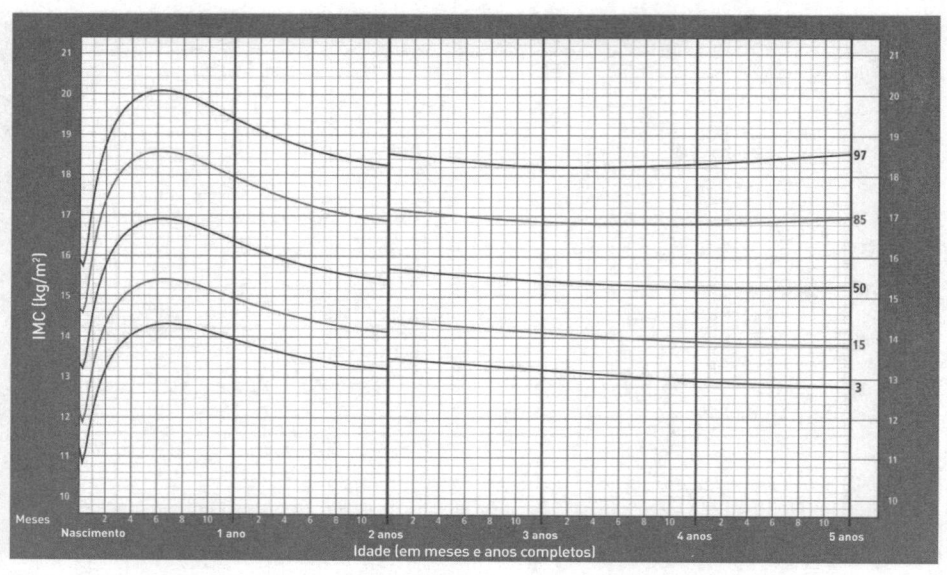

Fonte: web oficial da OMS, http://www.who.int/childgrowth/standards/height_for_age/es/index.html, 2011

Meninos

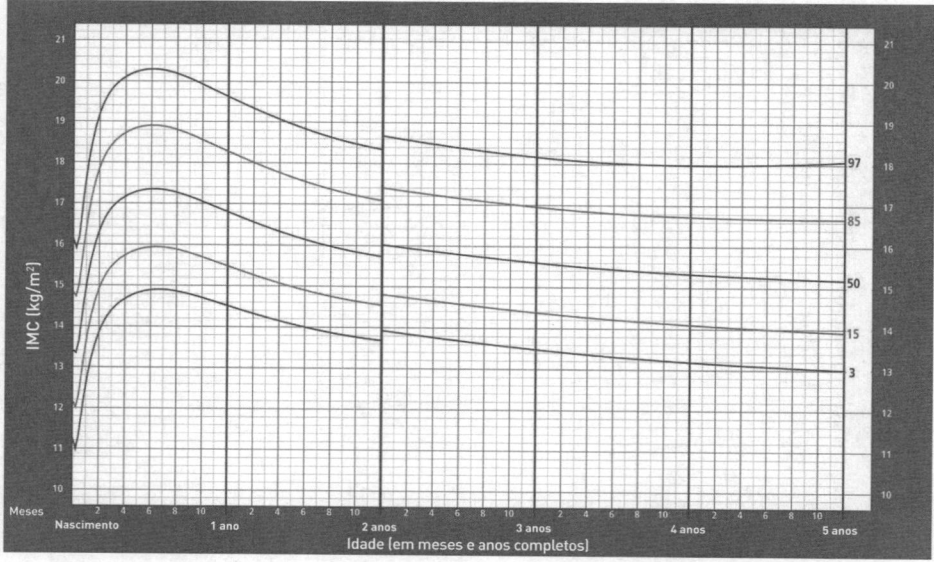

Fonte: web oficial da OMS, http://www.who.int/childgrowth/standards/height_for_age/es/index.html, 2011

PERÍMETRO CEFÁLICO (PERCENTIS)
Nascimento até 13 semanas

Meninas

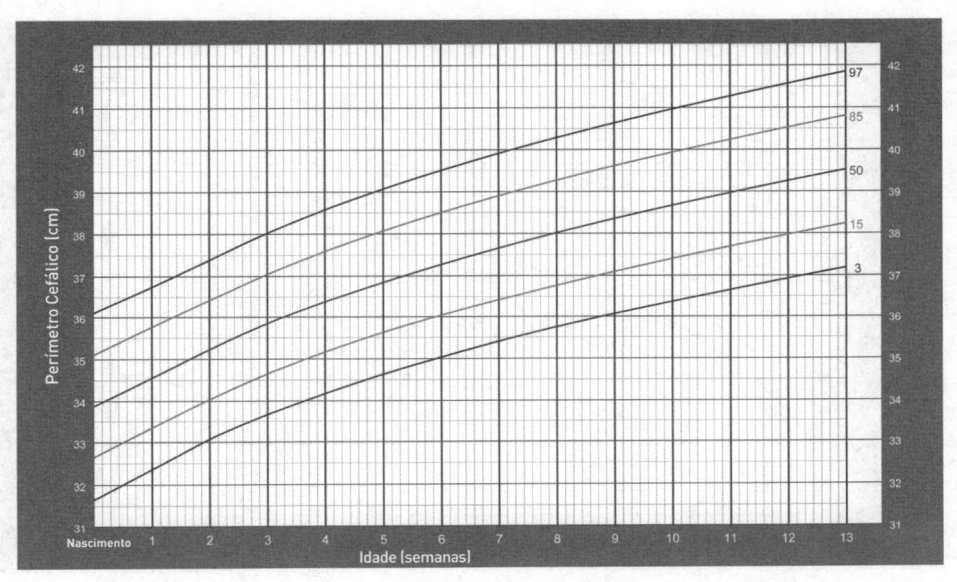

Fonte: web oficial da OMS, http://www.who.int/childgrowth/standards/height_for_age/es/index.html, 2011

Meninos

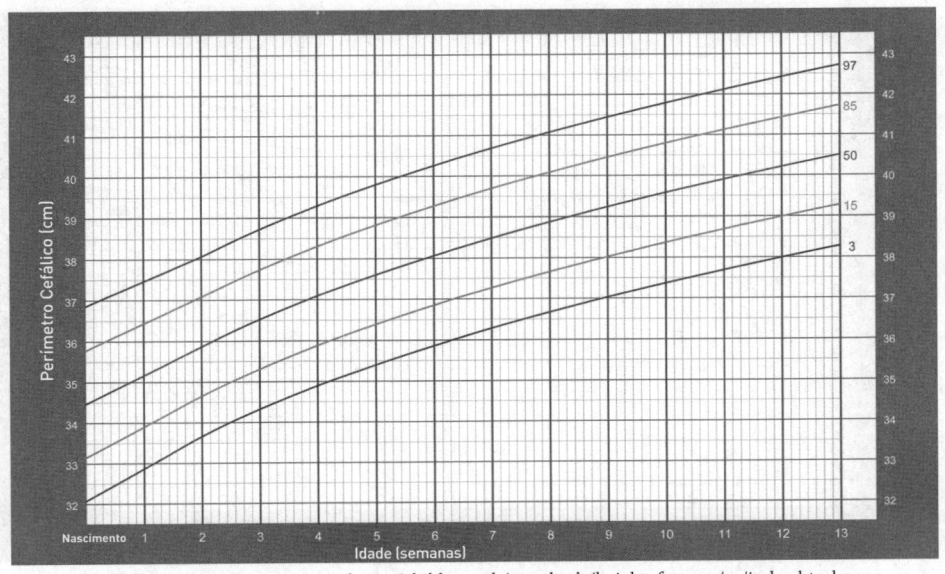

Fonte: web oficial da OMS, http://www.who.int/childgrowth/standards/height_for_age/es/index.html, 2011

Nascimento até 2 anos

Meninas

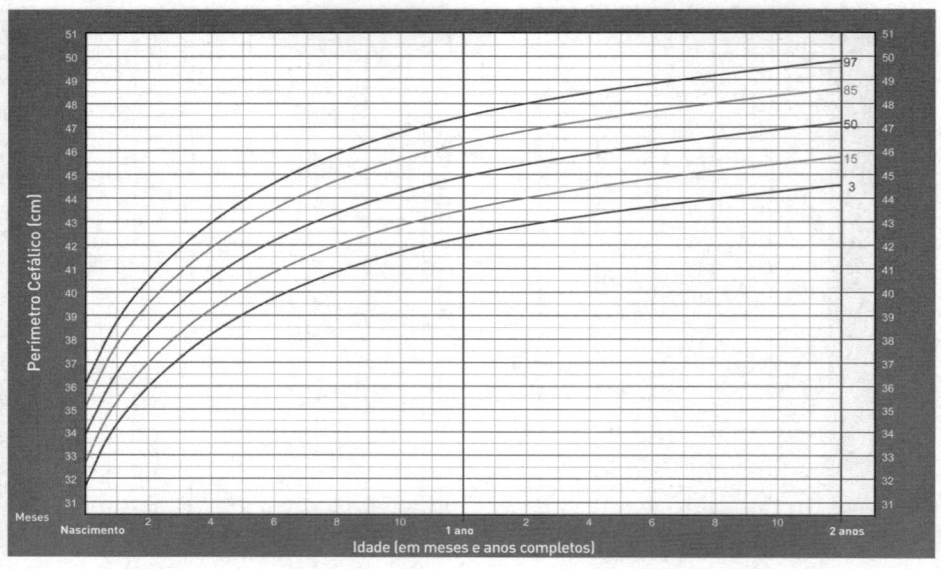

Fonte: web oficial da OMS, http://www.who.int/childgrowth/standards/height_for_age/es/index.html, 2011

Meninos

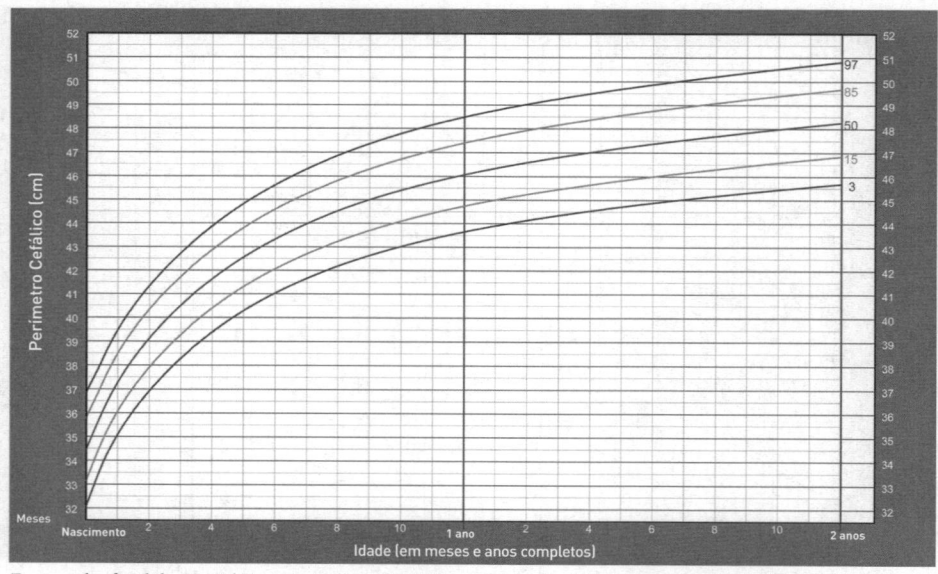

Fonte: web oficial da OMS, http://www.who.int/childgrowth/standards/height_for_age/es/index.html, 2011

Nascimento até 5 anos

Meninas

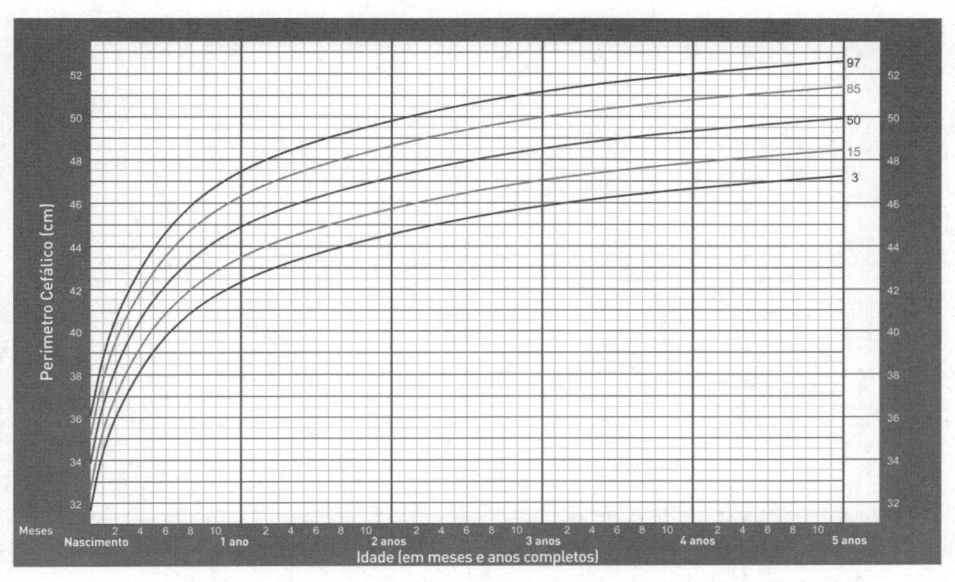

Fonte: web oficial da OMS, http://www.who.int/childgrowth/standards/height_for_age/es/index.html, 2011

Meninos

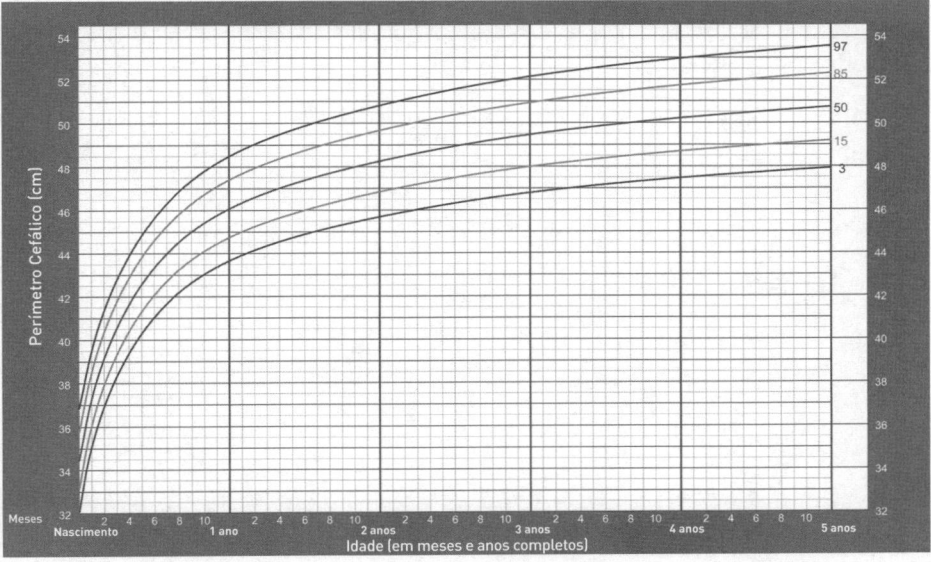

Fonte: web oficial da OMS, http://www.who.int/childgrowth/standards/height_for_age/es/index.html, 2011

SEGUNDA PARTE

AS COISAS QUE NÃO NOS ENSINARAM ANTES DE NOS TORNARMOS PAIS OU "O QUE FAZER SE...?"

16

O que é educar?
Eis *uma* questão

Sim, é uma das muitas questões que encontramos de modo imprevisto ou previsível, certo? E na espera ou nascimento de um filho repassamos mentalmente toda uma série de situações agridoces que o novo membro da família pode nos trazer. E não é para menos: vamos ser os maiores responsáveis por uma pessoa e somos invadidos por uma emoção estranha em que a preocupação e a ilusão andam de mãos dadas.

Nesse ponto, queridos pais, cabe dizer que a dúvida primordial não se resume em O QUE é educar – que também nunca é demais saber – mas em COMO fazê-lo. Um desafio vital para aquilo que não tem uma escola totalmente eficaz, mas apenas indicações pedagógicas interessantes que nos servem de apoio na constante tomada de decisões que implica criar um filho.

Gostamos da definição que a pedagoga Isabel Orejales delineia para a BOA EDUCAÇÃO: "ensinar a conhecer as possibilidades próprias, a desejar crescer, a aceitar as limitações e as virtudes de forma sã... É ensinar a viver." Vocês estão de acordo? A ideia parece correta, mas convém nuançá-la, desenvolvê-la com riqueza de comentários, pois o que significa para vocês, pais, "ensinar a viver"?

- É transmitir ao filho os preceitos que nos incutiram?
- Oferecer-lhe tudo o que nós não pudemos ter?
- Guiá-lo com disciplina?
- Evitar qualquer sofrimento?

Vimos como o entorno influencia nosso bebê a partir dos 4 meses de vida, como ele necessita do contato das pessoas que cuidam dele e como o carinho que recebe é o fundamento do amor que expressará no futuro. Assim sendo, nada como abraçar, interagir e compartilhar com o bebê... como em um leito de rosas: com belezas e espinhos. A vida pode ser especialmente bela, mas a maturidade pessoal implica saber administrar as crises e sair delas fortalecido. Por isso, uma boa educação inclui ensinar a adaptar-se às situações boas e também às más. Triunfamos quando não isolamos nosso filho da dor, quando lhe explicamos suas razões e o ajudamos a compreendê-las e aprender com elas. Se não o superprotegemos nem mentimos para ele, temos mais chances de ver um futuro adulto que desfrutará segurança e saberá valer-se por si mesmo.

Os únicos disfarces de que uma criança precisa são os das festas. Uma mentira leva à desconfiança e, ao mesmo tempo, à desqualificação de nossa força como educadores.

Educar é uma tarefa absolutamente pessoal – não vamos pensar que a escola nos "livrará" dela, de modo nenhum, NÓS educamos – e aqui são imprescindíveis o bom-senso e a reformulação dos valores em que fomos educados. Como pai, não aplique uma coisa que, em sua opinião, não lhe serviu como filho. Aqui também é preciso incluir as atitudes dos pais, como se comportam diante das situações: o bebê imita, observa, aprende o que vê. Além disso, vocês devem estar conscientes da época em que os filhos vivem, de sua personalidade (não há um padrão de educação para todos), de suas necessidades. Sem dúvida, seu maior desejo é que lhes demos atenção. Se os pais escutarem apenas a si mesmos, às suas intenções como pais-educadores, poderão se desligar do que o filho deseja ser. Expliquem-lhe as coisas de modo breve e amigável. Isso que se chama comunicação mas pouco se usa é o melhor recurso com que o papai e a mamãe contam. É assim que transmitem os valores desenvolvidos nos capítulos desta segunda parte do livro: comunicando-se continuamente, dando o exemplo e sendo coerentes nas opiniões e decisões. E também sendo divertidos. A rigidez aborrece. Se deixarem de lado os sermões e usarem a fantasia dos contos, o comentário de situações cotidianas ou uma história televisionada para transmitir uma determinada mensagem, a criança será mais receptiva.

A grande diferença entre educar e doutrinar está em revelar ao nosso filho esses conceitos que não só o ajudarão a se sentir melhor consigo mesmo, mas também lhe permitirão relacionar-se com seu entorno de modo satisfatório. De fato, a autoestima, o compartilhamento e a correta socialização de uma criança, que mais tarde será adolescente, se consolidam sobre noções imateriais que às vezes julgamos fora de moda, mas são absolutamente necessárias: **os valores**. O respeito, a solidariedade, a amabilidade, a generosidade ou o esforço se opõem à negligência, ao consumismo gratuito ou ao egoísmo. Uma criança (bem) educada é uma criança sensível aos valores que nos fazem humanos. Mostra-se alegre e bem-disposta nas tarefas escolares ou domésticas, trata com amabilidade a família e os amigos, sabe valer-se por si própria e é capaz de ficar e brincar sozinha, não precisa se rebelar para chamar a atenção por se sentir insegura perante qualquer exigência. Reconhecer quais são as habilidades emocionais do nosso filho e os valores que temos de incorporar e aplicar em cada momento não parece simples, mas a convivência, o carinho e a comunicação familiar estabelecerão os padrões de conduta que nós, pais, buscamos e que vão facilitar a plena integração da criança à cultura e à sociedade em que ela cresce. É importante assinalar que, em geral, as crianças aprendem o que observam em seus modelos.

Para começar, sabemos com clareza quais são os valores, as habilidades que distinguem a melhor parte de nós e que devemos trabalhar ativamente com nosso filho? Apresentamos a seguir algumas das habilidades emocionais fundamentais:

- Sociabilidade, capacidade para comunicar-se, dialogar, saber escutar, ser solidário, distinguir o benéfico do prejudicial, amabilidade, ser reflexivo, respeitoso e íntegro.
- Amizade, sinceridade, generosidade, simplicidade, bondade, comprometimento, humildade, otimismo, afetividade, lealdade, pedir perdão, saber agradecer e ter paciência.
- Esforço, obediência, autocontrole, superação, autodisciplina, adaptabilidade, responsabilidade e dignidade.

Hoje muitos desses recursos pessoais são ofuscados pela pressa, pelo famoso *stress* e por um estilo de vida em que o material prevalece sobre o emocional. Estamos perdendo valores, e um sinal disso é dizer que nossos filhos são cada vez mais *mal-educados* e desrespeitosos com os pais, com seus cuidadores ou com os que os rodeiam em geral. Não se importam com autoridade e, às vezes, chegam a agir com agressividade. Mas vocês enfatizam a conduta de não insultar, de tratar os outros com amabilidade e aceitar a ordem? Seu filho pode copiar seus critérios de conduta? Ele encontra na família espaço para desenvolver com liberdade suas qualidades pessoais? Antes de jogar a culpa da atitude da criança em outras *companhias* ou em seu "temperamento nervoso", convém fazer um autoquestionamento. Como pais, é essencial demonstrar respeito pelos filhos, confiança e consideração para que, como reflexo, eles aprendam a estimar e respeitar a si próprios. Além disso, ao valorizar as outras pessoas, eles também receberão de seu entorno generosidade, amabilidade ou respeito como resposta (um *feedback*). Todas as crianças, independentemente de sua natureza, são capazes de aprender: não importa se são tranquilas, agitadas, travessas ou tímidas, elas sabem como se comportar graças à convivência com a família. De acordo com nossa presença física e mental e com nossa entrega, aprendem a comer com talhares ou com as mãos, esparramadas no sofá; aprendem a se expressar de uma maneira ou outra com as pessoas mais velhas ou com amigos; assimilam costumes, tradições e hábitos de higiene e afeto que logo estendem para a escola e a rua. Vemos aqui que os valores não são inatos – não, não há crianças boas e más e ponto-final. Percebemos, sim, que uma boa educação é, simplesmente, uma educação com valores.

Quando fortalecemos as qualidades da criança e a ajudamos a interiorizar outras, o bem-estar de toda a família aumenta. Por exemplo, se nosso filho constata a vantagem de manter uma boa comunicação com seus amigos do time de futebol, compartilha um compromisso e segue as diretrizes do grupo para ganhar, ele acaba por se sentir bem e incorporar todos esses valores em seu dia a dia. Em contrapartida, ao obrigá-lo a se comportar de um modo sem retribuições pessoais e só à sombra do castigo, ele se recusará a aplicar esses valores à sua forma de ser. Nessa transmissão natural e espontânea, os pais são exemplos de como são, de como veem o mundo e gostam de ser tratados. Na educação, contam as emoções, a sensibilidade, os sentimentos e a clara comunicação de quais valores convêm e não convêm.

É claro, serão muitos os nossos equívocos. Que sejam bem-vindos, pois assim também aprenderemos. Nenhuma relação entre pais e filhos é perfeita, e quem diz o contrário está mentindo. Não há espaço para a angústia, mas sim para a retificação, para a busca de uma visão mais objetiva, até mesmo profissional. Não se percam nos equívocos, na autocrítica, nem se escondam por trás do "não tenho tempo!".

É certo que, às vezes, os problemas, os conflitos são enfrentados com um "porque estou dizendo" e com castigos e limites lógicos que ensinem à criança que seu comportamento tem consequências. Uma pessoa que não vivencia as consequências de seus atos converte-se num irresponsável que não suporta frustrações. Mas o grande objetivo e, ao mesmo tempo, o grande desafio é buscar o diálogo, estimular a participação de nosso filho na tomada de decisões sobre o que o beneficia em cada situação.

Por fim, vamos deixar os ogros para os contos de fadas e nos concentrar em normas de comportamento expressas com clareza e segurança, mas sem pressões contraproducentes nem ordens. Quando nosso filho assimilar uma norma, vamos parabenizá-lo com afeto ou com algum tipo de compensação; se não é capaz de cumpri-la, tentaremos reforçá-la por outras vias, mas sem fazer disso uma obsessão. Também podemos retirar-lhe algum privilégio se ele reagir de maneira muito negativa. Conduzir nosso filho pela via de uma liberdade saudável se enraíza na virtude de nos mantermos POSITIVOS E SEGUROS; em não nos obcecarmos por tudo o que ele faz de errado e repreendê-lo sem cessar, mas em elogiá-lo quando faz a coisa certa; em não pretender resolver a situação à força quando tiver falhado, mas em orientá-lo com nosso exemplo desde o início. Vamos agradecer-lhe por ser tão bom e nos desculpar quando estivermos errados. Mostrar orgulho por nosso filho é a base de sua autoestima, do impulso para que seja uma boa pessoa. Devemos ser inflexíveis no que diz respeito à perda dos modelos de comportamento em casa. Nunca nos esqueçamos dos "por favor" e "obrigado". Tampouco permitamos violência. Somos seu espelho, e ele nos agradecerá. Podemos dizer: "É difícil ser pai, mas também é difícil ser filho."

O APEGO ENTRE PAIS E FILHOS

Nesse vaivém de carinho e disciplina, onde fica o ponto intermediário? Educar consiste em ser mais rigoroso ou estar mais presente, aconteça o que acontecer, porque é nosso filho e o aceitamos como tal? Na atualidade, e sobretudo entre os progenitores que passam muito tempo fora de casa, a questão do apego entre pais e filhos recobrou importância no âmbito da educação. Muitos pais confundem afeto com superproteção e permissividade, que passam a ser a base da relação familiar. No entanto, é possível exprimir sentimentos positivos e amor ao mesmo tempo que dizemos "não" e estabelecemos um padrão de comportamento. Uma criança que se sente querida e entende os motivos de um "não" e de um "sim" goza de boa autoestima e se integra melhor porque tem segurança. Em contrapartida, uma criança que recebe atenção excessiva não tem oportunidade de fazer coisas nem de se enganar e, por isso, mostra insegurança e pouca autoestima. É evidente que os pais devem construir, sem resignações nem desculpas, uma segurança afetiva para os filhos, que devem sentir que estamos do seu lado para ajudá-los e amá-los, não só para satisfazer seus caprichos e justificar suas birras. Ao escutar uma criança, ao guiá-la, ao passar um tempo de qualidade com ela, assentamos as pedras necessárias para haver uma relação sólida quando chegar a adolescência e nosso filho sofrer as contradições dessa fase. A confiança desde cedo servirá para aplanar o caminho quando surgirem questões como o despertar sexual, de que falaremos no capítulo 22. Essa especial construção da relação entre pais e filhos é chamada apego e vai muito além do instinto de proteção ou do amor.

Todos nós precisamos de referências para evoluir como pessoas; o apego é básico para crescermos e nos educarmos. Os bebês e as crianças na fase escolar se fixam nos pais e familiares mais próximos e dependem deles. Por isso, as separações, como os primeiros dias de creche ou de escola, os inquietam... Se papai e mamãe desaparecem, quem vai amá-los e cuidar deles? Com o tempo, as crianças ganham autonomia e toleram ficar longe de nós, além de sentirem a curiosidade de explorar outros horizontes. Isso é normal. Mas, se se sentirem tristes ou preocupadas, elas se aproximarão das pessoas que eram suas figuras de apego desde pequenas. Como afirma a sabedoria popular, não há nada que uma mãe não possa aliviar.

De fato, a mãe ou o pai seguirão sendo a referência principal durante toda a vida da criança, mesmo que ela com o passar dos anos incorpore amigos e o namorado ou a namorada no grupo de apego. Só observaremos uma pequena interrupção quando o adolescente rechaçar esse apego na busca de sua própria identidade. Mas não devemos considerar isso uma espécie de fuga ou falta de amor. Que nosso filho amplie sua rede emocional e saiba fazer amigos, amar e ser amado significa que fizemos bem a nossa parte. Nosso vínculo é estável e nosso filho se tornará um adulto independente e capaz de relacionar-se com o mundo inteiro. Se o laço afetivo entre pais e filhos é equilibrado, sem excessos nem carências, nós o desfrutaremos a vida toda.

Como criar um vínculo equilibrado? Mais uma vez, a resposta é COMUNICAÇÃO. Uma criança anda pelo mundo guiada por nossas mãos. Ela se vê pequena e desamparada e necessita saber que vamos compartilhar com ela cada descoberta, não por obrigação, mas por devoção. Porque isso nos agrada e nos encanta. Somos a melhor fonte de informação. Se contamos com naturalidade como nos sentimos, quem são nossos amigos, como nos divertimos e em que trabalhamos, a criança conhecerá o que é alegria, tristeza, amizade, trabalho, diversão. O apego se constrói com intercâmbio: a criança se exprime e se abre com os pais porque nós, pais, também agimos assim. Não podemos esperar ou exigir que as crianças nos contem suas histórias e preocupações se nós não compartilhamos as nossas com elas. Alguns dirão que quase não têm tempo, mas não se trata de passar horas e horas com o filho, mas de passar juntos um tempo de qualidade, ouvir e falar apesar de pensar que a criança "não nos entende". Um pouquinho de diálogo simples e direto todos os dias (ou até de monólogo, quando temos um bebê que não pode atuar de interlocutor *ativo*) assentará as bases de uma relação repleta de confiança e atenção. Comecem dando respostas simples e coerentes às suas perguntas ou dúvidas e não esperem reações imediatas. Ponham-se no lugar de seu filho e tentem simplificar a comunicação para que ele os compreenda. Dessa maneira, a criança usará a linguagem com desenvoltura cada vez maior. Não há dúvida de que vocês desfrutarão da companhia mútua. E os pais se lembrarão de como é ver o mundo pelos olhos de uma criança.

Em resumo, nós nos conectamos com nosso filho...

- Reservando-lhe tempo. Por exemplo, na hora de jantar, sem o som da televisão ao fundo.
- Escutando-o com atenção e lhe oferecendo respostas simples que incluam referências e conceitos que possa entender. Isso não significa tratá-lo como se fosse bobo: seremos mais críveis utilizando uma linguagem adulta e sem ambiguidades. Entre os 3 e 5 anos, as crianças entram na fase *das perguntas*. São investigadores natos que, muitas vezes, nos porão à prova com perguntas difíceis de responder. Devemos seguir nossa intuição e encontrar o momento apropriado para esclarecer suas dúvidas de maneira clara, mas, ao mesmo tempo, passando as informações aos poucos. É melhor deter o interrogatório e propor outro momento para continuar do que dizer bruscamente "cala a boca" ou "você é um chato".
- Abordando os temas complicados com bastante tato. Estamos errados se acreditamos que a criança deve saber o mais cedo possível que a vida é dura para poder enfrentá-la. Nossos filhos veem e ouvem coisas que lhes trazem inquietação e nos pedem respostas que os tranquilizem. Têm medo de monstros, ladrões e querem saber que estão seguros. O melhor que podemos fazer nesses casos é não mentir; explicaremos essas realidades para eles por meio de contos ou metáforas que evitem traumas desnecessários. Enquanto as crianças ainda não dispõem de mecanismos para compreender o aspecto negativo da vida, nosso papel é garantir sua tranquilidade e felicidade. Com o tempo, poderemos introduzir de forma suave e agradável uma visão mais realista dos problemas. Crianças devem ser crianças!
- Sendo seus pais e educadores e NÃO SEUS AMIGOS. Como pais, estamos num estágio afetivo diferente do das amizades. Entre amigos estabelecemos relações de igual para igual, algo que não pode acontecer com o filho. Somos seus cúmplices, cuidadores, as referências mais poderosas para ele, mas não temos as qualidades oferecidas por um amigo, uma pessoa que explora a vida da mesma perspectiva.

A AUTOESTIMA

Até aqui vimos que falamos com os filhos para lhes transmitir conhecimentos e carinho, o que deve ajudá-los a se libertar dos medos e do isolamento social. Em outras palavras, estimulamos a comunicação para reforçar a união com eles e, sobretudo, para promover sua autoestima. Os livros sobre inteligência emocional põem a autoestima no topo das habilidades para sermos mais felizes. Mas a que nos referimos exatamente quando falamos de autoestima alta e autoestima baixa? Definimos autoestima como a consciência que cada pessoa tem de seu valor, de seu íntimo sentimento de que merece ser amada. Uma criança com autoestima baixa não se atreve a encarar desafios, a se envolver em relações afetivas ou defender-se perante alguma coisa que a desagrada. Ela acha que não será capaz de superar os desafios vitais ou emocionais. Por sua vez, uma criança com boa autoestima se fará valer e respeitar, superará algumas atitudes egocêntricas próprias de certas etapas do crescimento e se comunicará com fluidez com as pessoas ao redor. Essas pessoas vão ouvi-la assim como ela aprendeu a ouvir.

Sentir que os outros podem nos amar resulta dos estímulos positivos das pessoas que cuidaram de nós e nos amaram desde pequenos: os pais. A mensagem de que nosso filho é importante no seio familiar lhe chega por nossas palavras, nossas carícias, abraços, beijos e gestos de carinho em geral. Por isso, positividade e ânimo perante as dificuldades são as melhores coisas que podemos lhe mostrar. Expressões como "você faz tudo errado", "é um desastre" ou "você não escuta" instauram na cabeça de nosso filho a ideia de que ele não é capaz de fazer melhor. Uma criança que não se autoafirma acaba se tornando inibida ou agressiva. Tem medo porque não confia em suas possibilidades. São crianças dependentes ou retraídas; não tomam iniciativa, não se misturam com outras crianças e são manipuláveis porque evitam o enfrentamento. Ou são crianças que reagem de forma negativa, agressiva e desproporcional perante as exigências e opiniões de seus companheiros. No entanto, todas as crianças mostram uma atitude de defesa ou ataque em algum momento de sua adaptação às relações. É natural, desde que a defesa ou o ataque não se convertam na forma predominante em sua interação com as outras. Uma atitude de reações exageradas deve nos preocupar por ser um indício de que não são felizes, pois desse modo não conseguirão fazer amigos.

E os amigos, tal como os pais, são essenciais para que a criança defina suas capacidades físicas, intelectuais, sentimentais e sociais. Todas as pessoas que fazem parte de seu mundo lhe servem de espelho, de modo que pode se comparar e encontrar o que a torna diferente e única. A formação da identidade e a necessidade de reconhecimento num grupo de amigos são dois processos paralelos bastante úteis. Nosso filho reconhece seus valores e deficiências e aprende a dar-se bem com os outros, compreende o que significa cooperar e colaborar e aprende a enfrentar os problemas. Como um círculo virtuoso, estimular positivamente nosso filho o ajuda a reafirmar-se, o que lhe traz o apreço de outras pessoas e, por sua vez, aumenta sua autoestima.

O PAPEL DOS AVÓS

No marco familiar, outras fontes de estímulos e informação são os avós. Talvez pensemos, consciente ou inconscientemente, que suas noções de educação estejam enraizadas no passado e não tenham nada a contribuir para o desenvolvimento dos netos, mas não há nada melhor que as pessoas mais velhas para nos brindar com dois valores fabulosos: a experiência e a paciência.

É certo que são os pais que estabelecem os critérios de formação de seus filhos. No entanto, contar com o cuidado e a dedicação dos avós é um autêntico privilégio. Eles têm tempo e conhecem muito bem o ofício de pais. Enquanto para a mamãe e o papai o filho cresce rápido e cada lição se torna algo espontâneo, os avós se mostram mais preparados perante situações que provavelmente já viveram. E agora as vivem com tal atenção que podem se sentir culpados se as crianças se machucam, por pouco que seja. Sua paciência e seu cuidado são tantos que as crianças podem lhes pedir menos prudência e mais *animação*. Por outro lado, sua perspectiva de vida é mais ampla e eles transmitem à criança visões e recordações que injetam valores na educação de nosso filho, como respeito, tolerância, paciência, saber escutar...

Ao mesmo tempo, os avós se contagiam com a espontaneidade e vitalidade das crianças. Por isso, adiante com essa reunião de várias gerações!

Quem não se lembra de seus avós como afetuosos consentidores? Afetuosos porque consentir não equivale a educar mal. As crianças acabam por saber que seus avós lhes concedem certos favores que os pais hesitariam em aceitar. Isso é razoável caso os avós as visitem de vez em quando, ou as crianças os visitem em sua casa ou no lar para idosos. O chocolate e as bolachas do lanche, as guloseimas depois da peça de teatro... essas são as lembranças que fazem dos avós pessoas especiais. Em contrapartida, há outro tipo de contato entre netos e avós: quando os idosos vivem conosco ou cuidam das crianças enquanto trabalhamos. No capítulo 18, aprofundaremos o tema da inestimável tarefa dos avós que são babás, mas podemos adiantar aqui que os avós que passam muito tempo com os netos têm um papel importante em sua educação. Por isso, é fundamental combinar com eles os limites que desejamos transmitir ao nosso filho, quer eles gostem ou não.

Digamos que os pais levam a batuta e os avós fazem parte da orquestra. Se cada um dá uma ideia do que está certo e do que está errado, corremos o risco de confundir a criança, que perde a segurança sobre seu comportamento. Mas dentro dessa coerência há espaço para os lanches e os mimos dos avós que quebram a monotonia da vida da criança sem lhe causar dano. Às vezes, os pais devem se deixar levar pelo entusiasmo e adiar algum projeto educativo. O respeito, em relação aos pais como também aos avós, não se constrói com base na autoridade estrita ou na intransigência. Nem os pais são bandidos nem os avós são mocinhos que podem ser manipulados. Os pais têm de ensinar os filhos a obedecer a seus avós como lhes obedecem e devem tentar não desqualificar as ações dos idosos na frente das crianças. Os avós, por sua vez, têm de assumir e aplicar as ideias educativas que os pais desejam. Para concluir, todos vocês que servem como referência devem caminhar juntos. Quanto às crianças... elas aprendem com seus pais e com as histórias dos avós, e devem se conscientizar de que os presentinhos não são a norma, mas uma fantástica exceção.

Vejamos uma última, e triste, exceção: quando os avós se convertem em pais à força, ou porque os filhos faleceram, ou porque há um divórcio iminente. A morte de um filho é, sem dúvida, uma das maiores dores que podemos enfrentar. Para os avós, essa dor se mistura à tarefa de assumir a custódia dos netos e compensar o vazio afetivo que os progenitores deixaram. Cabe aos avós atuar como pais, ainda que não possam suplantar a figura dos pais reais. Os avós devem superar a dor e mostrar-se positivos, carinhosos e disponíveis e, ao mesmo tempo, manter viva a recordação dos pais da perspectiva mais alegre possível. Com certeza, isso não é fácil, e pode ser que a criança não receba a mesma educação estabelecida pelos pais, mas o que importa é que se sinta amada.

O divórcio dos filhos também multiplica a importância dos avós na vida e na educação dos netos. Nesse sentido, devemos evitar duas atitudes bastante comuns. De um lado, os avós costumam tomar partido do filho e culpar o ex-cônjuge pelo fracasso da relação. Uma possível consequência é que eles desvalorizem, na frente do neto, o pai e a mãe deste, influindo na visão de sua referência principal e produzindo confusão e angústia. A criança já está sofrendo o suficiente para que se sinta ainda mais triste; esse é, portanto, o momento para que tanto os avós como os pais proponham ser o mais objetivos e respeitosos possível perante a corajosa decisão do divórcio e aceitem a ideia de que no longo prazo isso será melhor para todos.

Por outro lado, há avós que separam os filhos das funções paternas por julgá-los incapazes de tomar conta dos próprios filhos. É uma atitude mais comum nos avós paternos, que, por motivos culturais, pensam que uma criança não pode ser criada só pelo pai e que é a mãe que sabe ocupar-se dela. Uma vez mais, os avós não podem nem devem substituir o pai e/ou a mãe reais, pois isso criaria uma distância entre as crianças e suas referências imediatas, os pais. As crianças não têm culpa de que pais e avós não se entendam bem, nem de conflitos familiares que os outros carregam nas costas. Os assuntos dos adultos são dos adultos; as crianças merecem apenas afeto e compreensão.

> ***Ponto crítico***: os ciúmes e as birras
>
> Dedicação, estímulos, apego, comunicação... são termos que repetimos neste capítulo e associamos à educação. Cultivá-los com apenas uma criança já é trabalhoso, e, quando a família cresce, como agir com igualdade para todos os nossos filhos? Como lidar com as birras e as irritações? Um irmãozinho, biológico ou adotado, pode despertar inveja, ciúmes ou medos na criança pequena – ou não tão pequena – da casa. Até mesmo durante a gestação, nosso filho, em especial se tem entre 1 e 6 anos, pode alterar sua conduta e ser desobediente ou mais revoltado porque vê a chegada de outra criança como uma ameaça. Além disso, pode somatizar o medo em dores de estômago, vômitos e alterações de fome ou sono. Em caso extremo, também podem aparecer condutas regressivas: querer voltar a usar a mamadeira, fazer xixi na cama ou não falar com clareza. Aos 7 ou 8 anos, os ciúmes se manifestam em chantagem emocional para os pais. Nosso filho intui que, por culpa do irmão, perderá a exclusividade e parte de nossa atenção. Não sabe expressá-lo em palavras, e, portanto, serão seus atos que nos revelarão essa insegurança.
>
> Mas de onde afloram os ciúmes nas pessoas? O instinto de posse de território é um padrão inato de conduta em muitas espécies. O dono de cada casa defende um território previamente delimitado e até mesmo reage com violência se aparece algum intruso. Os ciúmes infantis costumam ser funcionais, isto é, perseguem um objetivo ou benefício comparativos, geralmente em relação aos irmãos. Esse "território" não é mais do que atenção, afeto, espaços físico e psicológico etc.
>
> No início, os ciúmes funcionais ou de benefício não se traduzem em agressividade entre irmãos, mas numa espécie de luta por atenção, afeto e outros benefícios. Em geral, são inconscientes: as crianças não se dão conta do processo. Há crianças que se queixam quando os pais compram coisas para o irmão (mesmo que sejam coisas necessárias). Se os pais, tentando evitar os

ciúmes, lhes compram algo igual ou alguma coisa para compensá-las, estarão premiando seus ciúmes. Há também famílias em que, no dia de aniversário de um dos filhos, todos apagam a velinha do bolo "para que não haja ciúmes". De novo, os pais estão premiando os ciúmes, sem saber. Desse modo, a criança interioriza a ideia de que usar os ciúmes para exigir algo é muito útil, pois lhe permite tirar partido da situação e dominar os demais (principalmente os pais).

É o momento de convencê-la de que nosso amor e atenção por ela não vão mudar apesar da chegada de um novo irmãozinho.

E, de quebra, evitamos que nos tiranize:

- Distraia a criança com atividades de que ela gosta e troque histórias, abraços e tudo o que lhe reafirme seu interesse por ela.
- Não a repreenda. Fale de seus sentimentos a respeito do novo membro da família, dos pontos positivos, de como ela e a nova criança vão se apoiar e se amar como irmãos e de que ela terá uma ótima companhia para brincar. Se o irmão maior já entende melhor os argumentos paternos, podemos manter conversas mais profundas e garantir que nos compreenda.
- A criança deve sentir que suas rotinas continuam iguais. Se ainda a ajudávamos a se vestir ou lhe permitíamos usar a chupeta, não é o momento de crescer de repente e retirarmos esses confortos e atenções. Também não convém trocá-la de escola ou de babá.
- Tente ver a situação do ponto de vista da criança e explique-lhe com paciência qualquer detalhe que ache que a assusta.
- É recomendável que a criança não fique isolada na hora de cuidarmos do irmão menor; ela pode nos ajudar a dar banho nele, alimentá-lo, vestir roupinha nele. Mas não a deixe sozinha com ele se notar alguma conduta agressiva. Convém assinalar que ser irmão maior não significa ser o responsável pelo menor nem seu "escravo".
- Algo difícil: tente ser equânime com os filhos e, depois da chegada do novo bebê, dedique ao primeiro o mesmo tempo de antes para brincar, dialogar e abraçar. Não queira igualar todos os irmãos: cada um é diferente e tem suas próprias necessidades.
- É provável que no início a criança chore ou faça cenas, mas é importante não ceder. Se precisa chorar, que chore. Deve aprender que não se consegue nada neste mundo chorando. Pouco a pouco, ela verá que em outras ocasiões as coisas serão de outra maneira: na hora certa (porque ela assim necessita, porque é seu aniversário etc.), ela será a criança a ter suas "vantagens".

INVEJA ENTRE GÊMEOS, PROBLEMAS EM DOSE DUPLA?

A proximidade entre irmãos gêmeos pode intensificar os ciúmes entre eles. São duas pessoas que devemos ajudar a desenvolver a identidade própria. Nada de vesti-los de maneira idêntica nem de dar os mesmos presentes; nem devem eles seguir a mesma trajetória de amizades ou atividades. São dois, e cada um precisa de estímulos próprios. Em suma, educação em dobro e comunicação em dobro. Os pais devem falar no singular para se dirigir a seus medos e pedidos e mostrar equanimidade pelo que eles são: duas pessoas distintas.

17

Socialização adequada
Saber estar presente e compartilhar

Queremos que nosso filho faça boa figura, que nos dê orgulho quando saímos para passear com ele ou o levamos para brincar no parque ou com outras crianças e organizamos atividades e viagens com amigos. Gostamos que se divirta a valer quando se encontra com outras pessoas fora de casa. Perguntamos aos avós ou aos pais de seus amiguinhos se "se comportou bem", e cada vez que ele pega os brinquedos ou se junta ao seu grupinho nós lhe pedimos isso mesmo, que se comporte bem. A expressão resume, nada mais, nada menos, tudo o que descrevemos sobre educar nas páginas anteriores: ao dizer "comporte-se bem", queremos dizer "seja paciente, bonzinho, generoso, respeitoso, flexível... ponha em prática os valores que lhe ensinamos. Seja **educado**".

Usaremos uma metáfora para explicar o que significa socializar-se. Relacionar-se com o mundo é a onda expansiva das relações que estabelecemos no lar, em nosso núcleo familiar. Sem dúvida, a creche, a escolinha, o círculo de amigos, as experiências... trazem novos estímulos e influências à educação das crianças, mas seus pilares de conduta foram consolidados pelos pais desde que nasceram. Pilares estáveis e robustos vão conduzi-las a relações mais fluidas e satisfatórias. Já sabemos que, quanto mais autoestima, melhor o trato com os demais. Crianças que escutam os mais velhos e os admiram, crianças que sabem perder e relativizam, que observam os outros e imitam o que há de melhor nos amigos. Crianças que apreciam as pessoas ao redor porque apreciam a si mesmas. São crianças que querem ser pessoas melhores e se preocupam com as desigualdades, a injustiça e se esforçam por superar os conflitos. Bem, as boas maneiras também entram no plano do bom comportamento, mas devem ser o resultado do trabalho bem-

-feito com a transmissão de valores humanos, não um meio para passar boa imagem porta afora. Educação e aparências pertencem a âmbitos distintos.

A televisão sem qualidade, tudo o que a criança absorve e imita dela, e a pouca ênfase nos valores alimentam a má educação. Se anos atrás as regras estritas coibiam a liberdade de uma criança, hoje o prato da balança pende para o outro lado e parece não haver limites. Para não nos queixarmos da má educação, precisamos equilibrar essa balança. É verdade que cada família apresenta um nível de tolerância e tem um conceito do que são uma boa e uma má educação. Os pais devem avaliar o que querem incutir em seu filho para que se integre na sociedade da melhor forma possível. O ponto de partida será demonstrar-lhe que confiamos nele e que tudo o que lhe ensinamos será útil no futuro, apesar de ele agora achar que é tudo bobagem ou chatice. Pouco a pouco, e por comunicação contínua, ele entenderá que nossos ensinamentos lhe abrem a porta das coisas boas da vida: ter amigos, conhecer o amor e a satisfação do reconhecimento. Nesse processo diário, o castigo ou a autoridade mal compreendida devem ser o último recurso. Deixemos que se explique e analise seu erro, ao mesmo tempo que aprende conosco a escutar. Porque, no fundo, o bonito em educar nosso filho reside no fato de que é um dar e receber constantes. Ao modelar os filhos, redescobrimos a nós mesmos como pessoas: revisamos nossas crenças, virtudes e defeitos e quanto os apreciamos por nos terem impulsionado na vida. Esse duplo prazer, o de criar uma pessoa e o de revisar nossas capacidades, é um tesouro. Não percam a fantasia de crescer juntos como pessoas.

As crianças são como um livro em branco que precisa das frases para que possa ter sua história. No entanto, o que nos parece lógico é visto por elas como um aborrecimento ou uma incoerência porque... se o espinafre é amargo e me divirto mais brincando, não é melhor não comer? Ou, para que estudar se é tão chato? As respostas profundas e transcendentais a respeito serão inúteis, de modo que é melhor nos concentrarmos em estabelecer condutas que lhe propiciem bem-estar. Por exemplo, a hora da refeição deve ser agradável e não uma interrupção da brincadeira, e estudar deveria se converter num momento de aprendizagem real em que participamos diretamente comentando suas dúvidas. De fato, portar-se bem consiste em cumprir as normas de comportamento que são consideradas objetivas e universais e seguidas pelos pais e outros educadores. As crianças que as assimilam têm mais facilidade para ser aceitas e adaptar-se a todos os contextos. E a prova externa de que estamos tendo sucesso é o fato de nosso filho apresentar boas maneiras em qualquer circunstância por se sentir satisfeito com o que aprende em casa e conhecer os limites. Nosso objetivo como pais é fazer a criança entender e aceitar que a boa educação não é um mero cerceamento de suas liberdades, mas uma ampliação de suas possibilidades.

Dito isso, uma questão interessante nos vem à cabeça: por que nossos filhos exibem comportamentos diferentes apesar de lhes darmos a mesma educação? Muitos pais com mais de um filho já se perguntaram isso uma vez, e o certo é que, embora o componente genético defina parte da personalidade, temos de nos render à evidência de que tal componente é pequeno se comparado com o peso que tem a aprendizagem de modelos de conduta. O que ocorre é que nossas circunstâncias e visões pessoais não são as mesmas quando nasce um filho ou outro. O simples fato de mudar de trabalho, de casa ou até mesmo de cônjuge influi em nossa postura perante a vida e nosso estado de ânimo. Essas variações se juntam às do entorno de nosso filho e ao modo como cada irmão interpreta as ideias que lhe transmitimos à medida que constrói sua personalidade. Por isso é tão importante assumirmos uma atitude de observadores, quase espiões, para detectar qualquer sinal de mal-estar. Uma criança mentirosa, trapaceira, rebelde, solitária... não nasce, torna-se assim. A mentira e a violência nos alertam de que nosso filho não se aceita como é e não fica à vontade em contato com os outros. Quer chamar a atenção e não aprendeu o valor da verdade ou do compromisso e do diálogo. Cabe a nós estimulá-lo e tentar aumentar sua segurança mostrando-lhe seus sucessos e discutindo com ele a possibilidade de se sentir mais contente e equilibrado se melhorar seu comportamento. De outro lado, se superprotegermos nosso filho ou não o estimularmos a interagir com outras crianças, impediremos que desenvolva suas habilidades sociais ou o levaremos a mostrar pouca tolerância diante do fracasso e a trapacear para ganhar, custe o que custar.

Desejar que nosso filho se comporte bem nos remete a duas condutas essenciais: mostrar respeito e dar o exemplo. Talvez o respeito seja o máximo valor que podemos incutir na nova geração. As crianças nos devem respeito porque as respeitamos e acabam por se relacionar com os demais adultos, os idosos e as crianças com o mesmo respeito. As primeiras pessoas que aprenderão a respeitar serão as figuras de autoridade, por nos imitar, mas não só a elas, já que associarão o bom comportamento à consideração pelos demais. Nesse sentido, os pais não devem vacilar no que é tolerável e no que não é. Como sempre, a firmeza – não a rigidez – importa, e, se alguma vez abrimos uma exceção e permitimos que a criança faça o que quer, devemos dizer enfaticamente que ela não terá essa "sorte" de novo. Uma vez e basta, ou ficaremos desautorizados e desprovidos de respeito nesse aspecto específico. Essas exceções podem ser comer guloseimas um dia, ver televisão por mais horas do que de costume ou dormir em nossa cama. Entre a pressão e a liberdade, delimitaremos a zona onde nos sentimos confortáveis, jamais esquecendo que somos nós, os pais, que decidimos e orientamos. As chantagens emocionais são mais bem sanadas com negociação. Diante do "quero chocolate todo dia ou eu não janto", é preferível encarar essa situação como um capricho ocasional; de outro modo, a chantagem se inflará como um balão até que o chocolate se converta num "doce" pesadelo.

Não podemos recriminar nosso filho por tentar controlar a situação se nós, pelo fato de sermos pais e podermos decidir, passamos por cima de todos os princípios que ensinamos. Dizer que as crianças são uma esponja é tão verdadeiro quanto o fato de que elas usam qualquer pretexto para alcançar o que querem. A educação parte de nós, então "mãos à obra!" tanto dentro como fora de casa. Outro ponto de destaque na transmissão de modelos e valores está ligado às mudanças de atitude de alguns pais nas reuniões com outras famílias ou amigos. Formas de falar grosseiras, comportamentos que se contradizem com o que explicamos a nossos filhos e maneiras excessivamente relaxadas dão a entender à criança que o respeito talvez seja coisa para dentro de casa e que com outras pessoas vale tudo. Socializar-se é muito positivo porque nosso filho comprova que existem atitudes e personalidades diferentes e aprende, com base em seus valores, a se relacionar com essas diferenças, mas os pais não pertencem a esse grupo de "diferentes": eles são uma referência 24 horas por dia, 7 dias por semana. Nosso exemplo é definitivo, e a coerência é a chave de uma boa educação.

A BRINCADEIRA E OS BRINQUEDOS. A CRIANÇA E AS NOVAS TECNOLOGIAS

Para educar de forma divertida e socializadora, não há nada melhor que as brincadeiras. Crianças e brincadeiras são conceitos inseparáveis. Em cada etapa da vida, escolher determinadas brincadeiras contribui para que as crianças desenvolvam sua inteligência, pois as atividades acionam sua criatividade, a psicomotricidade e a comunicação. Brincando, podemos reforçar nosso vínculo, modificar comportamentos, conhecer os interesses das crianças e compartilhar ou criar hábitos de ordem ou higiene. Porque a brincadeira é, sem dúvida, coisa de crianças, mas também de pais e educadores que querem se comunicar com elas. Os brinquedos são apenas a cereja do bolo, embora hoje em dia muitos pais identifiquem brincar com presentes.

Desde a antiguidade, é brincando que as crianças descobrem a fantasia e a realidade; e até recentemente não tinham de recorrer a brinquedos caros e sofisticados para avivar a imaginação. Hoje, o consumismo também irrompeu no âmbito da educação das crianças: achamos que as deixamos felizes com cada brinquedo novo. Nós, pediatras, não duvidamos dessa alegria, mas não vemos com bons olhos o excesso de objetos. Os presentes e os brinquedos devem ser reservados para as celebrações e os momentos especiais: aniversários, Natal, fim de curso... Ao presentear sem motivo, criamos expectativas e necessidades que com o tempo converterão nosso filho num eterno insatisfeito, que não dá valor a nada que tem e necessita comprar e receber mais presentes. Os tesouros mais apreciados são os que exigiram esforço! Menos quantidade e mais qualidade. Lembram-se dos jogos de montar, dos quebra-cabeças, das bonecas com seus vestidos, das bonecas de papel? Esses brinquedos pertencem ao grupo de brinquedos que estimulam a invenção, ao contrário do grupo de brinquedos eletrônicos que, por serem automáticos, podem fomentar a passividade da criança.

Existe também uma tendência de substituirmos nossa presença e atenção por presentes, e talvez nos sintamos menos culpados, mas isso não satisfaz as verdadeiras necessidades de comunicação e afeto de nosso filho. Presentear se traduz em reconhecer, celebrar, premiar uma atitude que já inculcamos na criança, não num ato automático de dizer "te amo".

O bom de brincar é que as opções são tão infinitas como nossa imaginação. Em casa, na escolinha ou em espaços dedicados a isso, recriamos cenas de fantasia ou ação, contamos histórias, corremos e pulamos, desenhamos, cantamos, dançamos... e também participamos de jogos com regras, os esportes, dos quais falaremos um pouco mais adiante. Para começar, seria ideal que a criança dispusesse de uma sala de jogos em casa, separada dos quartos para estudar e dormir, mas muitas vezes o tamanho das casas não o permite. Convém preparar um canto específico da casa onde guardar os brinquedos e onde a criança possa se divertir realmente, isto é, pintar, se lambuzar, modelar, molhar-se etc., sem que a impeçamos por achar que o chão, a parede ou sua camiseta vão ficar emporcalhados. Brincar é a expressão primária e original das crianças, que necessitam de liberdade absoluta. Elas não têm conhecimentos, referentes, complexos ou estereótipos que as restrinjam, tudo o que levam dentro de si surge espontaneamente na brincadeira: sua maldade, sua tristeza, sua raiva e sua alegria. Se seu filho quer compartilhar a criatividade com os irmãos e amigos, vamos transferir o espaço de jogo para a sala de estar e lhe explicar que deve respeitá-la e que, quando terminar de brincar, deve recolher os brinquedos e arrumar o lugar. Cabe a nós ensinar-lhe que há uma diferença entre a fantasia de seu cantinho, onde vale tudo, e o restante da casa – a realidade –, onde ela não pode pintar as portas nem cortar o sofá, pois existem normas de convivência. Uma maneira de conseguir isso consiste, justamente, em propor um jogo: esta é sua área e você é o responsável por ela. Você é o chefe do pedaço!

Brincar proporciona autonomia à criança e enriquece seu mundo interior, ajuda a desdobrar sua sensibilidade e formar as estruturas do pensamento. Não devemos nos preocupar se ela se entretém sozinha, a não ser que se isole e não tenha interesse em brincar conosco ou com outras crianças. Nesse caso, tentaremos verificar como se sente e compartilhar suas brincadeiras para nos aproximarmos dela.

A curiosidade e a criatividade são os combustíveis do futuro. Todos os grandes inventos da humanidade nasceram da necessidade de saber e de um trabalho posterior para encontrar a resposta. Os cientistas dizem que a grande diferença entre nós e os animais é que estes são curiosos apenas enquanto filhotes, ao passo que nós podemos seguir imaginando e criando a vida toda. Isso dá a entender que nos jogos não há grande distância entre pais e filhos. Os pais se acham em outro nível de conhecimento e formulam perguntas de outro tipo, mas podem trocar informações e fantasia, deixam-se levar e se divertem. Na realidade, educar os filhos é um jogo contínuo. Nossa intervenção é decisiva para que a criança desenvolva a criatividade, o que pressupõe, como já comentamos, que ela experimente com o que a rodeia, descubra emoções e aprenda. Brincar é um ensaio para que saiba reagir a adversidades, desafios e prazeres que a esperam ao longo da vida. Quanto mais criativo for nosso filho, maior será sua capacidade de aprendizagem; se brincou, ele seguirá aplicando sua curiosidade e os mecanismos de exploração do que está ao redor a seus materiais escolares e atividades em geral. Educar é um jogo contínuo: a melhor maneira de estimulá--lo e assentar bases nos faz pensar em contos de fadas, artes plásticas, em disfarçar e representar papéis simbólicos, organizar *workshops* e excursões para que conheça a natureza ou outros ambientes... Quando planejamos a vida de um filho para que nos incomode o menos possível e o colocamos durante horas na frente da TV ou de quatro brinquedinhos enfadonhos, ele sente que é um estorvo, carece de estímulos e, por consequência, de imaginação, autoestima e estabilidade emocional. Pais passivos moldam filhos passivos. No outro extremo, pais competitivos e perfeccionistas, os que se esforçam em fazer dos filhos os craques do desenho ou tacham de estúpidos seus comentários fantasiosos, vão limitar a criatividade e contribuir para que a criança, na intenção de evitar críticas, acabe por retrair-se, abandone qualquer atividade e caia, por fim, na passividade. O mais importante da criatividade não é a solução final, mas o caminho que percorremos até chegar a ela, um caminho que inclui êxitos e dissabores que aprendemos a administrar brincando.

Como, então, incentivar as crianças a criar? Até os 6 ou 7 anos, elas têm dificuldades em focar a atenção numa mesma atividade por mais de 20 minutos; por isso, antes que nosso filho se canse ou perca o interesse, podemos dar-lhe algumas opções: por exemplo, paramos de pintar e passamos a explicar em forma de conto o que ele desenhou; paramos de dançar e nos sentamos para cantar juntos etc. A diversidade é bem-vinda; as crianças escolhem, mas nós podemos acender sua imaginação com nossas ideias. As crianças menores podem converter um dedo numa girafa, mas ainda assim nós lhes damos pistas para que essa imaginação dispare e crie um mundo novo. Nosso filho terá prazer com nossa criatividade e construirá a sua ilimitadamente se...

- Nós o escutarmos e formos cúmplices de suas fantasias; as expressões "não posso!" ou "isso não existe" estão proibidas.
- Promovermos a ideia de que, com a imaginação, não precisamos de carros nem bonecas para brincar de corrida ou de casinha, por exemplo.
- Ampliarmos o uso da imaginação para o dia a dia e não só para as brincadeiras, usarmos um vocabulário rico para descobrir novos mundos ou propusermos muitas soluções para um mesmo problema; a criança perceberá que existem muitas possibilidades em todos os sentidos.
- Não fizermos questão de que ele mostre uma imaginação transbordante; pelo contrário, ele deve reconhecer o limite entre imaginação e realidade.

UMA BRINCADEIRA, MUITOS BENEFÍCIOS

- CONTAR HISTÓRIAS. Introduza seu filho num mundo cheio de personagens e múltiplas situações, como na vida. Conte e peça que ele conte histórias, que invente finais alternativos ou pergunte sobre o que desperta sua curiosidade. Desse modo, ele vai melhorar sua linguagem e sua capacidade de entender conceitos abstratos.
- JOGOS SIMBÓLICOS. Interpretar personagens, fantasiados ou não, experimentar reações e emoções assumindo papéis distintos – papai, mamãe, polícia, ladrão, animais, super-heróis... – aumenta sua imaginação e expressão.

- EXCURSÃO. Pela cidade, a um museu, por parques, ao zoológico... quantos interesses, habilidades e surpresas por descobrir!
- IR AO TEATRO. Ver atores e atrizes numa encenação, dando vida à fantasia, ao compasso da música, reforça a crença de que imaginar e brincar é muito positivo.
- OFICINAS E CURSINHOS. A partir dos 3 ou 4 anos, se quisermos, poderemos levar a criança a alguma oficina especializada em artes manuais e plásticas, dança e expressão corporal, ou canto coral e música. Na hora de escolher uma dessas áreas, os professores podem nos guiar segundo a destreza que observarem em nosso filho. Uma vez iniciada a atividade, é fundamental que a termine, por mais que se queixe de que não gosta. Ele necessita de tempo para absorver os estímulos, e talvez o monitor possa lhe dar nova motivação.

O **esporte** poderia ser classificado como brincadeira. No entanto, é preciso diferenciar entre brincar, uma atividade puramente lúdica sem um objetivo concreto, e praticar um esporte com o fim de competir e ganhar. Essa faceta competitiva é muito positiva no relacionamento de nosso filho com outras crianças, pois o ajuda a ser mais generoso, solidário, altruísta e colaborador. O exercício é o meio de desenvolvimento psicomotor mais saudável, além de ser uma magnífica ferramenta de socialização. Por meio do esporte, individual ou em grupo, a criança toma consciência de seu esquema corporal e de uma série de valores e normas que a põem em contato com outras pessoas e que pode desenvolver depois na rotina de casa.

Desde muito pequenas, elas "brincam de praticar esporte", passando-nos a bola de forma anárquica por diversão, e depois evoluem para a prática de jogos de bola com regras. Nos primeiros contatos com a bola, elas se dão conta de como se divertem e de como o corpo desfruta com o exercício. E desfrutam ainda mais porque riem com papai e mamãe e, assim, querem seguir se divertindo, competindo em família, na escolinha, com os amigos em alguma partida espontânea no parque, ou em algum centro esportivo. Antes dos 6 anos gostam de jogar sozinhas, mas a partir dessa idade já desejam compartilhar os jogos porque se comunicam, cooperam e obtêm uma gratificação: a diversão e o contato com os demais. Por isso, praticar esporte é um incentivo para a boa autoestima e para configurar nossa personalidade desde crianças. O esporte é perfeito para aquelas crianças que diariamente enfrentam muitos desafios que afetam sua autoconfiança, já que se sentem compensadas por alcançar metas numa atividade adequada às suas possibilidades. O esporte é bom para todas as crianças, que vivem a experiência de abrir-se para a disciplina positiva e a possibilidade de fazer amigos. Além de rostos novos, vínculos novos e mais opções para nosso filho se sentir estimulado e apreciado em vários círculos, o esporte oferece outros benefícios emocionais, como superar problemas de timidez, além de favorecer o crescimento e o bom funcionamento cardiovascular e motor.

Alguns pais esportistas transmitem de maneira mais eficaz a importância do exercício. Se nosso filho nos vê fazendo exercícios, ele incorpora esse hábito saudável com naturalidade. Em todo caso, algumas crianças se negam a praticar esportes. Não devemos obrigá-las, mas insistir para que deem uma chance a algum deles e comprove pessoalmente suas vantagens. Podemos negociar para que se anime, oferecendo alguma compensação razoável, como ir ao cinema uma vez por semana. É importante que nosso filho não leve uma vida sedentária.

Felizmente, o leque de práticas esportivas é bastante amplo e atraente. Deixemos que a criança experimente o que a atrai, considerando as características do esporte e sua idade. Se ela mostra tendência por uma atividade individual, não há nada de mais em participar de outra atividade coletiva, que lhe proporciona outras vantagens. Depende dela; nós vamos orientá-la e, sobretudo, procurar não sobrecarregá-la de atividades. Além do esporte, as crianças necessitam de outras práticas e entretenimentos complementares – que costumam fazer parte das atividades extracurriculares, explicadas no capítulo 19 – para seu bom desenvolvimento físico e emocional.

COM QUE IDADE AS CRIANÇAS PODEM PRATICAR ESPORTE?

- **ARTES MARCIAIS.** O caratê, o judô e outras disciplinas orientais estimulam a concentração, o autocontrole e a confiança, e melhoram a força e a agilidade. A partir dos 6-7 anos.
- **NATAÇÃO.** Motiva autossuperação e mobiliza todos os grupos musculares; é um esporte muito completo e divertido por ser na água. A partir de bem pequenas, como brincadeira; o treinamento mais intenso pode se iniciar na faixa dos 10 aos 12 anos.
- **PATINAÇÃO.** Tanto sobre rodas como no gelo, aumenta a musculatura das pernas e beneficia a coordenação e o senso de equilíbrio. A partir dos 4-6 anos, e com uso das proteções necessárias.

- **ATLETISMO.** Trabalha todo o corpo e a concentração. Não antes dos 10 anos.
- **TÊNIS.** Exige disciplina e responsabilidade; é benéfico para a concentração e a agilidade. A partir dos 6-7 anos em treinamentos suaves.
- **CICLISMO.** Exige disciplina e responsabilidade. Antes dos 17 anos, quando o corpo chega a um ponto significativo de desenvolvimento, não convém dedicar-se ao ciclismo de forma intensa.
- **ESQUI.** Favorece o equilíbrio, a coordenação e o desenvolvimento muscular. As crianças menores podem dar seus primeiros passos, mas é melhor que não comecem a treinar antes dos 12 anos.
- **BASQUETE.** Proporciona coordenação, potência, agilidade, velocidade... a partir dos 8 anos.
- **FUTEBOL.** É um passo adiante no desenvolvimento psicomotor que as crianças aprendem desde muito pequenas. Melhora a flexibilidade, a resistência e a velocidade. Até os 11 anos, é preferível que não seja um jogo dentro de uma competição organizada.
- **VOLEIBOL.** Desenvolve a coordenação entre visão e movimento de mãos e braços, os reflexos, a resistência, a agilidade... A partir dos 8-11 anos.
- **HÓQUEI.** Implica destreza no uso do bastão e da patinação e oferece benefícios físicos similares aos do futebol e do basquete. A partir dos 6 anos.

Agora que examinamos os benefícios e as inconveniências das brincadeiras e dos brinquedos, não podemos ignorar as **novas tecnologias**. Temos de aceitar o fato de que nossos filhos pertencem à geração tecnológica. Nós temos nos adaptado aos avanços na área; para eles, a ciência não tem mistérios. Teclados, computadores, controles remotos da TV e do aparelho de som, *videogames*, telefones celulares... são tão básicos e normais como o ar que respiram. A questão é que, apesar de toda a tecnologia ter um componente lúdico, nem a televisão nem a internet são brinquedos, sendo imprescindível que evitemos o uso indiscriminado e abusivo dessas opções. Ou tenhamos um enfoque contrário: podemos unir forças com nossos filhos para tirar proveito do que as *maquininhas* nos proporcionam.

Os pontos negativos da tecnologia vão desde o isolamento social e a falta de comunicação até a hiperatividade, o déficit de atenção, os problemas de recepção auditiva e o vício. As crianças viciadas em televisão engolem tudo o que passa nela por puro aborrecimento. É provável que em casa os pais consumam muita TV e/ou não as animem a fazer outras atividades mais construtivas. O segredo para não criar viciados em TV é dizer quando, quanto e o que nosso filho verá na televisão. Devemos dosá-la ou até mesmo concebê-la como um prêmio para que ele realize as tarefas, alimente-se ou arrume suas coisas, ou em momentos em que, em vez de brincar, prefira assistir a um programa (adequado). Devemos incutir essa conduta quando as crianças são pequenas. Depois fica muito mais difícil.

A televisão, os *videogames* ou outras tecnologias não são prejudiciais em si mesmos; se os usamos como ferramentas educativas e com moderação, são uma fonte de entretenimento bastante válida. Mas depende de nós que isso seja assim.

- Jamais instale um televisor ou um computador no quarto da criança, ou ela entenderá que pode usá-los além da conta; as horas e a qualidade de sono estão entre os grandes prejudicados pela presença de tecnologia no quarto infantil. Quando as crianças são menores, tente acompanhá-las enquanto navegam na internet ou assistem à televisão e ajuste os conteúdos ao que você deseja que elas aprendam. Dessa maneira, é você que estará educando, não a televisão. Olho vivo nos programas ou páginas que possam ferir sua sensibilidade. Também deve explicar ao seu filho que ele não pode expor fotos, dados nem detalhes pessoais na rede, porque isso é perigoso.

- Hoje em dia, os jogos tradicionais e os *videogames*/consoles coexistem em nossos lares. Os jogos tecnológicos não são bons nem ruins em si mesmos, mas devemos controlá-los, estar muito atentos aos conteúdos violentos e racionar seu uso com firmeza: se seu filho não respeita as normas impostas, retire o aparelho por um período determinado ou indefinido. A mesma medida pode ser aplicada ao telefone celular. Sem dúvida, alguns *videogames* promovem a rapidez mental, mas o abuso também resulta em vício. Se os pais detectarem algum comportamento de vício na criança, deverão visitar o psicólogo.

- As crianças e, sobretudo, os pré-adolescentes querem ter o que veem ao seu redor. Por isso, não devemos estranhar se aos 12 ou 13 anos, ou antes, nos pedirem um telefone celular. No entanto, eles devem estar informados de que um celular acarreta despesas que devem se ajustar ao saldo limitado por nós. Além disso, não devem levá-lo para a sala de aula nem a outros lugares onde sejam localizáveis, nem desligá-lo quando estiverem sozinhos. Essas normas podem evitar o vício na telinha e tornar nosso filho mais consciente do consumo tecnológico.

OS ESTRANHOS: COMO PREPARAR AS CRIANÇAS? SUA SEGURANÇA

O apego, vínculo ou *attachment* que descrevemos no capítulo anterior, o nexo pais-filhos, registra três de suas quatro fases primordiais na infância. Nossa proximidade e o contato com a criança lhe dão segurança, confiança e todos os estímulos para crescer. Nos 3 primeiros meses de vida, sua resposta social é indiscriminada e atende a todas as pessoas que a estimulam, mas, a partir dessa idade até os 7 meses, o bebê já mostra uma nítida predileção por certas pessoas. Daí até os 3 anos, nosso filho já pode escolher de quem ele se aproxima ativamente em seu entorno imediato ou na creche ou outros lugares onde os pais ou irmãos não estão presentes. É aqui que ele pode se sentir mais vulnerável ou experimentar medo ou repúdio diante de desconhecidos.

Em torno dos 8 meses e até mais ou menos os dois primeiros anos, muitas crianças choram quando os rostos conhecidos não estão por perto para protegê-las. A personalidade da criança e suas vivências influenciam nesse contato com os desconhecidos. As que desde pequenas estão acostumadas a ver outras pessoas alheias a seu círculo familiar, tiveram babás, frequentaram a creche, ou ficaram com os avós acompanhando suas atividades costumam ver a saída para o mundo com menos temor. Em todo caso, nosso carinho e nossa compreensão são, de novo, os grandes apoios para que atravessem esse período com o menor sofrimento possível. Antes de tudo, não devemos forçá-la a se socializar. Pouco a pouco, se tivermos paciência e entendermos que o desenvolvimento gradual é nosso aliado, nosso filho se adaptará às novidades.

O tratamento de choque – desaparecermos para que se acostume – aumentará sua angústia e dilatará o processo. Será mais agradável se os pais a acompanharem quando brincar com pessoas diferentes e a fazerem ver que se sentem à vontade com elas, se saírem com frequência e cumprimentarem conhecidos no parque ou no supermercado, se deixarem a criança a cargo de familiares de vez em quando e estiverem presentes nos primeiros dias que ela ficar com a babá... Como sempre, ela entra no novo mundo guiada por nós. No fundo, essa *crise dos estranhos* remete a uma ansiedade por se separar de nós, até que se dê conta de que essa perda não é permanente, que não a abandonamos à sua própria sorte. E é também nessa época que ela começa a ir à escola, o que pode ser um motivo para se sentir assustada. Ampliaremos o tema no capítulo seguinte, em que falaremos da creche.

Outro assunto relacionado com a socialização, nessa etapa e nas posteriores como criança e adolescente, é a **timidez**. Os especialistas em conduta humana ressaltam que cerca de 20% das crianças já nascem com uma predisposição genética para a timidez, embora o meio onde são criadas e a educação sejam determinantes para mudar ou reforçar essa tendência. Mais uma vez, os estímulos dos pais desempenham um papel importante. Na realidade, a timidez é o medo de não saber lidar bem com o desconhecido. Os pais dominantes e os superprotetores favorecem a insegurança. As crianças tímidas costumam temer a crítica e o ridículo, fruto da falta de reconhecimento e de afeto. É muito benéfico convidar outras crianças para brincar com nosso filho em casa, assim como estimulá-lo a interagir com outras pessoas (e conosco!) em atividades criativas (pintura, teatro...) e jogos espontâneos em que possa expressar seus sentimentos. Um pai deve evitar a todo custo as críticas constantes e as comparações entre as realizações de seu filho e os sucessos dos outros. Vamos incentivá-lo, mas não obrigá-lo. Nosso filho deve saber que pode superar essa incômoda sensação de angústia e que nós podemos conseguir isso juntos, com tempo e paciência, que é a mãe da ciência... e da confiança.

No polo oposto, temos as **crianças temerárias**. Não conhecem limites nem são conscientes de que alguns de seus atos podem ter más consequências. Querem chamar a atenção e estão certas de que nada lhes ocorrerá porque seus pais não se cansam de vigiá-las. A prudência é outro dos valores da lista educativa e, no caso dessas crianças, ocupa uma das primeiras posições. Temos de ensinar-lhes, sem sobressaltos, que ter cuidado é essencial. Isso evidentemente é difícil, mas útil no médio prazo. Quando nosso filho assumir um comportamento inconsciente e perigoso, em vez de repreendê-lo, vamos distraí-lo até que se esqueça do susto e explicar-lhe, quantas vezes forem necessárias, o que poderia ter acontecido. Se ele começar a se comportar melhor, nós o elogiaremos. Essa é a maneira de garantir normas de conduta.

Uma **criança prudente** também reage melhor a estranhos e situações confusas, como perder-se ou encarar atitudes de manipulação, engano ou abuso por parte de outras crianças maiores ou adultos (por exemplo, contato com drogas ou convite de um desconhecido para ir a algum lugar). As crianças e os adolescentes precisam aprender algumas regras do bom-senso e certas pistas para ter uma confiança razoável nas pessoas:

- Devem saber seu nome completo, endereço e um telefone de contato.
- Para a eventualidade de a criança se perder, os pais devem ensaiar com ela, por meio de brincadeira, como marcar o número do telefone e como perguntar

a um vendedor de uma loja ou a um policial a forma de encontrar alguém da família.

- Insista para que ela não entre em nenhum veículo, não aceite propostas nem presentes de estranhos, tampouco abra a porta sem saber com certeza quem está chamando. Nós damos exemplo de como a segurança é importante, ao fecharmos bem as portas e as janelas e lhes explicarmos por que o fazemos.
- Aconselhe que sempre fique com os amigos e não frequente lugares solitários ou perigosos.
- Mostre o caminho mais recomendável para voltar para casa, por exemplo, ao sair da escola e lhe ensine onde deveria pedir ajuda caso necessário.
- Ensine que ninguém pode tocá-la se isso a faz se sentir desconfortável e que, se tal coisa ocorrer, ela poderá dizer "não" e nos contar depois.

Na esfera da segurança e socialização, é também importante ressaltar a relação com o meio: como andar na rua por conta própria e sem problemas. Ao instruir as crianças menores na **segurança viária**, devemos considerar que elas ainda não entendem bem os parâmetros de distância, direção ou velocidade. Para elas, longe-perto, esquerda-direita ou lento-rápido são noções muito abstratas. Além disso, sua capacidade de coordenar visão e movimento também é menor do que a de um adulto; ela não é capaz de olhar um semáforo e prestar atenção no tráfego que se aproxima ao mesmo tempo que atravessa a rua. Levando em conta essas limitações, elas aprenderão a ser pedestres prudentes com pais que o são e fazem brincadeiras com elas para lhes ensinar o que é prudência. Como numa cena teatral, cada vez que atravessarmos a rua, esperaremos que o semáforo fique verde, olharemos para os dois lados e caminharemos pela faixa de pedestres. E cada vez também repetiremos os nomes de todos os elementos que nos rodeiam: meio-fio, faixa de pedestres, semáforo, vermelho-amarelo--verde, proibido, carro, moto etc. Em casa, podemos desenhar sinais de trânsito e utilizá-los como um jogo para entrar e sair da cozinha, do banheiro ou dos quartos. Será divertido, mas também teremos de lhe aplicar multas fictícias para compreender os perigos e erros.

EDUCAÇÃO ECOLÓGICA: RESPEITO AO MEIO AMBIENTE, ENSINAR A RECICLAR

Vamos continuar falando do meio ambiente em termos mais amplos e bastante importantes. Nosso filho nasceu na era tecnológica, mas também na da conscientização do bem-estar de um planeta ameaçado pela urbanização e pelo progresso industrial. Hoje, mais do que nunca, é fundamental promover atitudes de respeito pelos animais e pela natureza em geral. Sua saúde e qualidade de vida dependem disso. E a nossa, é claro. A tarefa é conjunta, mas deve nascer de nós, os mais velhos, de nossa convicção e ação. A Terra tem sentido porque está baseada numa cadeia de ecossistemas que dependem uns dos outros e aos quais os pais e filhos pertencem não como diretores privilegiados, mas como um elo a mais. No entanto, o enorme efeito que exercemos sobre os demais companheiros do planeta deveria nos fazer reagir e reformular nossa forma de viver. Necessitamos de biodiversidade para continuar aqui, assim como das fontes de energia, renováveis ou não; devemos incrementar a reciclagem e um consumo sustentável; necessitamos controlar a contaminação e evitar o desmatamento e que os pulmões verdes do planeta sejam reduzidos a desertos. Pais e filhos devem contribuir para diminuir as emissões de gases que danificam a atmosfera, que nos protege e nos permite respirar. Já é hora de assumir o desafio de sermos ecológicos em casa, na escola, no trabalho, na rua, no campo, no mar e na montanha. Atenção a esses pequenos gestos mas de grandes resultados para realizar em família:

REUTILIZAR. Devemos conservar nossos brinquedos e pertences, em vez de pensar que sempre podemos substituí-los por novos objetos somente pela emoção da novidade. O trabalho útil consiste em valorizar o que possuímos e nos custou obter, além de significar uma contribuição para a preservação do planeta. O plástico, a roupa, os móveis e eletrodomésticos, o papel, o vidro, os brinquedos, o material escolar... podemos doá-los a pessoas que necessitem ou entidades que utilizem as peças para elaborar outros utensílios. Isto é, nós podemos reciclá-los.

RECICLAR. Para que algumas empresas transformem nosso lixo em outros produtos, temos de separar bem o que desperdiçamos ou descartamos. Em diversos sacos e lixeiras de cores diferentes, jogamos plástico, tetrapaks, alumínio, latas, vidro, papelão e papel; lixo orgânico e inorgânico. Um exercício divertido e apto para todos os públicos!

REDUZIR. Isto é, consumir menos para produzir menos e, dessa maneira, sujar menos o ambiente. Nessa categoria, podemos concordar em:

- tomar banho de chuveiro e não de banheira;
- encher bem a lavadora de roupas e o lava-louças e aproveitar para reduzir o consumo de água e sabão;

- fechar a torneira quando escovar os dentes ou esfregar os pratos;
- pôr economizadores de água nas torneiras da casa e na caixa de descarga;
- regar as plantas de manhã ou à noite para que a água não evapore muito rápido;
- guardar a água que sobrar da lavagem das hortaliças do almoço e do jantar para regar as plantas;
- regular os termostatos dos eletrodomésticos, do ar-condicionado e da calefação para poupar eletricidade e evitar emissões de CO_2;
- apagar as luzes quando não houver ninguém no ambiente;
- não deixar os aparelhos eletrônicos em *stand-by* nem o televisor ligado como ruído de fundo;
- tentar comprar brinquedos e utensílios que não funcionem com pilhas, pois são muito poluentes e dificilmente recicláveis;
- não jogar nada no chão nem sujar os lugares aonde vamos de excursão ou férias;
- recolher o lixo depois de um dia na praia ou no campo, e não causar danos aos animais nem às plantas que vivem ali;
- deixar o carro estacionado e aprender a ir todos juntos de bicicleta;
- UM GRANDE *ET CETERA*.

Envolver as crianças nessa responsabilidade é uma questão de estabelecer costumes por meio de brincadeiras: distribuir o lixo em sacos coloridos, gratificar a atenção na hora de poupar energia, fazer trabalhos manuais com materiais reutilizáveis, formular um *quiz* sobre a natureza, reconhecer e elogiar as "condutas verdes" de nossos filhos de modo que se sintam orgulhosos de si mesmos. Há mil maneiras de viver melhor que só nos pedem um pouco de constância.

E, claro, vamos nos habituar à compra consciente, comprando só aquilo de que precisamos. Isso repercutirá na economia familiar, e o exemplo será muito benéfico para justificar que não há nada de positivo no **consumismo**. Embora a publicidade afirme o contrário, e seja complicado convencer a criança de que menos é mais, somente se renunciarmos a presentes supérfluos e caprichos contínuos elas poderão fazer o que dizemos. Sem dúvida, pais consumistas criam filhos que consomem de forma irresponsável. Não fazem um favor ao meio ambiente nem a si mesmos. Dar um valor às coisas incentiva nas crianças a solidariedade, a generosidade e a capacidade de controlar seus impulsos e suportar reveses e carências. Em contrapartida, comprar e ter sem reflexão pode cansá-las e deixá-las insatisfeitas.

É possível que comprar não pareça nada de especial para nós, porque compartilhamos esse estilo de vida; talvez não vejamos ameaça alguma em comprar-lhes uma guloseima, uma bonequinha ou uma caneta que não custam quase nada; talvez tenhamos tido uma infância pobre e desejemos que nossos filhos não passem pelo mesmo. No entanto, essas concessões não resultam necessariamente em sua felicidade. Ser escravo de posses, cultivar a vaidade, as aparências, a inveja dos que têm mais, a competição, não saber controlar-se, gastar acima das próprias possibilidades e acumular coisas sem sentido vai em direção contrária de ser, de crer em si mesmo, ativar a criatividade e alegrar-se com cada detalhe. Não vamos permitir que a criança tenha a casa cheia de objetos e a mente vazia de objetivos, emoções e valores.

A partir dos 2 anos, a criança pede tudo o que lhe chama a atenção e até mesmo dá um jeito de nos manipular com cenas de choro e rebeldia se nos negamos a comprar. Não devemos ceder aos caprichos do momento. Se há uma primeira vez, nas seguintes teremos poucas desculpas para dizer "não". Com efeito, não teremos outro remédio se não nos armar de paciência e aguentar o berreiro e as lágrimas, às vezes em público. Essas atitudes desaparecerão quando nosso filho perceber que não tem êxito. Seus desejos não são ordens, e os presentes não são um substituto do tempo que não passamos com a criança.

Devemos transmitir a nosso filho, desde pequeno, a noção de que dinheiro não nasce em árvore e que as moedas, as cédulas e os cartões de crédito não se multiplicam como as estrelas de um conto, mas significam que papai e mamãe passaram horas num trabalho que lhes exige esforço. Outra ideia é que a finalidade única do dinheiro nem sempre é ser gasto. Podemos poupar e administrá-lo para cobrir necessidades ou planejar a compra de uma casa, sair de férias, estudar ou ajudar outras pessoas. As crianças ganharão consciência disso se colaborarem na hora de fazer a lista de compras. Um pouco de austeridade conserva nossa alegria de alcançar metas e poder adquirir algo que desejamos. Podemos explicar-lhes com jogos simbólicos ou contando uma história sobre crianças cujos brinquedos ficam tristes porque foram abandonados por outros brinquedos mais novos...

O mais responsável de nossa parte é deixar que as crianças ganhem presentes da fada dos dentes, do Papai Noel, nos aniversários e outras datas e momentos especiais. Presentes que as divirtam e estimulem a imaginação, não brinquedos caríssimos e inúteis que estão na moda e todos os amigos têm. Quando nosso filho estiver maior e entender o valor das coisas, poderemos ressaltar a diferença entre consumo e consumismo: entre saber comprar o necessário e ter um critério para distinguir a melhor relação qualidade-preço e adquirir sem critério e coerência. Levando em conta que, até os 12 anos, a criança não domina as funções aritméticas – somar, diminuir, multiplicar e dividir –, é preferível pôr num cofrinho qualquer quantidade de dinheiro que vocês lhe entregarem ou derem como presente. Quando já andar sozinha pela rua e precisar de dinheiro para o transporte ou o material escolar, poderemos combinar alguma mesada que ela aprenderá a administrar. Mas, atenção, não daremos dinheiro a mais para os perdulários. Essa é uma grande oportunidade para que se organizem e saibam sobreviver com o que têm. Se, além disso, quisermos introduzir o valor do esforço, poderemos sugerir que realizem alguma tarefa complementar às suas obrigações de colaborar em casa, a qual será remunerada na mesada.

OS ANIMAIS DE ESTIMAÇÃO: ASSUMIR UMA RESPONSABILIDADE

Criar um animal de estimação é uma das muitas responsabilidades que implicam integrar-se na sociedade e respeitar o meio que nos acolhe. No entanto, além do compromisso de cuidar dele, amar um animalzinho é uma das fontes de alegria e autoestima mais maravilhosas que uma criança pode desfrutar. Ela se sente instintivamente atraída e reconfortada por sua companhia e, junto dele, amadurece certas habilidades para se socializar e mostrar seu afeto que têm uma repercussão bastante positiva em seu crescimento. Por fim, trazer um animal de estimação para casa aumenta a autoestima de nossos filhos e lhes oferece a oportunidade de constatar como funcionam os ciclos da vida: nascimento e morte, as características próprias de uma espécie, a importância de uma boa alimentação, a reprodução, o significado de uma doença etc. Graças ao contato direto com um animal, as crianças aprendem a admirar, respeitar outros seres da natureza e perdem o medo deles, incluindo-os em seu mundo como verdadeiros amigos com os quais se envolvem emocionalmente.

Com um animal, nosso filho também aceita outros aspectos desse envolvimento, que, em princípio, seriam um aborrecimento em outro contexto. Ele sabe que seu animal de estimação depende dele, que precisa de comida, higiene, visitas ao veterinário e uma lista de necessidades inadiáveis que se traduzem em responsabilidades. A criança deve fazer que seu animal se sinta bem-vindo e querido, e isso vai motivá-la a observar, colaborar e encarregar-se de tarefas importantes. Ao experimentar que é capaz de ser uma espécie de pai-mestre para seu animalzinho, a satisfação é enorme. Além disso, um animal se mostra imediatamente receptivo e atento às demonstrações de cuidado da criança e está sempre disposto a brincar com ela e acompanhá-la de modo fiel. Para uma criança com baixa autoestima, essa reação de amizade e confiança tem resultado bastante satisfatório. Nossos filhos crescem quando convivem com um animal, e devemos aproveitar sua alegria e dedicação para falar com eles de cada pequena descoberta a respeito do novo membro da família. Eles crescem, e também crescem a comunicação entre pais e filhos, a generosidade, o espírito de cooperação e afeto.

A presença de um animal em casa introduz uma noção de amizade saudável e simples e, o que é mais importante, nos ensina a cultivá-la, a conservá-la: nem as pessoas nem os animais são objetos para usar e jogar fora. Quando ganhamos um amigo, ganhamos muitas alegrias, mas também devemos nos esforçar para que ele se sinta bem. E mais ainda no caso de um animal de estimação, que não conhece a autossuficiência. Um animal não é um brinquedo!

Pelo contrário. Um animal requer atenção e cuidados, razão pela qual não podemos adotá-lo por impulso. Devemos avaliar escrupulosamente qual animal pode se adaptar à nossa casa, a raça, se é macho ou fêmea, a idade... Recomendamos que vocês se informem e confiem nos especialistas para escolhê-lo. Os animais de estimação mais comuns são os cães e os gatos, seguidos pelos pequenos roedores como coelhos, *hamsters*, porquinhos-da-índia e esquilos. As crianças apreciam o tamanho pequeno deles porque podem protegê-los, mas devemos ensiná-las a não ficar com eles nos braços o tempo todo. Por outro lado, os canários, papagaios e cacatuas não permitem tanta proximidade e cuidados infantis. Os répteis, anfíbios e artrópodes (por exemplo, aranhas, insetos, crustáceos, escorpiões) fascinam os adolescentes, mas é preciso levar em conta que alguns podem ser portadores de doenças ou implicar algum perigo para nossos filhos. Os animaizinhos aquáticos são delicados e exigem condições e regras que as crianças devem observar. Cada animal vive melhor em determinado *habitat*, e, por isso, devemos verificar se nossa casa atende às suas necessidades. Também é preciso levar em conta o investimento financeiro que teremos de fazer para cobrir os exames veterinários, a alimentação e a disposição do espaço, desde um terrário ou jaula até o capacho para dormir. São questões que não podemos deixar ao acaso. Devemos tratá-los como gostaríamos de ser tratados, como eles merecem. Nosso filho vai incorporar essa atitude em sua ideia de socialização. Devemos conscientizá-lo de todas essas premissas se queremos que compreenda o que significa responsabilidade.

Para terminar, diremos que os pais têm de estar preparados para assumir essa responsabilidade se, por algum motivo, a criança deixar de cuidar de seu animalzinho. A frase "Você queria, agora cuide dele sozinho" é injusta, pois a adoção foi uma decisão familiar.

Ponto crítico: a disciplina

Educar com disciplina significa estabelecer limites e não bater na criança ou castigá-la. Quando nosso filho conhece as normas, ele sabe o que pode fazer e obter, e age de maneira coerente e segura. Em contrapartida, a criança dominada pelo medo do castigo vacila e reage com retraimento ou agressividade. A disciplina é um valor positivo, é base do esforço, da aprendizagem fluida e da responsabilidade. A disciplina nos traz tolerância diante da frustração, constância e força para nos adaptarmos às mudanças.

Nós, pais, somos disciplinados? Podemos servir de exemplo? Nesse aspecto, nosso comportamento é algo essencial. O pai e a mãe facilitarão as coisas se forem unânimes quanto aos limites, sem adotar papéis de "o bonzinho que tolera" ou "o mau que castiga". Como chamar o filho de desobediente e desbocado se o papai e a mamãe são anárquicos em suas obrigações e dizem palavrões? Na educação dos filhos, a desobediência aparece como tópico e ponto-chave. Temos de entender que as crianças sempre querem ser o centro das atenções e se esquivam das normas impostas pelos pais para que estes de vez em quando repitam o que devem fazer. Se cairmos na armadilha de nos chatearmos quando elas nos provocam, seremos vítimas fáceis. Se quisermos corrigir sua conduta de forma natural, convém manter a calma, passar indicações precisas e diretas, ignorar quando não as cumprirem e elogiar quando agirem corretamente. Assim nosso filho irá interiorizar a ideia de que obter a atenção que tanto quer é consequência da aceitação de disciplina. No entanto, quando desobedece, retirar-lhe privilégios como ver a TV por uns instantes ou brincar de bola é mais eficaz do que o castigo físico, que só exprime nossa impotência e não soluciona NADA. A consequência de ultrapassar os limites não deve ser o medo, mas o fato de não obter gratificação. Disciplina é paciência, não violência nem agressividade. Quando os pais são rigorosos com inteligência e moderação, encorajam no filho a vontade de ser melhor (isso significa que um ocasional "Porque estou dizendo" para reforçar nossa autoridade é mais eficiente do que "Se comportar-se mal, vou te castigar").

TRUQUES CONTRA OS PALAVRÕES

- É evidente que os pais devem começar a escutar a si mesmos atentamente e reeducar-se para usar uma linguagem correta. Lembrem-se de que a criança aprende a falar conosco e nos imita.
- Na escola, ela também aprende com os colegas aquelas palavras ou frases que lhe parecem chocantes, divertidas ou provocam reações nas outras pessoas. Tentem não se surpreender e troquem o queixo caído por uma sugestão: digam ao seu filho que, se ele encher a cabeça com esse tipo de termos, não lhe sobrará espaço para outros mais bonitos.
- Negocie com ele para que não seja desbocado até conseguir aprender um determinado número de palavras. O desafio é ser capaz de expressar-se bem e mal, não apenas mal.
- Não devemos confundir os palavrões com uma tendência natural, típica de crianças entre os 3 e os 5 anos, por pronunciar palavras relacionadas ao sexo ou escatológicas. Convém não lhe dar importância e propor-lhe que aprenda outras palavras que soem melhor.

18

Dias de creche
Primeiras separações,
Mais experiências

Nosso filho está a ponto de iniciar sua jornada por novos universos diferentes do calor familiar. Seja porque retornamos ao trabalho, seja porque desejamos apresentá-lo a outras pessoas e outros estímulos, chegou o momento de levá-lo à creche. O que acontece lá? É simplesmente o lugar onde se cuida da criança enquanto estamos ocupados? É uma pré-escola onde ela se familiariza com as diretrizes da aprendizagem? Bem, ambas as coisas: é outra **escola da vida** que agora se soma aos ensinamentos do ambiente familiar.

Alguns pais têm o preconceito de que deixar a criança na creche significa querer desembaraçar-se logo dela. Podemos desmentir essa crença afirmando que o objetivo primordial de a criança frequentar a creche é acumular experiências. Ela se acostumará a relacionar-se com outras crianças e seus educadores; ganhará sensibilidade, habilidades e criatividade graças às atividades e aos jogos; se movimentará e se desenvolverá fisicamente e assimilará algumas normas de convivência. Aprenderá a compartilhar num âmbito em que ela não é o centro de atenção. Dará seus primeiros passos para se converter numa pessoinha independente e com iniciativa nesse microcosmo de novidades e estímulos. Aprenderá a aprender.

Acostumar nosso filho (e a nós mesmos, é preciso admitir) implica outro período de adaptação à socialização. Os bebês entre 7 e 9 meses costumam aceitar a nova rotina com menos dificuldades que os maiores, principalmente se não convivemos com outras pessoas previamente (leiam no capítulo 17 o quadro sobre como prepará-los para que se relacionem com estranhos). Até conhecerem o novo ambiente, as crianças resistem a ir para a creche, choram, se aborrecem e manifestam condutas contraditórias. É normal. Passados alguns dias (ou semanas, em alguns casos), depois de termos demonstrado ao nosso filho que confiamos em quem cuida dele e ele perceber que se diverte aprendendo com outras criancinhas, seus temores diminuirão. Em todo caso, os pais que temem errar encontrarão ajuda abaixo, lendo sobre as **dúvidas mais comuns** associadas a essa etapa.

QUANDO?

Um cuidador ou cuidadora de creche experientes – nesse campo, as mulheres são predominantes – estão capacitados tanto para se encarregar de um bebê como para educar uma criança que já completou 2 ou 3 anos. A pessoa que cuida dela vai instruí-la em métodos de aprendizagem e orientá-la em atividades manuais e criativas adequadas à idade. Portanto, não é necessário que a criança domine todas as habilidades sociais, como falar, comer e ir ao banheiro sozinha. Para ir à creche, a criança não precisa ser uma cidadã perfeita; justamente a levamos lá para que a ajudem a se tornar uma. De fato, em seus primeiros dias de creche, as crianças usam frases curtas e desconhecem muitos parâmetros de espaço e tempo. Podem até mesmo não pronunciar bem ou gaguejar um pouco, mas sem dúvida sabem escutar com certa atenção. Os educadores, pacientes e dedicados às crianças, podem contribuir de forma bastante valiosa para que elas melhorem as expressões oral e física, aprimorem a aprendizagem na hora de usar talheres e pratos à mesa, ir ao banheiro ou pôr e tirar um agasalho ou os sapatos, entre outras habilidades. Para concluir, não existe uma idade certa para deixar nosso filho na creche. Podemos observar seu comportamento e decidir se queremos que outras pessoas especializadas participem em sua educação a partir de um dado momento. Mas a necessidade de socialização ou coletivização da personalidade da criança é uma fase que costuma ocorrer na faixa dos 2 anos e meio ou 3 anos de vida.

COMO AS CRIANÇAS SE SENTEM E RESPONDEM

Já explicamos que até os 2 anos o grau de apego das crianças pode levá-las a protestar muito quando se encontram entre estranhos, que é o que ocorre na creche. Crianças e pais vivem esses primeiros dias de separação como um verdadeiro suplício. Às vezes, sentimo-nos um tanto culpados ao vê-las tão desamparadas, não é mesmo? Bem, esse é um desafio importante, cheio de angústias: a criança sai de seu círculo, deve obedecer e seguir a um educador desconhecido e manter uma relação de igual para igual com seus coleguinhas (que estão tão desorientados e preocupados quanto ela). Qualquer um sairia do sério. Nosso filho não dispõe dos esquemas cognitivos para interpretar que essa separação é temporal e a sente como uma perda terrível; por isso, utiliza seus mecanismos de sobrevivência, a queixa e o choro. Pode até mesmo somatizar essa angústia em dores de estômago, perda de apetite, febre e vômitos.

COMO OS PAIS SE SENTEM E DEVEM RESPONDER

Nessas circunstâncias, é melhor não fazer drama e tentar acalmar a criança insistindo que não vamos abandoná-la. Nesse sentido, convém deixá-la na creche de forma progressiva, algumas horas por dia; e sempre deveriam ser os pais que a levam e buscam. Se isso não for possível, suas figuras de apego secundário (avós, babá, tios...) deverão se encarregar dessa tarefa. Nosso objetivo é reforçar sua segurança.

Cada criança reage de maneira particular, segundo seus costumes e caráter, mas pouparemos aborrecimentos se, antes de ir para a creche pela primeira vez, guiarmos nosso filho durante um tempo num processo de transição. Podemos passar um tempinho na creche, dia sim, dia não, e apresentá-lo aos monitores, mostrar-lhe o lugar e contar-lhe todas as brincadeiras que poderá desfrutar ali com outras crianças. Também podemos colocar na mochila um brinquedo ou uma boneca que seja seu reforço emocional e esteja conectado ao ambiente familiar.

Somos sua figura de referência e, embora nos dê pena vê-la sofrer, nossa missão consiste em transformar a situação em algo positivo. Podemos deixá-la dormir mais ou colocá-la na cama mais cedo para que se adapte aos seus novos horários e, principalmente, estimulá-la a mostrar suas impressões e sentimentos, contar o que vivencia diariamente, as canções que cantam e dançam, do que gosta nos educadores e outras crianças... mas sem oprimi-la nem exigir que nos diga. Também devemos nos comunicar com os educadores com regularidade para fazer um acompanhamento da adaptação e assim poder detectar condutas estranhas na criança. Não economizemos carinho: um beijo e um abraço marcarão a entrada na creche e a saída dela. Depois vamos embora, mas nosso amor segue com eles.

COMO O LUGAR DEVE SER ESCOLHIDO?

Um lugar para brincar, respirar, descansar, movimentar-se com folga. Um espaço organizado que garanta sua integridade física. Um lugar que possamos visitar e supervisionar e no qual os educadores atuem com transparência. Estas são as características básicas da creche de nosso filho, mas convém repassar outras questões:

- A creche possui alvará de funcionamento?
- Sua política de admissão e preços é clara?
- É limpa e adaptada à segurança e às necessidades infantis?
- Podemos visitar e ver nosso filho quando acharmos conveniente, ou teremos o acesso impedido?
- Projetaram um programa de atividades lúdicas e educativas?
- Os brinquedos cumprem todos os requisitos legais (para que não exista o perigo de que as crianças os engulam ou se machuquem)?
- As crianças são supervisionadas o tempo todo?
- Há televisor? As crianças têm permissão de ver televisão?
- Há programação de reuniões regulares entre pais e educadores?
- Como se aplicam a disciplina e os castigos (deve existir um regulamento por escrito)?
- Os funcionários estão preparados para prestar primeiros socorros ou para o caso de enfermidade da criança (deve existir um regulamento por escrito)?
- Há um pediatra na equipe de educadores?
- Há educadores suficientes? São delicados e carinhosos com as crianças?
- As crianças dispõem de um espaço silencioso e cômodo para tirar um cochilo?
- As crianças comem sentadas?
- Promove-se a interação entre as crianças?
- A creche tem boas referências?

ALTERNATIVAS: OS AVÓS, AS BABÁS

Nem todos os pais se separam dos filhos na porta de uma creche. Muitos escolhem ter mais controle sobre o cuidado da criança e contratam uma pessoa dedicada exclusivamente a ela e dentro de casa – a babá. Outros confiam a função de cuidadores aos avós da criança. Na realidade, a pergunta nesses casos seria se babás e avós constituem uma alternativa real à creche. A resposta é "sim", mas parcialmente. Estamos conscientes de que muitos pais não podem incluir a despesa com uma creche em seu orçamento mensal e de que os avós são uma solução confiável, disponível e econômica (sem mencionar que eles adoram cuidar dos netos, embora nem sempre seja assim). Mas, apesar do carinho, da estimulação e da oportunidade de uma boa educação em valores, há um fator muito importante que as crianças não experimentam: a entrada na sociedade, o intercâmbio com pessoas que não pertencem ao seu círculo íntimo ou a seu espaço vivencial. Sem dúvida, tudo tem seus prós e contras.

A babá e os avós cuidadores nos são uma garantia de que, em nossa ausência, o bebê é educado segundo nossos padrões e ideias. O modelo de comportamento que nosso filho aprende é o que pedimos que os cuidadores sigam, porque buscamos uniformidade na hora de transmitir padrões normativos às crianças. As babás podem ser mais ou menos afetuosas ou imaginativas, mas nunca devem ignorar as normas que estabelecemos, como também os avós, ainda mais se cuidam de nossos filhos regularmente. É muito importante que os avós não contradigam o que nós, pais, ensinamos, nem que outorguem autoridade à criança, pois do contrário nada do que pretendemos comunicar-lhe com firmeza se refletirá em seu comportamento. No entanto, é preciso lembrar que o papel educativo dos avós é permissivo: os avós podem aceitar situações ou atender a pedidos que os pais não podem.

Quando surge a dúvida sobre com quem deixar a criança, é inevitável pensar nos avós, ainda que devêssemos lhes dar um descanso e, caso tenhamos condições financeiras, passar o bastão a uma pessoa sem implicação com a família: a babá profissional. Ao introduzi-la em nossa casa, sabemos que ela executará com critério nossos pedidos e, assim, livraremos os avós de numerosas obrigações cansativas. As babás jovens são mais dinâmicas, menos superprotetoras e, pela pouca idade, têm interesses mais próximos aos de nossos filhos. As crianças jogam e conhecem novas perspectivas que não têm a ver com a família imediata.

Para concluir, avós e babás são duas opções magníficas se combinadas; desse modo, não sobrecarregamos nossos pais nem os identificamos apenas com o cuidador de última hora. Os avós merecem ocupar um lugar de destaque no núcleo afetivo das crianças, muito além de meras babás ocasionais.

19

Na escola
Crianças cada vez mais autônomas

Outro grande espaço de socialização de nosso filho em seus primeiros anos de vida é a escola. Para uma criança que não frequentou uma creche, o processo de integração e separação de seu meio conhecido começa aqui, com seus lados positivos e negativos (se não está habituada a interagir com outras crianças, a mudança de ambiente pode ser bastante difícil). Inicia-se também uma etapa em que a criança receberá uma formação acadêmica, e os valores inculcados pelos pais terão uma razão de ser em suas diferentes atividades e experiências. Vale insistir: a escola não nos substitui na educação de nosso filho. A responsabilidade de fornecer-lhe os recursos para que caminhe tranquilo pela vida é nossa, e os professores complementam esse trabalho com conhecimentos. É injusto jogar toda a culpa na escola quando nosso filho se comporta mal; se ele age assim, é porque não percebe com clareza os conceitos que queríamos lhe ensinar desde o princípio em nossa casa. De agora em diante, pais e professores devem unir esforços, mas a primeira e a última palavras de como queremos que nosso filho reaja às suas experiências são nossas. Que sentido faz se não somos nós que podemos e devemos decidir onde queremos que a criança aprenda?

ESCOLHER A ESCOLA, QUE DILEMA!

A função da escola é oferecer e facilitar a aprendizagem em algumas matérias relativas à ciência, às ciências humanas, ao meio ambiente, ao exercício físico etc. É o lugar que transmite conhecimentos universais e culturais, além de ser o espaço apropriado para pôr em prática as atitudes e os modelos educativos aprendidos na esfera familiar desde o nascimento da criança. Nossos filhos aprendem a compartilhar e relacionar-se com pessoas novas e, talvez, bastante diferentes, e, por isso, também exercitam a tolerância, a flexibilidade, o sentido da amizade e a disciplina pessoal e grupal. Em sociedade, saber muito não serve de nada se não somos felizes. Transferida para a psicologia, essa ideia quer dizer que a inteligência emocional importa muito para triunfarmos no que desejamos. As boas qualificações têm de ser complementadas por uma excelente socialização.

Por esses motivos, para escolher a escola de nosso filho precisamos averiguar não só as matérias que compõem seu currículo, mas também os valores que ela sustenta e se se coadunam com nosso ponto de vista educacional. Na escola, a criança tem de encontrar a motivação necessária para assimilar a informação oferecida e querer incorporá-la à sua vida. O educador deveria tornar seu método interessante e crível para uma pessoa que começa a ver o mundo por seus olhos e chega com a bagagem educativa principal: a de seus pais. O objetivo de um professor é que o aluno seja capaz de associar o que ele lhe explica com o mundo real.

Quanto aos motivos mais práticos para escolher uma instituição em particular, poderíamos rever pontos como:

- As referências. Confiamos na escola onde nós mesmos estudamos ou nos comentários de outros pais acerca de uma escola específica. Na realidade, o boca a boca costuma prevalecer na hora dessa escolha.
- A ideologia e os valores que regem essa escola, segundo nossas crenças.
- A multiculturalidade. Misturar-se com crianças de outras raças e costumes é um *plus* educacional pessoal muito valioso. Além disso, a criança se põe em sintonia com o que vivemos nas sociedades atuais.
- O acompanhamento de nosso filho por parte dos responsáveis, no que tange aos resultados como estudante e à sua atitude para integrar-se e participar. Alguns centros educacionais permitem até mesmo que os pais acompanhem os filhos pequenos dentro da sala nos primeiros dias de escola. É um período de adaptação progressiva. De fato, se a criança está assustada ou se sente rejeitada por um professor, algum colega, ou não gosta da comida, ela pode desenvolver fobia da escola. A criança se vê indefesa perante as novidades e pode somatizar o medo em forma de vômitos, diarreia, palidez e ansiedade. Ela se encerra nessa visão traumática, e nosso dever é motivá-la, sem forçar, com os aspectos positivos de ir à escola: aprender coisas interessantes, fazer novos amigos, brincar etc.

- O currículo educacional. Temos interesse em saber qual é o nível acadêmico das crianças que frequentam a escola, a fim de avaliar se a educação é competitiva e de qualidade. Nessa linha, veremos se ela oferece ensino de idiomas e novas tecnologias, e quais esportes são praticados.
- Sua oferta de atividades extraescolares e de recreação.
- Se existem os recursos indispensáveis para suprir as necessidades de nosso filho: tanto no número de alunos por professor como na infraestrutura e nas medidas de segurança.
- Se a escola dispõe de refeitório e se o cardápio conta com a aprovação de uma nutricionista.
- A distância, já que em algum momento a criança começará a ir sozinha para a escola.

O PAPEL DOS PAIS

Em gerações anteriores, acreditava-se que educar – em sua acepção de "ensinar" – era um trabalho a cargo dos professores, os especialistas na matéria. Em casa, ensinavam-se boas maneiras e normas; na escola, matérias e mais disciplina. Desse modo, o professor tinha o direito e a obrigação de repreender o aluno.

Hoje, felizmente, entendemos as coisas de uma maneira mais condizente com o desenvolvimento pessoal das crianças e dos adolescentes. Quando chegam à escola, nossos filhos levam anos aprendendo a ser pessoas, num aprendizado que será básico para que se relacionem com os outros e conheçam os mecanismos para assimilar outros conhecimentos regulados. Se as crianças aprenderam em casa valores como o esforço, a superação, o compromisso e a empatia, ela vão se integrar à escola com mais facilidade.

- Esforço. Os heróis e heroínas dos contos infantis devem superar inúmeros obstáculos e converter os inconvenientes em vantagens para triunfar. São um modelo de paciência e vontade.
- Superação. Os atletas treinam durante horas e não se entregam apesar da dor e das desilusões. Querem levantar o troféu, e isso os impele a lutar para superar a si mesmos. Não é necessário ser o número 1 senão para si mesmo. Vamos incentivar nossos filhos a não se conformar, mas também a não competir de forma obsessiva. Ser demasiado competitivo não permite desfrutar o processo.
- Compromisso. Os líderes são líderes porque ganham o respeito e a confiança das pessoas que os cercam, pois sempre cumprem o combinado. São pessoas de palavra e de atos.

- Empatia. Tentar saber como o outro se sente fazendo o exercício de interpretar o mundo com seus valores. Escutar, ser construtivo e dar opinião sem magoar.

As crianças que se esforçam, buscam se superar, que se comprometem e escutam os outros têm vantagem na hora de estudar e fazer amigos. As crianças não nascem indolentes, dependem de nós para que as incentivemos a lutar pelo que querem, e não só de uma perspectiva material, mas também emocional e psicológica. De fato, a capacidade de se esforçar é crucial no avanço da humanidade. Desde muito pequenas, os pais devem educá-las na cultura do esforço. Pouco a pouco, devem assumir pequenas responsabilidades que sejam capazes de assumir (do contrário, a frustração poderia decepcioná-las e arruinar nossa intenção). Ao alcançar cada pequena meta, vamos gratificá-las e estimulá-las a chegar um pouco mais longe. Assim, descobrirão o valor do esforço. Se lhes dermos tudo pronto, elas simplesmente se sentirão incapazes de enfrentar exames, provas e adversidades da vida em geral.

Quando o filho ingressa na escola, os pais têm de continuar estimulando essas habilidades e seguir a seu lado quando ele volta para casa com as tarefas e precisa de mais orientação para se organizar em suas novas responsabilidades. Em suma, temos de nos envolver na vida escolar da criança: estar a par de como progride, falando com ele e também com seus professores, e criar um ambiente em casa bastante propício para o estudo. Somos seu reforço emocional. O estudo produtivo dependerá das estratégias que formularmos; se estamos apartados do mundo intelectual, os tutores e os professores podem nos ajudar a criar um método de estudo em que todos em casa participem. No entanto, a melhor ajuda que lhe podemos prestar não tem a ver com o aspecto intelectual, mas com a motivação. E, certamente, isso é algo que temos de sobra.

Temos de incentivar a criança a fazer suas tarefas e preparar as matérias. Até mesmo quando for muito pequena para ter deveres, podemos estimulá-la a ler um pouco ou nos explicar o que aprendeu na escola. Observe como ela estuda desde pequena, pois assim você poderá modificar algum mau hábito que atrapalhe o estudo mais tarde. Você não precisa se sentar ao lado dela, mas terá uma ideia se der uma olhada em como ela cuida do material escolar e como organiza seus cadernos e suas anotações. O grande desafio está em estudar de maneira divertida.

CONTATO COM OS PROFESSORES: ENSINAR JUNTOS

Há o perigo de a criança se aborrecer na sala de aula. Nesse sentido, os profissionais do ensino e os pais compartilham o mesmo desafio. Os bons professores põem em prática todas as diretrizes pedagógicas possíveis para que a criança deseje aprofundar os conhecimentos. Em outras palavras: que goste de estudar. Quem, sentado na carteira, já não se perguntou um dia: "Para que me serve isto?" Os conhecimentos têm de estar conectados com o mundo exterior: ser aplicáveis no dia a dia da criança e do jovem. Senão, teremos meia batalha perdida.

Além disso, a escola atual difere bastante do espaço de décadas atrás, em que predominavam o intercâmbio e a socialização. A tecnologia e as possibilidades de lazer substituíram esse ambiente de encontros; agora as crianças podem viajar, conversar pela internet, jogar com *videogames* interativos... Os estímulos são o grande rival quando chega o momento de estudar. A escola absolutamente não tem uma oferta de diversão comparável a tanta maravilha eletrônica. Para eles, a escola é uma chatice.

Por isso, temos de apostar todas as fichas. Os pais e os professores devem manter uma atitude muito positiva desde o primeiro dia de aula. Isso é o que eles têm em comum, pois, com frequência, o método escolar não inclui as rotinas que aplicamos em casa. A escola, por exemplo, usa tanto o reforço positivo (elogiar a criança por seus sucessos e motivações, talvez por meio de suas notas) como o reforço negativo (penalizá-la, também mediante más notas). Muitas crianças se chateiam com o professor e vivem dizendo que ele "pega no pé". É natural, mas não devemos dar razão ao filho e desautorizar o professor. Quando a criança está indo mal, e também quando vai melhor, temos de marcar uma reunião com seus tutores e tentar fixar um plano comum. Ensinamos juntos, e o ritmo de aprendizagem em casa e o da escola devem estar em sincronia. Os pais ensinam a ser; os professores propiciam mais conhecimento, e os pais seguem no trabalho de reforçar o trabalho escolar.

APRENDER A LER. COMO ESTUDAR E AS DIFICULDADES DE APRENDIZAGEM

O grande pilar de um estudo divertido e proveitoso é a paixão que nosso filho desenvolve pela leitura. É crucial que a criança tenha aprendido a ler corretamente e com alegria. Ela vai assimilar todos os conhecimentos posteriores por meio da leitura. Mais adiante, vamos analisar como os problemas de leitura e escrita são uma das causas mais frequentes do fracasso escolar.

Nós, nosso exemplo e nossa motivação para ler e oferecer-lhe livros como pequenos tesouros cheios de aventuras serão essenciais para que nosso filho entenda o imenso valor da leitura. Um valor em si mesmo. O amor à leitura se transmite, se contagia. Para as crianças, é divertido porque compartilham muitos de seus ensinamentos por meio das histórias que lhes contamos ou inventamos entre pais e filhos. O momento do conto contribui para que aprendam novas palavras, imaginem personagens, situações... e exprimam emoções e dúvidas. Com os pais, em companheirismo. Ler:

- Ativa a mente e amplia a imaginação e a curiosidade.
- Ajuda a pensar e comparar opiniões.
- Promove a concentração, a atenção e a observação.
- Ajuda a esquematizar.
- Melhora o vocabulário.
- Mostra como a linguagem funciona: sua estrutura, a ortografia.
- Facilita a escrita e desenvolve o senso estético.

Ensinar a ler é ensinar a pensar.

Assim como comer e dormir, podemos transformar a leitura num hábito: escolher algumas horas do dia para folhear juntos (ou para a criança folhear sozinha quando tiver idade) um livro, uma revista, um gibi. Contar histórias à noite é um clássico, mas qualquer outro momento tranquilo é bastante válido. E jamais devemos proibir nosso filho de abrir um livro; se acharmos que não é adequado para ele, explicaremos os motivos, mas sem mostrar aborrecimento ou contrariedade. Nesse sentido, que tipos de livros podemos comprar para cada fase da vida da criança e do adolescente? A lista abaixo pode ajudar na hora de escolher:

- LIVROS PARA BEBÊS. De tecido, com objetos encaixáveis, para o momento do banho...
- PRIMEIRAS LEITURAS. A partir dos 2 anos, podemos introduzir a leitura com imagens. As crianças já as reconhecem, reagem a elas e as relacionam com palavras, de modo que podemos elaborar histórias baseadas em fotos ou ilustrações, com figuras em primeiro plano sobre um fundo neutro. Em geral, trata-se de animais, carros, instrumentos musicais, partes do corpo, alimentos etc.
- IMAGEM E LETRA. Entre os 3 e os 5 anos, elas ficam fascinadas pelos livros com uma imagem intitulada ou com um nome embaixo (papai, mamãe,

bola, gato, sol...); aos 5, já podem ler alguma palavra de uma frase iniciada pelos pais e participar ativamente na leitura.

- LEITORES CONSOLIDADOS. Aos 7 anos, uma criança deve ser capaz de ler sozinha, e seus livros terão cada vez mais texto e menos desenhos.
- OUTROS FORMATOS. As revistas infantis e juvenis, os quadrinhos, os brinquedos que falam, repetem palavras, números e letras, os computadores infantis didáticos e o *e-book* são prova irrefutável de que ler não se restringe a um livro.

Deixe, portanto, que as crianças toquem nos livros, que os *vivam* e os desfrutem (não as repreenda se rasgarem algum ou, do contrário, não se atreverão a manejá-los); leve-as às bibliotecas e livrarias num passeio de descoberta, às feiras de livros infantis e juvenis e ou a sessões de contação de histórias. Com certeza, você também redescobrirá a paixão de ler.

É indubitável que ler bem está diretamente relacionado ao bom **rendimento escolar**. A leitura reforça as capacidades de compreender, de associar conceitos e resolver exercícios. Por isso, quando nosso filho aprender a ler até os 6 anos na escola, é melhor termos certeza de que, além de entoar e pronunciar bem, ele compreende bem o que lê e sabe do que o texto está falando.

A questão é que estudar, além de não ser atraente em comparação com outras atividades mais lúdicas, não é fácil. Requer boa organização, paciência, concentração, capacidade crítica, autonomia... Estudar nos converte em pessoas maiores porque nos faz amadurecer em pensamento e em emoções. No que diz respeito aos pais, não devem repetir ao filho centenas de vezes "Se não estudar, você não será nada na vida" (grande erro que corrói a autoestima da criança e a faz desgostar ainda mais do estudo), insistir em que tire boas notas nem lhe perguntar se gosta da matéria ou se se sente mais inspirado por algo aplicável à sua rotina cotidiana. Nossa missão é ajudá-lo a desfrutar o aprendizado e comprovar como é útil.

No caso de uma criança que se nega a estudar, precisamos considerar o estudo um desafio pessoal para ela e acompanhá-la em seu caminho. Lançando mão de uma atitude entusiasta e positiva, desenvolveremos um hábito de estudo em que a criança dedicará um tempo determinado ao estudo e às suas tarefas escolares. Para os mais novos, bastam 10 ou 15 minutos, tempo que ampliaremos à medida que as matérias complicarem:

- De 6 a 8 anos: 30-40 minutos de estudo. Com pausas.
- Aos 8-9 anos: 45-50 minutos. Com pausas.

- Dos 10 aos 11 anos: 1 hora.
- Dos 12 aos 13 anos: 90 minutos, com uma pausa aos 45 minutos.
- Dos 14 aos 17 anos: de 90 minutos a 2 horas, com um descanso.

Se, por exemplo, as crianças saem da escola às cinco da tarde, deveriam ter tempo para realizar alguma atividade extraescolar alguns dias por semana, lanchar, descansar, brincar, estudar, ver um pouco de TV, jantar, conversar com a família antes de ir para a cama. Temos a responsabilidade de impedir que sua rotina a escravize ou a leve a abandonar suas obrigações. De fato, as crianças e os adolescentes devem dispor de um ou dois dias de descanso em que se desconectem completamente de todas as atividades relacionadas com o estudo. Que estudem para viver, não vivam para estudar.

E devem dormir as horas necessárias de acordo com sua idade, pois durante o sono os conhecimentos se fixam no cérebro e recarregamos as energias. Nesse sentido, até os 5 anos, a criança deve dormir entre 11 e 12 horas; na faixa dos 5 aos 10 anos, aproximadamente 10 horas; e até os 13 anos, cerca de 9 horas.

Também é muito importante que nosso filho tenha um espaço para estudar. Um lugar específico onde possa se concentrar, tranquilo, bem iluminado e sem distrações de televisão, música ou computadores. O computador deve ficar no centro de um espaço de uso familiar e ser controlado pelos pais.

Podemos propiciar-lhe as melhores condições, mas não podemos aprender por eles. O esforço é exclusivo da criança. No entanto, há técnicas de estudos que podem ajudá-la. Os professores podem dar aos pais informações mais detalhadas, mas antecipamos aqui alguns conceitos elementares de como estudar melhor:

- Para resolver problemas de lógica, uma revisão prévia da teoria é muito útil para relacioná-la com a prática.
- Diante das perguntas, é mais do que aconselhável fazer uma leitura de compreensão e sublinhar as ideias-chave, para depois incluí-las num esquema de conteúdo que ajude a criança a entender o tema.
- Convém revisar tudo o que foi escrito e resolvido, pois isso auxilia a assimilar os conceitos.

E o que ocorre quando, apesar do esforço, nosso filho tira notas ruins? Já mencionamos que um dos motivos mais comuns de fracasso escolar que tanto preocupam os educadores são as **dificuldades de aprendizagem**. Cerca de 15% das crianças em idade escolar sofrem de alguma disfunção em seu sistema nervoso central que interfere na recepção, no processamento ou na expressão. A dislexia e a dispraxia (confundir letra ao ler e escrever; falaremos da primeira num dos verbetes do capítulo 24) e o Transtorno do Déficit de Atenção com Hiperatividade (TDAH; no capítulo 21) afetam a aprendizagem normal. Por mais que tente, a criança não consegue reter informação, se frustra e até padece problemas emocionais. Na escola, ela costuma se portar mal para que pensem que, além de boba, é baderneira. As evidências de que existem esses problemas são:

- Dificuldade de entender, seguir e recordar instruções. É apática, se distrai, fala alto. (PROBLEMAS AUDITIVOS E ORAIS.)
- Confunde letras e números. (PROBLEMAS COM ESCRITA, MATEMÁTICA E LEITURA.)
- Não distingue direções, falta-lhe coordenação nos esportes, ao caminhar ou pegar uma bola. Não sabe se é canhota ou destra. (PROBLEMAS DE LATERALIDADE OU ESPACIAIS.)
- Perde e esquece tudo. (BAIXA AUTOESTIMA E PROBLEMAS DE SOCIALIZAÇÃO.)

Esses quadros de conduta exigem a avaliação do especialista e, quanto antes, melhor. Se tratarmos e corrigirmos essas disfunções desde cedo, poderemos melhorar a integração da criança e suas capacidades de aprender com fluidez.

SER SUPERDOTADO TAMBÉM É UM TÉDIO

Quando nosso filho se encontra fora da média porque é extremamente inteligente, pode sofrer os mesmos inconvenientes de uma criança com atraso cognitivo. Ele se entedia na sala porque necessita de estímulos adicionais e tem dificuldade em se relacionar com seus companheiros. É uma criança que precisa de tarefas mais difíceis, que mantenham sua atenção e motivação.

Não é necessário levá-lo a uma escola especial. Além disso, o fato de se sentir superior poderia dificultar sua socialização; numa escola normal, ele pode ajudar outras crianças a estudar ou participar de atividades que o façam desenvolver e compartilhar suas habilidades e capacidades. Devemos incentivar sua integração.

INTEGRAÇÃO E *BULLYING*

Fazer amigos na escola e aprender a relacionar-se com pessoas diferentes, tanto com adultos como com crianças de outras idades, é tão importante quanto estudar. É claro, a escola da vida tem um grande campo de ação nas instituições educacionais. Diz-se que não há nada tão valioso quanto a amizade, que os bens materiais e até mesmo a paixão perecem, mas um bom amigo é o melhor tesouro que podemos ter.

Todos necessitamos de amizade, e, no caso das crianças, essa necessidade se justifica porque é seu caminho para desenvolver habilidades afetivas muito além do ambiente familiar. Compartilhar e comparar interesses e afinidades com outras pessoas lhes dá segurança, as faz se sentir apreciadas e desperta nelas vontade de participar em atividades e descobrir outros mundos. Nosso filho quer ter seu grupo de amigos, com quem possa brincar, em quem possa confiar e, em última análise, ver a si mesmo, como uma referência distinta dos pais. Na amizade, a criança troca impressões, afetos e discussões que lhe mostram que as pessoas não pensam e sentem de modo idêntico e nem por isso são melhores ou piores que o vizinho. Pela amizade, a criança canaliza suas emoções e aprende a administrar situações de conflito, habilidades que são essenciais para o adolescente. De fato, na adolescência os amigos constituem o principal recurso de estabilidade emocional. Enquanto se aproximam de mudanças físicas e dúvidas existenciais, os adolescentes encontram nos que passam pela mesma situação seus mais apreciados companheiros.

A palavra "amigo" tem de fazer parte de nosso vocabulário e do de nosso filho. Devemos contar a eles como nossos amigos nos fazem nos sentir e pedir-lhes que nos falem dos seus. Cuidar de quem amamos é uma lição que as crianças devem assimilar. Para ter amigos, o primeiro passo é ser um bom amigo, ser amável, respeitoso, saber transmitir nossas mensagens e desejos sem exigir, ameaçar ou, ao contrário, seguir a corrente (isso é o que em psicologia denominamos assertividade); devemos assumir e entender que cada pessoa tem suas virtudes e defeitos e a queremos pelo que é, não pelo que gostaríamos que fosse. Esta é a magia: se somos diferentes, podemos aprender muito um com o outro.

Já dissemos que inculcar empatia em nosso filho vai auxiliá-lo a vincular-se de maneira mais eficaz e íntima com os amigos: saberá ouvir e ajudar sem julgar. Todos esses valores de bom amigo certamente vão lhe trazer a admiração e o respeito dos demais e, como consequência direta, reforçar sua autoestima.

Mas, por vezes, as coisas se complicam. Nosso filho é uma pessoa estupenda, mas, talvez por isso, há outra criança que não o suporta e o assedia na escola. Ou, ao contrário, nosso filho não se sente adaptado e é agressivo com as pessoas ao redor. Infelizmente, essas atitudes, englobadas no termo inglês *bullying*, estão na ordem do dia atualmente.

Definimos *bullying* como intimidação verbal, psicológica ou física reiterada e intencional sem motivo aparente (embora um dos mais citados pelos especialistas seja a **falta de empatia** da criança que maltrata) entre estudantes. O agressor pretende demonstrar autoridade por meio de humilhações e ameaças. A vítima do assédio tem medo e, se a situação se prolonga durante anos, pode até mesmo se deprimir ou querer se suicidar.

Os casos de assédio escolar costumam ocorrer entre os 10 e os 16 anos. Em geral, são difíceis de detectar porque a vítima sente pânico de que seu agressor aplique alguma represália caso seja descoberto. Por isso, é importante prestarmos atenção em certas mudanças de comportamento se nosso filho:

- Sempre parece triste, ensimesmado e irritadiço, e se mostra estranho e arredio ao contato físico.
- Está nervoso, sofre terrores noturnos, tem tiques ou até mesmo molha a cama.
- Finge estar doente ou exagera as dores.
- Não quer ir à escola e inventa todo tipo de desculpas.
- Não tem amigos.

O que fazer? Esse é um assunto espinhoso porque, para começar, a criança se esquivará à nossa tentativa de conversar com ela. Se confirmarmos que ela sofre assédio de um ou vários estudantes, será melhor não prometermos vingança. Trata-se de um tema bastante delicado, razão pela qual é crucial manter discrição. Entraremos em contato com os professores e solicitaremos sua colaboração. O assédio não é uma "coisa de crianças". Devemos lançar mão de todos os recursos emocionais e materiais para livrar nosso filho do assédio ou, caso seja ele o agressor, averiguar a origem de sua frustração e da violência que ela desperta. Confiemos nos profissionais para ajudar a criança.

Nossos filhos devem entender que esse comportamento não tem justificação possível e rompe com todos os bons valores de socialização e desenvolvimento afetivo. Eles devem contribuir para que seu futuro seja mais justo e cordial.

Ponto crítico: as atividades extracurriculares

Depois da aula, muitas crianças têm uma agenda de atividades que, às vezes, até supera à de seus pais. Artes plásticas, patinação, tênis, teatro, música, dança, idiomas... são aulas extraescolares com componentes estéticos, artísticos e comunicacionais muito atraentes. Não são uma obrigação nem um trabalho, e não devemos encará-las assim. É verdade, a criança gosta e se diverte, mas não podemos saturá-la nem esgotar suas energias entre a escola, as atividades extracurriculares e suas ocupações em casa (fazer os deveres, jogar, ler histórias e pintar, conversar com os pais e os irmãos...). Corremos o risco de causar-lhe estresse porque ela exigirá de si mesma cumprir todas as tarefas, obrigatórias ou não.

É bom pensar nas atividades extracurriculares como um prêmio, como a possibilidade de divertir-se aprendendo ou fazendo esporte (o que não significa usá-lo como castigo). Essas atividades têm de ser compatíveis com o estudo e, por isso, é preferível que sejam organizadas para alguns dias da semana. A criança poderia comparar a satisfação com elas e o estudo e perder o interesse pelo último. Portanto, é recomendável dosar as atividades extraescolares.

Além disso, convém deixar para a criança uma margem de escolha do que fazer com o tempo livre. No entanto, nós, pais, podemos orientá-la um pouco levando em conta a idade, seus gostos – e não os nossos –, sua personalidade e suas habilidades. Se ainda não completou 6 anos, é melhor que pinte, dance, desenhe ou siga alguma atividade que não seja estruturada com normas. O esporte, o teatro e o canto coral ajudam a superar a timidez, ao passo que tocar algum instrumento musical ou aprender idiomas estimula a concentração. O que realmente importa é que a criança esteja feliz e siga a atividade com boa disposição. Se ela disser que não gosta, será bom esperarmos um pouco mais para que possa corroborar sua impressão. No entanto, se percebermos que está muito cansada, será preciso reorganizar sua agenda imediatamente. É necessário que todas as crianças tenham tempo livre sem atividades regradas.

20

Com as novas famílias
Felizes com a diversidade

Os tempos mudam, acumulamos vivências e nos adaptamos às coisas boas e às não tão boas. Mas aqui estamos, divertindo-nos com algo que transcende épocas e lugares: como ser melhores pais e como ajudar nossos filhos a aproveitar a vida ao máximo. Desde que o homem é homem, a família é o que tem dado verdadeiro sentido às diferentes sociedades. Assim sendo, é com prazer que dedicamos a ela este capítulo, mais admirados do que nunca com o modo como ela evoluiu e superou o modelo tradicional (mulher, homem e crianças). Hoje, uma família, mais do que suas pessoas ou uma instituição, é um entorno, um núcleo a partir do qual a criança encontra respaldo, comunicação, afeto e confiança. Na atualidade, nossos filhos podem ter dois pais ou duas mães; um único pai ou uma única mãe; pais não biológicos; padrastos e madrastas; progenitores divorciados; pais e avós na mesma casa; pais que pertencem a culturas bastante diferentes e até mesmo se exprimem em idiomas diversos...

As novas famílias não são versões coxas ou falidas do modelo de sempre. São fruto das mudanças de mentalidade, do estilo de vida, das formas de nos relacionarmos, que temos cultivado há muitos anos. Os que afirmam que só podemos educar no esquema papai-mamãe devem aceitar e compreender que o que importa não é o gênero dos progenitores nem seu número, mas que a criança tenha suas necessidades básicas e emocionais satisfeitas. Quando as pessoas que educam se dedicam a fundo e sabem exatamente o que desejam inculcar nos filhos, a foto da família estereotipada desbota e dá lugar ao prioritário: a felicidade de nosso filho.

Sabem do que mais? Assim como não existe uma única maneira definitiva e bem-sucedida de criar um filho, não podemos apontar um tipo de família como o melhor ou o que tem de ser. Pedimos perdão ao leitor se, por questões práticas, mencionamos apenas o papai e a mamãe neste livro. Estamos completamente ao lado das novas famílias, e também dos educadores e cuidadores que têm a força e a convicção necessárias para ignorar os preconceitos e põem o melhor de si mesmos no bem-estar de suas crianças e/ou seus adolescentes. E isso todos os dias. São famílias que enfrentam incertezas e trabalham muito ativamente para que seus filhos tenham os estímulos que são necessários a qualquer criança. Por exemplo, os progenitores *gays* e lésbicas deverão garantir que seu filho se relacione com pessoas de ambos os sexos para que ele observe modelos distintos. Os que adotaram uma criança de outro país terão de se empenhar para que ela não perca o contato com sua cultura original, ao mesmo tempo que a ajudam a se integrar ao novo meio. Os pais que viajam ou têm agendas apertadas devem reservar tempo de qualidade para que os filhos desfrutem a experiência familiar e estabeleçam laços saudáveis com os pais e com o mundo circundante. Isso sim é um trabalho duro! E, claro, muito gratificante. Que tal rever alguns detalhes de cada caso?

TODOS TRABALHAMOS: CONCILIAR TRABALHO E CASA

Os pais de hoje sentem falta de poder se sentar à mesa ao meio-dia com os filhos e a(o) esposa(o), ou retornar para casa no meio da tarde para brincar com eles, ajudá-los a fazer os deveres ou praticar algum esporte. As horas passam voando, sentimo-nos realizados com nossa profissão e buscamos o equilíbrio entre um trabalho de que gostamos e mantém a economia familiar e o outro trabalho: a emoção e alegria de formar uma família e educar os filhos. Muitas vezes, exaustos, nós nos perguntamos se a conciliação entre profissão e casa algum dia será realidade ou, até mesmo, se não é uma utopia. Podemos nos angustiar porque abrimos a porta de casa muito cansados e mal-humorados e receamos transmitir essa sensação às crianças. Inquieta-nos pensar que perdemos momentos importantes da vida de nossos filhos. O que está claro é que devemos começar a procurar tempo de qualidade para ficar com eles. Em outras palavras: não se trata de passar horas e horas com eles, mas, já que não dispomos de tempo, fazer que essa hora, essa meia hora ou o que surgir em cada ocasião, seja intensa. Nossos filhos preferem meia hora de atenção exclusiva e criativa a cinco horas em que apenas contamos histórias, conversamos com eles, cantamos ou lhes fazemos cócegas. Como família, devemos aspirar à qualidade. Nosso objetivo é que as crianças saibam que são especiais para nós. Pais e filhos em total cumplicidade.

Outra questão que em determinado momento costuma aparecer aos pais trabalhadores é a da renúncia e do **sacrifício**. Temos a impressão de que ser profissional é inconciliável com ser bom pai. Isso não é verdade. Nossos filhos querem que seus pais estejam contentes; as renúncias nunca são boas companheiras da satisfação. Não nos resta outra coisa: temos de nos organizar e nos acostumar a uma rotina que cubra todos os aspectos familiares e pessoais da melhor maneira possível. Ter um filho não supõe esquecermo-nos de nós mesmos como indivíduos. Pelo contrário, quanto mais situações experimentarmos, mais vivências poderemos ensinar à nossa família. A família não é um fardo, mas um sopro de ar fresco, um complemento perfeito de nossa personalidade.

Embora o dia tenha só 24 horas, os pais têm de encontrar algum momento de descanso para si mesmos como indivíduos e como casal.

No entanto, quando surge a culpa, por acharmos que não damos atenção aos filhos, aparece também a tentação de mimá-los, de conceder-lhes tudo o que pedem. No longo prazo, isso é um *suicídio* como figuras de referência que somos. Nosso filho exigirá cada vez mais e nunca se sentirá satisfeito. Sem limites, ele se tornará uma criança mimada e nós seremos alvo de chantagem emocional. Se estamos esgotados e não podemos brincar com ele, se uma noite não lemos uma história para ele... não abafemos a culpa com presentes ou permissividade. Esses remendos têm efeito bumerangue, pois, em última análise, nunca poderão nos substituir.

DIVÓRCIO

Outro caso de ausência muito sentida deriva da separação dos progenitores. Se os pais rompem a relação, rompe-se a família da criança? A resposta é não, ou pelo menos eles deveriam fazer o possível para que isso não ocorresse. Apesar de já não conviverem, vocês continuam sendo pais e, portanto, o projeto educativo é algo que deveriam ter em comum. As crianças, como sempre, precisam de tempo e explicações compreensíveis para saber qual é seu lugar na nova conjuntura. Podem entender que a separação e a ruptura são fatos da vida, que os pais são mais felizes vivendo separados e que, aconteça o que acontecer, ainda as amam, embora não se amem mais. No entanto, o fato de entenderem não significa que não sofram ou não se angustiem. A separação dos pais é um dos acontecimentos mais transcendentais que uma criança pode viver. Não há nada que lhes cause mais temor do que a possibilidade de que as pessoas que mais amam e nas quais confiam desapareçam. Às vezes, ela guarda suas preocupações para si, razão pela qual devemos prestar atenção em suas reações para detectar traços de instabilidade emocional. Em certas ocasiões, a criança pode pôr em dúvida seu vínculo com os pais: com a ruptura, ela pode achar que queiram se livrar de todas as relações familiares, até mesmo dos filhos. Ela já não tem importância? O que vai acontecer agora? O que era impensável está ocorrendo, como num pesadelo.

Para os pais, um divórcio é fonte de dor de cabeça e os obriga a reestruturar a vida pessoal. Haverá muitas questões para analisar e reformular, e nem sempre vocês terão resposta ou solução imediata para todas. O ideal é que a separação se produza nas circunstâncias mais amistosas possíveis e que vocês sejam capazes de sentar-se com a criança e desenvolver um discurso conjunto e coerente sobre as razões do divórcio. O grau e a rapidez com que seu filho aceitará a nova situação dependerão de como foi a separação: conturbada ou tranquila. Nesse momento, convém:

- Comunicar a decisão com tranquilidade e realismo. Nunca falem com seu filho em plena tempestade sentimental, já que seu estado de ânimo vai deixá-lo confuso. Procurem ter tempo suficiente para que ele possa fazer todas as perguntas necessárias e vocês não tenham de interromper a conversa por causa de outras obrigações. Obviamente, depois haverá muitas outras conversas sobre dúvidas e aspectos mais práticos, mas, para começar, uma abordagem tranquila e com contato físico introduzirá o tema. Escutem, abracem e beijem-no, repitam que o amam muito e que esse amor nunca mudará. O diálogo e as carícias são a mensagem de bem-estar de que ele mais necessita.
- Insistir em que refletiram muito e que isso é tão difícil para vocês como para ele. Um bom ponto de partida para explicar à criança por que vocês estão se divorciando se baseia no conceito do apaixonar-se. As crianças entendem muito bem o que significa apaixonar-se porque aprenderam isso com suas histórias favoritas. Elas ainda não comprovaram tal conceito em sua experiência emocional, mas podem associá-lo a um sentimento idílico que reúne os casais e os impele a viver juntos e a cuidar um do outro. Desse modo, vocês terão de comunicar ao filho que o papai e a mamãe gostam muito um do outro e se respeitam, mas não estão mais apaixonados nem desejam morar na mesma casa.
- Dizer que é um problema de adultos que melhorará com o tempo e ao qual todos se acostumarão. Deixem claro que "melhorar" não significa voltar a ser um casal, mas que vocês se esforçarão para que tudo continue bem ou seja até melhor do que quando viviam juntos. Não levantem dilemas para o filho perguntando com quem ele prefere ficar. A custódia e outras decisões cabem aos

adultos, e essas perguntas lhe causam ainda mais tristeza e tensão. É natural que, no início, os filhos peçam para ver o pai ou a mãe fora dos dias estipulados. Cabe a vocês explicar que, por enquanto, deve ser assim e tentar não mexer na ordem das visitas. Embora inicialmente se irritem com a negativa, as crianças aceitarão que o tempo que elas compartilham com cada um está claramente definido e, pouco a pouco, passará a vigorar uma rotina estável. Cumpre também destacar que precisamos respeitar a necessidade de nosso filho de estar em contato com o pai ou a mãe, de modo que permitiremos que conversem por telefone com total intimidade quando quiserem.

- Reforçar para seu filho a ideia de que ele não é culpado da separação nem será um elemento de discussão entre os pais no futuro. Jamais devemos discutir na frente da criança. Alguns divórcios são consequência de uma relação tensa ou, infelizmente, violenta. Os cônjuges se desgastam em disputas e estão cheios de raiva e inimizade mútuas quando se separam. É fácil cair numa contínua desqualificação do pai ou da mãe na presença do filho, com amigos, com os avós, os tios e o restante da família. Os pais são a fonte mais importante de amor para um filho, e criticar um deles pode lhe trazer uma dor insuportável. Manter o equilíbrio quando estamos tão furiosos com o esposo ou a esposa é difícil, mas devemos preservar a boa relação entre o filho e cada um dos pais. A única exceção poderia ser o caso de abuso doméstico, sobretudo contra a criança. É nossa obrigação afastar o filho do pai ou mãe violentos, argumentando que essa medida serve para protegê-lo.

- Informar-lhe que passará algum tempo com cada um dos pais e que vocês tentarão afetar o mínimo possível seus costumes e rotinas. Levará um tempo até que os pais estejam instalados e tenham reorganizado sua vida, e teremos de pedir à criança que seja paciente, dizendo que faremos o que for necessário para que se sinta bem, não mude de escola etc. Após o divórcio, as diretrizes educacionais não deveriam mudar. Divorciar-se não implica exercer os papéis de pai e mãe isoladamente, mas manter os valores já combinados para os filhos. O pai e a mãe não podem, cada um em sua casa, mimar o filho por se sentir culpados. Ao misturar critérios e aceitar exigências desmesuradas, vocês incentivarão os filhos a entender que podem fazer o que quiserem. Tampouco convém que, pela separação, nossos filhos assumam responsabilidades que lhes sejam desproporcionais por serem muito pequenos, como cuidar dos irmãos ou servir de mediadores entre os membros da família.

- Que as pessoas ao redor estejam conscientes do duro momento por que está passando a criança por causa da separação, para que ela encontre apoio nos amigos e professores. Seu filho não está sozinho, e o restante das referências à sua volta tem de corroborar isso. Se acharmos que nosso filho não está lidando bem com a dor do divórcio, poderemos recorrer a um psicólogo infantil.

- Deixá-lo exprimir sua tristeza livremente, para que descarregue seus medos e frustração. Devemos estar preparados para todas as suas respostas físicas, emocionais e comportamentais. Nossos filhos estarão mais suscetíveis e chorarão por qualquer motivo. Vão ficar abatidos ou nervosos, ou reclamarão nossa atenção com reações desproporcionais em casa ou na escola. Podem somatizar o mal-estar em dores de estômago, sono irregular, perda de apetite e de peso, enxaquecas, debilidade ou ocorrência de eczemas na pele. Dependendo da idade, é possível que reajam com atitudes regressivas como, por exemplo, fazer xixi na cama. Também é comum que passem por uma fase agressiva, de impotência. Eles nos culpam pelo fracasso da vida em família e de que não nos empenhamos mais em salvar a relação. Quando gritarem conosco ou verbalizarem essa dor em acusações diretas, é fundamental falar com eles com calma, sem esperar que se tranquilizem de imediato. Embora estejamos confusos e sofrendo, temos de nos manter inteiros e fortes para lhes dar todo o carinho e a ternura de que necessitam em seu próprio processo de adaptação.

Caso o papai tenha uma nova namorada, ou a mamãe um novo namorado, eles devem entrar com bastante delicadeza na vida da criança. O impacto de ver os pais com alguém diferente produz nele verdadeiro pavor. E se a nova pessoa substituir o papai e a mamãe de verdade e eles não vierem mais nos ver? O repúdio a ela costuma ser automático, mas não devemos nos preocupar. É essencial que ambos vão se conhecendo pouco a pouco e somente quando seu filho tiver vontade de passar um tempo com ela. Viver juntos pode parecer algo prático e emocionante para os adultos, mas para os pequenos pode ser um pesadelo ver um estranho entrar no quarto compartilhado por seus progenitores. O melhor é esperar um tempo razoável até que a nova pessoa adentre a intimidade familiar.

OS FILHOS DE CASAMENTOS DIFERENTES

Nas séries televisivas, quando o homem e a mulher se apaixonam e passam a viver juntos com seus respectivos filhos, todos parecem não ter medo da novidade. Os meios-irmãos vivem às mil maravilhas sob o mesmo teto e adoram o novo padrasto ou a nova madrasta. Ou então não vivem juntos, mas saem em excursão ou vão ao zoológico em perfeita harmonia. E por que não? Sem dúvida, essa boa convivência ocorre, mas precisa de uma fase de transição e adaptação por parte das duas famílias que se juntam.

De fato, a inspiração para dar forma aos malvados padrastos e madrastas dos contos de fadas surge da tensão que costuma haver numa casa quando alguém que não é o pai ou a mãe estabelece as regras. Além disso, é alguém a quem o pai ou a mãe demonstram amor e com quem o filho acha que tem de competir para receber atenção. Uma criança pensa que o novo educador que ela não escolheu é um intruso ou intrusa, e custa aceitá-lo porque...

- Ainda sofre por ter perdido em casa a referência de seu outro progenitor.
- Caso se mude para a casa da nova família, talvez se distancie de seu mundo e seus amigos.
- Teme trair o carinho do pai ou da mãe se mostrar afeto e simpatia pelo padrasto ou madrasta.
- Não sabe como comportar-se. Está desorientada.
- Tem medo de que sua mãe ou pai ame mais seus meios-irmãos e se sente forçada a compartilhar seus brinquedos ou seu quarto com estranhos.

Provavelmente todos vocês precisem de tempo e paciência para deixar para trás a hostilidade e a desconfiança. O ponto de partida de sua nova família vai depender do estabelecimento de critérios de como serão a convivência e a educação dos pequenos. É fundamental definir os valores, a conduta e a atitude que vocês tomarão com seus filhos e enteados. Se não houver acordo, a situação será difícil, pois cada criança aprenderá noções distintas, podendo se sentir muito confusa sobre como agem os meios-irmãos ou sobre o que se espera dela.

Sobretudo, não banque o pai ou mãe de seus enteados desde o primeiro dia. É preciso entender que as crianças necessitam de mais tempo do que você para se adaptar às mudanças que, naturalmente, não são pequenas. Quanto mais pressionados se sentirem seus enteados, mais desobedientes se mostrarão. Tente ao máximo superar questões menos importantes; dialogue e retire privilégios para que aprendam a respeitá-los e compreendam que você os respeita. Não os julgue nem fale com eles sobre os assuntos da nova família que os preocupam. Com o tempo, a resistência vai desaparecer.

Tampouco queira que eles, como por magia, imediatamente se tratem como irmãos. Antes de baixar a guarda, as crianças vão se conhecer, brigar, aprender a se solidarizar e dividir. Se programarmos atividades de lazer em família, assentaremos as bases dessa nova e peculiar amizade. O mais importante é não obrigá-las a comportar-se como alguém que elas ainda não sentem que são. Carinho se constrói com carinho.

A FAMÍLIA MONOPARENTAL

E se, em vez de multiplicar-se em irmãos e pais, a referência da criança for única, ou só o pai ou só a mãe? Essa é uma grande façanha, pois, se criar um filho a dois requer energia, fazer isso sozinho é um compromisso ao mesmo tempo total e sem concessões. Talvez o pai ou a mãe não tenha um cônjuge que seja responsável pela paternidade ou maternidade da criança, ou porque faleceu ou por outras razões. Em todo caso, a responsabilidade e o esforço se somam à tristeza do abandono, à morte ou à solidão. O apoio da família e dos amigos será útil para superar a dor pessoal e dedicar-se à criança com uma postura mais positiva. Não recusem essa ajuda emocional e prática.

O problema de educação mais comum na família monoparental talvez seja a dificuldade do pai ou da mãe de impor limites ao filho. Uma coisa é amá-lo e garantir-lhe carinho e atenção, e outra é ser seu escravo. Podemos manter uma relação maravilhosa com a criança e ensiná-la a fazer bem suas coisas, ser colaboradora, amável e responsável; a ser uma pessoa autossuficiente, saudável e feliz.

A tarefa é árdua, mas a maternidade ou paternidade única também tem suas recompensas. A mais imediata e reconhecível é o estreito vínculo entre o pai ou a mãe e seu filho. Essa proximidade motiva-o(a) a lutar contra qualquer inconveniente e a se reafirmar como pessoa. Em todo caso, não se esqueça de que ele é seu filho, não seu depósito de carinho nem seu melhor amigo. Nós aconselhamos a não contar para a criança todas as suas frustrações e íntimos desejos de adulto; você não está diante de um adulto nem pode preencher a figura de um cônjuge com uma criança. Seu filho tem de amadurecer passando por todas as fases: criança, adolescente, adulto; não dar um salto mortal até a fase adulta sem ter desfrutado a inocência dos primeiros anos de vida. Ele oferecerá afeto, mas não deve carregar a responsabilidade de manter a estabilidade emocional do pai ou da mãe ou de compensar com carinho seus maus momentos.

Também não podemos negar que a criança deva contar com modelos femininos e masculinos. Talvez você esteja convicto ou convicta de que, contanto que a criança tenha afeto, não importa quem o proporciona. Mas tanto os pequenos como os pré-adolescentes e adolescentes devem se rodear de outros homens – no caso de terem apenas a mãe – e de outras mulheres – caso tenham apenas o pai –, sejam avós, tios, primos, professores, instrutores... A partir dos 3 anos, as crianças constroem uma imagem idealizada do pai ou da mãe e buscam esse referente em diferentes pessoas. Além disso, lidar com meninos e meninas, brincar, ver o mundo das perspectivas masculina e feminina vai ajudá-los a saber interagir com ambos os sexos e desenvolver seu papel de homem ou mulher no futuro.

Como pai único, você vai enfrentar as mesmas dúvidas que a mãe única, além do preconceito de que são as mulheres que têm o dom de educar os pequenos. Ignore o que os outros pensam, arregace as mangas e tenha paciência. Que a sociedade tenha essa visão sexista é uma bobagem para a qual você certamente não tem tempo. Um homem pode educar seus filhos tão bem como uma mulher.

OS PROGENITORES DO MESMO SEXO

Por falar em papéis e no fato de que a educação não é função exclusiva de mulheres ou homens, entramos num campo bastante original, ao menos aos olhos da sociedade: como um casal formado por dois homens ou duas mulheres enfoca o desenvolvimento emocional e social de seu filho. Os pais *gays* e as mães lésbicas são tão capazes de transmitir valores, calor e comunicação a seus filhos como os progenitores heterossexuais. Podem ser casais e pais tão funcionais como disfuncionais, independentemente de sua orientação sexual. Não há nenhum estudo científico que demonstre que uma família homossexual prejudica a criança, nem que a levará a ser *gay*, lésbica ou heterossexual. A única diferença entre uma criança com pai e mãe e outra com dois pais ou duas mães é que em casa ela dirá papai ou mamãe em dose dupla.

Felizmente, a aceitação das famílias com pais ou mães homossexuais tem crescido, e não só entre adultos, mas também entre as crianças. O fato de ter coleguinhas de classe com dois papais ou duas mamães e, sobretudo, o bom trabalho dos pais homossexuais em explicar aos filhos essa realidade contribuem para que essas novas famílias tenham o lugar que lhes é devido. Transcendendo crenças religiosas, podemos dizer que não há pecado, mas valentia e motivação em duas mulheres ou dois homens que se amam e se empenham em cuidar de seus filhos. De fato, e para desmentir as más línguas, as estatísticas contam que o índice de abuso sexual entre os pais homossexuais é sensivelmente mais baixo do que o dos pais heterossexuais.

Os casais homossexuais costumam estar expostos à discriminação e à incompreensão. Nas grandes cidades, sair do armário e desfrutar a sexualidade sem complexos já não causa surpresa alguma, mas ainda existem lugares em que a homossexualidade é marginalizada e condenada. Apesar de todos os obstáculos, mulheres e homens homossexuais continuam lutando para formar uma família por meio de adoção, inseminação artificial ou barriga de aluguel. Muitas outras pessoas ousam passar de uma família tradicional ao modelo sentimental que realmente preferem: são homens e mulheres que formavam um casal heterossexual e confessaram que eram homossexuais aos cônjuges e aos filhos.

Temos de aplaudir essa luta por seus direitos como pessoas e como pais. Dois pais e duas mães passam pelas mesmas situações com seus filhos que uma dupla pai-mãe, e são tão bons para os filhos como qualquer outro casal que se proponha isso. O único ponto que especialmente os casais homossexuais devem enfatizar é fazer que seus filhos tenham contato com outras referências masculinas e femininas de orientações heterossexual e homossexual. Desse modo, as crianças valorizam e reconhecem desde muito pequenas que a diversidade é positiva e normal.

E, de outro ponto de vista, como se veem os filhos de casais homossexuais? Pois bem, as pesquisas mostram que os filhos de casais de *gays* e lésbicas são mais abertos e tolerantes, além de mais receptivos e solidários com os problemas das pessoas discriminadas por alguma razão. Eles também são discriminados por causa de sua estrutura familiar, o que os faz se identificar com outras minorias. As zombarias na escola podem levar nosso filho a se envergonhar ou duvidar, mas ainda assim os professores ou os outros pais não contribuem para acabar com os estereótipos. Em casa, devemos estar a par dessas ofensas. Nosso filho está em processo de formação da identidade e esse tipo de conflito pode afetá-lo. Isolá-lo do mundo ao redor ou trocá-lo de escola não é solução. Sempre haverá alguém que o fará notar que sua família é incomum ou diferente. Falem com ele e tentem lhe mostrar que as pessoas se refugiam em ofensas quando têm medo de uma situação por não entendê-la. Se vocês explicarem ao seu filho a natureza de sua família e que muitas outras pessoas do mesmo sexo vivem nas mesmas condições, cada um desses incidentes causará o efeito contrário; em vez de fazê-lo se sentir mal, reforçará sua empatia e a segurança em si mesmo. Como qualquer criança que se valoriza e se sente confortável com seus pais, o filho de homossexuais crescerá em meio ao respeito e à criatividade.

O FILHO ÚNICO

Que má reputação a das crianças sem irmãos... Antes, os pais viviam com a pressão de que uma família de verdade é composta ao menos por dois filhos e seus pais. Mas esperamos que sejam os últimos resquícios dos preconceitos e das ideias-padrão do que se espera da família. Além disso, hoje, os filhos únicos são uma realidade interessante e cada vez mais frequente, por causa do ritmo de vida dos pais trabalhadores, do fato de as mulheres engravidarem a partir dos 35 anos e outros motivos sociológicos e individuais. É claro, há também casais que decidem ter um filho único porque assim querem. Fantástico.

Diz-se que os filhos únicos são mimados, egoístas, caprichosos, pouco sociáveis, dedos-duros e outros tantos qualificativos. Para não se encaixar nesse perfil, eles vão depender das boas diretrizes de aprendizagem e comportamento asseguradas pelos pais. As crianças aprendem a obedecer, compartilhar, fazer amigos e negociar conosco. Se nosso filho não tem irmãos, ele encontrará mais crianças ao redor com as quais pode desenvolver suas habilidades sociais conforme as ensinamos. Mas terá problemas de adaptação se nos dedicarmos a ele excessivamente. Ele é tão especial como qualquer outra criança e merece os presentes e as atenções que teria numa família mais numerosa. Nem mais nem menos.

Ao convertê-lo no centro de nossa vida, estamos cortando sua autonomia, limitando as qualidades que ele só vai descobrir relacionando-se com outras pessoas. Nossa proteção pode encerrá-lo num mundo irreal do qual não desejará sair. E, se sair, se sentirá incapaz de relações sólidas, em que se sinta tão seguro como em casa.

É melhor que o filho único não fique só: devemos levá-lo a acampamentos, a atividades extracurriculares realizadas em grupo, reuni-lo frequentemente com os primos ou filhos de nossos amigos.

Se dermos uma educação muito permissiva, ele se habituará a conseguir tudo o que quer por meio da típica birra. Na escola, esses protestos farão dele a vítima dedo-duro que todo o mundo repudia porque sempre culpa os outros e nunca se responsabiliza por seus erros. E, ao chegar à adolescência, ser um malcriado tampouco favorecerá sua popularidade. Amamos nossos filhos e, às vezes, é difícil não mimá-los, ainda mais se temos apenas um; mas, se não impusermos limites, eles passarão mais apuros do que alegrias quando chegarem à idade adulta. Ninguém gosta do egoísmo e das atitudes voluntariosas; as pessoas tendem a excluir de seus grupos quem olha somente para o próprio umbigo e quer monopolizar tudo. Se queremos que nosso filho se integre, o mais sensato a fazer é mostrar-lhe que ele só é único em termos numéricos.

O FILHO ADOTIVO

Ser pais de um filho biológico e adotar uma criança tem o mesmo significado. Nossa ilusão, preocupação, nossa dedicação e tarefa como educadores serão as mesmas. E é isso que seu filho adotivo tem de saber e sentir desde o primeiro minuto de sua convivência. A adoção pode ser traumática para pais e filhos. Todos precisam de paciência para se familiarizar com o que isso implica.

Nosso grande objetivo é que a criança não faça uma distinção pejorativa entre pais biológicos e adotivos. É fundamental que saiba que é adotado desde tenra idade e não se sinta deslocado nem cultive a ideia de que seus pais biológicos não o amavam. Também pode ser muito proveitoso e educativo que conheça casos como o seu e possa exprimir suas dúvidas e falar de suas origens com naturalidade. Desde pequenos, podemos recorrer aos contos para mostrar-lhes que há filhos que vieram da barriga de outras mães, que os adoravam mas não podiam cuidar deles e, por isso, confiaram sua educação a outros pais que os amam e os ensinam como eles mesmos teriam feito. Convém evitar que o filho pense que seus pais biológicos não o amaram, tampouco será benéfico falar deles com desdém. De fato, apesar de muitos filhos adotados conhecerem sua família biológica, eles são bastante conscientes de que sua família *real* são esses pais adotivos que os educaram com respeito e carinho.

Em muitas ocasiões, a nova casa do filho adotivo já tem alguma criança. Ele pode ser esperado por um ou mais irmãos, que também devem compreender o que está se passando. Durante a gestação, os irmãozinhos veem a barriga da mãe crescendo, e os pais têm alguns meses para prepará-los para o grande acontecimento: receber com afeição o novo membro da família. Já explicamos que as crianças podem demonstrar atitudes regressivas e ciúmes, e é exatamente isso o que pode ocorrer em relação ao filho adotivo. Desde que começamos a tramitar a adoção, nossos filhos biológicos devem saber por que queremos um irmão para eles e que teremos de viajar para conhecê-lo e trazê-lo para casa. As crianças nos farão muitas perguntas, e devemos nos preparar para tentar responder a elas da forma mais simples possível, pondo-nos em seu lugar. A fantasia é uma boa opção.

Os filhos biológicos ficarão intrigados com o fato de seu irmão ou irmã ter outra cor de pele ou os olhos e os cabelos diferentes. Se lhes mostrarmos fotografias antes de o filho adotivo chegar em casa, despertaremos neles mais curiosidade e a generosidade de acolher e amar alguém que precisa de nós, por mais diferente que seja. A adoção é uma grande oportunidade para que o restante da família aprenda que a diversidade é um fato comum e benéfico para todos. Nesse sentido, é importante manter nosso filho adotivo em contato com suas raízes, pois estas fazem parte de sua identidade.

A integração familiar de um filho adotivo é mais lenta e difícil quando ele já tem certa idade. Nossa casa tem de ser seu lar, pois ele tem de perceber que receberá os cuidados de novos pais, avós, tios e irmãos. Em suma, é uma criança que requer muita atenção e muito diálogo, que poderão preencher o vazio emocional que ela traz consigo pela falta de uma família de base. Mas vê-la crescer e adaptar-se à sua nova família nos trará uma satisfação imensa e momentos que guardaremos para sempre.

Ponto crítico: **a emigração e suas oportunidades**

As sociedades do novo século se caracterizam pela multiculturalidade e diversidade de raças. Muitas famílias se mudam para países que aparentemente oferecem uma vida melhor, trazendo seus costumes, línguas e vestimentas para nossas ruas e escolas. Muitas pessoas criam famílias mistas, cujos filhos desfrutam a dupla cultura de seus pais. E, na escola, nossos filhos entram em contato com essas outras maneiras de ver o mundo e fazem amigos que procedem de outras partes ou, mesmo tendo nascido no mesmo lugar que eles, têm traços bastante diversos. Mas sentem e aprendem o mesmo que eles.

Essas amizades são a grande esperança contra o racismo, a ignorância e a discriminação. Nossos filhos já não precisam viajar para se dar conta de que existem muitas realidades tão válidas e dignas de admiração como a sua. Eles as vivenciam na carteira ao lado da sua, na turma de amigos, no grupo de esporte ou de dança. São relações construtivas que os enriquecem de valores, que lhes mostram que não existe uma única maneira de fazer e expressar-se. Os pequenos interagem e se estimulam para aprender outros idiomas, para ajudar-se mutuamente no ato de solidariedade mais puro e sincero. Essa emigração fortalece o abraço entre as culturas e, talvez, sirva para um dia vivermos sem conflitos e desigualdade.

21

Situações especiais
Amor na deficiência

Encontramos muitos desafios para fazer nossos filhos evoluir, mas diríamos que os pais mais corajosos são os que ensinam a viver na enfermidade ou na dificuldade. Só com amor e coragem conseguem crescer com seus filhos, ao mesmo tempo que aprendem a enfrentar uma doença crônica ou algum problema de desenvolvimento ou comportamento. Durante a gravidez, colocamos muitas expectativas em nosso futuro filho: queremos que seja divertido, esperto, esportista... e viva com muita saúde. Mas talvez recebamos notícias inesperadas: ele nascerá com Síndrome de Down, seu coração ou seus rins não funcionarão com total rendimento, será cego ou surdo. De modo nenhum esperamos que a criança desenvolva alguma desordem de comportamento em seus primeiros tempos de socialização, nem que sua aprendizagem transcorra com mais lentidão que o normal.

A vida nos prega muitas peças, e o que, a princípio, significa um golpe nos oferece inúmeras **possibilidades para amadurecer** e apreciar os momentos de alegria. Após tomarmos o tempo necessário para aceitar a ideia de que nosso filho necessitará de atenções específicas e informar-nos sobre como organizar nosso cotidiano familiar, os pontos-chave da educação de um filho com deficiência ou uma doença crônica são a normalidade e a praticidade. Ensiná-lo a se socializar por meio da comunicação, fixando limites, dando o nosso exemplo. Ele pode se dar conta ou não de sua diferença, mas nós temos a incumbência de tratá-lo como a qualquer outra criança. Nos últimos anos, temos dado um passo gigantesco na integração social das crianças com deficiência, e isso tem muito a ver com o envolvimento de toda a família. Com frequência cada vez maior, as crianças compartilham as mesmas atividades com os colegas deficientes ou que precisem de apoio, interagindo e sendo solidários com eles. Essa atitude revela que elas foram educadas no respeito pela diferença. Compartilhar aulas ou atividades leva os pequenos a se interessar pela vida dos demais e os valorizar sem tabus.

Os pais de uma criança deficiente temem que lhe falte alguma coisa quando não estão por perto, mas sempre se esforçam pelo máximo desenvolvimento de suas capacidades. Hoje em dia, as famílias têm acesso a terapias fisiológicas e psicológicas focadas em estimular crianças com problemas de mobilidade e aprendizagem desde muito pequenas. Essa estimulação contínua, além de essencial, é a maior aposta que podemos fazer como pais. Com o esforço de todos nós, elas serão, como sempre, a alegria da casa.

A CRIANÇA COM DOENÇA CRÔNICA OU DEFICIÊNCIA

Há crianças que nascem com – ou adquirem com os anos – deficiências físicas que podem significar uma limitação em seu dia a dia. Nós as classificamos como uma incapacidade quando tais deficiências atrasam seu desenvolvimento geral. Educar essas crianças exige um grande esforço emocional dos pais, que ao mesmo tempo aprendem a distribuir sua energia em educar os outros filhos, em nutrir a relação de casal e crescer como indivíduos. É, sem dúvida, um empreendimento árduo, que nenhum dos pais deve assumir sozinho. Cada progenitor reage de uma forma particular perante um problema de saúde importante, mas, quando ambos entendem a maneira como o outro o suporta, sentem-se acompanhados e capazes de avançar. É muito importante usar o tempo necessário para afastar a culpa e a preocupação envolvidas em algo tão inesperado como a incapacidade ou a doença crônica.

No grupo de crianças que necessitam de cuidados especiais ou têm uma deficiência moderada ou severa, o leque de enfermidades é bastante amplo: asma, diabetes, Síndrome de Down, autismo, paralisia, surdez, cegueira, nanismo, malformações orgânicas etc. Para cada doença existem terapias determinadas, e cada família conta com recursos emocionais distintos para amparar seu lar em suas circunstâncias. Por isso, é injusto nos referirmos à deficiência como um grupo compacto que responde a diretrizes educacionais comuns. Em todo caso, podemos refletir sobre algumas orientações bastante úteis.

Em primeiro lugar, no desenvolvimento de uma criança com limitações, é crucial enriquecer o ambiente, isto é, oferecer-lhe os mesmos estímulos diretos que seriam oferecidos a qualquer criança. Embora nosso filho não possa caminhar, correr ou pular, por exemplo, é bom tentar isso com ele, elogiando cada pequeno sucesso. Devemos conversar com ele – se necessário, por meio de linguagens adaptadas, como a linguagem de sinais –, fazê-lo participar das rotinas familiares e, sobretudo, não superprotegê-lo ou fazer tudo por ele. É melhor ajudá-lo a pegar uma colher do que alimentá-lo nós mesmos, sem lhe dar uma oportunidade de tentar isso. Ambos os progenitores devem cooperar e colaborar em cada atividade e não dividir os cuidados e a atenção, pois assim se sentirão envolvidos com o filho e como casal. De fato, toda a família tem de funcionar como uma equipe; uma criança com limitações pode unir ainda mais.

A essa ação conjunta deve-se juntar a dos profissionais da saúde e da educação. Desde o nascimento, eles farão um acompanhamento completo da evolução e do perfil de nosso filho, de modo que serão uma parte da família. Na creche ou na escola, pessoas competentes e especializadas atenderão nosso filho. O que realmente importa é que a criança seja cercada por outros meninos e meninas, como uma a mais, apesar de ter o reforço de outras pessoas. Também é fundamental não deixar a criança parada em anos escolares anteriores ao que lhe é conveniente, pois isso iria desmotivá-la e rebaixar sua autoestima. Nesses casos, a grande prioridade é escolher a escola correta. Quando conversarmos com a criança, será bom fazê-la notar que todas as pessoas têm algo que não funciona perfeitamente e que, apesar de ela não poder alcançar metas ou precisar se esforçar mais que outras crianças para conseguir as mesmas coisas, sempre terá sua família e os cuidadores ao seu lado. Unidos, vocês alcançarão totalmente suas metas. Não há nenhuma razão para ocultar ao nosso filho o que ocorre com ele. A diferença deve significar apenas um desafio, não um afastamento dos demais. Ele simplesmente tem de se esforçar mais e ver a si mesmo com bons olhos, para que os olhares ou os comentários sobre sua incapacidade não o impressionem.

Se nosso filho tem a saúde delicada e passa a maior parte da infância ou da adolescência entrando e saindo do hospital, temos de fornecer-lhe informação clara de seu problema (até onde sua idade o permita, para que não sofra gratuitamente). Isso mais o sentimento de que sua família o apoia constituem sua base mais sólida. Nosso filho deve se sentir em casa durante os tratamentos e visitas médicas: vamos levar brinquedos, encarar tudo como um processo tranquilo e normal e jamais deixá-lo sozinho. É provável que nos pergunte por que as outras crianças são saudáveis e se ele está assim porque se comportou mal. Com muita paciência e ternura, devemos lhe explicar que toda pessoa passa por algum tipo de sofrimento em certo momento da vida e que faremos o possível para que ele melhore. Teremos meio caminho andado se pudermos confortá-lo e dar-lhe a força e confiança necessárias para suportar sua doença.

PEQUENOS DETALHES

- Tiques. Os tiques são movimentos (ou vocalizações) involuntários, estereotipados, bruscos e breves, sem finalidade, com caráter repetitivo, mas não rítmico, que a criança pode reproduzir à vontade e controlar parcialmente. São intermitentes, favorecidos por fatores emocionais e diminuem quando se realizam tarefas que exigem atenção constante; um esforço voluntário é capaz de suprimi-los durante algum tempo.
  Geralmente, eles reproduzem atos da vida diária, como, por exemplo, elevação dos ombros, sacudidas de cabeça, piscadas, caretas, ruídos nasais, respiração forçada, grunhidos, barulhos com a garganta, vocalização e, às vezes, sacudidas bruscas de uma extremidade. Para citar alguns casos, a criança pode começar a roer as unhas, chupar o dedo, semicerrar os olhos, raspar ou mover os pés ou as mãos sem parar ou morder a roupa. Diferentemente de outros transtornos do movimento como coreia ou distonia, a criança pode reprimi-los em algum momento e imitá-los. Em casa, não lhe diremos que tem um tique, mas tentaremos bloquear os comportamentos de forma natural para não deixá-la mais nervosa. Nesse sentido, se ela roer as unhas, não lhe daremos uma palmada na mão, mas vamos segurá-la para lhe oferecer alguma coisa. Muitos tiques são transitórios. Se persistirem, convém, sem angústia ou urgência, consultar o pediatra.
- GAGUEIRA. A gagueira não é voluntária nem agradável e merece toda nossa compreensão. Não devemos esquecer que, no início do desenvolvimento da linguagem, pode haver uma fase (que dura até mesmo meses) em que aparece a assim chamada gagueira fisiológica transitória. Pode ser corrigida com técnicas guiadas por um especialista. Não insistir com a criança para que repita as frases sem cessar, pois vamos deixá-la mais nervosa e fazer sua dicção piorar.
- COMPLEXOS. Quando as crianças sofrem por algum defeito real ou imaginário, ou por um traço muito marcante que lhes desagrada, é preciso ajudá-las a ver suas muitas outras qualidades. É a melhor maneira de fazê-las compreender que uma pessoa não se define só

> por uma característica, mas por tudo o que ela é. Para que os outros aceitem nossa diferença, é primordial que nos aceitemos e nos amemos tal como somos. Os pais não devem se compadecer do complexo do filho; ao contrário, podem incentivá-lo a encarar sua deficiência com orgulho e até mesmo com senso de humor. A autoestima é a principal ferramenta para superar os complexos.
> - SER DESAJEITADO. As crianças com alguma dificuldade motora ou as que são desatentas ou nervosas podem ser muito desastradas ou não gozar de bons reflexos. No caso da dificuldade motora, a razão é genética e necessita de fisioterapia; no segundo caso, será preciso rever maus hábitos, o que não significa ficar o dia inteiro ralhando com o filho para que se concentre no que está fazendo. Vamos lhe mostrar como fazer as coisas com cuidado para que não se machuque e gratificar e elogiá-lo com cada progresso. Também vamos lhe sugerir que assuma pequenas responsabilidades para que pouco a pouco ganhe autonomia. Se o problema for grave, teremos de pensar em eliminar os elementos e barreiras arquitetônicas perigosas de nossa casa.

TRANSTORNO DO ESPECTRO AUTISTA (TEA), SÍNDROME DE DOWN, ATRASO COGNITIVO, TRANSTORNO DO DÉFICIT DE ATENÇÃO COM HIPERATIVIDADE (TDAH)

A atenção e estimulação são tão versáteis quanto a imaginação que desdobramos para nos comunicar com nosso filho. E, para os casos que nos dizem respeito nesse ponto, a criatividade para nos aproximarmos da criança será crucial. As crianças autistas, com Síndrome de Down, com um atraso cognitivo ou que não podem se concentrar numa tarefa exigem vias alternativas de relacionamento, vias que teremos de descobrir e fortalecer.

O TEA envolve carências comunicacionais, relacionais e comportamentais. As crianças não desenvolvem a fala nem mantêm uma conversa lógica, além de não dominar a linguagem não verbal (por exemplo, desconhecem o contato visual ao falar). Tampouco respondem a carícias, abraços e beijos, exprimindo o afeto de formas não habituais. Repetem condutas que as fascinam, como, por exemplo, arrumar os brinquedos ou ligar e desligar um aparelho elétrico, e precisam de suas rotinas para se sentirem confortáveis.

Levando em conta que nosso filho não vê o mundo tal como o percebemos, devemos averiguar quais são suas formas de ver, ouvir, sentir e degustar; como é *seu* mundo, para poder compartilhá-lo. A terapia e a educação de um filho autista giram em torno da comunicação. Os profissionais que estimulam a criança vão nos apoiar e guiar no modo de criar esse vínculo especial.

Na realidade, esse suporte profissional é essencial em nosso enfoque educativo quando temos um filho com algum atraso cognitivo. Enquanto ordenamos nossa vida como família – um ponto básico para nos mantermos unidos –, outras pessoas preparadas nos darão todos os pontos de vista e as razões necessárias para nosso bem-estar e o de nosso filho. Os especialistas nos orientarão sobre como ensiná-lo a ser independente na escola, em sua higiene pessoal, ao fazer amigos ou em sua passagem para a adolescência, sempre de acordo com seu grau de atraso. O que está claro é que, de nossa parte, nos deixaremos levar e esbanjaremos afeto com a criança.

Essa recomendação também é muito válida para as crianças que nascem com Síndrome de Down, vale dizer, com uma variação genética que implica certo atraso cognitivo e deficiências cardíacas, visuais e auditivas. São crianças expostas a muitos problemas de saúde, de modo que o clínico geral poderá nos indicar outros profissionais que nos ajudem a definir as capacidades, os interesses, o temperamento e o melhor plano de aprendizagem para a criança.

Nas crianças hiperativas, o plano de aprendizagem se baseia em estratégias que prendam sua atenção no intuito de fazê-la se concentrar. Além disso, há preocupações de que elas se machuquem com seus movimentos constantes e seu comportamento compulsivo. Desse modo, devemos cultivar a fundo a paciência e a calma para modificar pouco a pouco sua conduta. Antes de mais nada, é importante definir algumas normas do que nosso filho pode e não pode fazer em casa. No princípio, ele errará uma e outra vez, e nossa tarefa consistirá em reorientá-lo sem nos indignar ou mostrar aborrecimento. É precisamente essa reação dos pais que incita a criança a se movimentar ainda mais, porque entende que assim chama nossa atenção. Quando conseguir se tranquilizar e cumprir alguma norma, é muito importante elogiá-lo para, desse modo, fixar a conduta. Organizar planos para os dias da semana e outros para os fins de semana é de grande utilidade, pois será nossa desculpa para lhe mostrar que há momentos de atividade e outros em que todos necessitamos repousar. Nosso filho comprovará as vantagens que obtém quando se move sem parar e quando está tranquilo. Há crianças que não se concentram e não são hiperativas; em todo caso, não faz mal consultar o pediatra para que diagnostique o problema da criança e a trate da melhor perspectiva possível.

Em suma, podemos integrar as crianças que requerem cuidados especiais, sempre considerando seu grau de atraso no desenvolvimento, em ambientes variados e *normais*. Os especialistas vão nos apoiar e ensinar como ajudar nosso filho a desenvolver sua personalidade e suas capacidades cercado de carinho e compreensão.

A PERDA. O LUTO

Para os pais, a máxima principal talvez seja a de se esforçarem para que nada de mau ou traumático ocorra aos filhos. Poderíamos colocá-los numa bolha de felicidade, mas não o ajudaríamos a ser fortes e valentes perante as adversidades da vida adulta. Poderíamos descrever para eles um panorama das coisas estressantes da vida moderna, mas isso lhes roubaria a inocência e os confundiria ainda mais. E, quando a dor aparece de maneira inevitável, como podemos protegê-los e, ao mesmo tempo, tentar explicá-la a eles? O esclarecimento do conceito de morte para uma criança pequena demanda mais metáforas do que para um adolescente, mas ambos necessitam exatamente do mesmo apoio para digerir a perda.

Bem, não podemos enganá-los a respeito de algo tão sério e inevitável. A morte faz parte da vida, por isso devemos fazê-los notar isso da maneira menos dolorosa possível. Uma pessoa se vai, mas fica para nós a lembrança de sua alegria, o que nos ensinou, o que amamos e compartilhamos com ela. Conversar sobre o ente querido nos ajudará a liberar emoções, tristeza e impotência. Ainda assim, o apoio mútuo e a certeza de que podemos contar uns com os outros na família constituem uma fonte de ânimo muito sólida. Uma boa ideia é associar a pessoa que nos deixou a um objeto ou lugar que ela costumava frequentar e pensar nela sempre que virmos esse elemento especial. Com sua lembrança, ela permanecerá em nossa memória com carinho.

As crianças manifestam o estado de luto de uma maneira diferente dos adultos; não falam sobre o que as perturba, mas demonstram por comportamentos ansiosos ou hiperativos. Assimilar que não vão mais falar com alguém importante para elas é um golpe que escapa à sua lógica infantil. Lidarão com a ausência com o passar do tempo e se racionalizarmos um pouco o significado da morte.

O caso é que, entre os 2 e 3 anos, as crianças acreditam que morrer equivale a estar dormindo. Dos 3 aos 6, essa crença evolui, pois reconhecem que a pessoa não está entre nós, mas ainda pensam que é um final revogável, que tem solução. É aos 9 anos que nossos filhos compreendem o que essa perda significa. Tal como nos outros temas delicados e difíceis de esclarecer, a explicação do que é a morte deve primar pela verdade. Fugir da conversa não vai deixá-los mais felizes, pois nos veem indispostos e tristes e deduzem que está acontecendo algo de errado. O ambiente de tristeza em casa pode levá-los a especular sobre males relacionados com eles ou seu ambiente, pensando, por exemplo, que vão ser abandonados ou que não os amamos mais. Não há solução melhor do que ater-se à verdade: a morte é natural, mas também ocorre de tempos em tempos, não chega todos os dias e não precisamos sofrer em vão. O falecido não saiu de viagem nem fez um truque de mágica. É claro, podemos recorrer à fantasia e às histórias simbólicas para explicar o que se passa quando morremos ou, se somos religiosos, podemos mencionar que a pessoa está no céu e é nosso anjo da guarda. Nosso filho merece respostas positivas, compreensíveis e reconfortantes para poder cumprir seu luto e não esperar milagres. Do contrário, quando se der conta das mentiras, vai se sentir ainda mais desolado e decepcionado.

Uma criança pequena atravessa o luto de forma mais leve que as maiores ou um adolescente porque sua visão de mundo é mais inocente e não contém conceitos negativos. No entanto, quando se trata da perda do pai ou da mãe, o choque exige um constante apoio psicológico. A dramaticidade não serve para nada, e temos de aceitar que a criança ficará triste e deprimida por muito tempo. Não podemos livrá-la dessa sensação, mas podemos compensá-la com muito contato físico, com diálogo que lhe permita desabafar, recordando-lhe todas as coisas positivas do papai ou da mamãe, dizendo como ele ou ela estaria orgulhoso ou orgulhosa de vê-la contente. Esconder as fotos ou os pertences da pessoa falecida é contraproducente, pois o contato com eles contribuirá para que a criança não tenha medo nem tristeza, nem uma visão negativa da morte. Nossa principal preocupação deve se centrar em lhe oferecer toda a serenidade possível para que não se afunde na dor e no medo.

Isso também se aplica a outras situações traumáticas. Os desastres naturais, os acidentes, a violência e o abuso, o divórcio dos pais, ser abandonado ou separado pela força de sua família... repercutem intensamente no bem-estar de nosso filho. Surgem o estresse e, às vezes, a agressividade ou a introversão. Trata-se de um ato reflexo de pânico que pode deixar sequelas psicológicas. Um dos primeiros conceitos abstratos que as crianças desenvolvem é o **medo**. Não há dúvida de que o medo está inscrito em nossos genes como uma parte do código de sobrevivência: os temores evitam que corramos riscos e enfrentemos situações absurdas que não poderíamos vencer. Todas as crianças vivenciam o medo e a ansiedade em algum momento ou outro. Cada faixa etária está associada a alguns temores concretos, e a maneira como as crianças os manifestam sinaliza as ferramentas usadas para resolvê-los:

- Um bebê chora quando não reconhece quem se aproxima dele, ou se não consegue localizar seus pais. Esse medo é mais evidente entre os 12 e os 15 meses, mas logo vai desaparecendo.
- As crianças entre os 10 e os 18 meses gritam quando acham que os pais não estão com elas. É o medo da separação.
- Entre os 4 e os 6 anos, a ampla imaginação de nossos filhos os faz ver fantasmas, monstros e outros seres que vivem na escuridão. Esses temores coincidem com a adaptação à escola e à socialização.
- A partir dos 7 anos, as crianças e os adolescentes se estressam diante de uma possível dor ou acidente que possam sofrer.

Esses medos são normais e vão se dissipando à medida que a criança cresce. No entanto, um senso de alarme exagerado torna-se um inconveniente para seu desenvolvimento e pode resultar numa **fobia**. Alguns pais superprotetores podam capacidades com as quais seu filho superaria dificuldades, e essa criança insegura tem mais tendência a padecer de fobias. Diante de um evento traumático, as crianças medrosas e sofredoras – iguais às inseguras, pois projetam seus medos num futuro imaginário, sempre esperando que ocorra o pior – têm grande chance de se bloquear. É pouco provável que essas crianças possam resolver seus temores por si mesmas, motivo pelo qual os pais não deveriam descartar a ajuda de um especialista. Os psicólogos da escola behaviorista sugerem uma terapia de exposição às situações que despertam o pânico na criança para que ela se conscientize de que não tem nada a temer e possa contornar o bloqueio.

Por outro lado, as crianças não param de nos surpreender com sua força e capacidade para superar as tragédias e crescer com elas. A **resiliência**, habilidade de fortalecer suas aptidões e sua autoestima aprendendo com as situações difíceis, não só é motivo de orgulho, mas também depende de que os pais estimulem os filhos e os criem para confiar em suas inúmeras possibilidades.

Ponto crítico: **transtornos alimentares**

A anorexia, a bulimia nervosa e a obesidade são alterações da conduta alimentar com graves consequências. A pessoa obesa põe em perigo sua saúde por culpa do sobrepeso e da acumulação de gordura; a anoréxica, que persegue um ideal de magreza extrema, segue o objetivo de reduzir suas porções de alimento até não ingerir nada, ou come com normalidade mas recorre a laxantes ou ao vômito para eliminar o que ingeriu, o que conhecemos por anorexia purgativa. As pessoas bulímicas se caracterizam por fases alternadas de ingestões excessivas e vômitos. Vale lembrar que os transtornos alimentares são incluídos pela Organização Mundial da Saúde (OMS) entre as enfermidades de raiz psíquica e não se referem unicamente à modificação corporal que provocam. Buscamos de forma inconsciente a segurança e o conforto que um tipo de alimento nos evoca e com o qual nos consolavam quando pequenos, como se nos pusessem a chupeta, água ou leite na boca. Desde crianças, inculcam-nos a ideia da comida como prêmio: se caímos, nos dão uma guloseima; se não terminamos o prato, ficamos sem doce ou bolachas. Uma educação nesse estilo em matéria de alimentação pode originar uma má relação com a comida, que desencadeia a ansiedade. Comemos em demasia ou nos privamos de comer porque nos gratificamos, nos castigamos ou tentamos nos aliviar de algum peso emocional.

Infelizmente, hoje vêm aumentando os casos de crianças e adolescentes de ambos os sexos com sobrepeso, obesidade, anorexia e bulimia. São várias as causas dessas alterações, desde os genes, os fatores hormonais, a falta de apetite, a fome voraz inata, a pressão do meio e os cânones estéticos em vigor, o sedentarismo, as horas na frente da TV até, é claro, os maus hábitos alimentares.

- Para a criança obesa o sobrepeso pode ser hereditário ou resultar da necessidade de saciar um apetite excessivo, mas entendemos que ela enfrenta um transtorno emocional quando consome quantidades abundantes de alimentos muito calóricos ou pouco nutritivos para aliviar sua ansiedade ou por se sentir deslocada. Além de riscos cardiovasculares, diabetes e outros problemas de saúde, as crianças com obesidade sofrem porque são objeto da zombaria cruel por parte de outras crianças. Como num círculo vicioso, elas se isolam mais, são menos ativas e acabam se refugiando na comida. [O índice de obesidade em crianças e adolescentes quadruplicou nos últimos vinte anos na Espanha, como revela a Encuesta Nacional de Salud.]* Se os

....
* No Brasil houve um aumento de mais de 200% nos últimos vinte anos, segundo dados do IBGE. (N. do R. T.)

pais perceberem algum indício a partir dos 5 anos que os leve a pensar que seu filho come excessivamente e engorda, terão de enfrentar a questão imediatamente. A solução não é obrigá-lo a fazer regime como castigo nem criticar sua obesidade. A criança não responderá a perseguições nem a pressões psicológicas; o efeito será contrário ao que desejamos. Tampouco devemos idealizar o corpo magro; comprovou-se que muitas crianças obesas desenvolvem anorexia na adolescência porque ficam obcecadas pela magreza. Nosso filho necessita que reforcemos sua autoestima, realcemos suas qualidades e o motivemos a seguir bons hábitos: uma alimentação equilibrada para sua idade (frutas, verduras, cereais, legumes), exercício físico e menos televisão. De fato, estudos demonstram que cada hora na frente da TV aumenta em 12% o risco de obesidade. Um médico poderá aconselhá-los em questões dietéticas e mostrar à criança os benefícios de comer bem. Quando ela assumir a responsabilidade de cuidar-se, verá que faz sentido seguir uma dieta.

- Os garotos e garotas anoréxicos costumam ser, para nossa surpresa, excelentes alunos, populares entre seus amigos e tranquilos em casa. Contudo, não estão contentes consigo mesmos. Sua maneira de exprimir essa raiva é a não dieta, a autodestruição por não comer coisa alguma. Se não têm sua vida sob controle, pelo menos controlam a comida. Como um vício, veem-se premiados pelo quilo que perdem, pelos alimentos a que resistem ou que eliminam praticando esportes de maneira compulsiva. E não conseguem parar. Sempre se acham gordos, embora o baixo peso ameace sua vida. Os bulímicos se castigam por comer induzindo o vômito ou tomando laxantes para se livrar do que comeram. A anorexia e a bulimia nervosa não dependem de decisões controláveis; requerem a ajuda de endocrinologistas, nutricionistas, psicólogos e outros especialistas para tratá-los de uma perspectiva integral: os danos físicos nos órgãos, nos ossos e no sistema hormonal, a baixa autoestima e a autodestruição, a depressão derivada do trauma. Os transtornos da alimentação precisam de atenção médica profissional; é importante aceitar que o tratamento será longo e difícil, mas que nosso filho conseguirá se curar com psicoterapia e a profilaxia adequada.

Observe seu filho, esteja a par de suas preocupações e promova a ideia de uma vida saudável baseada no equilíbrio nutricional e no exercício moderado. Poupe qualquer comentário superficial e frívolo sobre seu corpo. Ele é maravilhoso como é, não precisa parecer com certo ator ou cantor. Seja responsável. Seja a força de que ele precisa. Só assim você poderá prevenir essas desordens ou detectá-las a tempo.

22

O sexo: ponto-chave numa educação saudável
Física e química

A sexualidade é um terreno em que quase todos os pais escorregam um pouquinho. Nós nos apoiamos na crença de que não teremos de enfrentar a educação sexual antes de nosso filho chegar à puberdade, mas as coisas não funcionam bem assim. A sexualidade não é a bela adormecida que desperta e assume um papel protagonista na adolescência. A sexualidade nasce e morre conosco, é uma qualidade inerente aos indivíduos, profundamente arraigada em sua biologia, em sua forma de comunicar-se, dar carinho e prazer. Em sua personalidade.

Por isso, os pequenos nos deixam boquiabertos com essas perguntas que nos incomodam e para eles são tão espontâneas. A educação em matéria de sexo começa muito antes de qualquer apresentação específica da escola ou de nos sentarmos com nosso filho no sofá para uma conversa *séria*. Cada dia, desde tenra idade, a criança quer corroborar o que vê e ouve e não pode compreender. E não só pergunta, mas também desfruta mamando no peito de sua mãe nos primeiros meses de vida e explorando e observando seu próprio corpo desde os 2 ou 3 anos. Depois vêm as perguntas sobre as diferenças anatômicas entre homens e mulheres e sobre a reprodução, e as crianças passam por uma fase de curiosidade sexual em relação às outras. Esses jogos se dão entre os 5 e 6 anos. Na pré-puberdade e durante a adolescência, as mudanças corporais os impelem a informar-se de forma mais detalhada sobre o sexo e o amor.

Nenhuma classificação é absoluta, e as idades de descobrimento da sexualidade oscilam: há crianças mais precoces e outras que fazem experimentações mais tarde. Em todo caso, não precisamos nos alarmar com suas perguntas e seu interesse pelos órgãos genitais. Ao tocar-se, elas percebem que essas partes têm uma sensibilidade distinta, mas sua curiosidade não oculta ideias distorcidas. É natural que nós, pais, tenhamos um senso de moralidade e alguns valores que definem nossa visão do sexo. Evidentemente, educaremos nosso filho nesses valores, mas precisamos tentar não ser negativos nem castradores. As carícias, tocar(-se) e os beijos não são *asquerosos* nem causam vergonha. Como dissemos, a sexualidade abarca aspectos que superam a questão de como são feitos os bebês; são aspectos ligados a como nos relacionamos com pessoas de outro sexo – ou do mesmo, segundo nossa orientação sexual – e qual é nosso papel na sociedade como homens ou mulheres. Os meninos e as meninas reconhecem seu gênero aos 2 anos aproximadamente, porque associam seus atributos físicos a uma identidade sexual concreta. No entanto, aprendem o que significa ser homem e mulher copiando-nos. Se identificamos o feminino a algumas tarefas, à sensibilidade e a brincar com bonecas, e o masculino a ser forte, a brincar com carrinhos e a não colaborar em trabalhos de casa, nossos filhos seguirão esses estereótipos em suas relações. Criá-los sem diferenças de gênero é a primeira pedra para construir uma sociedade mais equitativa, constituída por homens e mulheres que possam se exprimir livremente.

O sexo tem um componente emocional ligado à experiência puramente física, e a criança precisa ver isso em seus pais para compreendê-lo. Não é necessário explicar detalhadamente a uma criança de 2 anos as artes do amor, mas, se ela está familiarizada com a imagem de duas pessoas que se abraçam e beijam porque se amam, sua noção de contato físico se desenvolverá de maneira mais saudável. Obviamente, é melhor não mostrar atitudes mais íntimas. Desse modo, nossos filhos concluirão que há aspectos da vida que pertencem ao âmbito privado de uma pessoa ou de um casal. A ideia também serve para ensinar-lhes que certas coisas correspondem à intimidade e é preferível não fazê-las em público.

Podemos igualmente introduzir a criança na educação sexual falando dos genitais como algo normal. Por exemplo, durante seu banho, podemos ensinar-lhe que "secamos bem a vagina" ou "lavamos o pênis com delicadeza". Quanto menos eufemismos e diminutivos usarmos para nos referirmos ao corpo, mais fomentaremos uma consciência positiva dele nas crianças. Muitos pais também hesitam em se mostrar nus na frente dos filhos. Para uma criança, a nudez é algo corrente e agradável; o pudor provém da educação. Se ela nos vê saindo do chuveiro ou trocando de roupa, adquire um conceito do corpo nu natural, sem conotações eróticas. As restrições ou as atitudes fechadas de alguns pais podem resultar em vergonha, rejeição ou culpabilidade em relação ao corpo e ao sexo.

Na realidade, nossas explicações sobre essa matéria sempre devem partir da normalidade. Do mesmo modo que, por serem crianças, não precisam saber que a vida tem seus reveses, evitaremos temas como abusos, a violação ou a prostituição até que possam assimilá-los. Evitaremos também as caretas e a vergonha e usaremos uma linguagem adulta para consolidar a confiança da criança e dar-lhe a entender que pode perguntar com tranquilidade o que desejar. Há crianças que nunca formulam questões acerca da reprodução, do corpo ou da gravidez de sua mãe porque percebem que os pais se sentem incomodados quando tentam responder. É essencial que crianças e adolescentes assumam sua sexualidade como uma característica pessoal bonita, e não como algo sujo ou que devam esconder. Ocultar-lhes um fato tão vital será inútil, pois eles sabem muito mais do que podemos imaginar: eles o intuem, comparam opiniões com outras crianças e vivem numa sociedade em que o sexo flui em todos os campos. Podemos ajudá-los a amadurecer sem tabus nem medos. Podemos educá-los a respeito da diversidade das formas de amor e sexo, mostrar-lhes que dois homens e duas mulheres podem se amar como um casal formado por homem e mulher, e definir as particularidades das relações heterossexuais e homossexuais sem preconceitos nem lugares-comuns. Também é interessante explicar-lhes que as pessoas que vivem sem um parceiro ou parceira não têm nenhum problema. Em suma, que amor e sexo são prazenteiros se há liberdade de escolha.

Com senso de humor e prudência, podemos introduzi-los nos assuntos amorosos e sexuais. Pois o importante é lhes oferecer uma boa educação sentimental, para que aproveitem todas as sensações e prazeres da paixão e do desejo. Podemos comentar nossos sentimentos como casal e pais e trocar impressões com nosso filho de maneira respeitosa e amável, perguntando-lhe, por exemplo, se gosta de alguém da escola. Se dermos prioridade à comunicação desde pequenos, eles terão facilidade em nos contar suas emoções numa época complicada, a adolescência. De fato, os pais costumam se queixar de que os filhos se fecham em si mesmos quando começam a mudar fisicamente. Queremos que as crianças confiem em nós e nos revelem seus temores. No entanto, essa confiança é fruto de uma educação sexual e sentimental desenvolvida desde a infância; não podemos achar que vão nos abrir a porta de repente, se não criamos esse vínculo antes.

Como se isso não bastasse, na adolescência se unem muitos elementos que confundem nosso filho. Por causa dos hormônios, ele passa maus bocados nos anos em que muda de aparência ou voz: sente-se inseguro e hipersensível a tudo o que o rodeia, além de viver a constante contradição de querer experimentar e ser independente, e temer errar ou arrepender-se de seus atos. Os adolescentes podem atravessar uma etapa de negação em que se perguntam para que menstruam ou por que ainda não se desenvolveram fisicamente ou, pelo contrário, por que se desenvolveram tão antes de seus amigos. Sentem-se poderosos em seu grupo, tendem a fazer zombarias ou a destacar a diferença e sofrem pelos complexos e pela adequação de sua imagem a certos cânones estéticos de moda.

O sexo ocupa um lugar central nesse contexto. São os anos em que eles vivem a resposta sexual instintiva, em que provavelmente terão sua primeira experiência com outra pessoa, em que se apaixonam com tanto ardor quanto incerteza. Sua autoestima pode ser abalada; nosso trabalho, desde sua infância, é educá-los com valores e uma visão positiva das mudanças, e isso será uma ferramenta estupenda para que consigam relativizar seus medos e confiar nos pais. Ainda mais se são homossexuais e planejam nos dizer.

Por todos esses motivos, com o tempo eles nos agradecerão porque os preparamos para as mudanças. A partir dos 9 ou 10 anos, podemos aproveitar situações como a ida à piscina ou a visita de primos adolescentes para mencionar que, à certa idade, as mulheres desenvolvem os seios ou que os órgãos genitais dos meninos e das meninas amadurecem. É fundamental que elas saibam o que significa a menstruação e como funciona o ciclo. Todas as mulheres o têm, e não há problema nenhum. Podemos combater sua insegurança ao salientar que eles são como uma obra de arte em evolução e seus corpos e emoções se aperfeiçoarão com o tempo: a acne terá uma melhora, serão mais altos e suas formas serão mais harmoniosas. Uma das frases-chave dessa etapa é, sem dúvida, "fique tranquilo, isso é normal porque...".

Não é porque falamos abertamente de sexo com nossos filhos que eles terão mais vontade de praticá-lo. A verdade é que a curiosidade e o medo andam juntos, e, às vezes, revelar os mistérios da relação sexual ou do contato entre duas pessoas pode até coibi-los um pouco mais.

A educação sexual não consiste em avisos e advertências. Informar nosso filho dos perigos que implicam as relações sexuais – doenças, gravidez não desejada – ou entregar-lhe um preservativo e sair correndo contradiz o que é educar: dar-lhe os recursos para se defender e desfrutar a vida. Vamos confiar neles e em como os ensinamos a respeitar-se e a respeitar os outros. Essa bagagem vai ajudá-los a dizer quando, com quem e como desejam manter relações sexuais, a proteger-se das doenças sexualmente transmissíveis e da gravidez com métodos anticoncepcionais adequados, e, sobretudo, a se sentirem amados e seguros ao compartilhar sua intimidade com alguém que considerem especial.

TERCEIRA PARTE

INCÔMODO, DOR E DOENÇA: COMO CURAR EM CASA E QUANDO RECORRER AO MÉDICO

23

Meu filho está doente. O que faço? Vamos ao pronto-socorro? Posso usar meus medicamentos?

Que o pânico não se alastre! Os sintomas ou as marcas assustadoras de algum incidente ou doença não devem alarmá-los. Pelo instinto de pais, vocês disfarçadamente vestem o improvisado jaleco de enfermeiros. Enfermeiros porque vão aprender de forma natural a proporcionar todos os cuidados para que seu filho não sofra e se cure dos ferimentos, da febre ou se recupere com todas as garantias. Enfermeiros sim, mas nunca médicos, que são os que devem tratá-lo quando ele apresenta um quadro que não entendemos ou vai além dos primeiros socorros. De fato, a maioria dos problemas de saúde infantis é leve e cura-se melhor em casa, onde os abraços, os brinquedos, o repouso, muito líquido e algumas gotas de antitérmico lhe devolvem o sorriso.

Em alguns casos, pode ser que nos preocupemos em excesso se percebermos que nosso filho está desanimado e, em outros, talvez nem sequer notemos algum sinal de anormalidade porque é uma criança muito incansável que continua brincando, correndo e cumprindo suas atividades apesar de 39 °C de febre. A enfermidade nem sempre é evidente, e detectar um mal-estar em nosso filho exige atenção constante em seu comportamento, mas sem exagero nem preocupações extremadas para não prejudicá-lo (não devemos restringir seus movimentos). Usando o bom-senso, reconheceremos que nosso filho está mal. Se ele é esperto e enérgico, mas o achamos cansado, irritadiço, sem apetite e mais carente de nossa atenção, está nos enviando sinais de que algo não vai bem. Nesse sentido, as crianças não enganam. É importante dar valor a duas coisas: os sintomas de enfermidade e o estado geral (contente, brincalhão...) de nosso filho; os dois aspectos são importantes.

As irregularidades mais frequentes que comprovam que ele está mal são a febre (um mecanismo de defesa natural do organismo que sempre devemos controlar, mas nem sempre devemos tratar), os vômitos, a diarreia, a dor de ouvido e a tosse. Provavelmente estamos diante de um resfriado comum que podemos aliviar com remédios caseiros, como ajudar a criança a assoar o nariz, oferecer-lhe bastante líquido e fazê-la descansar. Agora, se os sintomas são agressivos ou a reação de seu filho simplesmente os preocupa, não hesitem em confiar em sua intuição e consultar o pediatra. Em certas ocasiões, essa consulta deve ser urgente, como, por exemplo:

- Situações de asfixia, queimaduras, picadas e ferimentos grandes.
- Golpes na cabeça que produzem vômitos, sonolência ou mudanças de humor.
- Diarreia persistente ou muito intensa, e a criança se recusa a ingerir líquidos.
- Convulsões febris.
- Febre alta persistente ou que não cede, vômitos constantes, choro potente, irritabilidade, aversão à luz brilhante, palidez, debilidade, marcas de cor violeta na pele...
- Vômitos contínuos e rejeição a comida e bebida.
- Respiração rápida ou entrecortada e lábios arroxeados.
- Desmaio ou inconsciência.
- Palidez e espuma na boca.
- Letargia e passividade.
- Dor que não conseguimos aliviar.
- Incapacidade de engolir.
- Barriga inchada.
- Sangue nas fezes ou urina.

Se há uma coisa que não devemos fazer é lhe dar medicamentos cujos efeitos desconhecemos no corpo de um bebê, uma criança ou um adolescente. Os fármacos para adultos – os fármacos em geral – não são inócuos e, por isso mesmo, não devem estar ao alcance das crianças nem ser manipulados com leviandade. Se estamos assustados, é melhor procurar o profissional do que abrir uma caixa de comprimidos ou um xarope. Outras duas razões para não recorrer a medicamentos, mesmo que nosso filho já os tenha tomado com receita médica, são os fatos de ele poder criar resistência ao princípio ativo ou de o tratamento não controlado poder encobrir sintomas de uma doença mais grave. O primeiro caso é muito claro no uso de antibióticos, que podem deixar de fazer efeito se tomados de forma contínua e injustificada. O segundo seria óbvio no caso de uma tosse persistente cujo tratamento foi prolongado pelos pais com uso de um xarope, sem conhecimento do médico. Um dia a criança está pior e o médico descobre uma pneumonia difusa ou que não pôde diagnosticar porque o medicamento a *retardou*. O médico pediatra deve decidir o que prescrever e durante quanto tempo.

Outra questão delicada para pais e filhos é quando a criança deve ser hospitalizada. Tendo em conta que as menores temem ser separadas de seus pais, um pequeno que vai parar no hospital depois de um acidente pode se sentir desorientado e angustiado. Enquanto permanece internado, temos de nos revezar para não deixá-lo só ou, se isso for impossível, pedir aos avós que colaborem nas visitas. Devemos mostrar calma e paciência e tentar fazê-lo perceber o que há de agradável no hospital, como seus jogos, a brinquedoteca, as enfermeiras e os médicos que cuidam dele ou até a permissão de ver televisão de vez em quando. Além disso, a partir dos 4 anos, a criança tem medo dos procedimentos e intervenções médicas. Teme a dor das injeções ou qualquer rotina de exames. Para a criança que tem uma operação agendada, essa ideia é muito estressante. Se saímos de casa para uma intervenção menor – como a retirada das amígdalas –, temos de falar sobre seus medos e tranquilizá-la alguns dias antes. Não vamos mentir para ela, nem enganá-la, pois assim trairemos sua confiança e aumentaremos seu medo. Se a operação requer anestesia, aconselhamos que vocês lhe expliquem que será curado enquanto está dormindo, mas depois terá de seguir com o tratamento e talvez sinta um pouco de dor.

O mais conveniente é não ser nem alarmista nem entusiasta. Nosso filho tem de aceitar que a enfermidade é um processo sério, mas que vai superá-la com calma e o tratamento correto. Hoje em dia, felizmente, podemos prevenir muitas doenças infantis por meio de vacinas (tétano, poliomielite, sarampo, caxumba), bons hábitos de higiene e uma alimentação equilibrada. Assim, a criança fica protegida de infecções e deficiências nutricionais que possam abrir as portas para bactérias e vírus. Também é necessário confirmar seu bom estado de saúde com revisões pediátricas periódicas. E vale lembrar que prevenir não significa superproteger: podemos ensiná-las a não correr riscos, mas, quanto menos responsabilidade tiverem sobre a saúde em virtude do excesso de atenção dos pais, menos capazes serão de superar um problema no futuro.

Nas próximas páginas, vamos auxiliá-los em sua tarefa de enfermeiros ocasionais.

24

Verbetes dos problemas de saúde mais comuns e seus cuidados básicos

Reunimos neste capítulo, por ordem alfabética, as principais doenças e incidentes infantis e juvenis. Com uma olhada, vocês saberão com o que estão lidando, quais são os sintomas e como podem aliviar seu filho em casa. Também aconselhamos quando deverão procurar o médico. Esperamos que toda essa informação lhes seja útil!

A

ACIDENTES DOMÉSTICOS E FORA DE CASA

SÃO... episódios provocados por descuidos, falta de atenção ou falta de preparação perante certas circunstâncias, tanto dentro como fora de casa, que afetam a saúde e/ou a segurança de nosso filho.

VAMOS EVITÁ-LOS... tomando uma série de precauções:
- Colocar protetores nas tomadas e nas quinas dos móveis. As gavetas devem ter uma trava para evitar que seu conteúdo caia sobre a criança.
- Instalar grades de segurança nas escadas, janelas e varandas.
- Evitar as plantas de interior que possam ser tóxicas.
- Manter fora do alcance das crianças os produtos de limpeza, os medicamentos e os objetos cortantes.
- Colocar antiderrapantes na banheira e protetores nas torneiras assim que a criança já conseguir ficar em pé.

- Tentar manter os aparelhos elétricos fora da tomada quando estiverem fora de uso.

ACIDENTES FORA DE CASA

A parada de digestão ou hidrocussão

VAMOS DETECTÁ-LA... porque é sempre precedida por um desmaio (ver o verbete correspondente). Nosso filho se queixará de dor de cabeça, cãibras, fadiga, frio ou zumbido nos ouvidos.

POSSÍVEIS CAUSAS...
- Traumatismo: um impacto forte da água contra o abdômen, a coluna vertebral ou os órgãos genitais.
- Síncope por choque térmico: é a causa mais frequente e se deve à diferença de temperatura entre a água e o corpo. Pode ocorrer quando a criança entra na água depois de exposição prolongada ao sol ou uma refeição farta.
- Síncope alérgica: o contato com a água fria e as plantas marinhas pode produzir uma reação alérgica que provoca um desmaio.

PODE SER PREVENIDA... evitando o esforço intenso na água e saindo do mar ou da piscina ao notar algum sintoma.

A insolação

VAMOS DETECTÁ-LA... porque a criança se queixará de dor de cabeça, dor nos olhos e até mesmo vertigem. O rosto se congestiona, e podem aparecer vômitos ou cãibras. A temperatura corporal pode subir a 40 °C.

A CAUSA... uma exposição prolongada ao sol sem cobrir a cabeça ou numa situação ou lugar onde haja calor muito intenso.

VAMOS TRATÁ-LA... tentando refrescar e hidratar a criança.
- Leve-a para a sombra; molhe o rosto e o corpo com água fresca; envolva-a numa toalha úmida.
- Administre-lhe antitérmicos.
- Para evitar a desidratação, ofereça-lhe o líquido que ela pedir (se nos pedir água, suco... nós lhe daremos).

Mal agudo de montanha

VAMOS DETECTÁ-LO... porque a criança ou o adolescente tem dor de cabeça, náuseas, fadiga intensa, sensação de dormência nas pernas, vertigem e sonolência.

É CAUSADO... pela queda da pressão do oxigênio no sangue ao subir a mais de 3.000 ou 3.500 metros.

VAMOS TRATÁ-LO... descendo imediatamente. Se não for possível, devemos aquecer a criança.

Frieiras

VAMOS DETECTÁ-LAS... porque os dedos incham após exposição prolongada ao frio. Às vezes, formam-se pequenas bolhas que estouram e deixam rachaduras.

VAMOS TRATÁ-LAS...
- Se é uma frieira simples, mediante fricções de álcool canforado e uma pomada com vitamina C.
- Se é uma frieira com rachaduras, devemos ir ao médico para que nos receite uma pomada adequada.

IREMOS AO PEDIATRA SE...
- A febre alta causada pela insolação não diminui após tratamento com antitérmico ou permanece alta entre 24-48 horas.
- As rachaduras das frieiras estão abertas e as feridas não melhoram.

ATENÇÃO!
1. As crianças menores de 10 anos não devem ir além de 2.000 metros de altitude, e as menores de 14 não devem ultrapassar 2.500 metros.
2. Muitos dos acidentes de montanha se devem a calçados e trajes inadequados, como também ao desconhecimento do terreno. As crianças são mais sensíveis que os adultos; é fundamental conhecer o terreno e ir bem preparado.

ACNE

É... consequência da obstrução das glândulas sebáceas. Manifesta-se em forma de espinhas, pontos negros na pele (comedões), pontos brancos (pústulas) ou pápulas vermelhas. Estes últimos podem atingir um tamanho considerável e ser dolorosos. Aparecem no rosto, pescoço, ombros... É algo normal ou fisiológico. Devemos tentar atenuá-la só se for muito intensa.

FATORES AGRAVANTES...
- O mau costume de espremer as espinhas, que impede a cura da acne e pode fazê-la se espalhar.
- Usar produtos oleosos na pele.
- Usar sabonetes agressivos, bem como certos cosméticos que obstruem os canais das glândulas sebáceas.
- O estresse emocional e a tensão podem estimular a produção hormonal e, consequentemente, o aparecimento de acne.
- Nas adolescentes, a menstruação pode piorar a acne por causa da alteração hormonal.

VAMOS TRATÁ-LA... COM UMA LIMPEZA CORRETA DA PELE:
- Lavar a pele com sabonete suave duas vezes ao dia.
- É importante limpar a área afetada antes de dormir.
- Pode-se aplicar uma loção não oleosa para hidratar (receitada pelo médico).

IREMOS AO PEDIATRA SE... aparecerem furúnculos na pele (infecções nos folículos pilosos que produzem pus) ou alguma estria vermelha ou mais de cinco pápulas arroxeadas que doem quando tocadas.
- A acne não melhorar depois de 2 ou 3 meses seguindo uma limpeza correta.
- A acne causa complexo ao adolescente.

ATENÇÃO!
Existem vários mitos sobre as causas da acne; um deles é o consumo de chocolate ou de comidas gordurosas. A acne não é causada nem agravada por alimentos (não há provas de que chocolate ou comidas gordurosas a produzam), por sujeira (os pontos pretos são de pigmento, não de sujeira), nem por problemas sexuais como a masturbação.

ALERGIAS

SÃO... uma reação exagerada da criança a uma substância estranha (chamada alérgeno). É uma reação de seu sistema de defesa (sistema imunológico), que será prejudicial apenas se for exagerada, pois o sistema imunológico trata o alérgeno como ameaça e reage como diante de um germe ou um veneno. O sistema imunológico responde produzindo anticorpos (imunoglobulina E...), que liberam a histamina e outras substâncias no sangue. Geralmente, a alergia é hereditária ou familiar.

MANIFESTAM-SE DE DIFERENTES MANEIRAS

Alérgenos no ar

VAMOS DETECTÁ-LOS... porque a criança tem rinite alérgica (também conhecida como febre do feno): ela tem dificuldade para respirar, espirra, sente coceira no nariz e/ou garganta, tem congestão nasal, tosse...

SÃO CAUSADAS... por diferentes substâncias encontradas no ambiente:
- Os ácaros do pó: uma das alergias mais comuns, causadas pelos dejetos dos ácaros que se movem pelo ar.
- O pólen: geralmente produz uma reação alérgica temporária que coincide com a época de fertilização das plantas.
- Pelos de cães, gatos etc., ou restos de baratas.

Alergias alimentares

VAMOS DETECTÁ-LAS... porque a criança passa mal depois de entrar em contato com o alimento em questão. Os sintomas habituais são coceira na boca e na garganta, urticária, coceira e gotejamento no nariz, dor de estômago, náuseas e vômitos ou diarreia.

SÃO CAUSADAS... mais frequentemente por alimentos como:
- Amendoins e outros frutos secos: em geral, se a criança é alérgica a amendoim, também pode ser alérgica a outro fruto seco.
- Ovos: a proteína da clara do ovo, mas também pode haver alergia à gema e à clara.

- Peixes e mariscos: podem causar problemas gástricos.
- Leite de vaca e seus derivados: a proteína do leite de vaca pode produzir alergia e/ou intolerância – cientificamente denominada como alergia à proteína do leite de vaca não mediada por igE (ver o verbete sobre intolerância à lactose).
- A soja e seus derivados.
- O trigo: é mais comum uma intolerância ou uma sensibilidade ao glúten do que uma alergia.

Outros alérgenos

- As picadas de insetos e alguns medicamentos podem causar reações alérgicas imediatamente após o contato.

VAMOS TRATÁ-LAS... evitando que a criança se exponha a, ou ingira, elementos que produzem a alergia em questão e seguindo as indicações do especialista.

IREMOS AO PEDIATRA SE... achamos que a reação da criança pode estar relacionada a uma alergia que não conseguimos detectar com facilidade ou se a reação persiste apesar do tratamento de urgência aplicado.

Com urgência:
- No caso de choque anafilático (reação alérgica aguda que diminui a pressão arterial). Essa reação ocorre em casos de alergia aguda a certas picadas de insetos ou alguns medicamentos, como a penicilina. Quando sofre um choque anafilático, a criança tem dificuldade para respirar, seu rosto, pescoço, boca e garganta incham, ela tem vertigens, erupções na pele, sente uma pressão na garganta, náuseas, enjoos, dor abdominal...

ATENÇÃO!
É preciso diferenciar alergia alimentar de intolerância alimentar, que é mais comum e apresenta sintomas menos agudos.

ALOPECIA

É... a perda de cabelo, que geralmente se manifesta em forma de pequenas áreas calvas.

POSSÍVEIS CAUSAS...
- Se é um bebê, devemos levar em conta que é normal que perca o cabelo com que nasceu. Ele voltará a crescer.
- Os bebês podem perder cabelo e apresentar falhas no couro cabeludo pela fricção com os lençóis, o travesseiro do berço...
- A perda de cabelo nas crianças pode ser causada por uma infecção fúngica no couro cabeludo, também conhecida como tínea. (Veremos isso em outro verbete.)
- Outra causa de alopecia temporária é a *alopecia areata*, associada ao estresse, que se mostra em forma de áreas redondas em que o cabelo desaparece. Como o folículo não é destruído, o cabelo se regenera.
- Um caso menos comum é a alopecia causada pela tricotilomania: um comportamento compulsivo em que a pessoa arranca os próprios cabelos. Não é comum em crianças menores de 9 ou 10 anos.

VAMOS TRATÁ-LA...
- Se é tínea, devemos consultar o pediatra.
- Se é outro tipo de alopecia associado ao estresse, é importante tentar minimizar o problema, buscar uma maneira de evitar o contato com situações estressantes e não esquecer de recorrer ao profissional.
- Trabalhando com a criança para lidar com os tiques nervosos (já falamos deles no capítulo 21).

IREMOS AO PEDIATRA SE... suspeitarmos que a queda de cabelo tem a ver com uma infecção por fungos no couro cabeludo (tínea) ou se os tiques nervosos forem preocupantes.

ATENÇÃO!
A *alopecia areata* não tem tratamento, mas a maioria de suas causas tem, de modo que é questão de tempo para o cabelo voltar a crescer. É importante não dar-lhe demasiada importância para não estressar ainda mais a criança.

AMIGDALITES (ANGINAS) E ADENOIDES

SÃO... a inflamação/infecção das amígdalas por uma infecção viral e/ou bacteriana. As amígdalas estão situadas de cada lado da garganta e são a primeira linha de defesa do corpo. Quando capturam e matam as bactérias, as amígdalas se inflamam porque estão agindo.

As adenoides, compostas de tecido linfático, estão situadas na parte superior do canal nasal e também podem se infectar. Também fazem parte da primeira linha defensiva do organismo.

EXAMINAREMOS... quando a criança se queixa de dor de garganta e/ou dor ao deglutir:
- É preciso olhar sua garganta. A criança deve abrir a boca e abaixar a língua, pois assim veremos se as amígdalas estão inflamadas. Se estão vermelhas e apresentam pontos brancos ou amarelados, há infecção (viral ou bacteriana).
- Podemos apalpar na área abaixo do queixo para ver se os gânglios estão inflamados (notaremos pequenos volumes semelhantes a lentilhas ou grãos-de--bico, deslocáveis, de cada lado do pescoço).
- Se ela tem febre.
- Se ela se queixa de dor de ouvido.
- No caso das adenoides, a inflamação pode provocar espirros, muco amarelo ou esverdeado, tosse (especialmente quando a criança está deitada). A criança não respira bem, tem voz nasal ou até mesmo rouca, respira com a boca aberta.

VAMOS ALIVIÁ-LAS... oferecendo-lhe muito líquido para beber, preparando comidas suaves que não machuquem durante a deglutição.

IREMOS AO PEDIATRA SE... os sintomas indicam amigdalite persistente com febre resistente aos antitérmicos e se a inflamação das adenoides não diminui de forma natural, pois, persistindo, pode acarretar outros problemas. Se as anginas são muito frequentes.

ATENÇÃO!

É importante levar a criança ao médico se a febre é resistente ao tratamento com antitérmicos, se ela não toma líquidos, vomita de maneira persistente, queixa-se de dor de ouvido, ou se seu estado geral se encontra afetado ou nos causa preocupação.

ANEMIA

É... a diminuição do número de glóbulos vermelhos no sangue, ou melhor, a diminuição da hemoglobina, encarregada de transportar o oxigênio pelo corpo.

Sua causa mais frequente é a carência de ferro ou uma dificuldade de absorvê-lo. Às vezes, algumas enfermidades podem provocar episódios de anemia.

VAMOS DETECTÁ-LA... porque a criança apresenta um tom de pele pálido, cansa-se facilmente e não tem energia. Pode ser que apresente um tom esbranquiçado na boca ou na língua.

VAMOS TRATÁ-LA... seguindo as indicações do médico, que seguramente receitará uma dieta rica em ferro e talvez um suplemento desse mineral.

IREMOS AO PEDIATRA SE... acharmos que nosso filho apresenta os sintomas descritos.

ATENÇÃO!
A anemia pode ser sintoma de outras enfermidades ou problemas derivados de alguma dificuldade para sintetizar elementos importantes do sangue. Por isso, recomenda-se ir ao médico.

ANIMAIS MARINHOS I (picada de medusa)

É... a reação da pele à substância venenosa impregnada nos tentáculos da medusa. Manifesta-se como linhas vermelhas que ardem e doem.

UMA OBSERVAÇÃO... Algumas crianças são especialmente sensíveis a esse veneno urticante e sofrem uma reação alérgica que inclui sintomas como sudoração, espasmos musculares, debilidade, náuseas, palpitações ou dificuldade para respirar.

VAMOS ALIVIÁ-LA...
Com luvas grossas e uma toalha, retire da área afetada os restos dos tentáculos urticantes (o veneno atravessa os tecidos finos). Aplique álcool, diretamente e sem esfregar, durante 30 minutos para neutralizar o veneno, e trate a ferida com um creme de hidrocortisona 0,5% quatro vezes ao dia, durante vários dias seguidos. Na falta de álcool, não lave a área afetada com água doce, pois a mudança osmótica faz disparar mais nematocistos, mas com água salgada. Não se deve secar a pele com toalhas nem utilizar areia. Devem-se aplicar, o mais cedo pos-

sível, compressas frias durante 5-15 minutos. Se os problemas continuam, em especial se há tremores, náuseas, enjoos ou dor intensa, devem-se administrar anti-histamínicos, tal como no caso de urticária.

IREMOS AO PEDIATRA SE... detectarmos que nosso filho sofre um episódio de alergia.

ATENÇÃO!
Os casos leves e moderados podem ser tratados na praia mesmo e em casa.

ANIMAIS MARINHOS II (picada ou mordida de peixes venenosos)

SÃO... inchaços ou ferimentos produzidos pelas espinhas dorsais ou aguilhões da raia, do rascasso, do peixe-escorpião ou dos peixes-víbora. Ao pisarmos num desses animais acidentalmente, eles injetam veneno, que provoca dor e enrijecimento locais.

Por outro lado, as mordidas de peixes não são venenosas, apenas deixam marcas.

VAMOS OBSERVAR... Em algumas ocasiões, o veneno causa sudoração, debilidade, febre, vômitos, cãibras musculares ou até mesmo choque. Convém revisar a imunidade antitetânica.

VAMOS ALIVIÁ-LAS... Basta lavar *a mordida* com água do mar e depois com água doce e sabão.

As *picadas* de peixes venenosos respondem muito bem ao calor, que destrói o veneno. Retire qualquer resto de aguilhão ou tegumentos da ferida, que depois deve ser enxaguada com bastante água do mar. Com um algodão, aplique uma solução de amaciante de carne durante 15 minutos (ou, em sua falta, amoníaco) e, por fim, mergulhe a área afetada em água tão quente quanto a criança tolerar — jamais a uma temperatura acima de 48,9 °C — entre 30 minutos e uma hora e meia, até a dor desaparecer.

IREMOS AO PEDIATRA SE... o aguilhão da raia tiver de ser extraído ou a ferida for muito grande. Em caso de mordida, se não cessar o sangramento depois de 10 minutos de pressão direta ou se a pele estiver muito lesada.

Com urgência:
- Se notarmos uma reação generalizada com os sintomas antes descritos.

ANIMAIS MARINHOS III (outras picadas: água-viva, ouriço-do-mar e coral)

SÃO... a inflamação dolorosa pelo contato com águas-vivas, ouriços-do-mar e certas espécies de coral.

VAMOS OBSERVAR...
A dor persiste por um dia ou dois, além do incômodo que pode ocorrer se uma parte de um espinho do ouriço-do-mar permanecer abaixo da pele. Ele pode desaparecer por si só com o tempo, mas também pode causar uma reação. Convém revisar a imunidade antitetânica.

VAMOS ALIVIÁ-LAS...
- Se a picada é de ouriço-do-mar, tente retirar os espinhos com uma agulha e com pinças esterilizadas, como faríamos com uma lasca.
- Para todas as picadas mencionadas, diluiremos o veneno se aplicarmos uma solução forte de amaciante de carne na área afetada (ou amoníaco) durante 15 minutos. Depois é só lavar a região com água e sabão.

IREMOS AO PEDIATRA SE... não conseguirmos extrair completamente algum fragmento do espinho de ouriço-do-mar.

ANORMALIDADES NA URINA E NAS FEZES

SÃO... alterações no aspecto normal da urina e/ou das fezes por diversos fatores.

Anormalidades na urina

VAMOS DETECTÁ-LAS... se a cor da urina muda ou se a criança expele urina em maior ou menor quantidade do que o habitual. Também podemos notá-las porque a criança diz sentir dor ao fazer xixi.

POSSÍVEIS CAUSAS...
- Se a criança urina em excesso, isso pode estar relacionado com algum medicamento que esteja tomando. Podemos consultar o pediatra.
- Se a cor da urina é azulada ou esverdeada, isso se deve aos corantes artificiais de alimentos, bebidas ou medicamentos. Recobrará a cor normal naturalmente. Se a cor diferente persistir, consulte o pediatra.
- Se a cor da urina é amarelo-escura, alaranjada ou amarronzada, mas as fezes são normais, pode ser que a criança não tenha ingerido líquido suficiente, ou tenha sofrido um episódio de vômitos, febre ou diarreia, que faz a urina se concentrar. Ela deve tomar muito líquido para se hidratar. Se persistir esse estado, consulte o pediatra.

IREMOS AO PEDIATRA SE... a criança se queixa de dor ao urinar, pois é provável que tenha uma infecção urinária (ver, mais abaixo, o verbete correspondente).
- A cor da urina é marrom-escura ou clara durante vários dias ou se nosso filho está pálido.
- A criança urina mais do que o normal e cada vez em maior quantidade, e se além disso está cansada e perdendo peso. (Ver verbete sobre diabetes.)

Com urgência:
- Se a cor da urina é rosada, avermelhada ou tem um aspecto esfumado. Poderia ser uma infecção e/ou uma enfermidade renal.

Anormalidades nas fezes

VAMOS DETECTÁ-LAS... por uma alteração na cor, consistência ou odor das fezes da criança.

POSSÍVEIS CAUSAS...
- Num bebê que se alimenta de leite materno, é normal que as fezes tenham cor esverdeada e um aspecto líquido.
- Se é uma criança um pouco maior cujas fezes têm um aspecto mole ou líquido e cor esverdeada, pode se tratar de uma gastrenterite (ver o verbete correspondente).
- Se uma criança maior de 1 ano apresenta fezes esbranquiçadas, talvez esteja se recuperando de vômitos ou diarreia.

IREMOS AO PEDIATRA SE... acharmos que a gastrenterite é séria e os sintomas não diminuem apesar da dieta.
- As fezes da criança são pálidas, a urina é escura e a pele e o branco dos olhos estão amarelados, pois isso pode significar um problema hepático.
- As fezes são pálidas, soltas e fétidas, pois pode se tratar de uma má absorção intestinal.

Com urgência:
- Se uma criança menor de 1 ano apresenta fezes gelatinosas e de cor avermelhada.
- Se há sangue nas fezes, podemos suspeitar de gastrenterite aguda, fissuras anais ou inflamações do intestino.

ATENÇÃO!
A mudança de aspecto na urina e nas fezes pode ser algo normal por alguns dias. Se ela persiste, e os sintomas não melhoram, é preciso levar a criança ao médico.

ARRITMIA

É... uma alteração no ritmo cardíaco habitual.

VAMOS DETECTÁ-LA... porque a criança pode ter palpitações, enjoos, desmaios, embora os sintomas, às vezes, não sejam tão evidentes.
- Para detectar uma arritmia, é importante saber qual é a frequência cardíaca normal da criança. A normal varia entre 60 e 100 batimentos por segundo, dependendo da constituição física, idade...

IREMOS AO PEDIATRA SE... suspeitarmos que a criança pode ter arritmias.

ATENÇÃO!
É importante verificar a origem e as causas da arritmia, motivo pelo qual aconselhamos uma visita ao médico.

ASFIXIA POR ENGASGAMENTO

É... a situação em que um corpo estranho fica parado na garganta, bloqueia a passagem do ar e/ou produz espasmos musculares.

VAMOS DETECTÁ-LA... porque a criança tosse com força, ofega, parece perder o fôlego e fica vermelha.

AGIREMOS... se houver passagem de ar, pois a criança poderá expulsar o objeto, ou se pudermos ver o objeto que obstrui sua garganta.
- Se é um bebê, incline-o de barriga para baixo sobre seu antebraço, com a cabecinha mais baixa do que o peito e com o queixo entre seus dedos, e dê umas palmadinhas nas costas para ajudá-lo a expelir o objeto.
- Se é uma criança maior, realize o que se chama MANOBRA DE HEIMLICH: posicione-se por trás da criança, rodeie seu peito com os braços e coloque o punho abaixo de seu esterno, no centro da parte oca das costelas inferiores, cubra o punho com a outra mão e aplique uma pressão forte e vigorosa de baixo para cima. Desse modo a criança vai respirar de forma brusca e expelir o objeto. Enquanto isso, outra pessoa chamará a ambulância.
- Cuidado ao tentar pegar o objeto com os dedos! Você pode *fazer que o objeto entre mais fundo na garganta*.

IREMOS AO MÉDICO URGENTEMENTE...
- Se a obstrução impossibilita a passagem de ar e a criança está se afogando (ela adquire um tom azulado e não consegue respirar), chame uma ambulância imediatamente.

ATENÇÃO!
1. Se estamos esperando a ambulância e não há resposta, devemos seguir reanimando a criança.
2. Se a criança perde a consciência, devemos colocá-la em posição lateral de segurança. *O melhor remédio para esses casos é receber uma formação em primeiros socorros para poder realizar corretamente as manobras e saber tratar uma criança engasgada.*

ASMA

É... uma condição que causa episódios frequentes de arquejo e falta de ar. É causada pela inflamação das vias respiratórias (traqueia, brônquios e bronquíolos), que dificulta a passagem de ar ao diminuir o diâmetro dos brônquios. Caracteriza-se por crises de dificuldade respiratória aguda (chamada dispneia). Durante a expiração da criança, podemos ouvir assovios.

É uma das enfermidades respiratórias crônicas mais comuns na infância.

VAMOS DETECTÁ-LA... porque, ao respirar, o peito da criança parece emitir sibilos e assovios. Ela também pode apresentar respiração rápida, irritabilidade inexplicável (em crianças muito pequenas), sentir-se fatigada e/ou tossir, sobretudo à noite ou ao fazer exercício.
- Esses sintomas podem ocorrer de uma vez ou ir aparecendo com o tempo. No entanto, o início da crise asmática costuma ser brusco.

VAMOS ALIVIÁ-LA... A asma não tem cura, mas quando é provocada por uma alergia – asma extrínseca – pode ser atenuada evitando a exposição da criança a alérgenos.

VAMOS TRATÁ-LA... seguindo as orientações médicas:
- Existem diferentes medicamentos dependendo do tipo de asma. Geralmente são estipulados um tratamento de controle e outro de resgate para as crises. Esses medicamentos costumam ser broncodilatadores e/ou corticoides, conforme o caso.
- Quando a criança tem uma crise, as vias respiratórias se incham e a passagem de ar se estreita, o que dá origem aos sintomas. Nesses casos, devemos aplicar o tratamento de resgate como o pediatra nos ensinou.

IREMOS AO PEDIATRA SE... acharmos que a criança sofre de asma, pois ele deverá avaliar de que tipo é e receitar a medicação adequada.

Com urgência:
- Se a crise de asma é grave ou a resposta ao tratamento de resgate não parece surtir efeito.
- Sempre que houver uma má resposta ao tratamento de resgate.

ATENÇÃO!
1. Se a criança recebeu indicação de uma medicação continuada (tratamento de controle), esta não deve ser interrompida, salvo por recomendação médica.
2. Quanto mais cedo se trata a inflamação das vias respiratórias, mais rápido acaba a crise.

B

BOLHAS NOS PÉS E NAS MÃOS

SÃO... vesículas cheias de líquido que aparecem na planta ou dedos dos pés, no calcanhar ou na palma das mãos pelo atrito contínuo com calçados novos, após uma caminhada ou quando se usa uma ferramenta de maneira contínua.

VAMOS CURÁ-LAS... É essencial não abrir as vesículas para drenar o líquido, pois desse modo aumentaremos a possibilidade de infecção. O mais recomendável é deixar que sigam seu curso natural: elas secarão em 1 ou 2 semanas, e a pele se renovará.
- Se a bolha estourar acidentalmente, retiraremos a pele solta e lavaremos a superfície com sabão antibacteriano duas vezes ao dia. Também devemos trocar as meias da criança toda vez que limparmos a área.
- Se a vesícula se mantém intacta, podemos cobri-la com um esparadrapo com um pequeno orifício no centro.

IREMOS AO PEDIATRA SE... a bolha infeccionar, isto é, se doer, a área ao redor estiver enrijecida e quente, e o líquido mais viscoso e com coloração diferente.

ATENÇÃO!
Para prevenir as bolhas nos pés e nas mãos:
- Evitar os sapatos apertados ou muito largos.
- Aplicar vaselina na área onde costumam aparecer bolhas para reduzir a fricção.
- Usar um par extra de meias em cima do habitual.

C

CASPA

É... uma esfoliação não contagiosa da pele morta que ocorre em todo o corpo de forma natural e durante a vida toda. No entanto, pelo incômodo estético e pela acumulação, as escamas do couro cabeludo são as mais problemáticas.

VAMOS TRATÁ-LA... em casa, lavando a cabeça diariamente com o xampu de sempre e depois escovando bem os cabelos. Por alguns períodos, talvez possamos reduzir a lavagem diária para dias alternados, mas isso não é o habitual.

Se o couro cabeludo está avermelhado ou irritado ou se a textura da caspa é muito oleosa, é melhor passar a usar um xampu que contenha enxofre (retarda o processo de esfoliação da pele) durante três dias consecutivos e, depois, uma vez por semana. Será mais eficaz se impregnarmos todo o cabelo com espuma, cobri-lo com uma toalha durante uns 20 minutos e depois enxaguar com água corrente abundante.

IREMOS AO PEDIATRA SE... depois de seguir um tratamento simples e habitual em casa, não conseguirmos solucionar o excesso de caspa.

ATENÇÃO!
Não é verdade que o cabelo fica mais oleoso se o lavamos todos os dias. Isso vai depender da suavidade dos produtos utilizados.

CETONA

É... uma substância produzida pelo fígado, quando o organismo queima gordura em vez de glicose para obter energia. É uma consequência metabólica, não propriamente uma doença. Provoca um hálito com cheiro característico de maçãs verdes.

VAMOS DETECTÁ-LA... porque a criança tem sonolência, se mostra irritadiça e inapetente. Também é possível que ocorram vômitos, diarreia, dor abdominal, mal-estar geral, língua seca e até mesmo febre.

VAMOS EVITÁ-LA... seguindo uma dieta saudável e regular.

VAMOS TRATÁ-LA... tomando várias medidas que consistem em "reaçucarar a criança":
- Prepare um chá de camomila com uma colherzinha de açúcar ou de mel (este último apenas se a criança já tem mais de 1 ano de vida) ou um suco, que a criança deve tomar aos golinhos.
- Se os sintomas são leves e não há diarreia, ofereça-lhe bebidas açucaradas.
- Se a criança vomitou, é importante iniciar lenta e progressivamente uma dieta rica em carboidratos complexos (pão, arroz, massas), fruta e verdura. Pouco a pouco, introduza outros alimentos, como torradas com geleia ou leite.

IREMOS AO PEDIATRA SE... apesar de estabelecer uma dieta, a criança está prostrada, com estado geral ruim...

EVITAR... bebidas refrescantes (refrigerantes, refrescos...) e bebidas de reidratação para esportistas (chamadas isotônicas).

ATENÇÃO!
1. Algumas situações favorecem a aparição de cetona na criança: não comer durante muitas horas seguidas, processos febris, diabetes, comer muita gordura ou não ingerir alimento algum nas principais refeições.
2. Se a criança vomita, deve beber para recuperar o líquido perdido.

CHORO E PERDA DE FÔLEGO

É... uma pausa na respiração da criança no meio de uma birra com choro. As perdas de fôlego são os espasmos do corpo e a respiração ruidosa que acompanham o choro do bebê. Apresentam-se nas crianças a partir dos 2 meses e desaparecem antes dos 3 anos. Ocorrem em 4-5% das crianças.

UMA OBSERVAÇÃO... Podem ser de duas formas:
- Cianótico: é o mais frequente, aparece depois de uma reação de frustração, dor e raiva e consiste num acesso de choro violento com expiração prolongada e apneia no final.

- Pálido: ocorre em crianças mais velhas; depois de um susto ou traumatismo leve, elas emitem um grito, e se desencadeia uma reação vagal com bradicardia e diminuição do fluxo sanguíneo cerebral, perda de consciência, hipotonia e palidez intensa.
- Até os 5 anos, esses espasmos desaparecem, embora possam se repetir durante alguns anos, mas não precisamos lhes dar importância.

COMO OCORREM... A criança chora e soluça por um sentimento de frustração, raiva ou medo e, em dado momento, deixa de respirar. Apesar de isso durar pouco tempo, a pele pode ficar azul ou violeta, e o bebê pode perder a consciência ou mover-se compulsivamente. Ele vai recuperar a respiração espontaneamente, sem necessidade de agirmos.

COMO AGIR... O mais importante é manter a calma. Vamos embalar o bebê para que deixe de chorar. É melhor deitá-lo de barriga para cima para que o fluxo sanguíneo e a respiração se normalizem.

IREMOS AO PEDIATRA SE... os episódios se repetem ou ocorrem antes dos 6 meses ou depois dos 7 anos de idade.

ATENÇÃO!
1. Esses episódios são involuntários, mas em certa idade a criança pode usá-los para chamar a atenção. A situação não é grave; temos de fazê-la perceber que isso não nos afeta.
2. Os espasmos de soluço são muito escandalosos, mas não estão relacionados a nenhuma doença. Por isso, não devemos superproteger as crianças por terem perda de fôlego.

COLESTEROL

É... um esterol ou lipídio (gordura) que se encontra nos tecidos corporais e no plasma sanguíneo e participa em muitos processos fisiológicos importantes. É, portanto, necessário para o funcionamento normal do corpo.

DEVEMOS SABER... que nem todo colesterol provém dos alimentos; nosso corpo também produz colesterol. Além disso, nem todo colesterol é ruim. Somente o excesso do não benéfico (LDL) pode aumentar o risco de problemas cardiovasculares.

VAMOS CONTROLÁ-LO... NOS SEGUINTES CASOS:
- Se um dos pais tem uma taxa de colesterol superior a 240 mg/dl.
- Se há antecedentes familiares de enfermidades cardiovasculares.
- Se o adolescente tem algum fator de risco: cigarro, sobrepeso, sedentarismo.
- Se a criança tem determinadas enfermidades crônicas, como diabetes, enfermidades do rim ou hipotireoidismo (baixa produção do hormônio da glândula tireoide).

VAMOS MANTÊ-LO DENTRO DA NORMALIDADE... mediante uma dieta equilibrada a prática do exercício físico.
- Uma dieta equilibrada evita as gorduras saturadas e prioriza a variedade e riqueza de frutas, verduras, legumes, carboidratos, proteínas etc.

IREMOS AO PEDIATRA SE... necessitarmos verificar os níveis de colesterol por meio de exame.

ATENÇÃO!
1. Não existe nenhum estudo que demonstre que níveis altos de colesterol na infância implicam colesterol alto na idade adulta.
2. Não é necessário que todas as crianças – tampouco os adultos – tratem o colesterol, mas crianças e adultos podem se beneficiar com o controle.

CÓLICAS DO LACTENTE

SÃO... crises de choro e intranquilidade bastante comuns desde as 4 semanas de vida e sem causa aparente, pois não estão ligadas a dor de estômago, gases ou fome. São especialmente intensas por volta do final do segundo mês e costumam desaparecer aos 3,5 meses.

Costumam iniciar-se ao entardecer, depois da mamada da tarde ou da noite, com pranto, agitação e movimentos bruscos (o bebê encolhe as pernas sobre a barriga e chupa os punhos como se tivesse fome). A crise pode durar horas; no entanto, vários estudos demonstraram, para tranquilidade dos pais, que o bebê não sofre tanto como parece, e esses episódios não deixam sequelas.

UM CONSELHO... Não existe um remédio eficaz nem único para acalmar o bebê; cada criança responde a alguns estímulos segundo seu temperamento. Os pais devem munir-se de paciência e, longe do bebê, reservar um tempo para si mesmos como indivíduos e como casal.

POSSÍVEIS FORMAS PARA ACALMÁ-LO... Insistimos que essas recomendações são paliativas e não funcionam necessariamente em todos os casos:
- Embalar o bebê nos braços ou numa cadeirinha de balanço para que relaxe.
- Colocá-lo na bolsa canguru para que sinta o calor de nosso corpo e se tranquilize.
- Seguir uma rotina tranquila a partir do meio da tarde para que a criança não fique agitada.
- Um passeio ao ar livre cairá bem tanto para o bebê como para os pais.
- Mudar a criança de posição. Algumas que costumam dar certo: apoiá-la sobre nosso ombro ou colocá-la de barriga para baixo, ou sobre nosso braço e com a cabecinha voltada para nosso cotovelo.
- Um banho e uma massagem circular sobre o abdômen ou de movimentos circulares das pernas sobre o abdômen são calmantes.
- Envolver o bebê num lençol, como se fosse uma múmia.

IREMOS AO PEDIATRA SE... for preciso descartar a hipótese de que o choro se deve a alguma enfermidade, como a dor de ouvido ou o refluxo gástrico.

ATENÇÃO!
1. O choro nem sempre significa fome. O bebê precisa de duas horas para assimilar o alimento.
2. As cólicas só desaparecem com o tempo.

CÓLICA MENSTRUAL

É... o desconforto localizado na porção inferior do abdômen que costuma aparecer nos primeiros dias da menstruação.

É causada por uma contração intensa, que pode chegar a ser um espasmo, dos músculos do útero, quando este expulsa o sangue menstrual.

UMA OBSERVAÇÃO... Em geral, as cólicas não são muito intensas nos primeiros anos de menstruação.

VAMOS TRATÁ-LA...
- Com anti-inflamatórios, de preferência no primeiro dia de menstruação ou até mesmo no dia anterior, pois diminuem a dor e reduzem as contrações uterinas.
- Aplicando calor na área inferior do abdômen e/ou na região lombar.
- É melhor não se deitar quando aparece a cólica menstrual. Ela se torna mais suportável quando a mulher se movimenta.

IREMOS AO PEDIATRA SE... a dor incapacita a levar uma vida cotidiana normal; se a dor dura mais de três dias ou ocorre em apenas um dos lados; ou se persiste após o ciclo menstrual.
- O anti-inflamatório não faz efeito ou há febre sem motivo aparente.
- Há secreção vaginal antes do ciclo menstrual.
- Há aumento de peso ou inchaço pré-menstrual.
- Há outros sintomas não associados à menstruação.

Com urgência:
- Se a dor é tão intensa que impede a garota de caminhar normalmente.
- Se a garota apresenta febre acima de 38 °C.
- Se sente um mal-estar geral.

CONJUNTIVITE

É... a inflamação da membrana que cobre a parte branca do olho e o interior da pálpebra, conhecida por membrana conjuntiva.

PODE SER CAUSADA POR... infecções por bactérias, vírus e outros germes, enfermidades sistêmicas... embora também possa resultar de uma reação alérgica ao pólen ou ao pó, assim como a produtos químicos ou cosméticos.

VAMOS DETECTÁ-LA... porque a parte branca do olho fica avermelhada. Há um aumento da lacrimação ou secreção. É possível conhecer a origem da conjuntivite observando seus sintomas.

VAMOS TRATÁ-LA... por meio da limpeza e da aplicação do tratamento prescrito pelo pediatra:

	Viral	Bacteriana	Alérgica	Clamídia
Secreção	Mínima Aquosa	Abundante Purulenta (amarela) Não deixa abrir os olhos	Mínima Aquosa	Mínima Aquosa
Prurido	Mínimo	Mínimo	Intenso	Mínimo
Lacrimação	Abundante	Moderada	Moderada	Moderada
Gânglios	Frequentes	Raros	Não	Frequentes
Dor de garganta	Ocasional	Rara	Não	Não

- É preciso limpar o muco ou o pus das pálpebras com uma gaze ou um lenço de papel embebido em água morna.
- Em seguida, é preciso abrir os olhos da criança, puxar com muita suavidade a pálpebra inferior para baixo e pingar uma gota de colírio. Evitem tocar o olho com o frasco ou conta-gotas.
- Deve-se pingar uma gota no canto interno de cada olho e, em seguida, a criança deve abrir e fechar os olhos para que a gota penetre corretamente.

IREMOS AO PEDIATRA SE... as conjuntivites são recorrentes ou a criança é muito pequena.
- Se a conjuntivite é bacteriana, o pediatra talvez receite algum colírio ou um antibiótico.
- Se depois do tratamento aparecer alguns dos seguintes sintomas:
  - Avermelhamento, inchaço ou dor que se estende ao redor do olho e da pálpebra.
  - Dor intensa no olho, visão borrada, visão dupla ou incômodo com a luz.
  - Febre superior a 38 °C.
  - Aparecimento de pequenas bolhas perto do olho ou da membrana que cobre o olho.

ATENÇÃO!
1. A higiene é essencial nesses casos, para não passar conjuntivite para o outro olho ou para outras pessoas. Temos de lavar as mãos com frequência e trocar

diariamente as toalhas e roupas usadas pela criança, que não poderão ser tocadas por ninguém mais na família.
2. As crianças com conjuntivite bacteriana podem retornar à escola após um dia completo de tratamento. No caso de conjuntivite viral, é necessário esperar a melhora.

D

DALTONISMO

É... um problema genético que incapacita nosso filho de distinguir as cores, geralmente o vermelho e o verde, embora possa abranger outras.

Essa mutação genética é transmitida pelas mulheres e afeta fundamentalmente os homens. O caráter dessa mutação é recessivo, motivo pelo qual uma mulher necessita ter seus dois cromossomos X com mutação para apresentar daltonismo, enquanto um homem, por ter apenas um único cromossomo X, será daltônico sempre que este tiver a mutação.

VAMOS DETECTÁ-LO... porque a criança confunde as cores. Podemos perceber isso porque ocorre com frequência, ao vestir-se, na escola, com os trabalhos manuais.

TRATAMENTO... não existe tratamento para o daltonismo, que, em tese, não deveria interferir excessivamente no dia a dia da criança.

IREMOS AO MÉDICO... o oftalmologista realizará os exames para confirmar ou não nossas suspeitas.

ATENÇÃO!
O único aspecto em que o daltonismo pode afetar a vida normal de uma pessoa é na hora de aprender as normas de segurança de trânsito (sobretudo com relação aos semáforos). Deveremos ensinar a posição, não a cor.

DEFICIÊNCIA DO HORMÔNIO DE CRESCIMENTO

É... a produção insuficiente do hormônio encarregado de estimular o desenvolvimento dos ossos e a produção das proteínas que compõem os tecidos corporais.

A glândula pituitária, situada na base do cérebro, é a produtora desse hormônio.

VAMOS DETECTÁ-LA... porque a criança cresce a uma velocidade menor do que a considerada normal. Em crianças maiores, também pode ocorrer um atraso no desenvolvimento das características sexuais.
- Costuma ser detectada nos exames periódicos realizados pelo clínico geral e/ou pediatra.

IREMOS AO PEDIATRA SE...
- Percebermos que nosso filho não cresce. Depois dos exames, em caso de diagnóstico positivo, o tratamento consistirá em injeções de hormônio do crescimento sintético, que serão prescritas pelo endocrinologista.

ATENÇÃO!
1. O tratamento ajuda a melhorar o crescimento da criança. Provavelmente cresça em velocidade maior do que a esperada, pois o corpo vai querer recuperar o tempo perdido.
2. Se começamos o tratamento até os 6 anos, a criança pode alcançar a altura prevista pela genética (familiar).

DENTIÇÃO

É... a aparição dos primeiros dentes de um bebê.

INICIA-SE... em geral entre os 6 e 7 meses de idade. Usualmente, a dentição estará quase completa por volta dos 18 meses de idade, embora existam muitas variações pessoais e familiares.

VAMOS DETECTÁ-LA... porque, antes do aparecimento dos dentes, o bebê produz mais saliva do que o normal e baba. Também chora, mostra-se inquieto, custa a dormir e, às vezes, não quer comer. Enfia os dedos e outros objetos na boca e os aperta com as gengivas.

COMO COMPROVÁ-LA... examinando com um dedo as gengivas do bebê. Se há um volume duro nas gengivas e a área está um pouco inchada e vermelha, é porque os dentinhos estão nascendo.

PODEMOS ALIVIÁ-LA...
* Com mordedores ou esfregando a área da gengiva inflamada.
* Se a criança não quer comer, é preciso experimentar algo frio que ajude a diminuir o inchaço.

IREMOS AO PEDIATRA SE... a criança apresentar outros sintomas não citados aqui.
* Há uma fratura ou o dente caiu antes do tempo, aconselhamos que o dentista avalie a situação.

ATENÇÃO!
1. Os sintomas da dentição não incluem bronquite, vômitos, diarreia ou reação cutânea às fraldas. Esses sintomas apontam para outra enfermidade, que deverá ser avaliada pelo pediatra.
2. O surgimento dos primeiros dentes não implica o abandono do aleitamento materno.
3. Não é necessário dar analgésicos ao bebê, salvo por prescrição médica.
4. Depois da erupção dos dentes, é conveniente limpá-los só com água.
5. Se a criança tem o hábito de chupar o dedo ou não larga a chupeta, é melhor proibir isso para evitar deformidades nos maxilares e arcadas dentárias.

DERMATITE ATÓPICA E DERMATITE SEBORREICA

É... a inflamação das camadas superficiais da pele.

A dermatite atópica costuma aparecer nos primeiros anos de idade, evolui em surtos e desaparece com o tempo, embora possa reaparecer na puberdade ou mais adiante.

A dermatite seborreica é uma inflamação cutânea em forma de escamas, de brancas a amareladas, em áreas predispostas à concentração de gordura e que deixam a pele avermelhada.

VAMOS DETECTÁ-LAS...
* No caso da *dermatite atópica*, as lesões da pele costumam ser placas simétricas de eczema que apresentam escamas e podem segregar líquido, sobretudo no couro cabeludo e no rosto, embora também possam aparecer na área da fralda, bem como nas extremidades e áreas de flexão de braços e pernas. Em

geral, as áreas inflamadas causam prurido e podem produzir lesões quando esfregadas.
- No caso da *dermatite seborreica*, a irritação é gradual e vai descamando a pele, principalmente no couro cabeludo (nesse caso falaríamos de caspa; ver o verbete correspondente). Quando é severa, a irritação se manifesta como pápulas amareladas ou avermelhadas na risca do cabelo.
- Nos bebês, a irritação da pele costuma aparecer nas maçãs do rosto e no couro cabeludo, como uma crosta amarelada e gordurosa, além de haver descamação, e é conhecida como *crosta do lactente*. Também pode aparecer no restante da face, no tronco e nas extremidades.

VAMOS TRATÁ-LAS... seguindo algumas medidas de limpeza e cuidado da pele:
- Evitar os banhos de banheira (é melhor a ducha com água morna) e, tanto quanto possível, o uso de sabonete. Dar preferência à ducha e a pouco sabonete, ou a um substituto do sabonete, que não irrite e seja específico para essa dermatite.
- Enxugar muito bem, sem esfregar, dando batidinhas com a toalha.
- Depois de 5 ou 10 minutos, aplicar o creme específico.
- Evitar o ressecamento da pele, assim como o contato com substâncias que possam irritar ou provocar uma resposta alérgica.
- Aplicar algum tipo de emoliente (recomendado por um especialista ou pediatra) com uma massagem de movimentos amplos.
- Usar roupas de algodão; evitar o contato da pele com a lã.
- Evitar o uso de amaciantes na roupa, pois podem produzir irritações na pele.
- No caso da *crosta do lactente*, se for muito extensa, os pais podem usar um xampu ou uma loção especial.

IREMOS AO PEDIATRA SE... a erupção se propagar ou parecer infectada, se o couro cabeludo estiver inflamado ou aparecerem outros sintomas associados.

ATENÇÃO!
As crianças que tiveram dermatite podem voltar a enfrentá-la na puberdade.

DERMATITE DAS FRALDAS

É... a irritação da pele da criança na área de contato com a fralda.

VAMOS DETECTÁ-LA... porque a pele da área da fralda fica vermelha. Pode também ficar repuxada, inchada e apresentar pontinhos de pus. Às vezes, essa área exala cheiro de amoníaco.
- Podemos observar regiões vermelhas nos órgãos genitais, assim como no ânus, que se estendem pelas nádegas e coxas.

POSSÍVEIS CAUSAS...
- Por um contato prolongado da urina ou do cocô com a pele. Daí o cheiro de amoníaco.
- Por não secarmos corretamente a área das pregas da pele do bebê.
- Por uma alergia ao material das fraldas.
- Por uma superinfecção por fungos ou bactérias.

VAMOS TRATÁ-LA... com algumas medidas de higiene e cuidado da pele:
- Limpe com água morna e seque muito bem a região, sem esfregar. Aplique um creme-barreira (ponha pouca quantidade e espalhe sem deixar restos) para prevenir o contato da pele com os excrementos.
- Troque o bebê com frequência e utilize fraldas absorventes, para que a urina e as fezes não toquem a pele.
- NÃO utilize talco em pó, o bebê pode aspirar o pó, que pode chegar aos pulmões.

IREMOS AO PEDIATRA SE... a dermatite não melhora depois de 2 ou 3 dias seguindo as recomendações indicadas, se a criança apresenta outro tipo de inflamações ou irritações ou também tem aftas na boca.

ATENÇÃO!
1. Às vezes, uma infecção de afta pode fazer que o bebê tenha uma dermatite das fraldas. Com frequência, essa classe de dermatite aparecerá no ânus e nas nádegas.
2. Se a dermatite é recorrente e as fraldas usadas são descartáveis, é aconselhável mudar de marca, pois certamente se trata de uma alergia. Nesses casos, a dermatite apareceria geralmente em toda a área da fralda, já que é consequência da fricção.

DESMAIO

É... o episódio de perda da consciência e/ou queda, também conhecida como síncope.

UMA OBSERVAÇÃO... Esse tipo de episódios de perda de consciência costuma ser breve, e a recuperação completa é rápida.

O MAIS COMUM... entre crianças e adolescentes é a síncope Vasovagal, quando ficaram horas sem comer, estão em lugares fechados ou passaram muito tempo em pé. O estresse e o medo também são fatores que podem levar a criança a desmaiar.

VAMOS DETECTÁ-LO... porque, antes do desmaio, a criança pode sentir-se mal, mostrar-se inquieta, irritadiça. Pode ter dor de cabeça, náuseas, mãos e pés frios... A palidez é outro sintoma.

VAMOS TRATÁ-LO... prevenindo e agindo no momento da síncope.

Prevenção:
- Não deixar a criança muitas horas em jejum, tempo prolongado em pé... Detectar os fatores desencadeantes e ajudar a criança a se conscientizar deles.

Ao perceber sintomas:
- A primeira coisa: verificar se suas funções vitais continuam normais (respiração, pulsação). Em caso negativo: respiração boca a boca e massagem cardíaca. Em caso positivo:

  - É importante que a criança se sente ou se deite com as pernas elevadas para melhorar a circulação sanguínea.
  - Dependendo das causas dos episódios de desmaio, talvez seja necessária uma medicação específica, mas isso deve ser decidido pelo socorrista ou pediatra.

IREMOS AO PEDIATRA SE...
- A criança desmaia com frequência ou não se sente bem após sofrer um desmaio. É preciso descartar anemia ou alterações da glicose.

ATENÇÃO!
É frequente a existência de antecedentes familiares em pessoas que sofrem desmaios. Apesar de a criança ter antecedentes, é importante fazer uma revisão e buscar um diagnóstico para descartar outros tipos de enfermidades.

DIABETES

É... quando o pâncreas deixa de produzir insulina, cuja falta provoca um aumento da glicose no sangue e altera o processo químico normal do corpo.

VAMOS DETECTÁ-LA... porque o organismo, ao não poder queimar açúcares para conseguir energia, tem de queimar proteínas e gorduras, o que resulta nos seguintes sintomas:
- Muito xixi, o que faz a criança perder muito líquido e, portanto, sempre sentir sede.
- Cansaço e falta de energia.
- Falta de apetite e perda de peso.
- Em casos mais severos, podem ocorrer vômitos, dor abdominal, respiração muito acelerada, confusão, sonolência...

VAMOS TRATÁ-LA... de acordo com as indicações médicas (o tratamento habitual são as injeções de insulina), mediante um controle da glicose no sangue da criança e a adoção de uma dieta equilibrada.

CUIDADO... caso a criança tenha uma queda de glicose no sangue (porque tomou uma dose excessiva de insulina, pois pulou uma refeição ou praticou muito exercício físico), já que pode entrar em estado de choque insulínico (hipoglicemia).

Diante de uma diminuição de glicose ou hipoglicemia:
- A criança terá dor abdominal, suor, tonturas e/ou confusão. É necessário dar-lhe açúcar; mas, se ela não pode comer e acabou dormindo, vamos injetar-lhe uma substância chamada Glucagon, prescrita pelo médico para essas ocasiões.

IREMOS AO PEDIATRA SE... acharmos que nosso filho pode ter diabetes ou se, diabético, tiver alguma infecção ou ataque de gastrenterite. Eles podem complicar o controle de glicose no sangue.

ATENÇÃO!
É importante ir ao pediatra para saber se a criança sofre de diabetes e esclarecer se é diabetes *mellitus* ou diabetes insípida. Ambas têm sintomas similares, mas a diabetes insípida se deve à dificuldade da glândula pituitária em produzir o hormônio antidiurético. O tratamento é diferente.

DIARREIA

É... o aumento do número de evacuações da criança, acompanhado pela diminuição da consistência das fezes. Ocorre porque o intestino está irritado. Essa irritação faz a comida circular depressa, impedindo a boa absorção da água dos alimentos. Por isso, as fezes têm aspecto líquido e há risco de desidratação.

VAMOS DETECTÁ-LA... porque o cocô do bebê é mole, semilíquido ou líquido. (Para maior informação, leiam o verbete sobre anormalidades nas fezes.)

POSSÍVEIS CAUSAS...
- Num bebê, a diarreia pode aparecer pela introdução de novos alimentos em sua dieta, algum medicamento ou por gastrenterite.

Sintomas	Possíveis causas
Febre (38 °C ou mais), vômitos	Gastrenterite
Diarreia intermitente, sem febre, mas prolongada	Infecção viral e outras causas, como alergia ou intolerância
Fezes moles em que se distinguem alimentos	Diarreia infantil que afeta as crianças de 1 a 3 anos

- Nas crianças, a diarreia pode estar associada à alimentação, ao estresse, a um consumo excessivo de fibra, a certos medicamentos ou a uma gastrenterite.

Sintomas	Possíveis causas
Diarreia durante vários dias, febre, vômitos e/ou dor abdominal	Gastrenterite
Constipação e diarreia ao mesmo tempo	Uma constipação prolongada
Diarreia de maneira uniforme	Reação alimentar

EVITAR... alimentos que contenham açúcares, gorduras ou flatulentos.

IREMOS AO PEDIATRA SE... houver dor abdominal por mais de 3 horas, vômitos durante 12 horas (6 horas em bebê), se a diarreia for prolongada, ou se a criança urinar com frequência.

- Suspeitarmos de uma possível infecção ou uma gastrenterite que não melhora com dieta.
- Considerarmos que pode ser uma reação a algum alimento, uma alergia ou intolerância.
- Para tratamento com reidratação oral, se necessária.

DISLEXIA

É... uma desordem de aprendizagem relacionada à leitura e à escrita que se caracteriza por uma dificuldade em interpretar símbolos. Afeta mais os meninos do que as meninas.

VAMOS DETECTÁ-LA... porque, embora a audição e a visão da criança sejam normais, e ela tenha habilidades para escrever, apresenta dificuldades para perceber corretamente letras e palavras.
- É habitual que a criança confunda letras como "b" e "d".
- Pode ser que leia incorretamente ou, ao escrever, não interprete corretamente a ortografia. O som da palavra é similar, mas está mal escrita.
- Escreve palavras com as letras trocadas.

VAMOS TRATÁ-LA... levando a criança a um especialista que possa ajudá-la a trabalhar o problema de dicção e interpretação e falando com os professores para que se mantenham a par.
- É necessário animar a criança, potencializar suas virtudes e habilidades para que não se sinta insegura.

ATENÇÃO!
Se atacarmos o problema, a leitura e a escrita vão melhorar e nosso filho terá o nível correspondente à sua idade.

DISTROFIA MUSCULAR

É... o nome dado a certas desordens ou transtornos que acarretam um gasto e uma debilitação gradual da musculatura.
    A debilidade muscular e a perda de tecido e fibras musculares são progressivas e pioram com o tempo.

UM DADO... Em crianças, a distrofia mais habitual é a distrofia muscular de Duchenne. Só afeta os homens, dos quais 25% podem apresentar algum tipo de deficiência mental.

VAMOS DETECTÁ-LA... porque a força muscular da criança se desenvolve lentamente.
O processo gradual pode levar a:
- Um atraso em sua capacidade de sentar-se, caminhar ou subir escadas.
- Uma marcha em que a criança balança o corpo para os lados.
- Músculos superdesenvolvidos nas panturrilhas.
- Deformação na coluna.

IREMOS AO PEDIATRA SE... acharmos que nosso filho sofre de distrofia muscular, para que ele o avalie e diagnostique ou descarte a enfermidade, e para saber quais medidas tomar.

ATENÇÃO!
1. Não há cura. É importante manter a criança ativa, sem forçá-la, mas incentivando o movimento.
2. Algumas crianças que têm essa distrofia podem perder a capacidade de caminhar por volta dos 12 anos, embora atualmente existam novos tratamentos e esse quadro esteja mudando.

DOENÇA CELÍACA

É... a intolerância total e permanente ao glúten de trigo, cevada, centeio e aveia. O consumo desse produto leva o intestino delgado a se atrofiar, tornando inadequada a absorção dos nutrientes.

POSSÍVEIS SINTOMAS...
- Perda de apetite, fezes de cor pálida e de tamanho maior que o habitual (diarreia por má absorção), peso estacionado, atraso do crescimento, barriga inchada, mudanças de humor, vômitos, distensão abdominal, anemia... Dependendo da pessoa, manifestam-se um ou vários sintomas.

VAMOS NEUTRALIZÁ-LA... com uma dieta livre de glúten, previamente indicada por um especialista.

IREMOS AO PEDIATRA SE... o bebê iniciou uma dieta que inclui glúten e apresenta alguns dos sintomas.
- A criança parece não ganhar o peso que deveria, ou suas fezes são frequentes e pálidas e você acha que ela tem algum tipo de intolerância alimentar.

ATENÇÃO!
1. Não há necessidade de começar uma dieta sem glúten sem prévia consulta médica ou sem prescrição.
2. Devemos levar em conta que essa intolerância ao glúten não pode ser curada, apenas neutralizada.
3. Se a doença celíaca não é diagnosticada e tratada, pode afetar o crescimento da criança. Com o tempo, pode levar a outras enfermidades.

DOENÇAS INFECCIOSAS: DIFTERIA, TÉTANO, COQUELUCHE, POLIOMIELITE

SÃO... enfermidades produzidas por uma infecção causada por vírus ou bactérias. As bactérias e vírus são agentes patogênicos, embora alguns sejam benignos.

Difteria
Infecção bacteriana aguda e contagiosa que geralmente afeta a região do nariz e da garganta. Existe vacina.

Tétano
Infecção bacteriana do sistema nervoso. A bactéria entra no corpo através de feridas abertas e sujas. Existe vacina.

Coqueluche
Infecção bacteriana que afeta o sistema respiratório. Existe vacina.

Poliomielite
Doença infecciosa viral com diferentes graus de manifestação. Afeta principalmente o sistema nervoso, que se contagia pela ingestão de substâncias contaminadas pelo vírus. Existe vacina.

[Graças à ampla cobertura de vacinação alcançada em nosso país, essas doenças, ao contrário de anos atrás, não representam problema de saúde pública.]

COMO A INFECÇÃO EVOLUI...

Difteria
O período de incubação é de 2 a 4 dias.
- Em sua primeira fase, a criança apresenta sintomas de catarro, gripe e outras enfermidades da garganta, como dor de cabeça, febre e inflamação dos gânglios linfáticos do pescoço.
- À medida que a doença avança, a bactéria produz uma membrana cinzenta que recobre a superfície interna do nariz e da garganta e dificulta a respiração e a deglutição.
- Outros sintomas são visão dupla, dificuldade para falar e até mesmo sinais de choque iminente.

Tétano
O período de incubação é de 3 a 21 dias.
- A bactéria do tétano impede a criança de abrir a boca por causa das contrações nos músculos da mandíbula, bem como em outros músculos da face. Há espasmos nos músculos do pescoço, costas, abdômen, que podem ser dolorosos e dificultar a respiração.

Coqueluche
O período de incubação é de aproximadamente 6 dias.
- No primeiro estágio da infecção, a criança apresenta tosse seca e abrupta, que ocorre principalmente à noite. Tem febre e secreção nasal.
- No segundo estágio, que pode durar de 8 a 12 semanas, os acessos de tosse seca aparecem durante todo o dia. Além disso, a criança tem ataques de tosse com entrada de ar cortante e um sopro. Ela pode vomitar por causa da tosse e respirar com muita dificuldade.

Poliomielite
Manifesta-se de três maneiras possíveis:
- A poliomielite abortiva, que é leve e tem os mesmos sintomas de uma gripe.
- A poliomielite não paralítica, que se associa à meningite asséptica e apresenta sintomas neurológicos, como sensibilidade à luz.
- A poliomielite paralítica, que ocorre apenas entre 1 e 2% dos casos e produz paralisia muscular.

COMO TRATÁ-LAS... podemos administrar paracetamol para a dor de cabeça ou garganta e muito líquido. No entanto, *é preciso seguir as indicações médicas*:

Difteria
É importante manter a criança isolada para evitar o contágio e administrar os medicamentos (antitoxina e/ou antibiótico) prescritos pelo médico.

Tétano
Tratamento sob controle médico. A melhor conduta é a prevenção pela vacinação. Já ter contraído a doença não significa imunidade permanente.

Coqueluche
O médico receitará antibióticos para a criança enferma e também provavelmente para os irmãos, a fim de evitar o contágio.

Poliomielite
Por ser incomum atualmente, é necessário ir ao médico para que ele a diagnostique e a trate.

IREMOS AO PEDIATRA SE... a criança mostrar algum dos sintomas dessas doenças, pois é necessário ter um correto diagnóstico e medicação adequada. Em muitos casos, a detecção precoce facilita o tratamento e a cura.

Com urgência:
Coqueluche: se a criança tem menos de 6 meses e vomita ao tossir, ou a tosse dura mais de uma semana; se ela apresenta a língua ou os lábios azuis nos ataques de tosse.

ATENÇÃO!
É importantíssimo vacinar a criança para evitar infecções e complicações individuais e populacionais.

DOENÇAS INFECCIOSAS COM VACINA PREVENTIVA: SARAMPO, CAXUMBA, RUBÉOLA, CATAPORA

SÃO... enfermidades produzidas por infecção causada por vírus.

Sarampo
Doença infecciosa produzida por um vírus (*paramyxovírus*). Existe vacina.

Caxumba
Infecção viral suave com febre e inflamação de uma ou ambas as glândulas salivares (glândulas parótidas). Existe vacina.

Rubéola
Doença infecciosa causada por um vírus transmitido pelas secreções nasais das pessoas doentes. Existe vacina.

A vacina para essas três doenças é conhecida como *tríplice viral*. Você pode consultar o plano de vacinas nos apêndices (especificamente no capítulo 28).

Catapora
Doença infecciosa produzida por um *herpesvírus* (*varicela zóster*). Caracteriza-se pela aparição de bolhas que se desenvolvem com intenso prurido. Existe vacina.

[Graças à ampla cobertura de vacinação alcançada em nosso país, hoje essas doenças não representam um problema de saúde pública como anos atrás.]

COMO A INFECÇÃO EVOLUI...

Sarampo
O período de incubação é de 10 a 14 dias.
- No começo, a criança tem febre, olhos lacrimejantes, tosse seca e secreção nasal.
- À medida que a infecção avança, aparecem manchas brancas na parte interna das bochechas.
- 3 ou 4 dias após o início do processo, surge uma erupção de manchas vermelhas, planas e arredondadas no rosto e atrás das orelhas. Essa erupção pode se espalhar.

Caxumba
O período de incubação varia entre 14 e 24 dias.
- Nos primeiros dias, a criança tem febre, sensibilidade e inflamação em um ou ambos os lados da face (glândulas parótidas). O processo inflamatório pode durar entre 4 e 8 dias, as glândulas enrijecem, e a criança tem dificuldade para engolir.

- A criança também pode apresentar dor na mandíbula, causada pela inflamação, bem como queixar-se de dores de ouvido e abdominais. Outras glândulas podem inflamar.

Rubéola
O período de incubação é de 2 a 3 semanas.
- Nos primeiros dias, a criança tem febre, e os nódulos linfáticos na região da nuca e atrás das orelhas incham.
- Depois de 2 ou 3 dias, pode surgir uma erupção cutânea de manchas rosadas ou vermelhas-claras, de tamanhos diferentes e espaçadas. Não produz prurido e costuma aparecer na face e atrás das orelhas. Desaparece sozinha.

Catapora
O período de incubação varia entre 14 e 21 dias. O período de contágio ocorre desde um ou dois dias antes da aparição do surto e enquanto estão presentes as bolhas sem crostas.
- Um ou dois dias antes de aparecerem as bolhas, a criança pode ter febre, inapetência, dor de cabeça, de estômago, sintomas que podem durar vários dias.
- Ao final de dois dias, aparecem bolhas por todo o corpo, incluindo o couro cabeludo.

COMO TRATÁ-LAS... essas enfermidades têm vacina. Portanto, o primeiro passo é a prevenção. Todavia, se a infecção ocorrer:

Sarampo
Por ser infecção viral, não se devem administrar antibióticos, de modo que não há outro remédio senão esperar que desapareça por si só. Paracetamol para dor e repouso. Em cerca de 10 dias a criança estará melhor.
- É importante lembrar que o sarampo é contagioso desde o início do processo catarral até 5 dias depois do desaparecimento das lesões cutâneas.

Caxumba
Como é uma infecção viral, devemos deixar que a enfermidade siga seu curso. Podemos administrar paracetamol para a dor.
- Não é necessário repouso absoluto, mas a criança não deve ir à escola antes do final da fase contagiosa.

Rubéola

Também não tem tratamento específico; como nos dois casos anteriores, só nos resta deixá-la seguir seu curso natural. Podemos dar paracetamol à criança para aliviar a dor.

- É contagiosa desde uma semana antes da erupção até quatro dias depois de seu desaparecimento, motivo pelo qual a criança não deve ter contato com outras crianças nem com mulheres grávidas.

Capatora

O tratamento dos sintomas é administrar paracetamol se houver febre, anti-histamínicos, antissépticos nas bolhas ou vesículas. Se houver complicação, o médico poderá prescrever antivirais.

IREMOS AO PEDIATRA SE... a criança apresentar algum dos sintomas dessas enfermidades, para que ele realize um correto diagnóstico.

Com urgência:
- No caso da *caxumba*, se a criança tem muita febre, vômitos ou dor abdominal persistente. Também é necessário procurar um pediatra ou o serviço de emergência se a dor de cabeça for muito forte apesar da administração de paracetamol ou se houver dor ou inflamação nos testículos.
- No caso da *rubéola*, se a criança apresentar uma erupção com pontos vermelhos que não empalidece quando pressionada, ou dor de cabeça aguda e/ou vômitos.
- No caso da *catapora*, se a febre persistir por muitos dias, as lesões tiverem mau aspecto, ou a criança apresentar mau estado geral.

ATENÇÃO!
1. Os adolescentes com caxumba podem ter inflamação nos testículos; por isso é importante que um médico supervisione o processo infeccioso.
2. A rubéola pode ser perigosa para as gestantes não imunizadas porque pode afetar o feto.
3. No caso de catapora, não se deve administrar ácido acetilsalicílico porque isso poderia produzir uma enfermidade gravíssima (Síndrome de Reye).

DOR ABDOMINAL

É... o nome que engloba os diversos tipos de dores de estômago, espasmos abdominais ou cólicas. A queixa de dor de estômago é muito frequente durante a infância. Na maioria das vezes, não é nada grave, mas também pode ser sintoma de enfermidade que requer avaliação e tratamento.

POSSÍVEIS CAUSAS...
- Ingestão excessiva de comida ou de bebidas gasosas ou outro tipo de indigestão.
- Gastrenterite (ver o verbete correspondente).
- Prisão de ventre.
- Apendicite (ou inflamação do apêndice).
- Problemas psicogênicos (fobia escolar, problemas de adaptação etc.).

VAMOS DETECTÁ-LA... porque a criança diz que o estômago está doendo, embora se deva levar em conta que a dor possa proceder de outra parte do abdômen ou até mesmo de áreas afastadas do abdômen (tórax, cabeça...).

Sintomas	Causas
A criança tem uma área inchada na virilha ou no escroto	Pode ser hérnia ou algum problema nos testículos (ver o verbete)
A criança se queixa de dor e, se a área direita do abdômen é pressionada, a dor aumenta	Apendicite
O vômito da criança é esverdeado ou amarelado	Obstrução intestinal
A dor abdominal é acompanhada por vômitos e diarreia	Gastrenterite
A criança tem surtos de dor abdominal sem estar doente	Pode ser ansiedade ou intolerância a algum alimento

VAMOS TRATÁ-LA... em muitos casos de dor abdominal causada por excesso de comida, por uma leve indigestão ou gás em excesso, a dor diminui ou desaparece sozinha em algumas horas.

IREMOS AO PEDIATRA SE... a dor é muito intensa ou piora, ou se a criança anda curvada de dor ou aperta o abdômen com as mãos.
- Houve um traumatismo no abdômen ou sangue no cocô.
- A dor abdominal é frequente.

Com urgência:
- Se o vômito é amarelo-esverdeado.
- Se a dor dura mais de 6 horas e não diminui.
- Se achamos que pode ser apendicite, hérnia (ver o verbete) ou uma obstrução intestinal.

ATENÇÃO!
Não é preciso administrar nenhum tipo de medicamento – enemas, laxantes, analgésicos –, a não ser por indicação médica.

DOR DE CABEÇA

É... o nome dado aos desconfortos nas têmporas, testa ou cabeça em geral.

PODE SER CAUSADA... por algumas infecções, cujos sintomas podem incluir a dor de cabeça. Às vezes, a fome ou a desidratação também podem provocar mal-estar ou dor de cabeça. Se é ocasional, não há outros sintomas e o estado geral da criança é bom, podemos administrar analgésicos nas doses adequadas; na maioria das vezes, a dor desaparece e não volta, o que indica seu caráter benigno e transitório.

No entanto, pode haver outras causas que nos obrigam a consultar o pediatra com mais ou menos urgência:

Sintomas	Causas
A dor de cabeça não é acompanhada de outros sintomas, mas a criança está ansiosa	Pode ser uma dor de cabeça tensional
A dor de cabeça é recorrente e ocorre principalmente à noite ou de manhã cedo	Pode ser um aumento da pressão arterial
Dor de cabeça após ler ou escrever	Pode ser algum problema ocular ou de visão
A dor de cabeça vem acompanhada de dor abdominal, náuseas, *flashes* de luz...	Pode ser enxaqueca

VAMOS TRATÁ-LA...
- Se é uma dor de cabeça normal, com paracetamol ou ibuprofeno líquidos, na dose adequada ao peso e à idade, sem exceder jamais na dose máxima permitida.
- Se é uma dor de cabeça causada por algum outro problema ou infecção, seguiremos as instruções do médico.
- Se se trata de dor de cabeça tensional, é necessário ensinar a criança a respirar e relaxar.
- Se a cefaleia (dor de cabeça) é aguda e há febre, é importante baixar a temperatura para que a dor diminua, como explicamos no verbete sobre febre.

IREMOS AO PEDIATRA SE... a dor é aguda ou aparece em episódios recorrentes ou longos.
- A dor é acompanhada por outros sintomas que podem indicar infecção ou outro tipo de problemas.
- A dor pode ser causada por tensão ou aumento da pressão arterial, e é frequente.

Com urgência:
- Se a dor é parte de um grande mal-estar generalizado e há vômitos, se a criança tem o pescoço tenso, está inerte, tem febre e/ou manchas vermelhas que não esmaecem quando pressionadas.

ATENÇÃO!
1. Se a criança sofreu algum golpe na cabeça e se queixa de dor ou notamos algum inchaço, é importante levá-la ao serviço de emergência para ser examinada.
2. Consultem o oftalmologista se a dor de cabeça ocorre depois de a criança ler ou ver televisão.

DOR DO CRESCIMENTO

É... o desconforto intermitente que costuma ocorrer nos músculos das pernas das crianças. Costuma localizar-se principalmente atrás dos joelhos, nas coxas... e pode afetar tanto as meninas como os meninos.

UMA OBSERVAÇÃO... Alguns especialistas dizem que "dor do crescimento" não é um conceito correto, porque o crescimento é um processo lento e fisiologicamente imperceptível.

VAMOS DETECTÁ-LA... porque a criança diz que sente dor (leve ou intensa, não há um padrão único) nas extremidades inferiores. Em geral, a dor aparece à tarde ou à noite. Às vezes, a criança acorda em plena noite por causa da dor.
- A dor costuma ser bilateral, instável e não aparece todos os dias.

VAMOS TRATÁ-LA...
- Em muitos casos, não é necessário tratamento com analgésicos ou anti-inflamatórios porque a dor desaparece pela manhã.
- Esse problema desaparecerá quando cessar o crescimento.

VAMOS ALIVIÁ-LA... com massagens, aplicação de calor ou, se realmente necessário, anti-inflamatórios ou analgésicos (consulte o médico antes).

IREMOS AO PEDIATRA SE... os episódios de dor são frequentes ou agudos.

ATENÇÃO!
As dores conhecidas como "do crescimento" não fazem a criança mancar, nem limitam sua mobilidade. Não estão relacionadas a traumatismos, infecções, tampouco a inflamações.

DOR NAS COSTAS

É... a dor intermitente na área cervical, dorsal ou lombar, bem como na área dos ombros.

VAMOS DETECTÁ-LA... porque a criança se queixa de dor no pescoço, nos ombros, costas, ou porque percebemos que está tensa.
AS CAUSAS... podem ser maus hábitos posturais que podem resultar em contrações ou inflamações musculares.
- Também pode tratar-se de uma malformação da coluna, agravada por más posturas.

VAMOS TRATÁ-LA... com anti-inflamatórios para a dor ocasional e ensinando bons hábitos posturais.

ALGUMAS DICAS...
- A escolha de um bom colchão e um bom travesseiro ajuda a aliviar as costas durante a noite e evita muitas dores posturais.
- Aprender a sentar-se em ângulo reto, com os pés apoiados para descansar o peso (se nosso filho não alcança o chão, podemos arranjar um apoio para os pés), também ajuda a prevenir dores ou lesões nas costas.
- Quando estudam, é importante que os braços estejam apoiados na mesa para evitar a tensão nos ombros.
- A criança deve levar a mochila dependurada em ambos os ombros e não tão baixa que fique batendo nas nádegas.

IREMOS AO PEDIATRA SE... a dor nas costas é recorrente ou se achamos que pode ser por uma malformação da coluna vertebral.

DOR NO PEITO

É... o desconforto localizado no tórax, que pode ter origem indefinida.

UMA OBSERVAÇÃO... A dor no peito costuma ser benigna, afetando majoritariamente meninos e meninas maiores de 10 anos.

POSSÍVEIS CAUSAS...
- Tensão muscular, golpes indiretos ou diretos no tórax, indicados por alguma marca roxa.
- A tosse intensa pode provocar dor torácica pela fadiga dos músculos respiratórios.
- A inflamação das costelas do esterno, uma dor torácica que aumenta com o movimento.
- Uma crise de asma também pode causar dor torácica.
- A pneumonia ou gastrenterite.
- A dor no peito também se relaciona a causas menos conhecidas, como as emocionais.
- Os problemas cardíacos costumam produzir dor torácica, mas *geralmente só as crianças com uma doença cardíaca congênita manifestam dor por esse motivo*.

VAMOS TRATÁ-LA...
- Se a dor se deve a alguma tensão muscular, golpes indiretos, diretos ou uma inflamação das costelas do esterno, recomendamos repouso, aplicação de frio ou calor, bandagem compressiva e administração de anti-inflamatórios e analgésicos.
- Se é consequência de outro tipo de doença ou enfermidade, aconselhamos seguir as instruções médicas.
- Se a dor se deve a causas emocionais, é necessário tranquilizar a criança.

IREMOS AO PEDIATRA SE... não estivermos completamente certos das causas. É sempre preferível consultar o médico nesses casos, embora na maioria dos casos sejam dores inócuas.

Com relativa urgência:
- Se a dor é forte e aparece de repente.
- Se a dor desperta a criança.
- Se há febre e/ou sintomas de outras enfermidades.
- Se há enjoos ou perda de consciência.

ATENÇÃO!
1. Nos casos de dor torácica, também é importante que a família se acalme para não deixar a criança ainda mais nervosa. É comum pensar que se trata de uma doença cardíaca, mas na maioria dos casos NÃO é. Levem seu filho ao médico para evitar complicações.
2. Muitas vezes a dor torácica tem causa desconhecida e desaparece em poucos dias.

E

ECZEMA

É... uma erupção cutânea com inflamação, prurido e escamação. Costuma aparecer pela primeira vez antes dos 18 meses de vida e pode surgir de modo intermitente durante a infância.

VAMOS DETECTÁ-LO... porque aparecerão áreas inflamadas e avermelhadas na pele, geralmente acompanhadas de prurido; também podem ocorrer bolhas e exsudação.

- Nas crianças menores de 4 anos, a erupção costuma aparecer com pior aspecto no couro cabeludo, nas bochechas, no antebraço, no peito ou nas pernas.
- Nas crianças entre 4 e 10 anos, a pele pode se apresentar escamosa e seca, até mesmo com rachaduras. Os eczemas costumam ser piores no rosto, pescoço, cotovelos, punhos, tornozelos e atrás dos joelhos e tornozelos.

VAMOS TRATÁ-LO... seguindo as indicações do médico, que receitará uma pomada.

O QUE PODEMOS FAZER... em casa:
- Se o prurido não deixa a criança dormir, podemos lhe dar um anti-histamínico indicado para sua idade e prescrito pelo pediatra ou dermatologista.
- Dar banho nela de preferência com água morna.
- Evitar que a pele resseque, usando sabonetes não agressivos e hidratando-a adequadamente.
- Aplicar pomada, creme ou loção se aparecer uma leve inflamação indicando que haverá erupção, pois desse modo poderemos prevenir o eczema.
- É importante aplicar a pomada apenas na área afetada e interromper o uso quando o eczema desaparecer.
- Utilizar roupas de algodão, evitar peças de lã em contato direto com o corpo.
- Evitar amaciantes que produzam irritação na pele.

IREMOS AO PEDIATRA SE... a criança nunca teve erupção antes, para que o médico possa diagnosticar se é um eczema e tratá-lo.
- Já houve um diagnóstico de eczema, mas o tratamento não surtiu o efeito que deveria ou até mesmo piorou a situação, o que leva a suspeitar de uma infecção.

ATENÇÃO!
1. É importante evitar que a criança coce o eczema, pois ela pode se infectar.
2. Pode ocorrer uma infecção de herpes associada ao eczema, com bolhas, febre, erupção extensa e gânglios inflamados. Consulte o médico.

ENCOPRESE (INCONTINÊNCIA FECAL)

É... o vazamento de matéria fecal na roupa de forma voluntária ou involuntária, que ocorre em crianças maiores de 4-5 anos, sem sintomas de alguma enfermidade que a provoque.

UMA OBSERVAÇÃO... É mais habitual nos meninos e costuma aparecer entre os 7 e 8 anos.

POSSÍVEIS CAUSAS...
- Uma constipação crônica forma uma massa volumosa de fezes duras, que dilatam o esfíncter e permitem o escape das fezes mais moles.
- Problemas emocionais, situações psicologicamente estressantes para a criança.
- Medo de defecar acidentalmente (por causa de castigos anteriores).
- Um treinamento muito avançado e extremamente exigente para que a criança aprenda a controlar o esfíncter.
- Algum tipo de atraso no desenvolvimento neurológico, o que não implica necessariamente um problema grave ou definitivo.
- Uso excessivo de laxantes ou enemas para resolver a constipação.

ALGUNS CONSELHOS...
- É preciso levar em conta que a encoprese pode durar entre 6 e 12 semanas. Durante esse período, com paciência ensinaremos a criança a controlar o esfíncter de novo:

    - De vez em quando podemos dar uma olhada na roupa íntima da criança.
    - Se não houver evacuações, mostraremos à criança uma atitude positiva, para que veja que isso é bom.
    - Se houver, deveremos mostrar descontentamento, mas jamais aborrecimento ou ameaça de castigo. A própria criança tem de se lavar e limpar sua roupa.
    - É recomendável que a criança siga uma dieta rica em fibras e aprenda a ir ao banheiro sozinha.
    - Se o médico recomendar, poderemos manter um diário sobre a regularidade das evacuações, para verificar o progresso.

IREMOS AO PEDIATRA SE... achamos que a criança tem prisão de ventre crônica.

- Não sabemos qual pode ser a causa da encoprese, o médico pode ajudar a diagnosticá-la e a manter um acompanhamento correto até que esse processo termine.

ENURESE (MOLHAR A CAMA)

É... a micção involuntária, quando a criança está dormindo, numa idade em que já deveria controlar seus esfíncteres (em torno dos 6 anos).

UMA OBSERVAÇÃO... As crianças aprendem a controlar a micção durante a noite em diferentes idades. Não há uma idade correta para que isso aconteça. Poucas crianças a controlam antes dos 3 anos, e pode ser normal que deixem escapar xixi até os 5 anos. Mas, se isso continua ocorrendo depois dessa idade e representa um problema para a criança, ou se ela volta a perder xixi depois de já ter aprendido a controlá-lo, é necessário consultar o médico.

POSSÍVEIS CAUSAS...
- A criança ainda não controla a bexiga (porque a parte do sistema nervoso responsável não amadureceu o suficiente).
- Uma infecção urinária (em raras ocasiões), prisão de ventre, ansiedade ou estresse emocional.

VAMOS TRATÁ-LA...
- Se detectarmos um motivo (principalmente infecção do trato urinário), o médico poderá estabelecer a profilaxia ou o tratamento.
- Se não encontrarmos um motivo fisiológico, poderemos seguir algumas diretrizes:
  - Criar um hábito: acostume seu filho a urinar de maneira regular e não ingerir muito líquido à noite.
  - Não o castigue nem se aborreça porque ele molha a cama. Mas, quando não molhar, demonstre satisfação e diga como é bom que não faça xixi na cama.
  - Anime a criança e explique que é um problema normal, que outras crianças também podem passar por isso e depende dela resolvê-lo.

IREMOS AO PEDIATRA SE...
- A criança tem mais de 5 anos e molha a cama, ou se volta a molhá-la depois de ter aprendido a controlar a urina durante a noite e a ser consciente disso, e se deixar escapar urina for um problema para ela.
- A criança se queixa de dor ao urinar, pois pode ser uma infecção do trato urinário.

EPILEPSIA

É... uma enfermidade crônica que se caracteriza por crises convulsivas e/ou de outro tipo, como, por exemplo, crises de ausência.

UMA OBSERVAÇÃO... Em muitas ocasiões não se conhece a causa exata.

MANIFESTA-SE... mediante ataques e crises. As crises mais típicas são as convulsivas ou as de ausência.

Crises convulsivas
- Antes de um episódio de crise, a criança pode se mostrar irritável e ter alterações de humor e comportamento.
- Os espasmos convulsivos deixam o corpo da criança rígido e tenso e a fazem cair no chão.
- A respiração é irregular e tanto o rosto como as extremidades se movem de forma irregular. A criança perde a consciência.
- Durante o acesso, ela pode morder a língua ou perder o controle dos esfíncteres.
- O ataque pode durar alguns minutos ou prolongar-se.
- Quando termina o ataque, a criança pode continuar inconsciente.
- Ao recuperar-se, ela pode ficar confusa, ter dor de cabeça e vontade de dormir.

Ataques de ausência
- A criança deixa de fazer o que estava fazendo e fica olhando para o vazio durante alguns segundos.
- Nesse lapso, a criança não sabe o que faz.
- Ao se recuperar do ataque ou da crise, não se lembra de nada.

IREMOS AO PEDIATRA SE... a criança tiver outro tipo de ataque que não seja convulsivo.

Com urgência:
- Se a criança nunca tiver sofrido um ataque convulsivo antes.
- Se ela seguir inconsciente depois de 10 minutos, seja o primeiro ataque ou não.

ATENÇÃO!
1. Ter uma crise convulsiva, espasmos ou outro tipo de ataque não significa ter epilepsia. Esses ataques específicos podem ser produzidos por desencadeantes externos, como luzes piscantes.

2. Mais de três quartos das crianças que têm epilepsia não voltam a sofrer ataques se não tiveram nenhum durante 2 anos.

ESCARLATINA

É... uma doença contagiosa produzida pela bactéria estreptococo do grupo A.

UMA OBSERVAÇÃO... Era uma doença muito comum algum tempo atrás, mas, com o surgimento de antibióticos específicos, agora é uma enfermidade controlável.
O período de incubação é de 2 a 4 dias.

VAMOS DETECTÁ-LA... porque a criança tem as bochechas com tom rosado ou avermelhado, com uma área mais pálida ao redor da boca; aparece uma erupção na pele, que se torna áspera.

OBSERVAREMOS QUE...
- A erupção cutânea de pontinhos vermelhos se espalha pelo peito, nuca e outras partes do corpo.
- Outros sintomas são febre, vômitos, dor de cabeça e de garganta e, até mesmo, dor de estômago.
- Nos primeiros dias de infecção, a língua apresenta uma membrana esbranquiçada com manchas vermelhas que depois começa a descamar.

IREMOS AO PEDIATRA... enquanto aparecem os primeiros sintomas, para que ele diagnostique se é ou não escarlatina e possa combatê-la com antibióticos.

Com urgência:
- Se o xixi tem coloração rosada, vermelha ou esfumada, ou se a febre dura mais de 4 dias.

ATENÇÃO!
1. É muito importante que a criança tome o antibiótico todos os dias.
2. Durante os três primeiros dias de tratamento, é recomendável que ela fique isolada de outras crianças.
3. Apenas o estado da criança dirá se ela pode ir ou não à escola, pois, como a doença é tratada com antibióticos, o risco de contágio desaparece.

ESCOLIOSE

É... uma condição que provoca uma curvatura da coluna vertebral.

Costuma ser causada por uma anormalidade na estrutura de uma ou mais vértebras ou por alguma debilidade da musculatura das costas.

Também pode ocorrer como consequência de uma desigualdade no comprimento das pernas, que faz que a pélvis se movimente para um lado e o ombro do lado oposto se eleve. A coluna tenta equilibrar essa desigualdade e se curva.

UMA OBSERVAÇÃO... É mais comum nas meninas e costuma aparecer durante o crescimento na adolescência.

VAMOS DETECTÁ-LA... porque a coluna parece arqueada, a pélvis se inclina para um lado, um dos ombros é mais elevado do que o outro e o peito é mais proeminente num lado do corpo.
- A criança caminha curvada e, quando se agacha, a curvatura se acentua.

IREMOS AO PEDIATRA SE... observarmos um arqueamento, para que ele realize exames e prescreva o tratamento.

ATENÇÃO!
Se tratada a tempo, é possível controlar a escoliose. Se não é tratada, a torção pode afetar o tórax e a coluna em geral, bem como causar dificuldades respiratórias e/ou infecções. O especialista decidirá se o grau de desvio necessita de tratamento.

ESCORIAÇÕES (ou esfolados na pele)

SÃO... esfoladuras produzidas por uma queda ou fricção moderada ou intensa, em que a pele sofre dano e deve se regenerar.

VAMOS TRATÁ-LAS... em dois passos fundamentais, a limpeza cuidadosa e o tratamento:

Limpeza

- Depois de lavar as mãos, limpamos o ferimento com água e sabão durante 5 minutos ou mais. Devemos eliminar toda a sujeira acumulada, utilizando

uma gaze molhada ou até mesmo pinças esterilizadas, se precisarmos extrair partículas, como pedrinhas, espinhos, cacos de vidro etc. Dissolvemos o asfalto aplicando primeiramente vaselina e depois lavando com água e sabão (melhor em gel – como o detergente, que elimina a gordura – do que em barra).
- Cortamos os restos de pele solta com tesouras, também esterilizadas.
- Voltamos a enxaguar a ferida e depois a secamos bem.

Tratamento

- Só cobriremos a esfoladura com uma gaze ou outro curativo não aderente se a abrasão for grande. A ferida deve ser avaliada depois de 24-48 horas; se apresentar bom aspecto e não supurar, deixaremos que sare em contato com o ar.
- Os ferimentos pequenos não devem ser cobertos.
- Em geral, não é necessário usar pomadas nem aerossóis antibióticos, a não ser as escoriações nos cotovelos e joelhos, pois a pele se estica continuamente e impede a cicatrização da ferida. Ao aplicar pomada antibiótica duas vezes ao dia, evitaremos que a crosta se rompa.

IREMOS AO PEDIATRA SE... não sabemos se a criança está vacinada contra tétano, se a esfoladura está infectada, se não sarou depois de 2 semanas ou não conseguimos eliminar completamente a sujeira da ferida.

Com urgência:
- Se a lesão é profunda ou muito extensa.
- Se a criança se machucou com os raios da roda de uma bicicleta, pois pode ocorrer uma fratura dos ossos do tornozelo, por exemplo.

ATENÇÃO!
Se a criança se queixa de dor intensa, podemos lhe administrar um analgésico à base de ibuprofeno ou paracetamol.

ESTRABISMO

É... uma anormalidade na direção do foco de um dos olhos da criança. Esse defeito de paralelismo dos olhos provoca alteração da visão binocular.

UMA OBSERVAÇÃO... Muitos bebês movem cada olho de maneira independente nas primeiras semanas de vida. Isso não representa problema, mas deve desaparecer a partir dos 4-6 meses.

VAMOS DETECTÁ-LO... porque um dos olhos da criança se dirige para a direita ou a esquerda, para cima ou para baixo, segundo o tipo de estrabismo.
• Nosso filho não enxerga bem; sua visão é borrada ou dupla.

VAMOS COMPROVÁ-LO... colocando um objeto em seu campo de visão para verificar se ambos os olhos o enfocam, ou se um deles se desvia.

VAMOS TRATÁ-LO... seguindo as indicações do oftalmologista.
• Talvez seja necessário colocar um tampão sobre o olho normal para obrigar o olho afetado a se esforçar. Encare o tampão com bom humor e fantasia, para que a criança o use com naturalidade.
• Se o estrabismo for por algum tipo de problema de visão, a criança precisará usar óculos.

IREMOS AO PEDIATRA SE... a criança desenvolver um estrabismo depois dos 4 meses de vida ou se o estrabismo não desaparecer.

ATENÇÃO!
É importante tratar o estrabismo, pois, caso contrário, ele pode provocar a perda da visão do olho.

F

FARINGITE

É... a inflamação da mucosa que envolve a faringe, produzindo dor, irritação da garganta e febre, além de inflamação das amígdalas. De fato, a infecção da faringe costuma provocar amigdalite, mas isso não deve nos preocupar.

Em 90% dos casos, o responsável pela infecção é UM VÍRUS, e a faringite faz parte de um resfriado comum. Nos 10% restantes, é causada por estreptococos, que são BACTÉRIAS. Para saber se são vírus ou bactérias, o médico, às vezes, decidirá fazer uma análise de uma amostra de cultura faríngea.

VAMOS DETECTÁ-LA... porque o bebê se nega a comer ou chora quando o alimentamos; a criança que já sabe se expressar queixa-se de ardência na garganta. Se a observarmos sob a luz, veremos que a garganta está avermelhada e brilhante.

VAMOS CURÁ-LA... no caso de *faringite viral*, com paracetamol ou ibuprofeno (anti-inflamatórios, antipiréticos e analgésicos) durante os 3 ou 4 dias de febre ocasional (mais de 38,9 °C), prostração e dor de garganta. A inflamação melhora se a criança, a partir dos 6 anos, faz gargarejos com água salgada morna seis vezes ao dia. A proporção é de uma colherzinha de sal para um copo de água. E, para o incômodo na hora de engolir provocado pela amigdalite, vamos alimentá-la com uma dieta de alimentos moles.

A *faringite bacteriana* ou *estreptocócica* é combatida com penicilina ou o medicamento receitado pelo médico. Depois de 48 horas, já não há risco de contágio e a criança se sentirá melhor, podendo retornar à creche ou à escola.

IREMOS AO PEDIATRA SE... a febre (ver o verbete) continua acima de 38,3 °C e a dor de garganta se intensifica durante mais de 48 horas, associada com dor abdominal (ver verbete), erupção cutânea (como uma queimadura solar) e/ou manchas amarelas ou brancas nas amígdalas. Também iremos ao médico se a criança tiver entrado em contato com alguma pessoa afetada por faringite bacteriana ou impetigo.

Com urgência:
- Se a criança não consegue abrir a boca, baba ou não pode engolir (e isso não está relacionado a uma congestão nasal).
- Se a criança está muito abatida e passiva, com a boca e pele secas e com manchas, tem febre constante apesar dos medicamentos, vomita...

ATENÇÃO!
1. *Nem todas as dores de garganta estão relacionadas à faringite*:
    - Se a criança dorme com a boca aberta, talvez acorde com a boca seca e áspera, problema que desaparece depois que ela tomar um pouco de água ou algo morno.
    - Quando se drenam os seios paranasais (espaço dentro do osso maxilar geralmente cheio de ar, que, às vezes, se enche de mucosidade, que deve ser eliminada para evitar sinusopatias), o muco restante pode se alojar na garganta. As tentativas de limpar a garganta podem irritá-la.

2. Não devemos usar antibióticos por conta própria:
   • Eles só são eficazes contra a faringite causada por estreptococos. Prejudicam a criança a tal ponto que, caso ela piore, o médico pode ter dificuldade para definir o diagnóstico porque os sintomas são difusos.
   • Qualquer antibiótico receitado para outra pessoa deve ser descartado.

FEBRE

É... um aumento da temperatura corporal que indica uma reação do organismo a infecções. Isto é, nosso corpo ativa suas defesas contra os germes. A febre não é um inimigo, mas um aliado. O mais importante não é reduzi-la, mas determinar a causa: observar com atenção os sintomas que a criança apresenta. Em geral, a febre aparece por doenças leves, como faringite, resfriado comum, gripe, desidratação... Quando a temperatura supera 40 °C ou há uma mudança brusca de temperatura, a criança pode sofrer **convulsões** (ver o verbete seguinte).

VAMOS DETECTÁ-LA... com um termômetro, que é melhor do que usar o tato. A criança está febril se a temperatura corporal supera 37,5 °C na axila ou 38 °C no reto. Até os 39 °C trata-se de febre moderada; acima de 39 °C, estamos falando de febre alta. A baixa temperatura não tem importância, a não ser nos recém-nascidos. Saberemos que se trata de um episódio febril devido a uma doença leve por meio deste simples teste:

Perguntas dos pais	Respostas e atitude da criança
Quando falo com ela ou pergunto alguma coisa...	Olha em meus olhos e tenta responder. Está ativa.
Ela mostra interesse pelas pessoas ou coisas ao redor?	Sim, presta atenção ao que se encontra ao redor.
Move a cabeça com facilidade de um lado para o outro, para a frente e para trás?	Sim, pode movê-la com facilidade.
Tem dificuldade para respirar?	Não.
Observem a cor do rosto da criança.	Normal, mais ou menos rosado.
Observem a criança sem roupa ou com boa luz.	Não se notam manchas estranhas na pele.

VAMOS BAIXÁ-LA... *de acordo com estes dados*:
1. **Menos de 38 °C**. Não se recomenda tratamento. É necessário usar os medicamentos antitérmicos com moderação; se a criança, apesar da febre, passa bem, podemos descartá-los e ela pode até mesmo ir para a escola. Em casa, não precisa usar roupa de frio em excesso e deve tomar com frequência pequenas quantidades de líquidos açucarados, água ou caldo. Em caso de *mal--estar*, pode tomar paracetamol a cada 4 ou 6 horas (o medicamento começa a atuar em 30 ou 45 minutos).
2. **Quando sobe acima de 38 °C**. Continuaremos a lhe oferecer líquidos, administraremos paracetamol ou ibuprofeno e daremos banho na criança com água morna (1/3 da banheira), esfregando seu corpo com uma esponja suave e umedecida durante uns 30 ou 60 minutos, até que a temperatura seja inferior a 38,9 °C.
3. **É útil reduzir a febre** quando existe cefaleia intensa (ver o verbete sobre dor de cabeça), artralgia (dor nas articulações) ou forte mal-estar.
4. **Em crianças menores de 7 anos com antecedentes neurológicos**, a profilaxia é geralmente indicada.
5. **Com 40 °C (39-39,5 °C nos lactentes)**, o tratamento é obrigatório.
6. **Com 41 °C, de modo geral (40 °C em bebês menores de 3 meses)**, é urgente baixar a temperatura.

IREMOS AO PEDIATRA SE... a febre for alta (nos quatro últimos pontos acima) e precisar de prescrição médica.

Com urgência:
- Se a criança tem menos de 3 meses.
- Se está muito abatida, sonolenta ou irritadiça. Respira com dificuldade, tem alguma convulsão por causa da febre superior a 40,5 °C, ou apresenta manchas na pele.

ATENÇÃO!
1. É preferível usar um único medicamento via oral – melhor que retal – na dosagem correta a alternar dois medicamentos distintos. Os medicamentos aliviam, mas não curam nem reduzem a infecção.
2. Quando a febre é alta, as compressas de água a temperatura ambiente (JAMAIS coloquem gelo), os banhos mornos e tirar a roupa de frio da criança são medidas que completam o efeito dos medicamentos.

FEBRE: CONVULSÕES

SÃO... o resultado de uma descarga de energia das células cerebrais, provocada por uma temperatura corporal (febre) acima de 40 °C ou por uma mudança brusca da temperatura corporal. Toda criança apresenta um grau próprio de tolerância ao calor do organismo; enquanto a maioria suporta até os 41,1-41,7 °C sem sofrer nenhum tipo de convulsão febril, cerca de 4% padecem nos primeiros anos de vida (20%-30% desses casos apresentam antecedentes familiares). Em geral, as convulsões se manifestam entre os 6 meses e os 5-6 anos, com um pico de maior frequência aos 2 anos. Costumam desaparecer aos 5-6 anos. Em 90% dos casos, as convulsões febris não causam dano cerebral.

VAMOS DETECTÁ-LAS... ao percebermos que a criança tem uma série de contrações musculares que se manifestam como sacudidelas ou com retesamento de todo o corpo ou apenas uma parte. Também se trata de convulsão quando a criança "parece" que desmaiou, não responde a estímulos, tem os olhos em branco etc. Ambas as situações são dramáticas e acarretam a perda de consciência. No entanto, os pais não precisam se alarmar caso sejam *convulsões típicas*, que seguem este padrão:
- Duram menos de 15 minutos, na proporção de uma única crise por episódio de febre.
- Afetam todo o corpo, e a recuperação é rápida.

VAMOS ALIVIÁ-LAS... antes de tudo, com TRANQUILIDADE.
- Tomaremos as medidas para reduzir a febre a fim de acabar com as convulsões:
  - Vamos tirar as roupas da criança e lhe aplicar toalhas de banho frias no rosto e no pescoço. Com uma esponja molhada em água fresca, esfregaremos suavemente o restante do corpo. A febre diminuirá à medida que a água evaporar.
- Depois do ataque, quando a criança acordar, lhe daremos uma dose de antitérmico:
  - Por via oral a cada 4 horas durante as 48 horas seguintes, ou mais se não baixar a febre, incluindo o período da noite.
  - Via retal (supositórios para as convulsões). Teremos à mão supositórios antitérmicos (paracetamol...) e diazepam retal para o caso de ocorrer outro ataque ou a febre não se mantiver abaixo dos 38,3 °C.
- Deixaremos que a criança durma à vontade, deitada de lado para o caso de vomitar. Se tem a respiração ruidosa, puxaremos a mandíbula e o queixo para cima. Essa manobra de tração da mandíbula é uma técnica básica de reanimação para evitar a parada respiratória.

IREMOS AO PEDIATRA SE... a criança repete outro ataque convulsivo típico, o pescoço se mantém rígido, a criança delira, fica confusa e demora a se reanimar.

Com urgência:
Se a *convulsão é atípica ou complexa:*
- Inclui múltiplas crises parciais, de uma parte do corpo, durante mais de 15 minutos.
- A recuperação é muito lenta, e a criança continua sonolenta e passiva.

Para o diagnóstico, o médico perguntará como e quando começou a febre e que temperatura tinha a criança antes do início das convulsões, sobre a duração e o número de convulsões, se a crise foi geral ou parcial, como foi a recuperação e que infecção afeta a criança. Com todos esses detalhes poderá definir se estamos diante de uma convulsão típica, sem importância, ou atípica, que talvez precise de exames e observações posteriores.

ATENÇÃO!
1. Se seu filho tem menos de 6 meses ou mais de 6 anos, a presença de convulsões febris requer estudo e controle por parte do médico.
2. A convulsão se repete cada vez que a criança tiver febre? Em 35% dos casos, sim, sobretudo no primeiro ano depois da crise inicial. A probabilidade de repetição diminui à medida que passa o tempo desde a convulsão.

FERIMENTOS E CONTUSÕES NOS DEDOS

SÃO... impactos, pancadas, esmagamentos, cortes nos dedos e unhas das mãos e dos pés, depois do que a pele ou a unha terão de se regenerar.

VAMOS TRATÁ-LOS... mediante limpeza e cuidados de acordo com o tipo de ferimento ou contusão:
- Depois da contusão, recomenda-se mergulhar o dedo da criança em água gelada (retirando-o de vez em quando para evitar que sofra danos com o frio).
- Se a dor é intensa, podemos acalmar a criança lhe oferecendo paracetamol ou ibuprofeno segundo sua idade e peso.

Ponta do dedo esmagada:
- Ponha o dedo da criança de molho e lave-o suavemente.

- Recorte os pedaços de pele solta com tesouras esterilizadas.
- Se o ferimento apresenta um corte e pode se sujar, é recomendável cobri-lo com um esparadrapo durante 24 horas. Em seguida, deixe a ferida aberta para que se cure.

Unhas quebradas:
- Se a unha está rachada, mas sem bordas ásperas, não é preciso fazer nada.
- Se a unha está descolada quase por completo, devemos cortar ao longo da linha do descolamento com tesoura ou cortador de unhas esterilizados.
- Aplique um unguento antibiótico e cubra a parte afetada com gaze não aderente, que deverá ser trocada todos os dias. A cada troca, mergulhe o dedo da criança numa solução salina morna. Ao fim de 7 dias, o leito da unha deverá estar coberto de pele nova.

Cortes superficiais:
- Limpe com água e sabão.
- Pressione o ferimento com gaze esterilizada, para evitar sangramento. É preciso deixar a ferida secar ao ar livre.

Articulações dos dedos esfoladas:
- Limpe com água e sabão.
- Retire toda a sujeira com gaze esterilizada.
- Corte os restos de pele (principalmente se estiverem sujas) com tesouras esterilizadas.
- Se houver sangramento, pressione com gaze esterilizada para estancar a hemorragia.
- Cubra o ferimento com gaze não aderente.

OBSERVAREMOS... durante alguns dias se a criança mexe o dedo normalmente. Se ela não se recuperar depois de uma semana, é recomendável consultar um profissional.

IREMOS AO PEDIATRA SE...
- A pele do ferimento está aberta.
- A ferida não para de sangrar, apesar da pressão direta.
- Há acúmulo de sangue sob a unha, e o ferimento produz dor intensa.
- O ferimento está sujo e não conseguimos limpá-lo.

- A contusão impede que a criança mova a articulação do dedo.
- O dedo está muito inchado.

ATENÇÃO!
É importante não enfaixar o dedo na intenção de protegê-lo se isso não for decisão do médico.

FIMOSE

É... quando o prepúcio (prega de pele que recobre a glande) não é flexível e, assim, não pode retrair e expor a glande.

UMA OBSERVAÇÃO... Durante os primeiros anos de vida, é normal que o prepúcio não possa se retrair. Não devemos forçá-lo. A partir de 2 anos, isso deveria ser mais fácil, mas alguns meninos têm o prepúcio pouco flexível até os 4 anos. Depois dos 4 anos, não poder retraí-lo NÃO é normal.

POSSÍVEIS CAUSAS...
- Um orifício extremamente pequeno no prepúcio pode mantê-lo estirado.
- Inflamações frequentes, como, por exemplo, a balanite (inflamação da glande, que pode vir acompanhada de infecção). Muitas dessas inflamações se devem à má higiene e ao excesso de umidade na glande e no prepúcio, que não são enxugados corretamente. Isso pode provocar a proliferação de fungos e bactérias nos genitais.

VAMOS DETECTÁ-LA... porque o prepúcio não se move com facilidade.
- Se o menino tem fimose, é provável que a pequena abertura do prepúcio produza inchaço e dor quando ele urina.
- A urina não sai de maneira uniforme, num jato fixo.
- Um menino com fimose tem mais possibilidades de sofrer infecções urinárias.

IREMOS AO PEDIATRA SE... o garoto tem mais de 4 anos e seu prepúcio não pode retrair-se e/ou ele tem problemas na micção.

O pediatra pode recomendar uma cirurgia para retirar o prepúcio (intervenção simples chamada "circuncisão").

Se a fimose ocorre porque os tecidos estão aderidos, mas o orifício é normal, provavelmente o médico prepare a cirurgia para separar esses tecidos.

ATENÇÃO!
1. Na primeira infância, as cirurgias de fimose são sempre realizadas com anestesia geral.
2. A higiene do pênis é fundamental. Devemos ser minuciosos, cuidadosos e secar bem os genitais.
3. O prepúcio talvez não se retraia de maneira natural até os 4 anos. *Não se deve forçá-lo, pois isso pode causar infecções e problemas mais graves.*

FURÚNCULO (ou abscesso)

É... uma infecção da pele que se manifesta como uma protuberância avermelhada e dolorosa de tamanho considerável (entre 1,2 e 2,5 centímetros). Afeta um folículo piloso – a raiz de um pelo – ou vários poros e a zona adjacente.

Em geral, é causado por uma bactéria chamada estafilococo, que vive na superfície de nossa pele, mas também às vezes por outro tipo de bactéria.

VAMOS DETECTÁ-LO... porque o inchaço é vistoso e, tocado ou não, causa bastante dor. Além disso, veremos que após uma semana o centro do furúnculo está mais mole e esbranquiçado, e a pele da região é mais fina e clara. Isso ocorre porque o furúnculo está cheio de pus.

VAMOS CURÁ-LO... O furúnculo maduro costuma supurar por si só em 3 ou 4 dias. Caso isso não ocorra, o mais indicado é não abri-lo em casa, pois seria bastante doloroso para a criança, além de não dispormos de material adequado. Em todo caso, se for necessário fazê-lo, siga estas instruções:
- Aplique compressas mornas durante uns 20 minutos, três vezes ao dia para aliviar o inchaço e amolecer o furúnculo.
- Quando estiver maduro, faça um furo grande no centro com uma agulha esterilizada e *deixe o pus sair*. Não se deve pressionar a protuberância com força; em primeiro lugar, porque dói e, em segundo, porque há o risco de que as bactérias entrem na corrente sanguínea e a infecção se espalhe.
- O pus é liberado durante 2 ou 3 dias, e logo depois o furúnculo desaparece. Para evitar que o pus contagioso atinja outras áreas, lave a região com sabonete antisséptico três vezes ao dia e a cubra com um grande pedaço de gaze (10 cm × 10 cm), que será fixado com uma fita microporosa.

IREMOS AO PEDIATRA SE... um furúnculo que não supura por si só se transforma em abscesso, isto é, uma pústula fechada, em que a infecção piora e se prolonga. Se a criança tem infecções recorrentes, deve ser tratada pelo especialista. No caso de furúnculo no rosto, o médico é o único que deve intervir.

Com urgência:
- Se ocorrer febre acima de 38 °C, sem uma causa lógica.
- Se a criança estiver muito abatida e passiva, com a boca seca, febre que não diminui com medicação, manchas cutâneas, vômitos...
- Se observarmos uma estria vermelha se estendendo para fora do furúnculo.

ATENÇÃO!
1. Ao drenar um furúnculo, o máximo que podemos apertá-lo é com um suave toque para expelir o pus. Jamais devemos espremer os que aparecem no rosto.
2. Os furúnculos são contagiosos. Por isso:
    - Se são um problema recorrente: uma ducha com sabonete antibacteriano controla o nível de estafilococos. Na banheira, as bactérias simplesmente passam de um lugar para o outro.
    - Outras pessoas da família não devem ter contato com as toalhas, roupas e roupas de cama da criança afetada, principalmente se o furúnculo está supurando. Devemos lavar as roupas com água sanitária ou sabão antibactericida.

G

GAGUEIRA

É... uma desordem da fala em que um fluxo de palavras é interrompido e a criança se vê travada ao pronunciar a palavra seguinte.

UMA OBSERVAÇÃO... A gagueira é normal nas crianças que estão aprendendo a falar porque o fluxo de palavras e ideias é rápido e confuso, e elas têm dificuldade em encontrar a palavra adequada.
- Quando a gagueira perdura, é possível que esteja relacionada com ansiedade, medo ou nervosismo.

COMO AJUDAR...
- Evite repetir a palavra que a criança está buscando, para não deixá-la mais ansiosa.
- Evite ridicularizar a criança.
- Se a criança é grande o suficiente, podemos falar com ela sobre uma possível terapia.

IREMOS AO PEDIATRA SE... nosso filho sofre ou está complexado.

GÂNGLIOS INFLAMADOS

É... uma inflamação ou aumento de um ou mais gânglios linfáticos.

Os gânglios são tecidos linfáticos do organismo cuja função é criar defesas contra infecções. Estão distribuídos por todo o corpo, mas os que podem ser detectados com maior facilidade são os que se encontram sob o queixo, no pescoço, axilas e virilha.

COMO DETECTÁ-LOS...
- O tamanho normal dos gânglios é o de uma ervilha. Aumentam de tamanho quando estão lutando contra uma infecção, porque estão produzindo defesas.
- O fato de alguns gânglios inflamarem indica existência de uma infecção.
- Se o gânglio não é capaz de conter a infecção, é possível que apareça pus.

Tipo de gânglio inflamado	Possível causa
Gânglios da virilha	Feridas nos pés
Gânglios das axilas	Feridas nos braços
Gânglios laterais do pescoço	Faringite de repetição
Gânglios da parte posterior do pescoço	Feridas na parte posterior da cabeça; rubéola ou varíola

VAMOS TRATÁ-LOS...
- Em muitos casos, os gânglios voltam ao tamanho normal (podem levar de 4 a 6 semanas, mas em geral desinflamam antes).
- A inflamação dos gânglios não é tratada, pois o que devemos controlar é a causa da inflamação.

IREMOS AO PEDIATRA SE... o gânglio é muito grande, está duro e com aspecto repuxado ou há pus. Ou também se o tamanho do gânglio impede a mobilidade normal do pescoço ou dificulta a deglutição.
- A pele que cobre o gânglio ou a área ao redor está vermelha ou quente e a inflamação dura mais de 6 semanas.
- Há um único gânglio acima da clavícula.
- A criança tem muita febre ou está cada vez pior.

ATENÇÃO!
1. Os gânglios não são, em si mesmos, nocivos. Se houvesse uma infecção e eles não se inflamassem, aí sim teríamos de nos preocupar.
2. Em geral, a inflamação de um gânglio isolado pode ser sintoma de alguma coisa mais complexa que o inchaço de um grupo de gânglios.

GASTRENTERITE

É... uma inflamação, irritação ou infecção do trato digestório, geralmente o estômago ou o intestino delgado, por causa de um vírus, uma bactéria ou algum parasita.

A causa mais comum costuma ser um vírus transmitido pelo ar.

As bactérias na comida ou na bebida também podem provocar gastrenterite.

COMO DETECTÁ-LA...
- A criança com gastrenterite em geral tem diarreia e/ou vômitos.
- Também é possível que, após 5 dias da infecção, a criança tenha dor abdominal, perda de apetite, pouca energia e/ou febre.

COMO PREVENI-LA...
- Não se pode impedir que uma criança se infecte com o vírus que provoca a gastrenterite; mas, depois da infecção, a criança pode adquirir imunidade contra esse vírus específico.
- No caso de gastrenterite bacteriana, devemos tomar algumas precauções:
  - Limpar e esterilizar os utensílios para alimentar o bebê.
  - Lavar as mãos antes de tocar na comida e depois de mexer com carne crua.

VAMOS TRATÁ-LA... seguindo uma dieta de acordo com os seguintes parâmetros:
- No caso de uma criança alimentada com mamadeira:

- Primeiro dia: se apresenta vômitos durante 4 a 6 horas, não lhe daremos leite, mas soluções reidratantes a intervalos regulares, e posteriormente reintroduziremos seu leite artificial habitual. Se apresenta diarreia, continuaremos com a alimentação habitual e, se necessário, ofereceremos uma solução reidratante entre as refeições.
- No caso do bebê alimentado com leite materno:
  - Continuará com o aleitamento materno sob livre demanda. Ofereceremos uma solução reidratante entre as mamadas.
- No caso de uma criança já desmamada e com alimentação complementar já introduzida:
  - Papinha de cereais com arroz, feita com o leite habitual.
  - Batata cozida com frango sem pele e cenoura.
  - Uma papinha de banana, maçã e suco de limão; maçã ralada ou banana amassada.
  - Sêmola de arroz, peixe, iogurte natural (se já foram introduzidos em sua alimentação habitual).
- No caso da criança maior:
  - Não é necessário jejum nem dieta se ela apresenta apenas diarreia.
  - O que ela melhor tolera são cereais (arroz, trigo), iogurte, frango, peixe, banana, maçã.
  - Evitar comida com gorduras, açúcares ou flatulenta.

IREMOS AO PEDIATRA SE... a crise de gastrenterite não melhorar em 24 horas, se a criança apresentar sinais de desidratação ou for menor de 2 meses.

ATENÇÃO!
Geralmente, as gastrenterites não são graves, mas podem ser, principalmente nas crianças pequenas, por causa do perigo de desidratação.

GRIPE E RESFRIADO

SÃO... a manifestação de uma infecção viral da parte superior do aparelho respiratório; há mais vírus causadores de resfriados do que de gripe.

Os sintomas de resfriado são mais leves do que os da gripe e aparecem de forma mais gradual.

No caso da *gripe*, o vírus é transmitido pelo ar, por meio de espirros ou contato direto. É habitual que haja uma epidemia de gripe a cada ano.

VAMOS DETECTÁ-LOS...
- Na gripe, os sintomas aparecem 1 ou 2 dias depois da infecção:
  - Febre (mais de 38 °C).
  - Tosse seca, nariz congestionado.
  - Dor muscular, dor de garganta, de cabeça e cansaço.
- No caso dos resfriados, os sintomas aparecem depois da infecção:
  - Coceira, ardência e dor de garganta.
  - Tosse, nariz congestionado, espirros e olhos lacrimejantes.
  - Ocasionalmente, febre e corpo dolorido.

VAMOS TRATÁ-LOS...
- Em geral, tanto a gripe como o resfriado se curam com o tempo.
- A criança gripada fica pior nos primeiros dias. Para aliviar a dor de garganta, de cabeça e a febre, podemos administrar paracetamol líquido de acordo com a idade e o peso.
- Seu quarto deve ser ventilado e suficientemente aquecido e umidificado para facilitar a respiração.
- Podemos evitar os problemas de garganta oferecendo líquidos e alimentos macios à criança.

IREMOS AO PEDIATRA SE... a criança tiver tosse forte durante 5 dias ou se algum de outros sintomas não melhorar em 10 dias.

Com urgência:
- Se a criança é menor de 2 anos e apresenta sintomas de gripe.
- Se a criança tem febre superior a 39 °C, a respiração acelerada, se está sonolenta ou sem apetite.
- Se o bebê é menor de 2 meses, se não come ou tem muita febre.

ATENÇÃO!
Em caso de *gripe*, nunca administre ácido acetilsalicílico porque pode provocar uma enfermidade gravíssima (Síndrome de Reye).

H

HÉRNIA

É... quando uma parte do intestino se projeta através da parede abdominal. É produzida por debilitação das camadas internas do músculo abdominal, que provoca seu abaulamento ou rompimento. As hérnias mais comuns nas crianças são a umbilical e a inguinal.

Na *hérnia umbilical*, o intestino se projeta próximo ao umbigo.

Na *hérnia inguinal*, o canal inguinal, que costuma se fechar quando os testículos descem após o nascimento da criança, continua aberto. O intestino sai através desse conduto. É mais frequente nos homens.

VAMOS DETECTÁ-LA...
- A criança com hérnia umbilical tem uma protuberância não dolorosa perto do umbigo.
- A criança com hérnia inguinal apresenta uma área inchada na prega da virilha ou no escroto.
- Em alguns casos, a hérnia é menor de manhã, crescendo ao longo do dia. Pode aumentar de tamanho quando a criança estira a musculatura do abdômen.

IREMOS AO PEDIATRA SE...
- O tamanho da hérnia umbilical é muito grande ou se ela não desaparece quando a criança completa 5 anos.
- Quando notarmos uma protuberância ou inchaço na virilha ou no escroto da criança.

Com urgência:
- Se a hérnia inguinal é dolorosa, dura ou tem uma cor "diferente", pois talvez seja necessária uma intervenção imediata.

ATENÇÃO!
1. A hérnia umbilical costuma desaparecer antes de a criança completar 2 anos, embora possa persistir até a idade de 5 anos. Em algumas ocasiões, será necessária intervenção cirúrgica se a hérnia for excessivamente grande.
2. A hérnia inguinal necessita de uma pequena intervenção, pois não desaparece por si mesma.

3. *A hérnia inguinal pode estrangular-se.* Isso ocorre quando um pedaço do intestino fica preso no canal inguinal e o sangue não flui. *O inchaço ou protuberância endurece e dói. É preciso ir com urgência ao médico ou ao hospital.*

HERPES LABIAL

É... uma infecção cutânea em um lado da boca na forma de inflamação ou vesículas dolorosas de 1 a 3 milímetros de diâmetro. As bolhas passam de uma cor avermelhada a uma cor amarela e podem reaparecer, o que produz ardência.

O causador é o vírus do herpes simples, geralmente do tipo 1, que é transmitido por contato e se instala nos nervos sensoriais. Depois do contágio, o vírus é ativado por uma queimadura solar, febre, fricção ou esgotamento físico de forma crônica.

COMO A INFECÇÃO EVOLUI... Num processo que dura de 10 a 14 dias, as bolhas se desenvolvem, se rompem, secam e formam crostas, que se desprendem sem deixar marcas ou cicatrizes. O tratamento reduz a duração do surto, mas o vírus permanece.

VAMOS MELHORÁ-LO... Se nosso filho já teve algum episódio de herpes e agora se queixa de coceira ou dor ao redor dos lábios, podemos deduzir que o vírus está a ponto de aparecer. Aplicar um cubo de gelo ou uma bolsa cheia de cubos de gelo sobre a área durante uma hora e meia ajuda a frear a infecção. Contra as vesículas:
- Passe suavemente sobre elas um algodão embebido em álcool quatro vezes ao dia até verificar que começam a secar.
- Deixe-as expostas ao sol para que se curem, sem usar pomadas. No entanto, uma vez desaparecidas as bolhas, podemos prevenir um novo surto ou outra infecção com um creme com proteção solar.

IREMOS AO PEDIATRA SE... o herpes se estende, as vesículas persistem mais de 2 semanas apesar do tratamento ou as bolhas estão perto do olho. É muito importante que o vírus não alcance a região ocular.

ATENÇÃO!
Para que a infecção não se propague, a criança...

- Deve lavar as mãos com frequência e não tocar nas vesículas.
- Não deve beijar outras pessoas quando surgirem as bolhas.
- Não deve compartilhar os brinquedos que tiver levado à boca.

HERPES-ZÓSTER

É... uma erupção cutânea infecciosa, dolorosa, que se apresenta na forma de anel, como uma bolha. É causada pelo vírus varicela-zóster, também responsável pela varicela.

O vírus, depois da infecção de varicela, pode permanecer nas células dos gânglios nervosos sensoriais e ser reativado em situações de estresse, baixa defesa imunológica, febre, exposição ao sol ou menstruação em adolescentes.

UMA OBSERVAÇÃO... É mais frequente em adultos do que em crianças.

COMO A INFECÇÃO EVOLUI... Para ter herpes-zóster é necessário já ter estado em contato com o vírus, ou seja, haver contraído varicela antes.
- O primeiro estágio é a aparição de prurido, formigamento, ardência e/ou dor na pele, principalmente no tronco (tórax ou abdômen).
- 4 ou 5 dias depois, a área fica vermelha, e afloram bolhas agrupadas. Durante essa fase, as bolhas são contagiosas, pois contêm o vírus. Elas podem se romper e se transformar em úlceras.
- Ao fim de uma ou 2 semanas (dependendo da extensão e severidade da erupção), as lesões secam e formam uma crosta amarelada que cai por si mesma. Às vezes, deixam cicatriz.
- Embora seja incomum, a erupção pode atingir a face, a boca, os olhos e os ouvidos.

OUTROS SINTOMAS... que podem acompanhar a infecção por herpes-zóster são dor abdominal, febre e calafrios, dor de cabeça e até mesmo dor articular.

VAMOS TRATÁ-LO... seguindo as indicações do pediatra. Com medicamentos antivirais e uma higiene rigorosa para evitar o contágio.
- Desaparece 2 ou 3 semanas após o início da infecção e não costuma reaparecer.

IREMOS AO PEDIATRA SE... a criança apresentar alguns dos sintomas do herpes-zóster.

ATENÇÃO!
1. O tratamento deve se iniciar 24 horas (ou 48 horas no máximo) após o surgimento de dor e sempre antes do aparecimento das bolhas.
2. Enquanto as feridas supuram, é preferível que a criança se isole de outras pessoas que não tenham sido expostas ao vírus.

HIDROCELE (líquido nos testículos/escroto inflamado)

É... uma inflamação indolor do escroto, produzida pela acumulação de fluido ao redor dos testículos.

UMA OBSERVAÇÃO... A hidrocele é mais comum nos recém-nascidos e costuma desaparecer sem necessidade de tratamento antes que o bebê tenha 6 meses.

VAMOS DETECTÁ-LA... porque a criança terá inflamação no escroto ou região da virilha, embora não se queixe de dor.

IREMOS AO PEDIATRA SE...
- A inflamação do escroto continua depois dos 6 meses do bebê ou aparece pela primeira vez nessa idade, pois nesse caso pode estar associada a uma hérnia inguinal.
- O escroto incha numa idade mais avançada por lesões ou pancadas.

HIPOTERMIA

É... a queda da temperatura do corpo a menos de 35 °C. Se a temperatura desce a 30 °C ou menos, pode ser perigoso.

POSSÍVEIS CAUSAS...
- No caso dos bebês, uma exposição prolongada ao frio, embora também possa ocorrer em lugares quentes, pois os bebês não são capazes de regular a própria temperatura.
- No caso das crianças maiores, uma exposição prolongada ao frio externo, à água ou vento gelados.

VAMOS DETECTÁ-LA...
- Os bebês ainda não desenvolveram a autorregulação térmica corporal. Ainda que sua pele não pareça indicar, a criança tem frio. Fica fraca, muito calada e não quer comer.
- Quando a temperatura corporal baixa, a pele das crianças se torna pálida, seca e fria. À medida que diminui o calor corporal, o tremor aparece e pode ser incontrolável.
- Outros sintomas podem ser confusão, letargia, sonolência, frequências cardíaca e respiratória lentas.

VAMOS TRATÁ-LA...
- Enquanto esperamos assistência médica para o bebê, é preciso elevar sua temperatura pouco a pouco, nunca de forma radical. No quarto aquecido, cubra-o progressivamente com cobertores, proteja a cabeça e embale-o para que sinta o calor corporal.
- No caso de criança maior, enquanto esperamos o médico, podemos encher uma banheira com água quente e imergi-la nela com cuidado. Enquanto a pele recupera a maciez e a cor, seque-a e envolva-a com cobertores.
- É preciso deitá-la na cama, agasalhada e num quarto aquecido.
- A criança pode tomar algum líquido quente para que seu corpo aos poucos recupere a temperatura.

IREMOS AO MÉDICO URGENTEMENTE... se o bebê ou a criança apresentarem sintomas de hipotermia.

ATENÇÃO!
Não se deve aquecer a criança com muita rapidez. Ela não deve ficar perto de nenhum tipo de fonte de calor direta.

INCHAÇOS NO CORPO

SÃO... inflamações em certas regiões do corpo da criança, de algum gânglio ou músculo, bem como protuberâncias, que aparecem em lugares incomuns.

POSSÍVEIS CAUSAS...
- Uma das causas mais típicas é a inflamação dos gânglios (ver o verbete correspondente).
- A hérnia (ver esse verbete) pode ser outro dos motivos.
- Pancadas podem provocar inchaços no corpo, acompanhados de hematomas.
- Os cistos ou bolsas subcutâneas.

UMA OBSERVAÇÃO... Costumamos encontrar esses inchaços na área do pescoço.
- A glândula salivar debaixo da mandíbula pode aumentar por causa de uma infecção.
- Uma área inchada na região lateral do pescoço pode ser sintoma de torcicolo.
- Os cistos podem aparecer na planta dos pés, mas também no pescoço, no rosto...
- A tireoide pode produzir inchaços na parte anterior e inferior do pescoço como resultado de uma enfermidade tireoidiana.

IREMOS AO PEDIATRA SE... o inchaço persiste por muito tempo, cresce ou parece infectado, tem coloração vermelha, é quente ou dói quando tocado ou pressionado.
- Pode ser até uma lesão cervical.

INFECÇÕES DO TRATO URINÁRIO

SÃO... alterações das vias urinárias por uma bactéria: a bexiga, os rins, a uretra (o conduto que leva a urina da bexiga ao exterior), ou os ureteres (condutos que transportam a urina dos rins até a bexiga).

A infecção da bexiga é conhecida como cistite, a da uretra como uretrite, enquanto a do rim se chama pielonefrite.

UMA OBSERVAÇÃO... Geralmente as meninas são mais propensas a ter infecções do trato urinário, mas, no caso dos recém-nascidos, os mais suscetíveis são os do sexo masculino.

VAMOS DETECTÁ-LAS...
- As crianças menores de 2 anos costumam ter febre, diarreia, vômitos e até mesmo se mostram irritadiças, sem energia e se recusam a comer.

- Em crianças maiores, os sintomas são mais específicos: dor ou ardência ao urinar, micção contínua (o que pode fazê-las molhar a cama embora já controlem o impulso) e dor na parte baixa do abdômen e na região lombar.

VAMOS TRATÁ-LAS... sob orientação médica, segundo o tipo de infecção e o lugar em que se localiza.

EM CASA... a criança deve tomar muita água para fluidificar a urina e sentir menos dor ao fazer xixi.

IREMOS AO PEDIATRA SE... observarmos os sintomas.

Com urgência:
- Se há sangue na urina.
- Se a febre não cede ao antitérmico ou perdura por mais de 24 ou 36 horas.
- Se a criança tem menos de 1 ano.

INGESTÃO DE OBJETOS OU LÍQUIDOS TÓXICOS

É... o aparecimento de alguma substância tóxica no organismo, seja porque a criança engoliu algum produto químico por acidente, inalou fumaça ou vapores de produtos químicos, seja porque entrou em contato com ela através da pele (envenenamento após picada ou mordida de animais ou depois de ter tocado plantas venenosas).

VAMOS PREVENI-LA...
- Mantendo todos os produtos tóxicos fora do alcance das crianças.
- Lavando bem os alimentos.
- Ensinando as crianças a não pegar coisas do chão, nem plantas ou flores, pois podem ter veneno.

VAMOS TRATÁ-LA... Enquanto esperamos o serviço de emergência, tentaremos eliminar a toxina do corpo.
- Se ela tocou a pele, limpe-a imediatamente, *usando luvas*.
- Se atingiu os olhos, lave-os com água abundante para diluir e tentar eliminar o veneno.

- *Se é intoxicação com cal, não devemos molhá-la, mas retirá-la com um pano seco.*
- *Se é por inalação, é preciso afastar a criança do lugar, para que respire ar puro. Troque sua roupa para que não inspire mais tóxicos que porventura estejam impregnados nela.*
- *A criança deve tomar água ou leite após ingestão de substâncias tóxicas cáusticas ou corrosivas. É muito importante que ela não tome líquido em demasia, pois o tóxico chegaria antes ao intestino.*
- *Se ela engoliu outro tipo de substância, podemos forçar o vômito.*

CHAMAREMOS A AMBULÂNCIA OU IREMOS AO PRONTO-SOCORRO... se a criança tiver ingerido algum elemento ou substância tóxica ou entrado em contato com eles.

ATENÇÃO!
Os pais devem seguir todas essas orientações depois de chamar a ambulância.

INTOLERÂNCIA A LACTOSE

É... a incapacidade para digerir corretamente esse componente do leite de vaca. É provocada pela deficiência da enzima encarregada de assimilá-lo. Pode afetar os lactentes quando tomam leite de vaca ou após alguma infecção intestinal, como a gastrenterite.

VAMOS DETECTÁ-LA... porque a criança tem diarreia, vômitos ou dor abdominal depois de ingerir leite de vaca.

VAMOS TRATÁ-LA... retirando a lactose da alimentação da criança. O especialista prescreverá uma dieta equilibrada. Essa intolerância costuma ser temporária; depois de um tempo sem lactose, podemos reintroduzi-la para verificar se a criança se sente bem.

IREMOS AO PEDIATRA SE... acreditamos que a lactose lhe faz mal.

ATENÇÃO!
1. É possível que a criança apresente intolerância à lactose do leite mas tolere o leite fermentado (iogurte ou queijo).
2. É importante distinguir a intolerância a lactose da alergia a alguma proteína do leite da vaca (como a caseína), uma vez que os sintomas são muito parecidos.

INTOXICAÇÕES (ADITIVOS ALIMENTARES)

É... a reação adversa a produtos que contêm aditivos.

Os aditivos alimentares não são alimentos nem possuem valor nutritivo algum; são agregados a certos alimentos e bebidas para modificar algum aspecto, conservá-los melhor ou facilitar seu processo de elaboração.

UMA OBSERVAÇÃO... Uma concentração excessiva de aditivos ou a ingestão em pouco tempo de muitos alimentos contendo aditivos são prejudiciais para o organismo.
• Às vezes, as crianças podem ter reações adversas a algum ou vários aditivos.

QUEM PODE SOFRÊ-LAS... Geralmente, as pessoas com alguma alergia são mais propensas a rejeitar os aditivos.

VAMOS DETECTÁ-LAS... porque a criança tem dor de estômago, vômitos, diarreia e febre.

COMO PREVENI-LAS... Se a criança teve diagnóstico de alguma intolerância, devemos ler a composição dos alimentos industrializados que compramos.
• Se não sabemos o que produz a reação, recusaremos qualquer produto com alto teor de aditivos, como os alimentos congelados, as conservas, os bolos industrializados, as bebidas enlatadas...

IREMOS AO PEDIATRA SE... nosso filho sofre uma reação adversa grave ou contínua.

L

LÁBIOS DA VULVA COLADOS (sinequia vulvar)

É... uma alteração dos genitais da menina: as células epiteliais se multiplicam e formam uma ponte entre os lábios menores da vulva, que dão a impressão de estar unidos.

UMA OBSERVAÇÃO... Não é comum em recém-nascidas, mas pode ocorrer em meninas com idade entre 4 meses e 2 anos. Pode aparecer até os 6 anos.

POSSÍVEIS CAUSAS...

É frequente nessa idade porque a taxa de estrógenos (hormônios femininos) é baixa. É preciso levar em conta que o problema não afeta por igual a todas as meninas.

- As inflamações ou irritações na região da fralda ou na área genital favorecem sua presença.

VAMOS DETECTÁ-LA... porque, ao dar banho na menina, perceberemos que a vulva tem uma forma irregular: as extremidades se juntam, e ela parece menor. O xixi pode ter dificuldade para sair, pois o orifício por onde sai a urina se estreita.

VAMOS TRATÁ-LA... O pediatra recomenda:
- Cuidar da higiene genital usando sabonetes neutros e secando a área corretamente, sem esfregar.
- Sob prescrição médica, aplicar um creme com estrógenos, massageando a vulva no sentido lateral.
- Em alguns casos, passar vaselina nos lábios separados.
- Fazer controles periódicos para ver a evolução.

IREMOS AO PEDIATRA... sempre, mas não com urgência. Podemos esperar a consulta rotineira se não observarmos nenhum outro sintoma.

ATENÇÃO!

Em geral, a aderência é mínima, o nível de hormônios aumenta sem necessidade de tratamento, e os lábios da vulva se separam por si sós.

LASCAS E CORPOS ESTRANHOS NA PELE

SÃO... objetos estranhos (lascas de madeira, metal, espinhos ou cacos de vidro) que se introduzem na pele.

VAMOS TRATÁ-LOS... em dois passos, a limpeza e a extração:

Limpeza

- Sempre que se vai extrair uma lasca ou outro corpo estranho incrustado na pele, é necessário lavar a pele ao redor com água e sabão.

Extração

- É preciso esterilizar tanto a agulha como as pinças antes de proceder à extração.
- Podemos utilizar uma agulha para deixar a ponta da lasca totalmente descoberta. Uma criança pequena agradecerá se aplicarmos um pouco de gelo sobre a pele para anestesiá-la antes de introduzir a agulha.
- É preciso segurar com firmeza a lasca com as pinças e extraí-la, puxando para fora na mesma direção em que ela penetrou.
- Uma lasca horizontal superficial (vista com nitidez) pode ser extraída abrindo a pele ao longo dela e fazendo-a sair.
- Se são várias lascas superficiais que não causam dor, não é necessário extraí-las, pois serão eliminadas pela esfoliação natural da pele.

IREMOS AO PEDIATRA SE... não conseguimos retirar a lasca ou se ela causa muita dor, ou a área de penetração da lasca está infectada.
- O corpo estranho penetrou muito fundo (uma agulha no pé), uma parte está para fora (um anzol), é o grafite de um lápis de cor ou algum caco de vidro, ou se achamos que entrou sujeira (areia, terra do quintal...) na ferida.
- O corpo estranho foi retirado, mas há uma ferida deixada pela punção da agulha e vocês não sabem ao certo se a criança está imunizada contra tétano.

M

MIOPIA E ASTIGMATISMO

SÃO... problemas de foco da visão.

Na *miopia*, a luz que entra no olho não é focalizada sobre a retina, mas na frente dela, impedindo de enxergar de longe.

No *astigmatismo*, a córnea, que é o tecido transparente que cobre a parte frontal do olho, e o cristalino apresentam curvatura anormal, o que torna a visão embaçada.

VAMOS DETECTÁ-LOS...
- Porque a criança se senta muito perto da televisão.
- Porque sente tontura ou dor de cabeça na sala de aula e porque se queixa ao professor de não enxergar bem o que está na lousa.
- Porque se queixa de visão embaçada, sobretudo de objetos distantes.

VAMOS TRATÁ-LOS... pela correção da visão com o uso de óculos.

IREMOS AO OFTALMOLOGISTA... para diagnosticar e tratar o problema.

O

OTITE

É... a inflamação do ouvido externo ou do ouvido médio, causada na maioria das vezes por infecções da parte superior do aparelho respiratório, como um resfriado comum, faringite, angina e outras.

O ouvido médio está conectado com a garganta pela trompa de Eustáquio. Por isso, muitas vezes as infecções bacterianas alcançam o ouvido.

VAMOS DETECTÁ-LA...
- Porque a criança se queixa de dor de ouvido, tem febre e leva a mão à orelha com frequência. É possível que ela acorde à noite chorando de dor. Às vezes, esses sintomas são acompanhados por vômitos.
- Dependendo do grau de infecção, a criança pode ter secreções.

VAMOS TRATÁ-LA...
- O médico pode julgar necessário receitar antibióticos para erradicar a infecção bacteriana. *Se é uma infecção viral, os antibióticos são inúteis.*
- O paracetamol e o ibuprofeno aliviam a febre e a dor de ouvido.
- Recomenda-se deitar a criança com a orelha afetada virada para baixo, para facilitar a drenagem.

IREMOS AO PEDIATRA SE... a dor e a febre não diminuem após alguns dias apesar do tratamento.

Com urgência:
- Se a criança é pequena e a dor é aguda.

ATENÇÃO!
1. Há crianças que se queixam da dor de ouvido apenas quando a inflamação já está avançada. Por isso, se a criança mexe muito na orelha, aconselhamos um exame de ouvido.
2. A secreção pode continuar após a cura da infecção.

P

PANCADAS, FRATURAS E CÂIMBRAS

SÃO...
Pancadas: contusões e inchaços resultantes de tropeço em algum objeto.

Fraturas: perda ou ruptura da massa óssea depois de um golpe forte, um acidente...

Deslocamento: quando as articulações que unem dois ossos são torcidas ou se rompem e o osso se desloca.

Câimbras: quando um músculo se contrai com força e não conseguimos relaxá-lo.

VAMOS DETECTÁ-LOS...
- Notamos a *câimbra* porque a criança se queixa de dor repentina e tem um músculo tenso.
- As *fraturas* e *deslocamentos* são percebidos porque a área fica inchada, dolorida, e a pele esbranquiçada. Ao pressionar a região, a dor é mais aguda.
- Nos *deslocamentos*, observamos algum nódulo ou deformação.

VAMOS TRATÁ-LOS... Somos capazes de tratar apenas as câimbras. *Apenas um especialista pode tratar as fraturas ou deslocamentos.*

Câimbras:
- A reação da criança é gritar de dor. A primeira coisa que devemos fazer é acalmá-la.
- Depois, massagearemos a região (geralmente a panturrilha, embora a câimbra possa ocorrer em outras áreas das extremidades) e tentaremos fazer o músculo relaxar.
- Também podemos ajudar a criança a alongar e relaxar o músculo até eliminar a tensão.

ENQUANTO ESPERAMOS...
- No caso de uma fratura ou deslocamento, chame uma ambulância. Antes de ela chegar, imobilize a parte afetada.

- Se a criança tem um ferimento aberto com sangue, tente estancar a hemorragia pressionando-a com uma gaze ou compressa esterilizada. Mas NÃO faça isso se houver osso exposto.
- Se é um ferimento fechado, você deve pedir à criança que não se mova, imobilizar essa parte contra o corpo (no caso de um braço) e acalmá-la.
- Se é uma fratura na perna, pode empilhar cobertores entre as pernas e em ambos os lados delas para que não se mova.
- Se a fratura é no pescoço ou na cabeça, não mova a criança de maneira nenhuma e chame uma ambulância com urgência.

EVITAR ERROS...
- Embora pareça menos grave, não mexa nos ossos deslocados. *Não devemos tentar recolocar o osso no lugar*. Só devemos imobilizar a área afetada.

IREMOS AO PEDIATRA SE... se as câimbras forem contínuas, pois nesse caso será necessário averiguar a causa.

PARASITAS INTESTINAIS

SÃO... organismos vivos que vivem à nossa custa, razão pela qual são conhecidos como *hóspedes*. Os mais comuns são os *oxiúros*, pequenas lombrigas de menos de 1 cm que põem seus ovos ao redor do ânus. Também é comum a *Giardia lamblia*, um protozoário que habita o intestino. A giardíase é uma doença provocada pela ingestão de comida ou água contaminadas pela bactéria. Os *ascarídeos* são vermes cilíndricos que se instalam no aparelho digestório.

MANIFESTAM-SE...
- Se a criança tem *oxiúros*, sentirá prurido no ânus, principalmente à noite. Se ela se coça, pode adquirir uma dermatite na zona perianal. Às vezes, podemos detectar essas lombrigas nas fezes da criança ou nas bordas do ânus; elas se parecem com fios de costura brancos que se movem.
- A criança que tem *ascaridíase* não apresenta sintomas visíveis, embora possa ter dor abdominal, tosse, um pouco de febre ou alguma erupção leve na pele.
- As crianças com *giardíase* podem ter dor abdominal e ataques de diarreia. Suas fezes podem ser pálidas e exalar odor desagradável. Também é possível que a criança não apresente sintomas.

VAMOS TRATÁ-LOS... com medicamentos específicos prescritos pelo médico.
- Existem vermífugos e outra classe de medicamentos específicos para sua erradicação. Devem ser administrados sempre segundo orientações médicas.
- No caso dos oxiúros, o tratamento deve ser seguido pela família toda.
- É importante desinfetar bem as mãos e as unhas, as roupas, os lençóis e os utensílios de banho da criança.

IREMOS AO PEDIATRA SE... a criança tem coceira na região perianal ou apresenta diarreia intensa durante mais de 2 dias.

PÉ DE ATLETA

É... quando os fungos infectam a região entre os dedos e a planta dos pés. Esses fungos se alojam na umidade, e os pés são, portanto, ideais para eles. São transmitidos por contato direto com outra pele infectada ou com superfícies úmidas.

VAMOS DETECTÁ-LO... porque aparece uma erupção avermelhada e escamosa, geralmente entre os dedos dos pés, embora possa se estender também para a planta. Coça, dói e cheira mal.

VAMOS TRATÁ-LO... insistindo na higiene. Depois de lavar os pés, é preciso secá-los cuidadosamente, sobretudo entre os dedos. Durante um tempo passaremos uma camada de pomada receitada pelo médico. É recomendável arejar o pé com frequência.

IREMOS AO PEDIATRA SE... a erupção se estende além dos dedos e da planta dos pés, se inflama ou segrega pus ou não melhora após uma semana de tratamento.

ATENÇÃO!
1. O calçado fechado ou que faça os pés suar em demasia é um caldo de cultura perfeito para esses fungos.
2. É preciso usar chinelo nas piscinas e chuveiros públicos.
3. Não é uma infecção muito contagiosa, de modo que a criança pode levar vida normal. Simplesmente deve manter os pés secos.

PÉS CHATOS E PÉS CAVOS

SÃO... anomalias na forma do arco do pé. No pé normal, o arco ou peito servem para que apenas certas partes do pé se apoiem no chão.

Nos *pés chatos*, o arco é muito discreto ou inexistente e quase toda a planta do pé repousa no chão. Muitas vezes existe uma alteração no alinhamento do calcanhar.

Os *pés cavos* apresentam um arco do pé exagerado; o aumento da concavidade é tal que o pé se apoia no chão em menos áreas do que deveria. Às vezes, os dedos têm forma de garra.

UMA OBSERVAÇÃO... O arco do pé da criança se desenvolve durante os primeiros dez anos de vida. Todas as crianças têm os pés chatos durante os primeiros anos, é normal. Se o pé continua sem ter arco a partir dos 6 anos, podemos afirmar que a criança tem o pé chato.

AS IMPLICAÇÕES...
- As crianças com *pés chatos flexíveis* geralmente não têm dor, embora possam sentir desconforto após uma atividade física ou o uso de calçado inadequado.
- Os *pés chatos rígidos* podem acarretar deformidade, diminuição da mobilidade e/ou dor no pé.
- Os *pés cavos* não produzem dor, embora com o tempo possam aparecer calosidades em alguma região da planta do pé que está sempre tocando o chão.

VAMOS TRATÁ-LOS... segundo a gravidade da anomalia e seguindo as orientações do especialista.
- Se não há sintomas graves, deve-se prevenir a dor evitando o sobrepeso e utilizando um calçado adequado. Se há dor, recomenda-se o uso de palmilhas.
- É preciso cuidar do posicionamento do pé ao andar, bem como não ficar muito tempo de pé nem caminhar por terrenos irregulares.
- Se a anomalia é fruto de outro tipo de enfermidade, o médico nos explicará quais medidas devemos considerar.

IREMOS AO MÉDICO... O pediatra nos indicará um especialista se, durante os exames periódicos, notar que a criança apresenta uma malformação no pé.
- Se a dor do pé é persistente ou a má colocação do pé provoca dores nos joelhos ou nas costas.
- Se há calosidades.

ATENÇÃO!
Nesses casos, é importante escolher bem o calçado; sapatos inadequados podem provocar deformidades dolorosas. As solas devem ser de couro e flexíveis, a ponta deve ser larga e alta, e a região dos tornozelos não deve ser dura.

PICADA DE ABELHA

É... a protuberância vermelha e dolorosa resultante do ferrão cravado pela abelha, no qual se encontra fixa uma pequena bolsa de veneno. A picada costuma levantar a pele em forma de um grãozinho vermelho com um ponto branco no centro.

OBSERVAREMOS... A região, inchada, pode doer durante umas duas horas, mas é importante prestar atenção na evolução da picada nas 24 horas seguintes, já que pode ocorrer *uma reação alérgica* ao veneno. Essa reação pode aparecer até mesmo depois de uma segunda picada. Podemos reconhecer a alergia porque a criança se sente mal, com a pele coberta de manchas vermelhas e inflamadas, não respira nem engole bem e tem palpitações.

VAMOS ALIVIÁ-LA... Se percebermos um ponto preto no centro da picada, é porque o ferrão ficou incrustado. Depois de extraí-lo com uma pinça ou uma agulha esterilizada, limpe a picada a cada 15 minutos com um pedaço de algodão impregnado numa solução de amaciante de carne de cozinha, com bicarbonato ou, se não há nada disso em casa, com um cubo de gelo.

IREMOS AO PEDIATRA SE... não conseguimos retirar o ferrão da picada, o inchaço aumenta após 24 horas ou a inflamação por uma picada na mão ou no pé se estende a outras regiões do corpo.

Com urgência:
- Se há sensibilidade extrema ao veneno de uma ou várias picadas: a criança sufoca e não consegue engolir, tem comichões e manchas na pele.
- Se sabemos que nosso filho é alérgico a picadas de insetos.
- Se ele foi picado por mais de dez abelhas.

ATENÇÃO!
1. A picada de vespa não implica extração do ferrão, pois ele é retrátil e não fica preso na pele.

2. É de especial importância ensinar aos filhos o respeito pelos animais. Tocar ou espantar um inseto assustadiço pode fazê-lo se defender. As regiões mais picadas por abelhas e vespas são as mãos e os pés, motivo pelo qual as crianças devem aprender a não pegar certos animais nem pisar descalças nas áreas onde possam existir insetos e outros seres vivos.

PIOLHOS

SÃO... pequenos insetos, de aparência achatada e desprovidos de asas. Podem infestar o couro cabeludo humano e alimentar-se de seu sangue. Os adultos põem ovos (lêndeas) na raiz do cabelo, na qual se prendem para amadurecer.

VAMOS DETECTÁ-LOS... porque a criança coça a cabeça.
- Ao examinar o couro cabeludo da criança, talvez encontremos pontinhos vermelhos (picadas) e ovinhos brancos (lêndeas) presos na base do cabelo.

VAMOS TRATÁ-LOS... aplicando o xampu e a loção contra piolhos recomendados pelo médico.
- É preciso seguir as instruções indicadas na bula.
- Utilizar um pente especial para lêndeas ajuda a desprendê-las.
- É importante limpar as escovas e pentes com água quente para eliminar qualquer lêndea que tenha ficado presa.
- É preciso avisar os professores para que os outros pais se previnam.

IREMOS AO PEDIATRA SE... a criança é menor de 2 anos ou tem alguma alergia ou asma; se o tratamento não funciona no período indicado, pois talvez seja necessária outra profilaxia.

ATENÇÃO!
1. Ter piolhos não tem nada a ver com falta de higiene; na verdade, os piolhos preferem os cabelos limpos.
2. As crianças se contagiam na escola, com seus bichinhos de pelúcia...

PNEUMONIA

É... uma inflamação dos pulmões causada por uma infecção viral ou bacteriana.

Por vezes, ocorre por uma complicação derivada de infecções do aparelho respiratório superior, como gripe ou resfriados comuns. A infecção por pneumococo também pode provocar pneumonia.

VAMOS DETECTÁ-LA... No início, os sintomas são os de um resfriado normal. A criança tem tosse, que, no caso das mais velhas, pode produzir catarro amarelado, esverdeado ou avermelhado. Respira com dificuldade, às vezes com assovio; tem febre, dor de cabeça e no peito, vômitos e diarreia. Quando é uma pneumonia aguda, os lábios e a língua podem ficar arroxeados, a criança não come e tem muito sono.

VAMOS TRATÁ-LA... Dependendo da gravidade e da origem da pneumonia, o médico prescreverá:
- Antibióticos, se a pneumonia é bacteriana.
- Se não é grave, a criança pode ficar em casa durante o tratamento. Além de seguir as instruções do médico, podemos aliviar a criança oferecendo-lhe muito líquido para beber e coisas quentes, mantendo-a num quarto aquecido e bem ventilado, e administrando paracetamol caso tenha muita febre ou se queixe de dor de cabeça.
- Se é grave, a criança deverá ser hospitalizada durante alguns dias para garantir um tratamento adequado.

IREMOS AO PEDIATRA SE... a criança tem uma enfermidade ou infecção respiratória que não melhora ou piora, ou se tem dificuldade para respirar.

Com urgência:
- Se ao deitar-se na cama a criança respira de forma acelerada.
- Se a tosse e a febre duram muitos dias.
- Se os lábios e a língua têm um tom azulado, a criança está sonolenta e não quer comer.

ATENÇÃO!
1. As crianças com fibrose cística (doença pulmonar que causa o acúmulo de muco nos pulmões e no tubo digestório) têm maior tendência a desenvolver pneumonia.
2. Os antitussígenos podem impedir a expulsão da mucosidade durante a tosse. Em geral, a tosse, sobretudo se é produtiva, não é nossa inimiga, pois ajuda a

mobilizar o muco, tornando mais difícil uma superinfecção. Os medicamentos contra a tosse só devem ser administrados se prescritos pelo médico.

PRISÃO DE VENTRE

É... a evacuação pouco frequente e/ou difícil de fezes duras e secas.

UMA OBSERVAÇÃO... O fato de a criança evacuar com pouca frequência não significa que tenha prisão de ventre. É preciso levar em conta que a frequência normal varia de quatro vezes ao dia a uma vez a cada quatro dias. Em geral, a criança menor de 1 ano com prisão de ventre defeca menos de uma vez ao dia; se ela tem de 1 a 4 anos, deve evacuar pelo menos a cada dois dias e, depois dos quatro anos, pelo menos três por semana. No entanto, há muitas variações de uma criança para outra.

VAMOS DETECTÁ-LA... porque a criança evacua poucas vezes fezes duras e secas, que podem lhe causam dor.
- Se é uma prisão de ventre crônica, é possível que a massa de fezes duras faça as fezes moles sair involuntariamente (ver o verbete sobre diarreia). Pode haver sangue no cocô.

POSSÍVEIS CAUSAS...
- Em crianças pequenas, as mudanças na dieta ou a introdução de novos alimentos.
- Nas maiores, uma dieta pobre em fibras e baixa ingestão de líquidos.
- Uma enfermidade com vômitos e febre pode provocar desidratação, o que também pode acarretar prisão de ventre.

VAMOS TRATÁ-LA...
- Seguindo as indicações do médico se a prisão de ventre já é crônica.
- Promovendo uma dieta equilibrada e rica em fibras, para amolecer as fezes e assim evitar a dor na evacuação e permitir a cicatrização das fissuras anais.
- Fazendo a criança tomar líquido suficiente, para não se desidratar.

IREMOS AO PEDIATRA SE... a prisão de ventre dura mais de uma semana ou há muita dor durante a evacuação ou sangue nas fezes (por causa de uma fissura anal).
- Suspeitamos de uma prisão de ventre crônica.

PUBERDADE PRECOCE E PUBERDADE TARDIA

SÃO... A *puberdade precoce* é o início do desenvolvimento sexual antes da idade considerada normal. No caso dos meninos, ela é considerada precoce aos 9 anos, e, nas meninas, antes dos 8 anos.

A puberdade tardia é um atraso do desenvolvimento sexual. Considera-se um atraso a partir dos 13 anos nas meninas, e dos 14 anos nos meninos.

UMA OBSERVAÇÃO... A puberdade precoce é mais comum nas meninas.

VAMOS DETECTÁ-LAS...

Puberdade precoce
- No caso das meninas, porque os seios e os pelos pubianos aparecem antes dos 8 anos.
- No caso dos meninos, porque o tamanho dos testículos e/ou pênis aumenta, e os pelos pubianos aparecem antes dos 9 anos.
- Porque a fase do "estirão" começa antes do que nas outras crianças.

Puberdade tardia
- No caso das meninas, quando não têm seios nem pelos pubianos aos 13 anos.
- No caso dos meninos, quando não mostram nenhum sinal de desenvolvimento sexual aos 14 anos.

VAMOS TRATÁ-LAS... seguindo as indicações médicas, levando em conta as causas da precocidade ou do atraso no desenvolvimento.
- No caso da *puberdade precoce*, podem-se administrar tratamentos específicos para frear a produção excessiva de hormônios.
- Na *puberdade tardia*, podem-se administrar hormônios para acelerar o processo de desenvolvimento.

IREMOS AO PEDIATRA SE... a menina não menstruar 5 anos após o crescimento dos seios, ou quando já tiver completado 16 anos.

ATENÇÃO!
Em si, a defasagem da puberdade não é grave, mas devemos levar em conta que ela pode implicar rejeição por parte dos colegas de escola e provocar mal-estar emocional e psicológico no menino e na menina.

Q

QUEIMADURAS SOLARES

SÃO... inflamações da pele (manchas ou bolhas que escurecem e coçam) causadas por uma exposição prolongada ao sol ou em períodos em que os raios ultravioleta são mais agressivos.

UMA OBSERVAÇÃO... Os bebês e as crianças pequenas se queimam com facilidade porque têm a pele mais delicada.

AGIREMOS... Leve a criança para um lugar fresco e com sombra e lhe ofereça um pouco de líquido não muito frio. A mudança de temperatura corporal não deve ser abrupta. Cubra a queimadura com loção ou creme calmantes e evite vestir a criança, para que a pele respire.
- Se a criança se queixa de dor de cabeça e está muito cansada, é possível que, além das queimaduras na pele, tenha sofrido insolação. É preciso baixar a temperatura corporal com toalhas úmidas e manter a criança em lugar ventilado.

MAIS VALE PREVENIR... **com protetores solares**.
Há protetores de dois tipos:

a) Filtros químicos, que absorvem a radiação UV, responsável pelo eritema.
b) Substâncias bloqueadoras, que, por serem opacas e inertes, refletem ou distorcem toda a radiação e impedem sua absorção na pele.

Há cinco categorias de fotoproteção com os filtros químicos:
- FPS de 2 a 4: mínima
- FPS de 4 a 6: moderada
- FPS de 6 a 8: extra
- FPS de 8 a 15: máxima
- FPS maior do que 15: ultra

A maioria dos protetores solares contém de duas a seis substâncias químicas de solubilidade variável para atingir uma concentração de 20mg/ml sem que se precipite e para proteger com um FPS entre 15-30 ou mais alto.

Muita gente acha que um produto resistente à água ou ao suor continuará assim durante todo o dia. Mas isso é um equívoco, e devemos seguir uma série de normas para o emprego do protetor solar:

a) Aplicá-lo pelo menos a cada duas horas.
b) Voltar a aplicá-lo imediatamente ao sair da água.

Sempre se deve aplicá-lo de modo uniforme em toda a superfície a ser exposta ao sol, entre 15 e 30 minutos antes da exposição. O protetor solar não alcançará FPS mais alto do que contém, por maiores que sejam a quantidade e a frequência da aplicação.

Os protetores solares com FPS menor do que 12 protegem apenas parcialmente; embora diminuam o grau e os problemas da queimadura solar, não evitam outras reações, como o dano ao DNA e o dano proteico, tampouco protegem contra a carcinogênese e o fotoenvelhecimento.

Atualmente, o FDA recomenda usar um protetor com FPS 30, considerado ótimo pela agência. Os FPSs mais altos não têm benefício importante, além de serem mais caros. Um protetor com FPS 30 bloqueia 96,7% dos raios UV, enquanto um FPS de 40, por exemplo, bloqueia 97,5%.

IREMOS AO PEDIATRA SE... a inflamação é dolorosa, tem um aspecto virulento, há febre ou aparecem bolhas.

Com urgência:
Se a criança tem insolação que não melhora apesar de sua temperatura diminuir.

ATENÇÃO!
1. A melhor maneira de tratar as queimaduras solares é *evitá-las* por meio de uma exposição sensata ao sol, aplicação de cremes protetores e uso de boné para impedir a insolação.
2. *Caso já tenha se queimado, convém que a criança evite o sol por pelo menos dois dias.*

R

RESPIRAR PELA BOCA

É... a dificuldade ou incapacidade da criança de respirar pelo nariz.

As *causas físicas* mais comuns são: hipertrofia das tonsilas ou adenoides (tonsilas ou adenoides grandes), um palato que a impede de fechar a boca corretamente, desvio do septo nasal, uma estrutura craniofacial que dificulta a passagem do ar pelo nariz.

Outra causa frequente se deve ao *hábito* da sucção prolongada (ao alimentar-se, por usar chupeta ou chupar o dedo).

UMA OBSERVAÇÃO... O fato de o ar passar pela boca e não ser devidamente filtrado pode criar maior tendência a tonsilites e outras infecções do aparelho respiratório superior, assim como sinusite ou otite.

- Uma criança de 5 ou 6 anos que continua respirando exclusivamente pela boca também pode ter dificuldades para dormir, um desenvolvimento diferente da voz, problemas posturais por não dormir corretamente...

VAMOS DETECTÁ-LO... porque a criança dorme com a boca aberta e respira unicamente pela boca.

VAMOS EVITÁ-LO... se acostumarmos a criança a respirar pelo nariz mediante exercícios orientados por um especialista.

IREMOS AO PEDIATRA SE... acharmos que a criança pode ter dificuldades para respirar pelo nariz. Talvez seja necessária uma intervenção cirúrgica simples.

ATENÇÃO!
A respiração bucal muito prolongada pode causar problemas mais graves, tanto cardíacos como digestivos.

S

SANGRAMENTO PELO NARIZ (epistaxe)

É... quando alguma pequena veia ou um capilar do interior das fossas nasais se rompe e deixa fluir um pouco de sangue. Pode ser causado pelo fato de a criança assoar o nariz constantemente e de forma abrupta, por um resfriado ou outras enfermidades respiratórias. Também pode ocorrer depois de um trauma, porque a criança introduz o dedo no nariz ou porque algum elemento externo o arranha por dentro. Em todo caso, o sangramento nasal ocorre com frequência na primeira infância sem que exista uma causa aparente. Geralmente é assustador, mas pouco importante.

VAMOS TRATÁ-LO...
- É preciso sentar a criança com a cabeça inclinada para a frente, com algum recipiente embaixo, para o caso de ela derramar um pouco de sangue. Pressionaremos com os dedos a parte mole do nariz (até o ponto onde começa o osso), até que cesse a hemorragia. Durante esse período, a criança deve respirar pela boca.
- NÃO se deve introduzir nada nas fossas nasais para deter a hemorragia.
- A criança NÃO deve jogar a cabeça para trás.
- Depois do sangramento, a criança não deve assoar o nariz por pelo menos 3 horas.

IREMOS AO PEDIATRA SE...
- A hemorragia não cessa em 30 minutos, e a criança está pálida.
- Achamos que pode haver um corpo estranho dentro do nariz da criança.
- A criança tem hemorragias nasais frequentes, que não cessam rapidamente, ou se ela sangra pelo nariz sem motivo aparente.

SAPINHO (fungos na boca ou candidíase)

É... uma infecção causada por um fungo, chamado *Candida albicans*, que cresce com facilidade na região bucal depois de iniciada a infecção. A reação cutânea se manifesta dentro e ao redor da boca.

Esse fungo costuma se localizar no intestino e na vagina da mãe. O sapinho, ou a candidíase, também aparece devido à irritação da boca após uma sucção prolongada.

PODE APARECER... tanto nos bebês amamentados no peito como nos que se alimentam com mamadeira.

VAMOS DETECTÁ-LO... porque a criança terá placas brancas irregulares no interior da boca e até mesmo na língua.
- Pode ser que, por causa da infecção, a criança se negue a comer ou tenha dificuldade para engolir.

VAMOS TRATÁ-LO... seguindo as orientações médicas:
- O pediatra receitará uma pomada que aplicaremos com gaze dentro da boca do bebê, depois de alimentá-lo.

- Se o bebê ainda mama no peito, a mãe também deve aplicar a pomada nas áreas irritadas do mamilo.
- É preciso esterilizar bem a mamadeira e os utensílios usados para prepará-la.
- Devemos retirar a chupeta para evitar que a criança sugue demasiadamente.

IREMOS AO PEDIATRA SE... a criança tem febre elevada (mais de 38 °C) sem causa aparente ou se a infecção não melhora (ou até mesmo piora) apesar do tratamento.

ATENÇÃO!
1. Não é contagioso.
2. As crianças que têm infecção por essa classe de fungos podem apresentar dermatite na região da fralda. Nesses casos, recomenda-se aplicar na área afetada a mesma pomada usada na boca.

SÍNDROME DA MORTE SÚBITA INFANTIL

É... o falecimento de um bebê menor de 1 ano, sem que o histórico clínico, o exame físico e a autópsia revelem uma causa conhecida. Embora sua incidência seja variável, estatísticas dos Estados Unidos mostram uma proporção aproximada de 0,5/1.000 nascidos vivos.

UMA OBSERVAÇÃO... O risco de morte súbita é maior entre bebês de 2 a 4 meses de vida e no período da meia-noite às 9 da manhã.
- Diz-se que a maioria dos casos ocorre quando a criança está dormindo, sobretudo se está deitada de barriga para baixo.
- Os bebês prematuros que necessitam de respiração assistida ou nasceram com baixo peso parecem ser mais suscetíveis.

RECOMENDAMOS...
- Deitar o bebê de lado ou de barriga para cima, a não ser que o médico prescreva o contrário. O bebê deve dormir apenas em seu berço.
- Oferecer-lhe a chupeta na hora de dormir (quando a amamentação já está bem estabelecida). Não se deve forçar o bebê a usar chupeta.
- Evitar calefação ou ar-condicionado muito fortes, pois uma temperatura extrema em ambos os casos pode provocar dificuldade na respiração do bebê e em sua regulação da temperatura, que ainda não é completa.

- Evitar pôr no berço lençóis e cobertores em que a criança poderia ficar presa.
- Não utilizar travesseiros.
- Evitar o cigarro durante a gravidez, bem como fumar perto do bebê.
- Observar atentamente a condição física do bebê após alguma enfermidade até sua completa recuperação.

IREMOS AO MÉDICO... sempre que o bebê não estiver bem. Não há sintomas claros que possam indicar que a criança terá síndrome da morte súbita; procurem o PEDIATRA se suspeitarem de alguma coisa.

SINUSITE

É... a infecção dos seios paranasais (cavidades aéreas ao redor dos olhos e do nariz que se comunicam com as fossas nasais e influem na respiração, fonação e olfato).

VAMOS DETECTÁ-LA... porque a criança secretará um muco espesso e de cor amarelada ou esverdeada, quando antes era claro e fluido.
- A criança também pode se queixar de dor nas bochechas, ao mexer a cabeça ou de dificuldade para respirar, pois tem o nariz congestionado. É possível que tenha febre.

OBSERVAREMOS...
- A cor do muco da criança, para ver se varia.
- O interior das fossas nasais, para ver se detectamos algum objeto estranho.

VAMOS TRATÁ-LA... seguindo as orientações do médico, que provavelmente receitará antibióticos e/ou descongestionantes para a infecção, caso seja bacteriana.
- Se o nariz não está obstruído por algum objeto que possamos extrair, podemos aliviar a congestão com inalação de vapor de água três vezes ao dia.
- Se a cabeça dói, podemos dar-lhe paracetamol de acordo com sua idade e peso.

IREMOS AO PEDIATRA SE... o muco esverdeado-amarelado dura mais de 2 dias ou se a sinusite é recorrente, já que pode ser necessário um diagnóstico preciso do especialista.

ATENÇÃO!
1. Deve-se ter em conta que a sinusite pode acompanhar um resfriado ou uma dor de garganta. Os tecidos dos seios paranasais estão ligados ao nariz e à parte superior da garganta, motivo pelo qual as infecções nasais e de garganta podem se estender para os seios.
2. A sinusite não costuma afetar os bebês porque eles não têm os seios paranasais completamente desenvolvidos.

SOPROS NO CORAÇÃO

SÃO... ruídos anômalos que o médico percebe ao auscultar o coração. Um sopro cardíaco não é sinônimo de doença. Nas crianças são muitos frequentes os assim chamados sopros inocentes ou funcionais, que não representam um problema cardíaco. É o som do sangue ao passar pelo coração.

UMA OBSERVAÇÃO... Embora nos angustie pensar que nosso filho tem uma malformação ou algum problema no coração, os sopros ocorrem em muitas crianças e não são perigosos.

VAMOS TRATÁ-LOS... Os sopros funcionais não são uma enfermidade e, portanto, não precisam ser tratados. No caso de uma enfermidade do coração, a enfermidade será tratada, não o sopro.

ATENÇÃO!
1. Como esses sopros são detectados ao auscultar a criança, o médico fará os exames pertinentes se notar alguma anomalia.
2. Os sopros funcionais não precisam estar presentes desde o nascimento, podem aparecer depois e desaparecer espontaneamente.

T

TÍNEA

É... uma infecção produzida por fungos; segundo sua localização, falamos de *tinea cruris* ou de eczema marginado de Hebra.

VAMOS DETECTÁ-LA... porque a criança se coça. Devemos observar se ela tem uma erupção avermelhada ou cinzenta, escamosa e pruriginosa.
- Geralmente aparece na parte interna das coxas, na virilha e no escroto.
- Também pode aparecer no couro cabeludo.
- À medida que a infecção aumenta, a área externa da erupção descama mais e a área interna parece se normalizar.

VAMOS TRATÁ-LA... seguindo as orientações médicas:
- Aplique a pomada antimicótica e a medicação receitadas.
- A criança NÃO deve ir à escola durante a infecção.
- Temos de lavar bem as mãos ao tratar a região afetada, assim como as roupas, os lençóis e as toalhas, para eliminar qualquer possibilidade de contágio.
- NÃO devemos utilizar sabonetes agressivos na área infectada.
- NÃO devemos permitir que a criança se coce.
- Manter a área infectada limpa e seca pode melhorar a erupção e acelerar o processo de cura.

IREMOS AO PEDIATRA SE... acharmos que a criança tem tínea, já que se trata de uma doença contagiosa que requer tratamento imediato.
- A erupção não melhora após uma semana de tratamento ou não sarou totalmente após um mês.

ATENÇÃO!
A tínea não é grave, mas, por ser contagiosa, é importante tratá-la imediatamente e avisar as pessoas que estiveram em contato com a criança, para que prestem atenção em possíveis sintomas.

TIREOIDE

É... uma pequena glândula situada no pescoço, atrás do pomo de adão, encarregada de segregar os hormônios tireoideos, que regulam algumas das funções químicas do corpo, principalmente as relacionadas ao metabolismo.

O mau funcionamento da glândula tireoide pode levá-la a secretar maior ou menor quantidade desses hormônios, o que afeta o consumo de energia por parte do corpo. Quando ela produz menos hormônios do que o corpo necessita, temos *hipotireoidismo* e quando é excessivamente ativa, *hipertireoidismo*.

VAMOS DETECTÁ-LOS...

Hipotireoidismo:
- A criança cresce com lentidão e se mostra muito abatida. Perde a capacidade de concentração, tem pouca energia, é lenta, tem mais frio do que o normal, pouco apetite e prisão de ventre; também ganha peso.
Em geral, o tamanho da glândula tireoide é maior.

Hipertireoidismo:
- As funções do corpo da criança aceleram. Ela apresenta batimentos cardíacos mais rápidos e pode chegar a ter palpitações; é mais sensível ao calor (sente calor quando faz frio); ela sua mais, fica mais cansada, pode ter episódios de diarreia frequentes e perda de peso.

VAMOS TRATÁ-LOS... seguindo as orientações médicas.
- O hipertireoidismo pode ser tratado com medicamentos. Dependendo da gravidade, pode ser necessária alguma intervenção ou um tratamento de iodo radioativo.
- Se há diagnóstico de hipotireoidismo, o médico receitará um medicamento que a criança deverá tomar a vida inteira para regular o funcionamento correto da tireoide.

IREMOS AO PEDIATRA SE... a criança apresenta algum dos sintomas de anomalia na tireoide.
- *Devemos levar a criança AO PEDIATRA se achamos que ela pode ter algum problema hormonal.*

ATENÇÃO!
1. Todos os bebês são submetidos a exames de hipotireoidismo nas primeiras 24-48 horas após seu nascimento, antes de deixar a maternidade.
2. Se a criança parece ter uma atividade da tireoide abaixo do normal, deve ser tratada antes do aparecimento dos sintomas.
3. Sem tratamento, tanto o hipotireoidismo como o hipertireoidismo podem acarretar complicações.

TONTURA

É... um estado em que sentimos vertigem, perdemos o equilíbrio e tudo gira, como se perdêssemos o controle e estivéssemos a ponto de cair no chão.
Ocorre quando não chega sangue suficiente ao cérebro.

POSSÍVEIS CAUSAS... A sensação de tontura pode aparecer em diferentes quadros sintomáticos:
• Uma queda da pressão arterial ou de açúcar no sangue porque a criança não comeu quando era necessário ou porque está em situação de estresse ou problemas emocionais.
• Uma labirintite, que é uma infecção viral do ouvido interno, que provoca na criança a sensação de que tudo ao seu redor está se movendo.
• Pode ser consequência de uma gripe ou resfriado.
• Pode ser sintoma de alguma outra enfermidade ou de episódios de crise de ausência ou ataques epilépticos (ver o verbete correspondente).
• Também podem ocorrer tonturas em ataques de vertigem postural benigna, depois de uma brusca mudança de postura, especialmente da cabeça; as tonturas são muito frequentes em viagens.

COMO AGIR...
• Evitem as mudanças bruscas de postura.
• Se é um ataque de vertigem, a criança deve ficar quieta e relaxar.

IREMOS AO PEDIATRA SE... a criança tem tontura ou desmaia habitualmente, ou se as tonturas duram mais de 10 minutos.

Com urgência:
• Se a criança perde a consciência e não a recupera em 3 minutos ou se a respiração se mostra alterada.
• Se há dor abdominal, vômitos, convulsões ou palpitações cardíacas.
• Se a criança está sendo tratada de diabetes e sofre tontura, pois isso pode ser sintoma de uma rápida queda de açúcar, que deve ser controlada imediatamente.
• Se a criança tem tontura e sofreu traumatismo na cabeça.
• Se a tontura está relacionada a um episódio de epilepsia.

TOSSE

É... a contração ou o movimento convulsivo da cavidade torácica que faz o ar sair de forma ruidosa do aparelho respiratório.

É uma das maneiras que o corpo tem de liberar as vias respiratórias. No entanto, pode ser sintoma de alguma doença.

POSSÍVEIS CAUSAS...

Sintomas	Causas
A criança tosse ocasionalmente e tem febre e muco	Pode ser um resfriado, uma infecção de garganta ou febre (ver o verbete Gripe e resfriado)
A criança tosse principalmente à noite e/ou a tosse vem acompanhada de um pequeno gemido ou a criança vomita	Pode ser coqueluche
A criança, além de tossir, tem febre e erupção	Pode tratar-se de sarampo (ver verbete sobre as doenças infecciosas)
A criança tem ataque de tosse sem motivo aparente	Pode ser um resfriado, mas, se a criança é asmática, pode ser um episódio de asma

VAMOS TRATÁ-LA... de acordo com a causa da tosse.
- Se a tosse é sintoma de alguma infecção bacteriana, o médico receitará um antibiótico.
- Se é uma tosse provocada por um episódio de asma, deverá ser tratada segundo as orientações do médico.
- Se a tosse é sintoma de outros tipos de enfermidade, seguiremos as orientações do médico para cada caso específico.

EM CASA...
- NÃO devemos dar um antitussígeno para a criança se ela tem tosse produtiva. Os antitussígenos são receitados pelo médico, não pela amiga ou vizinha...
- Se a criança tosse muito durante a noite, podemos elevá-la um pouco com travesseiros, para que respire melhor (se é lactente, os travesseiros devem ser postos debaixo do colchão para evitar o perigo da asfixia).
- A criança deve tomar muito líquido para suavizar a garganta e aliviar a irritação.

IREMOS AO PEDIATRA SE... suspeitamos que a tosse é sintoma de outro tipo de enfermidade.
- A tosse não melhora em 3 ou 4 dias ou é tão persistente que impede a criança de dormir à noite.

Com urgência:
- Se a tosse é muito seca ou dificulta a respiração da criança ou provoca uma respiração acelerada que a esgota.
- Se a criança tem a língua e os lábios arroxeados.
- Se parece afogar-se ao tossir ou produz sons estranhos.
- Se a tosse é por engasgamento, e não somos capazes de extrair o objeto que obstrui a passagem de ar.

ATENÇÃO!
Às vezes, a tosse seca é um tique.

TRANSTORNOS DO SONO: INSÔNIA, NARCOLEPSIA, RONCO, APNEIA, PARASSONIAS

SÃO... as alterações reais, não apenas variações, da função fisiológica que controla o sono. Podem aparecer no processo do sono, tanto durante o período em que a criança dorme como nos processos de conciliação do sono ou ao despertar.

Insônia
Problemas para conciliar o sono ou para permanecer dormindo.

Narcolepsia
Transtorno do sono que provoca ataques de sono durante o dia, bem como uma sonolência excessiva.

Ronco
Ruído respiratório forte durante o sono; pode estar relacionado à obstrução da via respiratória ou a outras causas ainda não estabelecidas.

Apneia do sono
Afecção que apresenta episódios de pausa na respiração durante o sono por um bloqueio das vias respiratórias.

Parassonias
Transtorno do sono associado a breves episódios em que a criança desperta em meio ao ciclo do sono.

COMO SE MANIFESTAM

Insônia
- A insônia infantil mais frequente se apresenta na dificuldade de conciliar o sono. Muitas crianças não dormem ou se recusam a ir para a cama. Talvez os pais não tenham estabelecido bons hábitos para dormir (não há um ritual nem um horário fixo), mas também é possível que a criança tenha alguma fobia ou ansiedade.

Narcolepsia
- A criança apresenta uma grande sonolência durante o dia, dorme quando não é normal.

Ronco
- É uma respiração forte e ruidosa durante a noite. Pode ser ocasional ou frequente. A criança não costuma despertar, a não ser que seja um ruído muito forte. Se o ronco é consequência de uma alergia, um resfriado ou congestão nasal, ele desaparecerá quando a criança melhorar. O ronco não significa que a criança dorme profundamente; ao contrário, é um problema que impede o bom descanso e, portanto, necessita de tratamento específico.

Apneia
- Não costuma fazer a criança acordar, a não ser que seja um episódio forte.

Parassonias
- Pode tratar-se de *terrores do sono* (comuns entre os 3 e 4 anos de idade), que ocorrem na fase mais profunda do sono; *pesadelos*, que são mais transitórios que os terrores noturnos; ou podem se apresentar na forma de um despertar ansioso.
- Esses episódios de *despertar* no meio do sono também podem se apresentar na forma de *sonambulismo* a partir dos 6 e 7 anos. No dia seguinte, a criança não se lembra de nada do que ocorreu durante a noite. NÃO devemos despertá-la, mas pegar em sua mão e reconduzi-la suavemente para a cama.

- A criança também pode bater a cabeça ou balançar o corpo durante o sono; isso costuma ser espontâneo nas crianças menores, mas pode ser problemático nas maiores de 6 anos.

COMO TRATÁ-LOS... dependerá de cada caso e da origem do transtorno.
- É importante levar em conta que devemos fornecer ao médico uma informação precisa, sem exageros, para que ele possa realizar um correto diagnóstico. Por isso, é recomendável o uso de um diário para anotar os períodos de sono, as alterações produzidas e sua frequência.

IREMOS AO PEDIATRA SE... convém fazer um estudo do sono:
- A criança tem sono demais ou de menos ou se seus problemas no ciclo do sono afetam seu dia a dia.
- Os problemas de sono ocorrem mais de duas vezes na semana.
- A apneia ou o ronco são persistentes.
- Os terrores noturnos são recorrentes e impedem a criança de descansar.

ATENÇÃO!
É importante saber que o ciclo de sono de uma criança evolui ao longo dos anos. As crianças necessitam de mais horas de sono e, à medida que crescem, devem se adaptar a um ritmo de vida. Por isso é essencial estabelecer rotinas de descanso desde pequenas.

U

UNHA ENCRAVADA

É... o crescimento anormal da unha. As bordas da unha crescem para baixo e cravam-se na pele.

UMA OBSERVAÇÃO... Ocorre com mais frequência no dedão do pé do que nos outros dedos.

VAMOS DETECTÁ-LA... porque, ao redor da unha, a pele fica mais sensível, inchada, avermelhada e dói quando pressionada ou ao caminhar.

VAMOS EVITÁ-LA...
- Cortando as unhas dos pés de forma apropriada: um corte reto e regular, e não muito curto.
- Usando calçados amplos, que não apertem os dedos dos pés.

VAMOS TRATÁ-LA...
- Se não é um caso grave, pode-se pôr o dedo de molho para amolecer a área e colocar um algodão seco embaixo do extremo da unha para evitar que ela afunde. Esse processo pode ser realizado duas vezes ao dia.
- Pode-se aplicar creme antisséptico na área para evitar infecções. Consultem o médico para saber qual creme usar.
- Cortando o canto da unha que penetra na pele, para que cresça normalmente.
- Se já apareceram dor e inchaço, é necessário ir ao médico e seguir suas orientações.

IREMOS AO PEDIATRA SE... a unha está muito encravada ou se a infecção supura ou não melhora apesar do tratamento.

ATENÇÃO!
1. Se a unha encravada não é tratada, é provável que a pele cresça sobre a unha e esta se infecte. Por isso é importante agir ao ver que as bordas crescem para dentro.
2. Unha encravada não é grave, mas dolorosa.

V

VAGINITE

É... a inflamação e/ou infecção da vulva e da vagina causadas por bactérias, fungos, vírus ou outros parasitas.

VAMOS DETECTÁ-LA... porque a menina se queixa de prurido e dor na área genital. Ao examiná-la, veremos que está inflamada. É possível que ela sinta dor ao fazer xixi ou tenha um fluxo vaginal mais abundante, amarelado ou acinzentado e de mau cheiro, embora também possa ser esbranquiçado, dependendo da causa da infecção.

POSSÍVEIS CAUSAS... Pouca higiene, uso de roupa muito apertada, que irrita a área genital, ou de sabonete muito agressivo.
- O fungo *Candida albicans*, que causa candidíase (ver verbete), faz que o fluxo vaginal seja esbranquiçado e as paredes da vagina ardam.
- Também é possível que alguma doença sexualmente transmissível (DST) produza uma inflamação na área genital feminina.

VAMOS TRATÁ-LA... dependendo da origem da infecção, seguindo as orientações médicas.
- Se a inflamação não é causada por infecção, mas por irritação provocada pelo uso de sabonetes agressivos ou de roupas muito apertadas, os sintomas desaparecerão se os evitarmos.

IREMOS AO PEDIATRA SE... a menina se queixa de coceira ou dor ao urinar, ou tem mais fluxo vaginal do que o normal.
- Devemos consultá-lo rapidamente se a infecção não melhorar em 2 semanas apesar do tratamento ou se as infecções vaginais forem constantes.

VARICOCELE

É... a dilatação das veias ao longo do cordão que sustenta os testículos. As válvulas internas das veias impedem que o sangue flua como deveria; o sangue fica retido e as veias se incham.

UMA OBSERVAÇÃO... É mais comum nos garotos maiores de 15 anos.

VAMOS DETECTÁ-LA... porque o menino observa que as veias do escroto aumentaram de tamanho e parecem estranguladas, e sente desconforto. No entanto, caso a dilatação seja leve, é possível que ele não perceba nada.

VAMOS TRATÁ-LA...
- O garoto deve usar cueca justa, que mantenha pressão na área, para aliviar o desconforto.
- Se a dor é aguda ou não diminui, talvez seja necessário um tratamento específico.
- Em casos extremos, a cirurgia se faz necessária.

IREMOS AO PEDIATRA SE... há incômodo ou se a varicocele diagnosticada não melhora e a dor perdura.

ATENÇÃO!
Na maioria dos casos, a doença não é grave e desaparece sem necessidade de tratamento.

VERRUGAS E PINTAS

SÃO... As *verrugas* são lesões cutâneas, excrescentes, redondas e elevadas, provocadas por um vírus da pele. Costumam se apresentar em protuberâncias de pele seca, tanto isoladamente como em grupos.

As *pintas* são pequenas manchas persistentes na pele, marrons e redondas, produzidas por uma acumulação de pigmento. Podem ter pelos.

UMA OBSERVAÇÃO... É possível que as verrugas tenham pontinhos escuros em seu interior. Não se trata de sujeira, mas de pequenos vasos sanguíneos que, provavelmente, rebentaram.

COMO SE COMPORTAM...

Verrugas
Podem aparecer de maneira espontânea e disseminar-se para diferentes áreas da pele.

VAMOS TRATÁ-LAS...

Verrugas
- Se são verrugas em áreas que podem provocar infecções em outras pessoas, é preferível realizar algum tipo de tratamento. O médico pode ser consultado.
- Elas desaparecem de maneira espontânea, sem necessidade de tratamento específico.

Pintas
- Não devem ser tratadas nem coçadas. Apenas um especialista pode extraí-las.

IREMOS AO PEDIATRA SE... temos alguma dúvida sobre a origem da verruga ou se suspeitamos de que pode ser algo mais; se a verruga sangra, muda de aspecto ou coça; se as pintas crescem, têm contornos irregulares ou são avermelhadas ou azuladas.

Com urgência:
• Se as verrugas se multiplicam a uma velocidade considerável e infectam muitas regiões do corpo da criança.

ATENÇÃO!
1. É importante controlar o tamanho e a forma das pintas, já que podem indicar algum problema na pele.
2. Recomenda-se sua extração por um especialista quando estão em área de risco (fricção excessiva ou contato frequente com o sol), se têm auréolas avermelhadas, se doem ou coçam...

VÔMITOS

SÃO... a expulsão do conteúdo do estômago pela boca, geralmente incontrolável e até mesmo espasmódica.

UMA OBSERVAÇÃO... O vômito pode ser sintoma de algumas enfermidades gástricas, bem como de outros tipos de infecção.

POSSÍVEIS CAUSAS...

Sintomas	Causas
O vômito da criança é amarelo-esverdeado	Pode ser uma obstrução intestinal
O vômito é acompanhado por diarreia	Gastrenterite (ver verbete)
O vômito é acompanhado por dor abdominal	Apendicite
O vômito é acompanhado por fezes pálidas e urina escura	Hepatite

O vômito aparece após um episódio de tosse	Coqueluche
O vômito é acompanhado por dor de cabeça, pescoço rígido ou alguma erupção	Meningite
O vômito é acompanhado por dor abdominal, febre ou dor ao urinar	Infecção no trato urinário (ver verbete)

- Também é possível que a criança tenha episódios de vômito por causa de uma situação de estresse, durante uma viagem ou em grandes alturas, por ter sentido enjoo.

IREMOS AO PEDIATRA SE... o vômito dura mais de 12 horas ou se a criança está muito sonolenta, recusa-se a beber...
- Achamos que pode haver uma infecção do trato urinário.

Com urgência:
- Se suspeitamos que os vômitos possam indicar uma obstrução intestinal, apendicite ou meningite.

ATENÇÃO!
Vomitar pode ser uma experiência muito desagradável para a criança; por isso, recomendamos aos pais que a acompanhem, reconfortem e lhe ofereçam líquido aos poucos para se recuperar.

APÊNDICES
OS RESUMOS: TUDO À MÃO, TUDO FÁCIL

1

O desenvolvimento psicomotor durante o primeiro ano

DESENVOLVIMENTO FÍSICO E MOTOR

Idade	Capacidade
Primeiro trimestre	• Move-se pelos reflexos primitivos • Ao girar a cabeça para um lado, o corpo a segue (a dissociação começa aos 3 meses) • O reflexo de sucção é bastante desenvolvido • O reflexo de Moro (reflexo do abraço) é ativo
Segundo trimestre	• Inicia-se o processo de definição da relação entre o eu e o meio • O reflexo de sucção desaparece • O reflexo de Moro se atenua • O bebê adquire habilidade bimanual • Diminui a resistência a estender os membros • A partir dos 5 meses, a coordenação visomotora progride (o bebê vê e segue objetos) • Aos 6 meses, já se mostra capaz de manter-se reto • Estica os braços para se proteger e chamar a atenção
Terceiro trimestre	• O bebê pode girar a cabeça • Ele tem o reflexo de endireitamento corporal que lhe permite girar o corpo entre os ombros e a pélvis • Curiosidade pelos pés • Perde pouco a pouco a necessidade de apoio para ficar sentado • Desloca-se com as mãos (engatinha)

Idade	Capacidade
Quarto trimestre	• De barriga para baixo, pode passar à posição de sentado • O endireitamento corporal continua • A capacidade de rotação e dissociação pélvis-cintura permite ao bebê sentar-se sem apoio • Ele engatinha perfeitamente e utiliza os móveis para pôr-se de pé • Antes de completar 1 ano, atreve-se a soltar ambas as mãos e dar os primeiros passos

DESENVOLVIMENTO DA HABILIDADE MANUAL

Idade	Capacidade
Primeiro trimestre	• Aos 3 meses, começa o processo de preensão: ao ver algo, o bebê move os braços para pegá-lo • Há intenção de pegar o objeto, mas ele não consegue
Segundo trimestre	• Aos 4 meses, estende o braço para pegar coisas, mas as deixa cair com frequência • Aos 5 meses pode ser capaz de pegá-las com a mão em forma de garra (com todos os dedos menos o polegar)
Terceiro trimestre	• Entre os 7 e os 8 meses, ele domina a trajetória do braço estendido • É capaz de realizar uma preensão palmar-polegar: o polegar permanece imóvel, e a criança aproxima o objeto de si com o indicador
Quarto trimestre	• A partir dos 8 meses já se aproxima diretamente do objeto • É capaz de pegar objetos com a pinça digital ou preensão radiodigital (preensão definitiva)

DESENVOLVIMENTO DA LINGUAGEM

Idade	Capacidade
Primeiro trimestre	• Primeiro mês: o bebê realiza sons guturais • Segundo mês: emite vogais e o som "r"
Segundo trimestre	• O bebê vocaliza • Brinca e ri com a própria voz
Terceiro trimestre	• Emite fonemas • Inicia o período de associações
Quarto trimestre	• Reconhece nomes e compreende o que lhe dizem • Emite monossílabos

DESENVOLVIMENTO DA CONDUTA

Idade	Capacidade
Primeiro trimestre	• Recém-nascido: automatismo • Inicia-se a etapa de exercitação dos reflexos • O bebê observa o que o rodeia e começa o sorriso social
Segundo trimestre	• Ele está mais consciente do que faz • Iniciam-se as primeiras coordenações • A boca se converte em mais um instrumento de descoberta de texturas, sabores...
Terceiro trimestre	• Ele compreende o que ocorre ao redor • Entre os 8 e 9 meses, já diferencia estranhos de familiares • Capacidade de antecipação • Capacidade de procurar objetos escondidos
Quarto trimestre	• A capacidade motora lhe permite explorar • Imita o que vê • Observa-se no espelho

2
Sinais de alarme no desenvolvimento durante o primeiro ano

Idade	Capacidade
Aos 3 meses	• O bebê não fixa a visão nos objetos ou pessoas que estão próximos • Não reage à luz ou ao som • Não reage à voz da mãe • Apresenta alteração no reflexo da sucção • Não tem controle sobre a cabeça e o movimento cervical • Suas extremidades são rígidas e apresentam assimetria nos movimentos • O bebê tem as mãos fechadas em punhos com os polegares para dentro
Aos 6 meses	• O bebê não controla o movimento do pescoço • Não tenta pegar objetos • Não levanta os braços para reclamar e/ou antecipar o abraço • Não segue com os olhos o que o rodeia • Suas extremidades inferiores são tensas e estiradas • Não emite sons nem reage a eles
Aos 9 meses	• Não consegue chegar à postura sentada e tem pouco desenvolvimento motor • Não manipula nem explora objetos • Há pouca interação com o meio • O bebê mantém os membros inferiores rígidos • Não reclama atenção com a emissão de sons

Idade	Capacidade
Aos 12 meses	• O bebê não consegue chegar à postura em que se sustenta de pé • Não compreende ordens simples como "dá" ou "pega" • Não emite sons nem palavras • Não diferencia familiares de estranhos • Não mostra interesse pelo que o rodeia
Aos 18 meses	• Não caminha nem engatinha • Não mostra sinais de compreender mecanismos básicos como apontar as partes do seu corpo quando alguém diz seus nomes • Não se envolve em brincadeiras de imitação • Não aponta com o dedo para pedir ou perguntar • Não se interessa pelas outras crianças

3

Prevenção de acidente por idades e hábitos posturais

Tipo de acidente	Recomendações por idade	
	De 0 a 2 anos	A partir de 2 anos
Asfixia	• Evitar que as crianças durmam na mesma cama que os adultos • Evitar o uso de correntinhas para chupetas • Atenção aos cintos de segurança	• Evitar o consumo de balas ou frutos secos até uma idade avançada • Impedir as brincadeiras com sacolas de plástico • Atenção aos cintos de segurança
Queimaduras	• Observar a temperatura da água da banheira • Evitar a exposição prolongada ao sol e utilizar proteção • Verificar a temperatura das mamadeiras e/ou da comida	• Observar a temperatura da água na hora do banho • Evitar a exposição prolongada ao sol e utilizar proteção • Manter os objetos quentes (fogão/aquecedores) fora do alcance da criança ou protegidos • Proteger as tomadas
Quedas	• Vigiar a criança no parque e fazê-la brincar nas áreas destinadas à sua idade	• Vigiar a criança no parque e fazê-la brincar nas áreas destinadas à sua idade

Tipo de acidente	Recomendações por idade	
	De 0 a 2 anos	A partir de 2 anos
Quedas	• Jamais deixá-la sozinha em lugares altos • Prendê-la corretamente nas cadeirinhas de carro, de alimentação...	• Ensiná-la a segurar-se corretamente nos balanços e outros brinquedos • Não deixá-la sozinha em lugares altos • Proteger escadas e janelas para evitar quedas
Ferimentos causados por animais	• Tomar cuidado para que ela não se aproxime de animais desconhecidos	• Evitar que se aproxime de animais desconhecidos • Evitar que enfie a mão em lugares com pouca visibilidade
Incidentes nas brincadeiras	• Comprar brinquedos adequados à sua idade • Verificar a composição do brinquedo para ver se contém materiais tóxicos	• Observar a composição dos brinquedos e evitar a compra de elementos que apresentam peças cortantes • Comprar brinquedos adequados à sua idade
Intoxicação	• Manter os produtos de limpeza e os medicamentos fora de seu alcance	• Manter os produtos de limpeza e os medicamentos fora de seu alcance • Educá-la no uso correto de medicamentos
Afogamento	• Não deixar a criança sozinha na banheira • Vigiá-la quando próxima de piscinas e áreas de banho e entrar na água com ela	• Não deixar a criança sozinha na banheira • Usar proteção nas áreas de banho (flutuadores de braço, boias...) • Vigiá-la para que não nade em áreas profundas e/ou com correnteza

Tipo de acidente	Recomendações por idade	
	De 0 a 2 anos	A partir de 2 anos
Acidentes de trânsito	• Fazer uso correto dos cintos de segurança adequados à sua idade	• Utilizar os sistemas de segurança adequados à sua idade • Segurar em sua mão ao atravessar a rua • Educá-la no respeito às normas de segurança de trânsito

HÁBITOS POSTURAIS

Idade	Hábitos posturais	
	Corretos	Incorretos
Lactância	• Postura de barriga para cima para dormir, pois diminui a incidência da Síndrome da Morte Súbita do Lactente • Postura de decúbito ventral (barriga para baixo) durante o dia para estimular a musculatura e evitar a plagiocefalia (a criança sempre deve estar desperta e sob supervisão)	• Postura de decúbito ventral (barriga para baixo) para dormir
Infância	• Posição sentada com as pernas cruzadas • Posição em decúbito lateral para dormir, sempre com uso de um travesseiro para evitar a curvatura lateral da coluna	• Posição sentada em "W", porque afeta o desenvolvimento correto das extremidades • Posição em decúbito ventral para dormir, a não ser que a barriga e a pélvis sejam elevadas com um travesseiro • Um travesseiro muito alto sobrecarrega várias regiões das costas

Idade	Hábitos posturais	
	Corretos	Incorretos
Época escolar	• Posição sentada numa cadeira de encosto baixo que permita uma leve lordose lombar, com os pés apoiados no chão e joelhos e quadril em ângulo de 90° • Recomenda-se que o tampo da escrivaninha seja levemente inclinado; sua altura deve permitir que os braços descansem sobre ela • Uso da mochila com as duas alças colocadas nos ombros para dividir o peso	• Decúbito ventral (utilizado com frequência para ler) porque pode provocar hiperlordose cervical ou lombar • Posição sentada na borda da cadeira ou curvada para a frente, pois provoca cifose na coluna • Mochila dependurada num ombro só ou muito embaixo

4

As vacinas

Entende-se por imunidade coletiva ou de grupo (*herd immunity*) a imunocompetência de uma população e sua capacidade de resistir a infecções. É a proteção que uma população possui a determinada infecção pela presença de indivíduos que são imunes. Os dois elementos cruciais do êxito das vacinas contra as doenças transmissíveis são proporcionar "memória imunológica" de grande duração nos vacinados – fornecer a seu corpo recursos para combater a infecção – e conseguir a imunidade de grupo, o que permite aumentar o controle das enfermidades nas populações numerosas e não só no nível individual. A seguir, mostraremos um esquema útil para seguir corretamente a vacinação.

CALENDÁRIO DE		
COMO ERA		
IDADE	VACINA	DOSE
Ao nascer	BCG – ID	Dose única
	Hepatite B – 6 meses	1ª dose
1 mês	Hepatite B – 6 meses	2ª dose
2 meses	Tetravalente (DTP+Hib)	1ª dose
	Vacina oral poliomielite	
	Vacina oral rotavírus humano	
	Vacina pneumocócica 10	
3 meses	Vacina meningocócica C	1ª dose
4 meses	Tetravalente (DTP+Hib)	2ª dose
	Vacina oral poliomielite	
	Vacina oral rotavírus humano	
	Vacina pneumocócica 10	
5 meses	Meningocócica C	1ª dose
6 meses	Hepatite B – 6 meses	3ª dose
	Vacina oral poliomielite	
	Tetravalente (DTP+Hib)	
	Vacina pneumocócica 10	
9 meses	Febre amarela	Dose inicial
12 meses	Tríplice viral	1ª dose
	Vacina pneumocócica 10	Reforço
15 meses	Tríplice bacteriana (DTP)	1º reforço
	Vacina oral poliomielite	Reforço
	Meningocócica C	
4 anos	Tríplice bacteriana (DTP)	2º reforço
	Tríplice viral	2ª dose
10 anos	Febre amarela	Uma dose a cada dez anos
CAMPANHAS NACIONAIS		
Menores de 5 anos	Vacina oral de poliomielite	
De 6 meses a menores de 2 anos	Vacina Influenza (gripe)	

Fonte: Brasil. Ministério da Saúde. **Calendário Básico de Vacinação da Criança.**
Disponível em: www.saude.gov.br./portal/saude/arquivos/pdf/2012/jan/18/calendario_180112.pdf

VACINAÇÃO INFANTIL		
COMO FICA (ATUALIZAÇÃO 2012)		
IDADE	VACINA	DOSE
Ao nascer	BCG – ID	Dose única
	Hepatite B – 6 meses	1ª dose
2 meses	Tetravalente (DTP+Hib)	
	Vacina oral poliomielite	
	Vacina oral rotavírus humano	
	Vacina pneumocócica 10	
3 meses	Vacina meningocócica C	1ª dose
4 meses	Pentavalente (DTP+Hib+HB)	2ª dose
	Vacina poliomielite inativada	
	Vacina oral rotavírus humano	
	Vacina pneumocócica 10	
5 meses	Meningocócica C	1ª dose
6 meses	Pentavalente (DTP+Hib+HB)	3ª dose
	Vacina oral poliomielite	
	Vacina pneumocócica 10	
9 meses	Febre amarela	Dose inicial
12 meses	Tríplice viral	1ª dose
	Vacina pneumocócica 10	Reforço
15 meses	Tríplice bacteriana (DTP)	1º reforço
	Vacina oral poliomielite	Reforço
	Meningocócica C	
4 anos	Tríplice bacteriana (DTP)	2º reforço
	Tríplice viral	2ª dose
10 anos	Febre amarela	Uma dose a cada dez anos
PARA CRIANÇAS		
Menores de 5 anos	Vacina oral de poliomielite	
De 6 meses a menores de 2 anos	Vacina Influenza (gripe)	

5

A introdução da alimentação complementar durante o primeiro ano

QUANDO COMEÇAR A DAR NOVOS ALIMENTOS OU COMPLEMENTOS ALIMENTARES?

- Não se recomenda introduzir novos alimentos nem complementos alimentares antes dos 5-6 meses, e NÃO se deve fazer isso antes dos 4 meses.

Idade	Alimentação
0-6 meses	• Leite (materno ou a fórmula artificial, adequada para a idade) • A água é necessária e pode ser oferecida em pequenas quantidades quando a lactância estiver bem estabelecida
6-12 meses	• Novos alimentos podem ser introduzidos pouco a pouco • Com a nova composição dos alimentos, a criança precisa tomar água, embora não em grandes quantidades

COMO PROCEDER À INTRODUÇÃO DE NOVOS ALIMENTOS?

- Os alimentos novos devem ser introduzidos em pequenas quantidades e em intervalos de alguns dias para observarmos possíveis reações.
- É importante diversificar os alimentos.

Alimento	Idade
Cereais	- A partir dos 5-6 meses - Preferivelmente não antes dos 4 meses - Cereais com glúten: a partir dos 5-6 meses
Fruta	- A partir dos 5 meses - Começar com laranja, maçã, pera, banana - *Antes de completar 1 ano, evitar* frutas que possam causar alergia, como quiuí, morango, framboesa, pêssego...
Hortaliças	- A partir dos 6 meses, em forma de purê, sem sal - Começar com batata, vagem, abobrinha - *Antes de completar 1 ano*, evitar hortaliças com nitratos, como beterraba, espinafre ou outros tipos de hortaliças, como couve, couve-flor, nabo, alho-poró ou aspargo
Carne	- A partir dos 6 meses - Recomenda-se começar com frango e aos poucos introduzir as outras carnes
Iogurte	- A partir dos 8 meses, sempre sem açúcar
Peixe	- Depois dos 9 meses - Começar com peixe magro - Peixe gordo a partir dos 18 meses
Ovo	- A partir dos 9 meses, pode-se introduzir a gema cozida - A partir dos 12 meses, pode-se dar o ovo inteiro
Leguminosas	- A partir dos 12-18 meses
Mel e outros açúcares	NÃO antes de a criança completar 1 ano

6

**A alimentação do estudante. Teste do bom café da manhã.
Quando uma criança não come e não engorda. As guloseimas.
Quando comer com os dedos. As famílias vegetarianas e veganas**

A ALIMENTAÇÃO DO ESTUDANTE

- A partir dos 5 anos, a criança necessita de maior quantidade de energia à medida que vai crescendo. Por isso, a alimentação é tão importante.
- É necessário respeitar as cinco refeições (café da manhã, lanche da manhã, almoço, lanche da tarde, jantar). Dessa maneira, a criança poderá manter uma atividade física e mental adequada à sua idade.
- A dieta deve ser variada e equilibrada e respeitar os horários. Também devemos ensinar aos nossos filhos hábitos alimentares e fazê-los participar na preparação da comida, para que se tornem conscientes do que comem.
- A alimentação deve ser rica em vitaminas, ferro e outros minerais, como também cálcio, pois nessa idade os ossos estão se formando e necessitam dos elementos que os fortalecem e fixam o cálcio.
- É MUITO importante que as crianças tomem água suficiente ao longo do dia.

Refeição	Características
Café da manhã	• É a refeição mais importante do dia • Deve conter carboidratos (cereais, pão...), laticínios, frutas, gorduras, açúcares
Lanche da manhã	• Permite à criança manter o nível de atenção e energia necessário durante a manhã • Pode constar de suco de frutas e sanduíche • EVITEM bolos industrializados, pois são açúcares de absorção rápida, que não ajudam a criança a se manter disposta a manhã toda

Refeição	Características
Almoço	• É importante que essa refeição contenha proteínas, legumes e/ou hortaliças, além de carboidratos e frutas
Lanche da tarde	• Laticínios e cereais (pão, cereais, bolachas...)
Jantar	• Deve manter um equilíbrio com o almoço, mas deve ser mais leve para facilitar o sono

TESTE DO BOM CAFÉ DA MANHÃ

- O café da manhã é a refeição mais importante do dia. Para saber se a criança tem um café da manhã equilibrado e completo, podemos realizar o seguinte teste:

Número de horas de sono diárias:
    Mais de 10: 1
    De 8 a 10: 0,5
    Menos de 8: 0
Toma café da manhã em casa? Sim: 1 Não: 0
Senta-se à mesa com toda a família? Sim: 1 Não: 0,5
Vê TV durante o café da manhã? Sim: 0 Não: 1
Consome algum laticínio? Sim: 1 Não: 0
Come cereais? Sim: 1 Não: 0
Come frutas? Sim: 1 Não: 0
Consome margarina e/ou geleia? Sim: 1 Não: 0
Toma um 2º café da manhã no meio da manhã? Sim: 1 Não: 0,5
Come bolos industrializados? Sim: 0 Não: 1
Come bolos mais de três vezes na semana? Sim: 0 Não: 1

Avaliação:
- 9 pontos ou mais: a criança tem um café da manhã adequado.
- De 6 a 8 pontos: deveria melhorar seus hábitos de café da manhã.
- 5 ou menos pontos: não tem um café da manhã adequado, sendo necessário melhorar ou reaprender esse hábito.

QUANDO UMA CRIANÇA NÃO COME E NÃO ENGORDA

Como agir
• Estabelecer horários fixos para comer e não permitir que a criança belisque entre as refeições
• Estabelecer hábitos associados à hora de comer e sempre cumpri-los
• Deixar que a criança coma sozinha se já tem idade adequada
• NÃO ligar a televisão para que ela se distraia
• NÃO encher o prato, pois assim evitamos que a criança desanime ao ver muita comida
• NÃO fazer comentários negativos sobre o fato de ela comer pouco
• NÃO converter a comida em castigo
• Fazer que a criança se interesse pela comida, por sua preparação, pela diversão que ela traz; mostrar-lhe novos sabores, texturas

Como tornar as refeições mais nutritivas
• Acrescentar molho às massas e ao arroz, para melhorar o sabor e introduzir mais ingredientes
• Acrescentar azeite aos sanduíches e torradas, para deixá-los mais apetitosos
• Pode-se acrescentar maisena ou batata aos cremes e purês

AS GULOSEIMAS

O que são	• Alimentos vazios: calóricos, mas pobres em nutrientes
Quais são	• Podemos considerar guloseimas não só os salgadinhos, mas também os doces (barras com caramelo, bombons etc.) e os aperitivos fritos
Quando consumi-las	• Só quando os pais acharem oportuno • Deve-se lembrar que elas enchem o estômago da criança, mas não alimentam • NÃO devem ser proibidas, mas consumidas com moderação e/ou acordo entre pais e filhos • NÃO permitir que a criança decida quando comê-las

QUANDO COMER COM OS DEDOS

- A partir do primeiro ano de idade, a criança pode aprender a comer sozinha.
- Se não recebe atenção dos pais, que antes lhe davam comida, a criança pode se recusar a comer.
- A preparação de alimentos que podem ser pegos com os dedos ajuda a criança a continuar comendo e pode ser combinada com o aprendizado para comer com talheres.

O que a criança pode comer com os dedos
• Fruta fresca descascada e cortada
• Hortaliças cozidas, como ervilhas ou milho, ou cruas, como cenoura em tiras ou ralada
• Massa cozida e cortada em pedaços
• Frango e peixe magro em pedaços
• Queijo em tiras
• Cereais sem leite ou torradas cortadas em tiras

AS FAMÍLIAS VEGETARIANAS E VEGANAS

- É importante consultar um nutricionista para estabelecer os alimentos adequados para cada idade.
- A grande quantidade de produtos com soja (tofu, bebidas de soja...) permite uma alimentação adequada.

Deve-se prestar atenção para que...
• A criança receba a quantidade adequada de minerais como o ferro, pois o ferro da carne não se fixa da mesma maneira que o dos vegetais
• A criança com dieta vegana (e não ovolactovegetariana) receba quantidade de cálcio adequada à sua idade
• A criança receba quantidade necessária de vitaminas D e B_{12} (baixa nas dietas veganas)
• A dieta da criança tenha nível correto de fibras e não excessivo, pois ela poderia se sentir saciada antes do tempo

Para facilitar a elaboração do cardápio, foi desenvolvida a *pirâmide alimentar vegetariana*, uma adaptação da pirâmide alimentar que distribui os grupos alimentares da base até o vértice em degraus, segundo a quantidade de consumo recomendada. A pirâmide vegetariana funcionaria assim: na base estão os cereais, as leguminosas, as frutas, as verduras e os legumes, com a recomendação de consumo em cada refeição; na zona intermediária, os frutos secos, as sementes, os óleos, a soja, o leite e, para os vegetarianos não estritos, os ovos, com a recomendação de consumo diário; por último, no vértice, doces e bolos, para consumir de vez em quando ou em pequena quantidade.

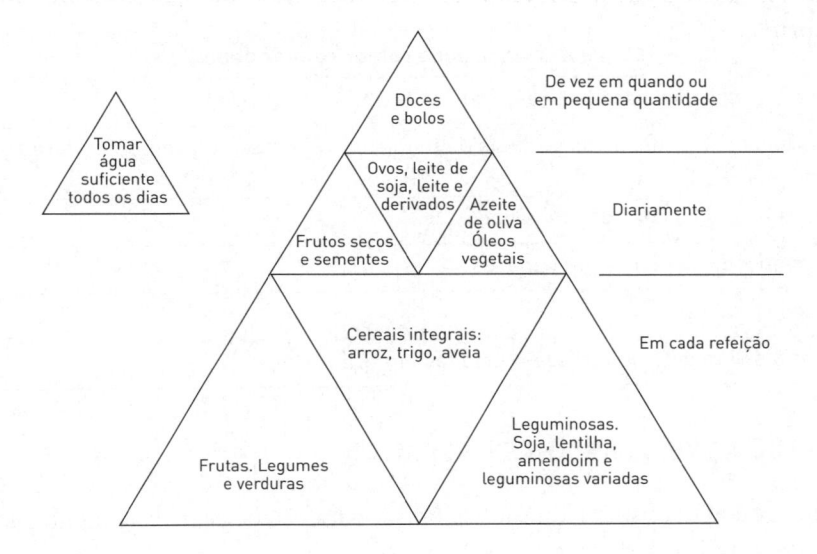

```
         Doces           De vez em quando ou
         e bolos         em pequena quantidade
Tomar
água     Ovos, leite de
suficiente soja, leite e
todos os dias derivados  Azeite
                         de oliva   Diariamente
         Frutos secos    Óleos
         e sementes      vegetais

         Cereais integrais:
         arroz, trigo, aveia    Em cada refeição

                         Leguminosas.
                         Soja, lentilha,
                         amendoim e
         Frutas. Legumes leguminosas variadas
         e verduras
```

Outro método que garante uma alimentação completa e saudável aos vegetarianos e veganos é o *guia de complemento proteico*, que classifica os alimentos em quatro grupos:

- A: cereais.
- B: leguminosas.
- C: frutas, legumes e verduras.
- D: frutos secos e sementes.

Para obter uma dieta equilibrada, é preciso escolher alimentos do grupo A em cada refeição, suplementados por algum outro das categorias B, C ou D. A dieta diária deve combinar alimentos de todos os grupos, embora não seja necessário que a complementação se realize em todas as refeições.

O leite à base de soja não modificada não é ideal para os lactentes, por causa da presença de açúcares, como a rafinose e a estaquiose, bem como de outros carboidratos não digeríveis e com importantes efeitos secundários gastrointestinais.

O leite de soja não modificado ou de outros vegetais, como arroz, amêndoas etc., não deve ser empregado no primeiro ano de vida porque não contém a proporção adequada de micronutrientes nem a quantidade necessária de vitaminas e oligoelementos, além de sua menor biodisponibilidade. Esses leites podem fazer parte da dieta diversificada da criança maior de 1 ano com crescimento normal.

7

A alimentação do adolescente

Na adolescência há um pico de crescimento:

- No caso das meninas, entre os 11 e 15 anos.
- No caso dos meninos, entre os 13 e 16 anos.

Eles podem ter deficiência de	O que devem fazer
Ferro	• Aumentar o consumo de alimentos ricos em ferro (carne magra, peixes, hortaliças de cor verde, frutos secos...) • Consumir alimentos ricos em vitamina C, para melhorar a absorção de ferro
Cálcio	• Manter um bom suprimento de laticínios e alimentos ricos em cálcio • Consumir vitaminas e minerais necessários para a fixação do cálcio, como vitamina D ou fósforo • Fazer exercício físico

HÁBITOS ALIMENTARES

Bons hábitos
• Manter as cinco refeições diárias e ressaltar a importância do café da manhã
• Incentivar o consumo de lanchinhos saudáveis, como sucos e sanduíches, para satisfazer as necessidades energéticas
• Permitir que eles conheçam suas necessidades energéticas (seu metabolismo e desenvolvimento são diferentes e devem ser respeitados)
• Promover o exercício físico
• Reforçar a ideia de que a imagem física não é a única coisa que importa

Problemas alimentares	
Por tendências estéticas e/ou alimentares	• Os adolescentes podem pular refeições para emagrecer • Podem desenvolver anorexia nervosa
Por comer em excesso	• Podem ganhar peso e até mesmo sofrer de obesidade • A obesidade pode provocar rejeição das pessoas ao redor e problemas de saúde
Por falta de exercício físico	• Com o tempo, isso pode resultar em sobrepeso e/ou problemas cardiovasculares

8

Os especialistas: quando consultá-los...

O ORTOPEDISTA

Se há anomalias na coluna e no aparelho locomotor:

Idade	O que exploramos	O que podemos encontrar
Entre os 5 e 6 anos	• A coluna vertebral, tanto no plano frontal como no sagital • A coluna vertebral e a flexão do tronco, tanto em visão frontal como lateral • Os membros inferiores na posição em pé • Os pés e o modo de caminhar	• Assimetria na coluna • Pés chatos ou cavos • Anomalias na torção • Cifose
Entre os 9 e 10 anos	• A coluna vertebral em ambos os planos • A extensibilidade da musculatura posterior da coxa • Disposição dos membros inferiores • Colocação dos pés e o modo de caminhar	• Assimetria na coluna • Cifose patológica • Problemas posturais de joelhos ou pés
Entre os 13 e 14 anos	• A exploração é semelhante à da idade anterior • Estudar a extensibilidade da musculatura posterior da coxa • Não é necessário realizar o estudo dos membros inferiores	• Nessa idade, o desalinhamento da coluna vertebral no plano sagital pode aumentar • Cifose • Escoliose

O OFTALMOLOGISTA

Idade	Iremos ao oftalmologista...
Recém-nascido	• Se há alto risco de deficiências
Durante o primeiro ano	• Para exames regulares da saúde ocular, que também podem ser feitos pelo pediatra
Aos 3 anos	• Para medição da acuidade visual
Aos 5 anos	• Para o exame de crianças que não tenham passado na avaliação da visão e do alinhamento dos olhos feita pelo pediatra
A partir dos 5 anos	• Se algum problema de visão foi detectado no exame de rotina • Se os professores ou os pais percebem algum problema de visão
Em qualquer idade	• Para o exame anual das crianças que usam óculos

O DENTISTA E O ODONTOPEDIATRA

- A primeira revisão pode ser feita quando a primeira dentição (dentes de leite) estiver completa.
- É recomendável realizar uma visita anual para prevenir problemas dentários.

Visita obrigatória se há...
• Cáries: podem aparecer em qualquer idade e costumam produzir fisgadas nos dentes ao mastigar
• Gengivite: problemas nas gengivas (sangramento, dor ao escovar)
• Deformidade na dentição (causada por mau posicionamento dos dentes, pela pressão devida à erupção dos molares...)
• Sensibilidade dentária
• Fratura dental ou aparecimento de alguma pequena perfuração

O PSICÓLOGO

É recomendável consultá-lo...
• Se há suspeita de que a criança possa estar sofrendo depressão (cansaço excessivo, tédio, melancolia...)
• Se as regressões de comportamento são persistentes
• Se há suspeita de hiperatividade ou algum outro transtorno do comportamento
• Se ela não tem um comportamento social ou um desenvolvimento emocional adequado à sua idade
• Se tem medo excessivo e recorrente ao ir para a escola
• Se a criança é muito temerária ou tem uma atitude extremamente violenta
• Se tem baixo rendimento escolar mas é bastante inteligente e seu interesse é maior que o de outras crianças de sua idade
• Se apresenta uma linguagem muito sexualizada para sua idade, pois podem estar ocorrendo abusos

O FONOAUDIÓLOGO

É recomendável consultá-lo...
• Se ao chegar à idade em que a fala se aperfeiçoa, a criança ainda apresenta ceceio, defeitos de pronúncia, gagueira...
• Se ela tem problemas de linguagem oral: problemas de articulação...
• Se há suspeita de dislexia ou problemas de aprendizagem na leitura e na ortografia

9

Meu estojo de medicamentos não é uma farmácia

- ONDE guardar o estojo de medicamentos: fora do alcance de crianças, em lugar fresco, seco e afastado de pontos de calor.
- NÃO devemos guardar restos de medicamentos utilizados anteriormente por prescrição médica. Quando vencidos, o ideal é levá-los a um posto de descarte.
- NÃO devemos medicar a criança por nossa conta com medicamentos específicos.

O que um estojo de medicamentos deve conter	
Material para bandagens	• Curativos infantis • Esparadrapo em rolo • Solução desinfetante (álcool iodado) • Bandagens elásticas • Gaze • Pinças • Tesouras pequenas com pontas redondas
Material e medicamentos para pequenas emergências e/ou doenças	• Cânulas esterilizadas • Uma lanterna • Termômetro • Supositórios antipiréticos • Antitérmicos e analgésicos • Soro fisiológico • Pomada com antibiótico para feridas, escoriações, queimaduras • Creme contra picadas de insetos, insolações ou alergias

O que um estojo de medicamentos deve conter	
Medicamentos específicos	• Aqueles receitados pelo médico, pelo pediatra ou pelo especialista para patologias específicas

Impressão e acabamento:

Orgrafic
Gráfica e Editora
tel.: 25226368